アメリカ労使関係の精神史
―階級道徳と経営プロフェッショナリズム―

富澤　克美

木鐸社

目　次

序 …………………………………………………………………………………… 9

第1部　熟練労働者の階級道徳と経営管理
第1章　19世紀後半期における職場の労使関係と熟練労働者の階級道徳
………………………………………………………………………………………25
1．マコーミック社とディアリング社の賃金表から見た熟練労働者の
　　存在形態……………………………………………………………………28
　　1）鋳物工の賃金実績について……………………………………………31
　　2）ディアリング社の鋳物工とインセンティヴ・システム……………36
　　3）マコーミック社の鋳物工と労働者主導の職場規律…………………39
　　4）熟練労働者の二つのタイプと経営管理………………………………40
2．労働者の階級道徳と「市民」的同格性…………………………………42
　　1）ウィリアム・H・シルヴィスと労働組合の理念……………………44
　　2）労働者の生活理想………………………………………………………49

第2章　生産高制限「問題」を契機とする労使関係改革と熟練労働者の
　　　　エートス…………………………………………………………………55
1．生産高制限「問題」とテイラーの経営管理論…………………………58
　　1）テイラーの管理論に表れた「労働者論」の特徴……………………60
　　2）道徳問題としての組織的怠業問題と労働組合………………………65
2．労働組合の労使協調路線とその帰結－国際鋳物工組合（IMU）の場合
………………………………………………………………………………………68
　　1）ストーブ製造業における労使協調への道と生産高制限問題………69
　　2）労使協調路線が経営と労働に与えた影響……………………………71
　　3）IMUのモラル向上運動と熟練鋳物工の保守化………………………82

第3章　機械化の進展とアメリカ労働者文化の危機……………………89
1．造型機問題に対するIMUの戦略と熟練鋳物工の態度…………………91
　　1）IMUの初期の戦略と組合員鋳物工の反抗……………………………91

　　　　2）機械化の進展と組合員鋳物工の生産高制限 ……………………… 95
　　　　3）IMU による造型機操作者組織化の努力 …………………………… 99
　　　　4）熟練鋳物工の保守化と階級道徳の衰退………………………………103
　　2．「勤勉な」移民労働者と「怠惰な」ヤンキー労働者 …………………106
　　　　1）NFA の機械化戦略と労働組合批判 …………………………………106
　　　　2）勤勉な移民労働者と職場における階級的連帯の危機 ……………110
　　　　3）アメリカ労働者＝市民文化の危機 …………………………………113

第2部　経営プロフェッショナリズムの発展

第4章　社会改革派と科学的管理運動修正派 ………………………………121
　　1．社会改革派の経営者論 …………………………………………………124
　　　　1）ブランダイスの専門的経営者論 ……………………………………126
　　　　2）リップマンの改革論：専門的経営者と社会運動 …………………131
　　2．ヴァレンタインと科学的管理運動修正派………………………………139
　　　　1）ヴァレンタインの「同意と能率」論…………………………………141
　　　　2）科学的管理運動修正派と労働組合の連携 …………………………152

第5章　経営プロフェッショナリズムの誕生 ………………………………163
　　1．ヘンリ・デニスンの労使関係改革論 …………………………………165
　　　　1）人事管理改革と組織改革 ……………………………………………166
　　　　2）労使関係改革 …………………………………………………………172
　　2．ハーロウ・パースンの「経営者」論 …………………………………180

第6章　余暇・消費問題と労使関係の新たな「精神」の誕生 ……………195
　　1．問題の設定 ………………………………………………………………195
　　　　1）AFL の戦略転換と雇用主類型 ………………………………………197
　　　　2）1920年代の経営プロフェッショナリズム …………………………202
　　2．余暇運動と AFL……………………………………………………………207
　　　　1）AFL と PRAA の連携 …………………………………………………207
　　　　2）余暇運動と新余暇倫理論 ……………………………………………210
　　　　3）AFL と（初期）労働者教育運動 ……………………………………213
　　3．余暇・消費論争に表れた雇用主たちの主張……………………………219
　　　　1）伝統的保守派の労働倫理論 …………………………………………221
　　　　2）消費の福音派の個人主義的消費主義論……………………………229

3）経営プロフェッショナリズム派の「労働生活の再編統合化論」…238
4．労使関係改革と新たな精神の誕生 …………………………………245
  1）ボルティモア・オハイオ鉄道における労使協調計画と
    AFL労働者教育の転換 ………………………………………246
  2）フォレットの労使関係改革論とその戦略的立場 ……………261

結語 ……………………………………………………………………275

注 ………………………………………………………………………289

あとがき ………………………………………………………………328

引用・参照文献 ………………………………………………………333

abstract ………………………………………………………………348

索引 ……………………………………………………………………351

アメリカ労使関係の精神史

―階級道徳と経営プロフェッショナリズム―

序

　本書は大量生産体制確立期におけるアメリカ労使関係の歴史社会学的研究である。19世紀後半から20世紀20年代までの労使関係をめぐる諸問題を時代を追って取り扱う。全体を貫くテーマは，労働者集団と経営学の相互浸透に焦点を当て，アメリカ企業社会における労使関係の変貌を「精神」の面から明らかにすることである。具体的にはフレデリック・W・テイラー（Frederick W. Taylor），科学的管理運動修正派，およびメアリ・P・フォレット（Mary P. Follett）を俎上に載せ，彼らが労働問題をどう把握し，いかなる解決策を模索したのかを問うことによって，経営学と歴史学（経営史と労働史）の対話を試みる。別言すれば，経営者や知識人は労働者のエートスをどのように問題とし，彼らを企業経営に統合するためにいかなる処方箋を書いたのか，を問うことでもある。

　本論考は労働経済学的あるいは制度論的アプローチではなく，これまであまり試みられなかった人間論的アプローチから労使関係を眺めてみようとする研究である[1]。幸運なことにわれわれは人間論的アプローチを指向した偉大なる先達としてマックス・ヴェーバーに依拠することができる。このテーマに関連することとして最初に注目すべきは，有名な『プロテスタンティズムの倫理と資本主義の精神』のある断片である。彼は当該箇所において19・20世紀境期における労使関係を次のように表現した。「王制的・封建的社会は，台頭してくる市民道徳と反権威的・禁欲的な私的集会に対抗して，『享楽意欲のある者』を保護したのだが，それは今日，資本主義社会が労働者の階級道徳と反権威的労働組合に対抗して『労働意欲のある者』を保護するのに似ている」[2]。(傍点引用者)（ジェームズ一世が宣言しチャールズ一世が再公布した）『遊技教書 Book of Sports』をめぐるピューリタンの文化闘争を説明する

際のアナロジーとして使われているこの短文は，資本主義の精神が支配していた労使関係はその後（とりわけ産業革命後）資本主義の高度化とともにどのように変貌するのかという，素朴ではあるが至極当然な疑問に対する解答を示唆するものであった。

ヴェーバーによれば，資本主義が機械の基礎の上に磐石な体制を構築した後，淘汰の圧力によって資本主義に適合的な労働者を陶冶することが可能になると，天職義務の思想は最早不要となる。よりよい賃金と立身出世への欲求，時として失業への恐怖，そうした個人的利害が「労働意欲」を担保するからである。しかしながら勝利した資本主義は新たな敵と遭遇する。それが階級道徳と反権威的労働組合であった。労働意欲の搾取に対抗して，「己の収利性を生産手段として意識する」労働者が出現する。そうした労働者が身に帯びるエートスが階級道徳であり，労働組合は階級道徳の基礎の上に発展をとげる，というのがヴェーバーの指摘であった。

ヴェーバーは，彼の生きた時代，すなわち19世紀末から20世紀初頭における産業社会を生きる労働者を，「階級道徳を身に帯び，反権威的労働組合に結集する」労働者と「労働意欲のある」労働者の二類型に区分し，労使関係を前者に対抗して後者を保護するという基本構図でもって眺めたのであった。さしあたりこれを「ヴェーバー命題」と呼ぶとすれば，彼は決してドイツ産業社会に限定したのではなく，高度化した資本主義社会に一般的に妥当する命題としてこれを定立したと考えるべきであろう。しかもそれぞれの産業社会に応じてその労使関係の特徴も異なるものとなるはずである。本書の課題は，それゆえ，ヴェーバー命題をアメリカの史実に即して検証し，人間論的視点からみた労使関係のアメリカ的特徴を明らかにすることであるとも言える。

ヴェーバーを導きの糸として，そうした課題に接近するためには，われわれにとって幾分違和感を覚える，その意味では意味深長な「階級道徳」なる概念について一応の理解を得ておかなければならない。「階級道徳とは何か」を，それが研究にとって「躓きの石」とならないようにするために，ここで筆者の個人的体験に基づく「暫定的な例示」によって手がかりを得ておくことは決して無駄ではあるまい。

筆者は1988年から1990年にかけてアメリカ中西部の大学町で暮らした。たまたま入居したアパートが中・低所得者層向けであったため，自然と労働者階級に属する人たちとの交流が生まれた。中・低所得者向けとはいえ全室に

電気による暖房機が設置されていたし，蛇口を捻れば常時お湯がふんだんに使えた。アパートは緑豊かな広い敷地にゆったりと立てられ，そこにはプールとテニスコートさえあった。その住環境の豊かさと住宅設備の充実振りに驚嘆したものだが，それと同じほど，そこに住む人たちの堂々とした，誰とでもコミュニケーションを可能にする開放的な心的態度に，文化的ショックを受けたものである。

そうした隣人に，あるアフリカ系アメリカ人家族がいた。隣室に住む彼らは，親しくなった途端，砂糖，コーヒー，洗剤が切れたから分けて欲しい，と頻繁にやってくるようになった。ある時などは，小学生の女の子から，学校に行くのだけれど小銭がなくて困っているので貸して，とドアをノックされたことさえあった。悪びれることもなく堂々とした態度だったため，乞われるままにささやかな援助を提供し続けたのだが，あまりにも頻繁なので正直うんざりした。アパートのマネージャーにどうしたものかと相談をしたところ，イヤならちゃんと断れと叱られてしまった。それからは彼の忠告を守って，そうした要求をすべて拒否した。少なくとも親しい友人でもない彼らを，援助すべき理由が見あたらなかったのである。悲しいかな，後ろめたい気分に襲われた筆者は，その後何となくよそよそしい態度を取らざるを得なかった。だが，相手の家族はそれまでとかわらずに顔を合わせれば「ハーイ」と実に屈託のない笑顔で挨拶してくれた。

さらにこんなことがあった。ある冬の寒い朝，車のエンジンがかからず往生していたところ，夜勤から帰ってきた件の家族の父親が偶然通りかかった。彼は筆者のおんぼろ車に寄ってくるとどうしたのだと訊いてきた。わけを話すと，「任せておけ」と言うが早いか，彼は遠くの駐車場まで歩いて行き，自分のピックアップトラックを運転して戻ってくるなりあっという間にジャンプアップしてくれたのである。お礼をいうと「マイプレジャー」と笑顔で答え，そのままアパートに歩いて行ってしまった。筆者は「なぜ彼は助けてくれたのだろうか」と自問せざるを得なかった。そのとき漸く彼らが対等な隣人＝仲間として筆者たちと付き合おうとする心的態度を持っていたことに気がついたのだった。まさしく「困っているときはあてにしないで貸してやれ」の原則が貫徹していた。しかし筆者は彼らを赤の他人として排除するばかりで仲間と認めていなかったのだ。

同じ頃，友人の好意で読むようになった邦字新聞に，グロスマン玲子のエッセイ「ブルーカラーのおかみさん達」が連載されはじめた。そして個人的

体験を通して知ったアメリカ人労働者のヨコの繋がりを巧みにつくる心的態度は，職場内部でも，いやむしろ職場においてこそその力が有効に発動されることを，彼女のエッセイから知ることができたのである。そのエッセイのなかでとりわけ印象的な場面を紹介したい。

　グロスマンは一時期百貨店の倉庫で働いたことがあった。ある時，一人の韓国人女性が彼女たちの仲間になった。彼女は，日本人のわれわれなら十分理解できる次のような行動を取った。彼女は上司である班長に気に入られようとして，彼へのプレゼントにするつもりで，家で焼いた手製のクッキーを持ってきた。そのことを知った同僚は，わたしたちは仲間なのだから「どうせクッキー焼いたのならきっとわたしたちにも持ってきたわよ」と話し合っていた。ところがそうではなかったのだ。すると同僚の一人が「それじゃ，班長に持ってきた分をみんなで食べよう。みんな彼女のおごりよ」と，キャフェテリアのテーブルの上に班長のために彼女が用意した，手作りのクッキーを勝手に広げてしまったのである。われわれから見ればこれは立派な職場いじめに他ならない。しかしそうではなかった。グロスマンは「こんなふうな上司だけへの捧げものは止めなさいと彼女に忠告」しようとしたのである。なぜか。それはかつて彼女自身がそうであったように，この韓国人女性にも「アメリカ文化の神髄」を学んで欲しいと思ったからに他ならない。彼女は言う。「働き始めてみて一番嬉しく感じるのは労働者同士の連帯感である。みなお互い働く女の感情には通じあっているから仕事も助け合ってやっているのである。チームの一員のつもりでやるのである」。ところが件の韓国人女性は「仕事ができること，最上の働き手であることをめざしていたようで，やり方も脇目もふらずに，バンバンバンとすさまじいスピードである。…（彼女は）賢い，能率もいい，馬力もある，だがプライドや満足感をいかに私はできるかという点にばかり絞ってしまうので，人間関係がお留守になるのだ」。だから仲間からは「あの人は社会のルールを知らないんじゃないの？自分の作業量だけあげればいいのね，自分勝手ね」との非難を浴びることになるのだ[3]。

　ここに描かれている女性労働者，それも技術的には最底辺に属する労働者が，個人的利害よりも仲間全体の福祉（階級的利害を帯びた職場の同僚との関係）への配慮を優先することを正義と考えていることは明らかである。そうであるがゆえに個人的に上司と交流を持ったり上司に贈物をすることは，彼女たちから見れば，仲間に対する責任の放棄であり，いわば「裏切り」行

為であった。プライドや満足感を，上司からの評価よりもむしろ仲間からの評価によって満たそうとする心的態度（エートス）こそ，「権威によって与えられたものを受動的に受け入れることを拒否する」というアメリカ文化の神髄に連なる社会倫理であったのである。

しかし一層重要なのは，件の韓国人女性が「自分の作業量」のことだけを考慮する個人主義者であるから嫌われていたという事実であろう。上司から見れば彼女こそ従順で「労働意欲のある」模範的労働者であった。しかしアメリカの工場内部での人間集団は，そのような労働意欲のある「利己的な労働者」を徹底的に嫌い，「いじめ」る。これは資本主義の側から見れば倫理に違反する行為である。しかしアメリカの労働者たちが道徳的に退嬰化したり破滅に陥っているわけではないことは明らかである。そうではなく，彼らには別個の道徳意識が働いていたと考えるべきであろう。そうした規範意識とそれに基づく行動様式こそ，ヴェーバーが階級道徳と名付けた当のものであった。アメリカでは大企業体制，あるいは大量生産体制が発展したのと並行して，（あるいは発展したにも拘わらずとわれわれなら考える），労働者の間にこうした社会倫理が生き生きと命脈を保ち続けていたのである[4]。

階級道徳をこのように理解するとして，ではそのことをどのようなアプローチで研究すれば歴史分析として成り立ちうるのか，すなわち具体的に何をどのように明らかにすればよいのか，その点が直ちに次の問題として立ち現れてくる。これについてもヴェーバーはわれわれに手がかりを与えてくれる。彼自身が階級道徳について詳細な研究を残しているからである。彼はそれを労働者の精神物理学的研究として展開したが，日本では鼓肇雄が翻訳をして『工業労働調査論』という題目で公刊している。鼓はまた『工業労働調査論』を中心に据えてドイツの労働問題を研究し，その成果を『マックス・ヴェーバーと労働問題』に結実させている。彼の場合，「労働問題」を研究対象としてはいるが，立派な人間論的アプローチに基づく研究であると言える。われわれは鼓の労作から多くを学ぶことができるし，それを導きの糸とすることもできる。

彼は「1890年前後の，ビスマルク退陣の頃から第一次大戦前までの約20余年間に，ドイツが直面した労働問題にたいしてヴェーバーがどのような視点からそれをとらえ，どのようにそれと対決しようとしたかを，歴史的にあとづけ」[5]ることを試みたのであるが，予想したとおり，そこには反権威的な労働組合を圧倒しようと目論むドイツ資本主義の社会システムを明らかにする

という問題意識が明確に刻まれていた。

　鼓は，ドイツ資本主義社会が工場管理レベルばかりではなく，法と行政（「えせ立憲制的＝絶対主義体制」），とりわけ家父長的な権威主義的「時代精神」も含めて，システムとして反権威的な労働組合（自由労働組合）を圧倒（いな圧殺）しようとしていたこと，ヴェーバーはそうしたシステムを憎悪し，一方で経済的利害を優先して労使協調を唱える勢力を批判するとともに他方では反権威的な労働組合と彼が見なす自由労働組合を熱心に支持していたことを明らかにした。

　鼓はまたヴェーバーの階級道徳論についても詳しく紹介しており，それによってわれわれはより深く階級道徳概念を把握することができる。ヴェーバーは「人間の尊厳と精神の自由」を西欧文化が生んだ普遍的理念として高く評価するが，階級道徳とはまさにその西欧的理念を継承するエートスであった。ヴェーバーに倣って要約すれば，階級道徳とは「仲間と共によりよき物質的生活を追求すると同時に連帯を通して名誉と誇りを表現する労働者の心的態度である」と，さしあたり定義づけることができる[6]。とりわけ重要なのは，ヴェーバーが「緩怠 Bremsen」という行為にそうした階級道徳が発露していることを指摘していた点である。

　緩怠とは労働の価格をめぐる雇用主側との交渉を有利に運ぶための手段として，作業集団を形成する労働者たちが示し合わせて生産能率を一定の範囲内に制限する行為のことである。当然，緩怠を実行している期間の賃金は減少する。いわば仲間全体のために自己犠牲を厭わない「英雄的」行為であった。それゆえ緩怠が成功するか否かは，「仲間を裏切らないという労働者の内面的連帯心」にかかっている。しかし労働者たちは喜んでそれに耐えようとしたのである。もし「仲間を裏切って，経営者に取入り，昇進のチャンスを掴もうとすれば，緩怠は失敗に終わる」のであった。ヴェーバーは工場労働調査によって，こうした緩怠を実行する労働者は「頑強な（労働）組合員」であり，「最優秀の能力をもつ労働者のグループに属していた」ことを発見したのである。しかも彼らは「労働の量とその労働にたいする報酬の額とを比較秤量して，合理的に行動する」ことを知悉していたからこそ緩怠という行動に出たのであった[7]。

　労働組合とは階級道徳を基盤として成立するのであり，またそうでなければならなかった。すなわち「労働者が労働組合に積極的に参加するのは，労働者が企業に完全に屈従せず，労働者としての精神的自立や連帯が強いから

であり，またそれに基いて組織された労働組合こそ，彼（ヴェーバー）にとっては意味のある労働組合であった。したがって労働者をたんなる利益集団ではなくて，労働者の誇りや自己犠牲的な連帯感を養成する場としての労働組合が彼にとっては問題であった」[8]。

以上を踏まえれば，ヴェーバー命題をアメリカ労使関係において検証する場合，階級道徳を緩怠の発現形態から具体的に分析すること，階級道徳と関連させてアメリカにおける反権威的労働組合（とその変貌）を把握すること，これらがまずもって果たされるべきテーマとなるであろう。これが本研究の第一の課題である。

この課題を果たすために本書では鋳物工組合を取り上げる。なぜ鋳物工組合なのかといえば，アメリカの典型的な反権威的労働組合であったからだと答えることができる。鋳物工たち iron molders が全国組合を組織したのは1859年のことであり，その後有能なリーダーであるウィリアム・シルヴィス（William H. Sylvis）の指揮の下で強力な中央集権的統制を実現した。1860年代には鋳物工の過半数を組織し，アメリカで初めて労働組合の実力によって高賃金の確保と徒弟制度の統制に成功している。ペリン（Henry Pelling）によれば，一つの産業に対して賃率や労働条件に実際の影響力を揮うことができた，つまり雇用主に対して対等な交渉力を有した最初の労働組合である[9]。

また，後に述べるように，資本家的発展が労働者を第二級の市民に貶める危険を厳しく糾弾し，それとは別個の発展の道を模索するという理想主義的性格を有していた。まさしく反権威的と形容するに相応しい労働組合であった。最も強固な階級的連帯と組織力を誇る労働組合である以上，一般組合員が身に帯びる階級道徳についても，いかなる熟練職種よりも強固であり，ヴェーバーのいう階級道徳の「理念型」に限りなく近い存在であったと推測できる。アメリカ労働者階級の階級道徳の性質と強さを知る上でも，これ以上相応しい労働組合は存在しないと考える所以である。

当時のアメリカの労働組合が直面した状況に関して，ヴェーバーは次のような興味深い指摘をしている。「今日アメリカで社会民主党が徐々に台頭しているのは，全くのビジネス・マン的な労働組合員意識にたいする理想主義の抗議を意味するものに他ならない」[10]。この時期，ペンシルヴァニア州レディングやニューヨーク州スケネクタディのような工業都市で多くの社会党員が市長や市会議員に選出されていた。1912年の大統領選ではアメリカにおける社会民主主義の象徴的存在であるユージン・デブズ（Eugene V. Debs）

が，90万を超える票を獲得している。アメリカ社会党の党勢拡大を支えていたのは理想主義的傾向の労働組合員であった[11]。

ヴェーバーが注目したのはこうした事態であった。われわれはここに，当時のアメリカ労使関係を理解する一つのヒントを見出す。この時期のアメリカ労働運動を研究しようとする場合，このヴェーバーの状況把握に注目しなければならない。すなわちビジネス・ユニオニズムを推進するオーソドクシー勢力と理想主義を掲げる反対勢力の対抗の構図を，別言すれば労働組合の世俗化，もしくは保守化を，階級道徳に関連させて具体的に素描することが果たされなければならない。それから緩怠をめぐるもう一つの局面として機械化問題があった。これに対する労働組合の政策と熟練労働者の態度についても検討する。

緩怠に関しては，アメリカでは，創生期の経営学が何よりも真剣に取り組んだ中心的問題であったことも想起すべきである。このことは，たとえばフレデリック・W・テイラーやエルトン・メイヨーを読めば容易に理解できるであろう。(ドイツのヴェーバーとは対照的に，) 二人はともに緩怠を，「怠業 soldiering」，「生産高制限 restriction (of output)」，あるいは，「時間稼ぎ stalling」と表現し，正常からの逸脱として問題視していた。換言すれば，彼らの経営(社会)学は労働者集団の怠業問題との格闘の中から生まれ出たものであったとも言える。能率問題という経営管理問題を形作っていた根本にはまさしく労働者の階級道徳があり，経営学にはそれへの対抗という契機が孕まれていたと言わなければならない。

つまりドイツと比較した場合，アメリカでは階級道徳との「対決」と労働意欲の「保護」を学問的課題とする経営学が発展を遂げたこと，これが特徴であったと言えるのではないだろうか。そうであるとすれば，アメリカでヴェーバー命題を検証しようとする場合，経営管理論を，階級道徳との「対決」と労働意欲の「保護」という観点から読み直し，その思想史的発展を再構成してみること，つまり経営学が内包する労働者の統合論は具体的に何をどのように問題にし，それに対していかなる処方箋を書いたのかを明らかにする必要があるのである。換言すれば，経営学を(広義の)経営史の立場から解釈することによって，両者の関係を構築すること，これが本研究の第二の課題である[12]。

それに関連して，本書にはもう一つ避けて通れない，次の重要な課題がある。周知のように，アメリカはニューディール期にいわゆる法人資本主義，

コーポレット・キャピタリズムの統治システムを構築した。法人資本主義とは持続的経済成長と社会的公平を維持するために政府が積極的役割を果たすシステムのことである。労働に関していえば，巨大企業 big business，巨大労働組合 big labor，そして連邦政府 big government の三者を担い手とする労使関係の安定化機構，いわゆる三極調整制度 tripartite system をそのシステムの一部に組み込む体制である。これは，労働組合に対抗勢力としての実力を認め，それに相応しい法的保証を与えることによって，産業においても組織化された民主主義を実質化することを狙ったものであった。

もちろんあくまでもヘゲモニーは経済人が握り，政府は彼らの後押しをするにすぎない。重要なのは法人資本主義のシステムが，早くもプログレッシヴィズム期に，一つの政治理念として誕生したことであった。つまり「現代」の資本主義社会の原型が，本研究が対象とする時代において誕生していたのであり，われわれは当然こうした政治理念にも目配りをしなければならない。しかしどのような目配りをしたら，「階級道徳と反権威的な労働組合に対抗して労働意欲のある労働者を保護する」という機能を果たす経営学と関連づけられるのであろうか。そのためには個別企業もしくは工場レベルの労使関係に関心を集中させ，個別企業の「労働者」管理というテーマが重視されるべきである。つまり経営管理者[13]の職業あるいは職業論に直結した問題に関心を集中することによって突破口を開かなければならないであろう。

法人資本主義の政治理念については優れた研究が存在する。それらの研究はこの理念のことをコーポレット・リベラリズム corporate liberalism と表現しているが，コーポレット・リベラリズムの担い手は「台頭著しい経営者グループ」であった[14]。その統治戦略を支える世界観あるいは価値について，たとえばウェインスタイン（James Weinstein）は次のように述べている。「経営者たちは自分たちの目標のために，知識人や中流階級の改革派の希望を利用することができた。それによって彼らは良い社会を建設するための前衛として，すべての階級の思慮深い人びとを結集することができた。彼らの希望とは現行の政治経済体制の安定化と合理化，そして持続的経済成長であった。これらの中には当然のことながら，社会民主主義運動を屈服させるという意図も包含されていた」[15]。つまり経営者グループの戦略は，中流階級に属する社会改革派と知識人の希望から強く影響を受けており，その中には社会民主主義の理想を，換言すれば階級道徳を懐柔する意図が存在していたというのである。そうであるとすれば，経営学との関連を紡ぎ出す端緒はコーポレ

ット・リベラリズムを抱懐する経営者グループとはいかなる存在であるのかを探索することからもたらされるはずである。

　彼らがジェイ・グールドやジョン・D・ロックフェラーのごとき「経済の達人」類型ではないことは言うまでもない。むしろ経営史家アルフレッド・チャンドラーが指摘する第一次大戦期に管理革命が最終的に完成したという事実を想起すべきである。すなわち，第一に第一次大戦後の経済後退局面において複数ユニット型管理組織（いわゆるU型組織）の調整機能に著しい弱点が存在することが明らかになり，それがさらなる発展のための改善を促し，第二にその改善の必要が管理の専門職化 professionalization をもたらした。そしてそうした専門職化が新しい管理技法 administrative techniques の急速な普及を促すとともに専門的経営者たちに自らを共通の利害を有する一つの経済的利害集団として自覚させることになったのである[16]。台頭著しい経営者グループとは，要するに，（大学を卒業した）専門的経営者グループのことであった。彼らが理想として仰ぎ見たのは医師や法律家たち，いわゆる「確立されたプロフェッショナル」たちであったのである。彼らはプロフェッショナルたらんとした。

　チャンドラーの場合，管理の専門職化とは専門的知識や技法を習得した俸給経営者が市場に代わって財の流れを効率よく調整する仕組みを作り上げる過程を意味していた。つまりチャンドラーが考慮した専門的経営者の指標は，専門的知識もしくは技法の共有であり，俸給生活者という共通の身分であった。したがって，彼らのエートスや社会的責任は考慮されることなく放置された。しかし当時の専門的経営者がことごとく，特定の個人または組織のためにエキスパート・サービスを提供する「御用商人」にすぎない存在であったのかといえば必ずしもそうではなかった。確かに専ら自己のキャリアと報酬のために働く現代の経営者たちについては，御用商人，あるいは「精神のない専門人」と形容するしかあるまい。しかしチャンドラーは，鉄道経営の内部組織の建設を担った専門的経営者を論じるにあたって，彼らがいわゆる金融業者や投機業者などの利害に対抗する固有のエートスを有していたことを明らかにしている[17]。実際，技術者教育を受けた多くの経営者たちは簡単に「御用商人」と割り切れないタイプであった。彼らは多角化による成長戦略を選択し，それに必要な資金を内部留保に求めたので，配当政策に対してはその分抑制的であった。株主の立場から言えば，仮に経営者たちがそうした政策を取らなかったとすれば，より多くの配当を期待できたのである[18]。

チャンドラーに従えば，当時の専門的経営者は短期的利益や株主価値よりも長期的成長戦略のための研究開発を重視する思考行動様式を有していたのである。こうしてわれわれは当時の専門的経営者が短期的利益を優先するいわゆる現代のアメリカ的経営モデルとは異なるビジネスモデルを作り上げようとしていたことを知る。そして彼らのエートスは現代の経営者とは異なったものであったのではないかとの予想を抱くことになる。しかしチャンドラーが示唆するのはここまでである。とりわけわれわれにとって重要な労使関係について，彼は殆ど何も語ってはいない。労使関係についての専門的経営者たちのエートスの分析はわれわれの手に委ねられていると言うべきであろう。

　このことに関してわれわれが参照すべきは最近の専門職倫理（プロフェッショナリズム Professionalism）研究である。たとえばプロフェッショナリズム研究の第一人者，ウィリアム・サリヴァン（William M. Sullivan）は次のように指摘する。当時は「プロフェッショナルの英雄時代」であった。それというのも「アメリカ人の規範意識のなかでは，プロフェッショナルとは高等教育機関，とりわけ大学という環境の中で科学的訓練を受け，専門資格を有し，同僚の仲間団体によって支持され，クライアントとパブリックに対するサービス倫理を公言する人びとのことを意味」していたからである[19]。つまりプロフェッショナルとは単に自己のキャリアと報酬のために専門的サービスを提供するのではなく，パブリックのためあるいはコミュニティのためにサービスを提供することを期待される存在であった。およそ専門家（プロフェッショナル）たる者は「パブリックを裏切ってはならない」のであり，彼らに対してこそサービスを提供するべきであるという倫理（プロフェッショナリズム！）が脈々と息づいていたのである[20]。そうした倫理的ならびに市民的特徴のゆえに彼らは尊敬を集める存在であった。

　そうであれば，経営者といえども，専門職を指向する限り，そうした時代精神の影響を受けないはずはなかったと推測しなければならないであろう。事実，当時の経営者の中にこうした意味でのプロフェッショナルたらんとした人々が少なからず出現しつつあったのである。社会改革派や知識人の希望とは，プロフェッショナルが世直しを担いうる，換言すれば労使の対立に専門家として解決の処方箋を提示することができるという確信であった。プログレッシヴィズム運動の本質はまさしくそこにあった。そうであるからこそ，プロフェッショナルたらんとする経営者に期待をかけることができたのでは

なかったのか。それと関連して専門職経営大学院 GSBA 誕生に際しても，経営者はそのような意味でプロフェッショナルであるべきであるとの意志が（重要な産婆役として）働いていたことを指摘しておくことは決して無駄ではあるまい。この専門職倫理が企業倫理論あるいは CSR などに形を変えつつも，現代の経営者教育のなかにも脈々と生き続けていると考えられるのである。その意味ではこの専門職倫理は相当射程の長い影響を有しているのである。

　専門的経営者たちがプログレッシヴィズムと接触する過程で医師や弁護士などの専門職倫理であるプロフェッショナリズムを受容し，それを労使関係に適用しようとした理念と運動を，経営プロフェッショナリズムと呼ぶことにする。そして実はこの経営プロフェッショナリズムを熱心に提唱し，理論化したのが他ならぬメアリ・P・フォレットであった。このことは，「本研究の第二の課題に接近する正しい方法はテイラーからフォレットに至る経営学の思想的発展を俎上に載せることでなければならない」ということを教えているのである。

　フォレットの経営学に結実することになる経営プロフェッショナリズムの誕生は科学的管理運動における修正派と密接に関係していた。それゆえ具体的方法としては，科学的管理法からフォレットの組織行動論への理論的発展を，階級道徳への「敵対」と労働意欲の「保護」の視点から思想史的に解明することが必要となるのである。これに関連してもう一つ指摘しておくべき重要なことがある。それは科学的管理運動の修正主義者たちが労働組合との連携を図ったことが経営プロフェッショナリズムの出発点になったことである。このことを踏まえれば，経営プロフェッショナリズムの発展と保守化した労働組合との「関係」改善はどのようにリンクしていたのかも明らかにしなければならない。とりわけ経営プロフェッショナリズムの思想的展開に与えた影響については検証する必要がある。

　以上が本研究が究明すべき二つの課題である。本書の構成はそれに対応させて二部とした。具体的には以下の通りである。

　第1部「熟練労働者の階級道徳と経営管理」は3章からなる。第1章ではアメリカにおける熟練労働者の階級道徳を，職場における緩怠＝生産高制限を取り上げて具体的に明らかにし，併せて労働組合との関係についても検討する。第2章では生産高制限問題解決策と労働組合の変貌について考察する。前半において生産高制限問題に対する二つの処方箋，テイラーの科学的管理

法とコモンズ（John R. Commons）の労働協約論を取り上げ，後半では団体交渉に基づく労働協約体制が労働組合と階級道徳に与えた影響について明らかにする。第3章では機械化問題を取り上げ，それに対する労働組合の対応策と熟練労働者の態度について具体的に明らかにする。

　第2部「経営プロフェッショナリズムの発展」では経営プロフェッショナリズムの誕生と発展について述べる。第4章と第5章は1910年代と第一次大戦期を時代背景として，経営プロフェッショナリズムがどのように誕生したのかを明らかにする。第4章で社会改革派の経営者論，およびそれを継承し，科学的管理運動修正派の理論的支柱となったロバート・ヴァレンタイン（Robert G. Valentine）について紹介し，第5章では経営プロフェッショナリズムが，科学的管理運動修正派と労働組合の連携の中から誕生したことを明らかにする。

　第6章は1920年代における経営プロフェッショナリズムの発展と労使関係の新たな精神の誕生を，余暇・消費論争との関連において示す。前半ではアメリカ労働総同盟の労働時間短縮要求を，余暇運動との関連において取り上げ，そうした労働組合の要求に対して経営プロフェッショナリズムが取った理論的立場を伝統的保守派，消費の福音派と比較考察することによってその特徴を明らかにする。後半では，経営プロフェッショナリズムの労使関係改革とメアリ・P・フォレットの経営哲学を取り上げ，経営プロフェッショナリズムの理論的到達点を明らかにすると共に，その歴史的意義について検証する。

第 1 部

熟練労働者の階級道徳と経営管理

第1章

19世紀後半期における職場の労使関係と熟練労働者の階級道徳

　アメリカでは19世紀末，場合によれば20世紀初頭に至ってもなお，コミュニティは階級の固定化，あるいは身分的固定化を阻止する統合力と社会の復元力を維持していた。コミュニティの統合力，換言するならば労働者をコミュニティに結びつける機能を果たしたのは，社会組織，とりわけ宗教的，世俗的「自発結社」voluntary associations（以下アソシエーションと呼ぶ）であった。19世紀後半期，雇用主と従業員は，同じ教会，同じフラターナル・オーダー fraternal order のメンバーである蓋然性はなおきわめて高かった。身分的に閉鎖化する特権的アソシエーションが誕生しつつあったにせよ，ほとんどの社会層を包含するアソシエーションが一般的であったのである。このようなアソシエーションでは社会層の別，経済階級の別を超えて個々人は対等な紳士としての付き合いを期待された。こうした対等な紳士付き合い，すなわち市民的同格性を通して彼らは，共通のコミュニティに所属しているという一体感を共有し得たのである。

　しかしアソシエーションの機能はそればかりではない。ヴェーバーに倣えば，世俗的アソシエーションこそメンバーを市民的職業道徳（勤労倫理）の持ち主に陶冶する乗り物でもあった。南北戦争期には奴隷の労働に対立する概念として「自由な労働」と表現されたこの禁欲的イデオロギーは，こうしたアソシエーションを基盤としてコミュニティ・メンバーに共有されていた。確かに熟練職人には，労働者として雇われるのはほんの一時に過ぎず，やがては独立開業するチャンスがあったし，さらに企業経営者として成功することも夢ではなかったのである。こうした経済的独立と経営的成功のチャンスが「自由な労働」論に根拠を与えていた。その結果，「自由な労働」イデオロギーは雇用主，労働者双方に労使の協調，私的利害の調和を指向させる機能

を果たすことにもなった[1]。

　だが，工業化が進むとともに地域社会のこうした調和は綻びを見せ始める。労使関係も例外ではなかった。地域の産業が全国的な市場を相手に価格競争を展開するようになると労使紛争が頻発するようになった。そして労働者たちは自らの物質的・身分的利害を守るために，コミュニティの伝統や規範，モーレスから脱却し，階級道徳，階級的連帯により頼む傾向をはっきりと示すようになる。こうして労働者たちは経済的利害の共有ばかりではなく，道徳的な規範意識についても，社会的交通についても固有の階級性を帯びるようになったのである。これこそアメリカにおける労働者文化誕生の契機であった。ヨーロッパに較べ相対的に貧弱であったとはいえ，こうしてアメリカにも確固とした労働者文化が誕生し，企業経営や労使関係に対して一定の影響力を揮うことになった。

　逸速く「階級性」を帯びた闘争を展開した熟練職人にストーブ製造業の鋳物工がいた。彼らは南北戦争直前の1850年代末に早くも全国鋳物工組合 National Moulders' Union を結成している。その契機となったのがニューヨーク州オールバニ Albany における労使紛争であった。ニューヨーク州は鋳物業の主要中心地であり，オールバニとその姉妹都市トロイ Troy は当時最も繁栄していたストーブ製造業の拠点であった。この時期，オールバニとトロイのストーブ製造業者は全国市場支配に乗り出し，他地域の同業者に対して価格競争を仕掛けた。最初の闘争は1852年に賃金支払い方式の変更提案から発生したが，その際，早くも鋳物工たちは，職人や労働者を搾取して富裕になった人々がリードするコミュニティの世論を当てにせず，「働く仲間の支援と共感」に訴えることにより紛争解決を図ることを宣言した。注目すべきは鋳物工組合が団体交渉を通して早期に内部請負制度を撤廃させたことであった。ストーブ製造業やその後発展を遂げる機械工業鋳物部門では企業経営による直接雇用が一般的となったのである。以下，労働者文化の黎明期において工業経営が直面した労働問題を，機械工業鋳物部門の労使関係に焦点を当てて明らかにしたい[2]。

　既に内部請負制からは自由になり近代的工場経営に近づきつつあるが，なお労働者の手工業的熟練依存から脱却し切れていない移行期の工業経営にあっては，その労使関係は現場監督者と労働者集団との力関係に大きく依存していた。とはいえ，このことが直ちに（通例言われるように）雇用主，具体的にはその利害を体した現場監督者である職長やスーパーインテンデントの

権威主義的・専制的支配を意味したわけではない。そうではない事例，すなわち労働者集団の連帯が現場監督者の実力を上回ることもあり得た。とりわけアメリカの場合，熟練労働者の強固な労働組合が存在していたことからも明らかなように，労働者優位の労使関係の方が（産業分野によっては）支配的であったのである。われわれは，前者のタイプをダニエル・ネルソン（Daniel Nelson）に倣って「職長の帝国」と呼び，後者のタイプをデイビッド・モントゴメリ（David Montgomery）に倣って「労働者統制」と呼ぼうと思う[3]。

個別具体的職場を考える場合，「職長の帝国」となるか「労働者統制」となるかは，労働者の階級的連帯の強さによると考えることができる。これは多くの研究者が指摘している通りである[4]。ではそもそもその階級的連帯の強さとはいったい何に依存するのか，この問題に対しては従来殆ど検討がなされなかった。階級的連帯の強さに影響を与える要因として，機械化の進展や景気変動が重要であることは容易に理解できる。機械化についていえば，周知のようにそれが階級的連帯の物質的基礎である熟練を解体するからであるし[5]，景気変動についていえば，景気が労働市場に直接影響を及ぼすからに他ならない。景気が下降局面に入れば失業の危険が増大し，労働者は自分と家族のことを最優先して仲間への配慮を後回しにしてしまうからであるし，逆に景気が回復すれば雇用主に対して有利な地位を占めるから（賃率を含めた）失われた諸権利を回復するために労働者は容易に連帯することができるからである。

しかし階級的連帯の強さはそうした経済的要因のみに規定されているわけではないこともまた確かである。すなわち，同じ産業分野に属する複数の経営を見ればわかることだが，景気が下降するに従って次第にクローズド・ショップの数は減少するであろうが，しかしクローズド・ショップが消滅してしまうことはなかった。同じように，たとえ景気が上向きになったとしても依然としてオープン・ショップ政策を維持存続させる経営も存在したのである。

階級的連帯が労働者の自発的小集団を核として成立すること，さらに労働者集団が雇用主や現場監督者との厳しい闘争を戦う以上，階級的連帯の強さには人間的要素も重要な役割を担っていたのではないかと考えなければなるまい。すなわち，そうした労働者集団における指導層，とりわけリーダーシップを握る人間に決定的に規定されていたと考えられるのである。具体的にいえば次の問題である。強力な階級的連帯を誇る労働者集団のリーダーシッ

プはいったいいかなる人間が握っていたのか，また，そうしたリーダーたちには一定の類型的特徴を見いだすことができるのかという問題である[6]。

われわれは労働者集団に焦点を当て，階級的連帯の強さを規定する人間的要素について考究する。すなわち，人間的要素から見る限りで，どのようなときに「職長の帝国」となり，どのようなときに「労働者統制」が実現するのかを説明することを課題としている。だが決してそれにとどまらない。いま一度階級的連帯に話を戻すならば，階級的連帯の人間的側面を問題とする以上，労働運動に方向性を与えていた「諸力」についての考察が不可欠である。そもそもそうした労働者集団はいかなる（物質的ばかりではなく身分的な）利害，いかなる理念を基礎としていたのか，より根元的な問いがわれわれを待ち受けている。われわれは労働運動の理念についても，企業と社会の関係を把握する一つの，しかし主要な方法として説明を試みなければならない。

1. マコーミック社とディアリング社の賃金表から見た熟練労働者の存在形態

階級的連帯の人間的側面にアプローチする方法として，労働者の賃金実態に着目したい。賃金こそ経営と労働との力関係を計測する上で最も相応しい指標と考えられるからである。具体的な分析のために選んだのは，刈取機製造企業として有名なマコーミック社 McCormick Harvesting Machine Co. ならびにディアリング社 Deering Harvester Co. の鋳物部門である。主として両社における熟練鋳物工の賃金表を資料として利用した[7]。鋳物工業には国際鋳物工組合 International Molders' Union of North America （以下 IMU と略記）という強力な全国組織をもつ労働組合が存在していた。その主力はストーブ製造工業にあったが，鋳物工程は機械工業にとっても枢要な工程であるところからストーブ製造業と同様に機械工業の諸分野でも IMU の影響は無視し得ないものがあった[8]。

マコーミック社とディアリング社の鋳物部門は IMU との関係で鮮やかな対照をなす。マコーミック社が19世紀（70年代の不況期も含めて）80年代半ばまで一貫して IMU との間に労働協約を締結し，その職場支配を（意に反して）受け入れていたのに対して，ディアリング社は徹頭徹尾組合の影響力を排除することに成功していたからである。すなわちマコーミック社鋳物部門では「労働者統制」の労使関係が成立しており，ディアリング社鋳物部門で

は「職長の帝国」の状況にあった。以上の点から見て，両社の比較分析はわれわれの当面の課題である人間的側面から見た階級的連帯の強さの秘密の解明にとり，きわめて有効であるといえる。

　まずマコーミック，ディアリング両社の歴史を簡単に紹介しておきたい。両社とも農機具工業の中でも専ら穀物および牧草の刈取機，すなわちリーパーやモウアー製造の専業経営であり，1870年代における試行錯誤を経て1880年頃に開発に成功したバインダーの導入に伴い業績を急伸させた。マコーミック社がリーパー製造のために早くも1847年にシカゴに本格的な工場を設けた刈取機工業のいわば草分け的存在であったのに対して，ディアリング社は最初農機具販売会社としてスタートし，1869年に併合した製造会社の主力商品であるマーシュ・ハーヴェスター Marsh harvester の製造により刈取機工業に本格的に参入したいわば新参者であった。だがその新参者がバインダー twine binder の開発ではマコーミック社に一歩先んじて成功した。すなわち，それまでボトルネックとなっていた「紐かけ」操作をディアリング社は針金 wire にかえて麻紐 twine を利用することによって操作性能に優れ，しかもランニングコストが遥かに安いバインダーを提供することに成功した。これによりディアリング社はマコーミック社に対して優位に立ったのである。マコーミック社はディアリング方式を模倣することによってようやく難局を乗り切ることができた。両社は後に合同し，巨大独占企業インタナショナル・ハーヴェスター社 International Harvester Company を形成するが，それ以前においては中西部農業地帯の発展に並行して農機具製造工業の集中集積が進む中で市場支配権を巡って互いに激しい競争を展開した好敵手であった。マコーミック社が一貫してシカゴを製造拠点にしていたのに対し，ディアリング社は当初シカゴから南西約35マイルほどのところにある小都市プラノに工場をもっていた。その意味では鋳物工は別個の労働市場から募集されていた可能性が高いと言える。この工場立地の相違があるいはディアリング社の労働組合対策に有利に作用したであろうことは十分に考えられる。しかしやがてディアリング社もシカゴに新鋭工場を建設し，本格的な操業に踏み切っている。1879年から80年にかけてのことであった。以降，両社は共通の労働市場に依拠することになる[9]。

　もう一つ指摘しておかなければならないのは，マコーミック社が1880年よりアメリカ的製造方式に基づく大量生産への移行を開始したという事実である。専用機械の導入は職場の労使関係に深刻な影響を及ぼすことになる。だ

が，マコーミック社での大量生産への移行は一朝一夕にできあがったわけではなく，20年という長い歳月を費やしてようやく実現されたのであった。とりわけ鋳物部門では専用機械の開発は困難をきわめ，最初の導入の試みがなされたのはようやく1886年のことだった。好都合なことにわれわれが検討しようとする賃金表には，機械化直前の時期までが含まれている。つまりわれわれの分析は機械化の影響を無視することができるばかりか，一方で熟練労働者たちの危機感をひしひしと肌で感じることができるものでもあったのである。労使関係がきわめて険悪な状況にあったという事情は分析対象として恰好の時期であったと言うことができる[10]。

　他方の当事者である労働者についても見ておこう。刈取機工業で働く労働者の間で最も強力であった職能別組合はIMUであった。IMUは19世紀後半期アメリカ労働運動を牽引した組合の一つであった。既に述べたように，IMUの主力はストーブ製造業にあったが，シカゴではそれとは反対に，最初から機械製造鋳物工（machine molder）がストーブ鋳物工を圧倒していた。1868年10月の組合機関誌に掲載されたシカゴ第23分会からのコレスポンデンス・レポートによれば加盟組合員の所属先はストーブ鋳造所1社に対して機械製造鋳造所が30社であった[11]。また組合員数は60名前後であり，1経営あたり平均2名の組合員が存在した計算になる。

　しかし実際はこのうちの約3分の1程度がマコーミック社鋳物部門の鋳物工であった。その後ストーブ製造業の中西部への移動に伴いストーブ鋳物工もその数を増していき，結局1878年に機械製造鋳物工は彼ら自身のシカゴ第233分会を創設する。新たに創設されたシカゴ第233分会においてもマコーミック社の鋳物工が圧倒的多数を占め，歴代の分会長をはじめ執行部の多くの役員が彼らの中から選出された。シカゴ第233分会に占めるマコーミック社の鋳物工の影響力がいかに大きかったかは，1886年ストライキによってマコーミックの組合員鋳物工が一掃されたときシカゴ第233分会は事実上解体消滅してしまった点に端的に示されている[12]。

　マコーミック社の鋳物部門は，IMUがウイリアム・シルヴィスの手によって再建されその最初の黄金時代を迎えようとしていたとき，早くも有能なリーダーJ・フィッツジェラルド（J. Fitzgerald）の下に組合の支配権を確立していた。因みに彼は1864年IMUシカゴ大会において第三副議長として中央執行委員の一人に選出されている。IMUシカゴ第23分会，および後のシカゴ第233分会はマコーミック社との間に労働協約を締結していたと言われてい

る（ただし完全なクローズド・ショップを実現していたかどうかについては不明）。組合優位の職場規律は IMU の実力を背景として19世紀80年代中ごろまで，具体的には1886年ストライキが組合の敗北に終わるまで維持されていた。これに対してディアリング社の鋳物部門はプラノ Plano, Illinois に工場があった頃から労働組合の影響力は比較にならないほど弱いものであった。1880年シカゴへの工場移転とともに，労働力は，ごく少数を除き，新たに募集された労働者を主力として再編されたもので，それを契機として，IMU メンバーが若干残存してはいたが，労働組合の影は跡形もなく吹き飛んでしまった[13]。

1）鋳物工の賃金実績について

マコーミック，ディアリング両社の賃金表から看取することができる第一の特徴は，鋳物工の間に賃金階層が存在しているということである。少なくとも二つ（ないしは三つ）の賃金階層の存在を推測させる。この特徴は，断層の明瞭さの点において差はあるが，両社ともに共通して言えることである。

最も明瞭であるのは週に40ドル以上を稼ぎだす鋳物工の階層である。彼らが賃金階層の最上部を成す。彼らの賃金実績を見ると一度40ドルの大台を達成した後は，多少の変動はあるにしても，ほぼ例外なく40ドルの水準を維持している。これほど明瞭ではないにしても同様な傾向は20ドル以上40ドル未満の階層，20ドル未満の階層についても指摘することができる。鋳物工の賃金に見られるこの階層構造は1880年代に限られたものではない。表1－3が明示しているように，この傾向は1860年代から一貫して存在していたことがわかる[14]。

この賃金階層はそれぞれ熟練の階梯を成していたと考えられる。ただし所謂年功序列のそれではなかったことは言うまでもない。熟練が経験年数の関数でもある以上年令とともに賃金が上昇する傾向はあったであろう。だが一方で鋳造工の場合力仕事を必要としたためある一定の年令以上になると生産能力は低下し，それに伴って賃金も下降していかざるを得なかった。

［表1－1，事例1について］

個々の鋳物工の事例を見ると，マコーミック社内部からの最上層への昇進はそれほど多くはない。そうした事例はきわめて限られていたと言わなければならない。事例1はその数少ない昇進例の一つである。この鋳物工は1880年10月29日の支払日にはじめてマコーミック社の賃金表に13.55 ドルを得て

表1-1 マコーミック社鋳物工の週当り賃金実績
（1884年4月11日～1885年6月26日）（単位：ドル）

事例1 (上段：支払日，下段：賃金)

1884年

4.11	4.18	4.25	5.02	5.09	5.16	5.23	5.30	6.06
21.00	20.80	21.10	21.10	21.00	31.04	49.92	49.92	49.60
6.13	6.20	6.27	7.04	7.11	7.18	7.25	8.01	8.08
49.60	49.92	49.92	49.92	49.92	53.92	49.60	49.60	51.57
8.15	8.24	8.29	9.05	9.12	9.19	9.26	10.03	10.10
—	33.28	49.92	41.28	42.24	49.92	49.28	49.92	49.60
10.17	10.24	10.31	11.07	11.14	11.21	11.28	12.05	12.12
49.60	48.96	49.92	36.16	48.76	50.24	48.64	48.96	50.24

1884年　　　　　1885年

12.19	12.26	1.02	1.09	1.16	1.23	1.30	2.06	2.13
42.16	35.36	14.58	33.73	42.16	42.42	42.70	33.68	30.28
2.20	2.27	3.06	3.13	3.20	3.27～	～4.10	4.17	4.24
29.70	32.76	41.18	40.82	39.44	ストライキ		35.43	48.00
5.01	5.08	5.15	5.22	5.29	6.05	6.16	6.19	6.26
47.77	48.00	48.00	48.00	48.00	47.54	47.54	31.77	解雇

事例2

1884年

4.11	4.18	4.25	5.02	5.09	5.16	5.23	5.30	6.06
48.33	46.44	49.25	44.01	24.30	16.20	21.83	24.40	23.60
6.13	6.20	6.27	7.04	7.11	7.18	7.25	8.01	8.08
31.60	46.00	39.60	47.31	50.21	77.76	100.4	66.92	36.00
8.15	8.24	8.29	9.05	9.12	9.19	9.26	10.03	10.10
—	24.00	36.00	30.00	48.43	53.85	50.76	54.00	
10.17	10.24	10.31	11.07	11.14	11.21	11.28	12.05	12.12
55.62	44.04	45.63	40.50	47.79	48.87	48.33	52.38	42.69

1884年　　　　　1885年

12.19	12.26	1.02	1.09	1.16	1.23	1.30	2.06	2.13
35.14	33.38	36.29	41.81	40.76	39.81	40.81	40.81	40.81
2.20	2.27	3.06	3.13	3.20	3.27～	～4.10	4.17	4.24
40.81	40.50	40.80	41.89	ストライキ			37.51	48.01
5.01	5.08	5.15	5.22	5.29	6.05	6.12	6.19	6.26
48.01	48.01	46.56	48.01	47.28	47.65	48.01	24.37	48.01

McCormick Time and Payroll Book 1884-5 より作成

登場する。その後20ドル台の賃金実績が長く続いた。30ドルを超えることもあるにはあったが，ごく稀であった。その彼が1884年5月期を境として突如それまでの2倍にもなる50ドル近い賃金を得るようになり，その後解雇されるまでほぼ一貫してこの水準を保っている。この賃金上昇は決して臨時的なものではなかった。明らかに彼はより高度な熟練を必要とする仕事へと昇進したのである。

表1-2　ディアリング社鋳物工の2週当り賃金実績
（1884年1月上期～1885年8月下期）（単位：ドル）

事例3　　　　　　　　　　　　　　　　　　　　（DW：日払い賃金分）

1884年	1月上	1月下	2月上	2月下	3月上	3月下	4月上	4月下
賃金	70.50	89.50	82.50	76.50	64.50	32.50	32.50	38.25
(DW)						(32.50)	(32.50)	(27.50)
1884	5月上	5月下	6月上	6月下	7月上	7月下	8月上	8月下
賃金	81.50	31.30	81.35	61.95	67.90	42.15	27.50	22.50
(DW)		(31.30)					(27.50)	(22.50)
1884	9月上	9月下	10月上	10月下	11月上	11月下	12月上	12月下
賃金	27.50	32.50	?	?	30.00	42.00	72.85	66.27
(DW)	(27.50)	(32.50)			(30.00)	(17.50)		
1885年	1月上	1月下	2月上	2月下	3月上	3月下	4月上	4月下
賃金	72.85	74.62	63.96	63.55	63.96	73.80	63.14	63.00
(DW)								
1885	5月上	5月下	6月上	6月下	7月上	7月下	8月上	8月下
賃金	57.39	79.13	89.66	88.14	6.90	54.02	0	5.45
(DW)								(5.45)

事例4　　　　　　　　　　　　　　　　　　　　（DW：日払い賃金分）

1884年	1月上	1月下	2月上	2月下	3月上	3月下	4月上	4月下
賃金	33.00	38.50	30.25	16.50	35.75	35.75	35.75	44.10
(DW)	(33.00)	(38.50)	(30.25)	(16.50)	(35.75)	(35.75)	(35.75)	
1884	5月上	5月下	6月上	6月下	7月上	7月下	8月上	8月下
賃金	46.50	74.00	82.95	89.67	91.12	55.05	33.00	27.50
(DW)							(33.00)	(27.50)
1884	9月上	9月下	10月上	10月下	11月上	11月下	12月上	12月下
賃金	30.00	32.50	0	0	72.48	68.40	70.32	58.19
(DW)	(30.00)	(32.50)						
1885年	1月上	1月下	2月上	2月下	3月上	3月下	4月上	4月下
賃金	52.90	67.83	52.51	60.48	50.40	45.15	66.99	88.67
(DW)			(4.00)					
1885	5月上	5月下	6月上	6月下	7月上	7月下	8月上	8月下
賃金	88.94	88.17	70.96	56.55	0	0	0	0
(DW)			(16.33)					

Deering Harvester Company Factory Time and Payroll Books 1884-5 より作成

［表1-1，事例2について］

事例1とは逆に，採用後数週間で最上層の仲間入りをしている例もある。最上層についていえばむしろそうした事例の方が多いとさえ言える。事例2はその典型例である。彼は1884年2月8日の支払日に，16.81ドルを得てはじめて賃金表に登場した。40ドルの大台に乗ったのは採用後わずか四週目であった。その後一時的に20ドル台に落ちたが（この原因については不明），同年6月に再び40ドルを回復，その後1885年7月3日解雇されるまでほぼ40ドルの水準を保っている。こうしたことから見て，マコーミック社では最上層

の鋳物工も主として外部の労働市場から募集されていたと考えることができる。

　以上の事例から考えて昇進は専ら「経験とそれを果たすに必要な技能を身につけているかどうか」という客観的基準によって決定されていたと判断される。経営が手工業的熟練の基礎の上に成立している以上，この点に関する限り現場監督者の恣意が入り込む余地はない。すなわち週40ドル以上を稼得する鋳物工は自他共に認める最高水準の技能を誇る第一級のメキャニック集団であったと言えるのである。

　ところで，こうした賃金階層が存在したということは，換言すれば，等しく鋳物工といっても彼らの間には驚くほどの賃金格差が存在していたということに他ならない。当時アメリカでは年収1千ドルあれば親子4人の標準的家族は見苦しくない中流の生活を送ることができたと言われている。すなわちブルジョワ的生活様式を身につけることができたというわけである。ところがこの時期のIMUの機関誌に紹介されている鋳物工の平均年収を見ると，その額はこの水準に遥かに及ばない[15]。たしかにマコーミック社の鋳物工にせよ，ディアリング社の鋳物工にせよ彼らの平均週賃金は20ドルを超えており，平均的鋳物工に較べると高賃金を享受していたと言える。実際，年間50週働けるとすれば彼らの年収は1千ドルを超える勘定になる。

　とはいえ，実働50週を確保することは刈取機製造工業ではかなり困難であり，夏期の1ヶ月（場合によっては2ヶ月）ほどの工場閉鎖は決して珍しいことではなかった。ディアリング社の鋳物工の賃金表を見れば，そのことが良くわかる。7月および8月は無収入のことも珍しくはなかった。最上層の鋳物工ですらこのような状態であるのだから，これよりも低い賃金階層については推して知るべしであろう。その場合週20ドルの賃金を確保できたとしても年収1千ドルには届かないことになる。さらに20ドル未満の賃金階層も両社とも常に4〜5割を占めており，しかも景気の動向によってはさらにそれをも上回り，ディアリング社にいたっては8割に達したこともあった。

　すなわち，刈取機製造企業で働く鋳物工であっても，大半は中流の生活を維持するには若干不足する程度の収入しか得ていなかったと言うことができるのである。絶対的貧困とまでは言えないにせよ，消費生活から見て「ミドルクラス」から落ちこぼれつつあったと言わなければならない。彼らがマコーミック社における労働者集団の過半を占めていたのであるから，やはり経済的利害，より厳密には消費者的利害が彼らを結びつけていたことは間違い

あるまい。

　問題はマコーミック社に1～2割程度存在する週40ドル以上の賃金を得ている鋳物工たちである（表1-3）。この賃金階層に属する鋳物工の数は，労働組合が支配権を有するマコーミック社の方が労働組合を排除してしまったディアリング社よりも圧倒的に多い。彼らの中には驚くべきことに，年収2千ドルをも遥かに超える所得を得ていた者もあった。しかも，ブルジョワ的生活様式をらくらくと謳歌できるそうした超熟練鋳物工がIMUのメンバーであったということが重要である。彼らはなぜ労働組合に参加したのであろうか。彼らはいやいやながら参加したのであろうか。彼らは数の上では明らかに少数派であったがゆえに，もし貧困問題のみが運動をつき動かす推進力であったとすれば，彼らは単に（暴力を伴う実力行使の脅しに屈して）消極的にこれに参加したにすぎなかったことになる。

　他方では，彼らもまた労働組合が支配権を握っていてくれた方が経済的に有利であったことも見逃せない。1881年から1885年までの両社の鋳物工の平均賃金の平均値を取ると，マコーミック社が24.08ドル，ディアリング社が20.9ドルであり，マコーミック社の鋳物工の方がディアリング社の仲間よりも総じて高い賃金を享受していたことがわかる。その理由は明らかに労働組合が存在したことに求められる。それと同じ理由で40ドル以上の賃金階層の比率もマコーミック社の方が高かったと言えるのである（表1-4）。たしかに彼らにも労働組合に参加する経済的動機があったと言うことはできる。ともかく，われわれはこの第一級のメキャニック集団から目を離さないようにしよう。

表1-3　マコーミック社鋳物工の賃金階層分布の推移（1865年～1885年）

年 賃金階層	1865	1870	1875	1880	1885
10以上～20ドル未満	5	11	13	36	33
階層(％)	(26.3)	(26.8)	(37.1)	(80.0)	(34.0)
20以上～40ドル未満	12	21	18	3	43
階層(％)	(63.2)	(51.2)	(51.4)	(6.7)	(44.3)
40ドル以上	2	9	4	6	21
階層(％)	(10.5)	(22.0)	(11.4)	(13.3)	(21.6)
平均賃金（ドル）	27.53	30.27	23.67	20.46	25.36
鋳物工数（人）	19	41	35	45	97

McCormick Time and Payroll Book 1865, 1870, 1875, 1880, 1885 より作成
括弧内は鋳物工に占める割合

表1－4　マコーミック，ディアリング両社の鋳物工の賃金階層比較（1881－1885年）

賃金階層＼年	1881 マコーミック	1881 ディアリング	1882 マコーミック	1882 ディアリング	1883 マコーミック	1883 ディアリング	1884 マコーミック	1884 ディアリング	1885 マコーミック	1885 ディアリング
10以上－20ドル未満	41	32	45	66	43	37	35	58	33	37
階層(%)	(51.2)	(57.1)	(40.5)	(82.5)	(51.8)	(40.7)	(38.5)	(68.2)	(34.0)	(37.8)
20以上－40ドル未満	27	23	52	14	31	43	42	23	43	50
階層(%)	(33.8)	(41.1)	(46.8)	(17.5)	(37.3)	(47.3)	(46.2)	(27.1)	(44.3)	(51.0)
40ドル以上	12	1	14	0	9	11	14	4	21	11
階層(%)	(15.0)	(1.8)	(12.6)	(0)	(10.8)	(12.1)	(15.4)	(4.7)	(21.6)	(11.2)
平均賃金(ドル)	23.53	20.01	26.25	16.14	21.51	23.65	23.74	20.59	25.36	24.13
鋳物工数(人)	80	56	111	80	83	91	91	85	97	98

McCormick *Time and Payroll Book 1881-1885* 及び *Deering Harvester Company Factory Time and Payroll Books, 1881-1885* より作成
括弧内は鋳物工に占める割合

2）ディアリング社の鋳物工とインセンティヴ・システム

　賃金階層の安定度について見ると，マコーミック社とディアリング社の間にははっきりとした相違がある。すなわちマコーミック社がきわめて安定していたのに対して，ディアリング社は逆にきわめて不安定であった。たとえば，1881年から1885年までの両社の鋳物工の平均賃金が先に計算しておいた平均値からどの程度乖離しているかを調べると，明らかにディアリング社の方が乖離の幅が大きい。ちなみにマコーミック社の標準偏差が1.63であったのに対しディアリング社のそれは2.88であった。その分賃金階層もディアリング社の方が曖昧なものとなっている。表1－4を見れば分かるとおり，ディアリング社はマコーミック社に較べ，各賃金階層の比率が年ごとにより大きく変動しているのである。まずディアリング社の賃金の不安定性について見よう。

　ディアリング社にはマコーミック社に見られない特徴として出来高払い仕事 piece wage work と日払い仕事 day wage work の併用がある。このことは表1－2の事例3および4を見れば直ちに了解できるであろう。この両表はディアリング社における最上層の賃金階層に属する二人の鋳物工の賃金実績の推移を示している。ディアリング社では鋳物部門における賃金表の氏名欄の右上に，予め適用される賃率が小さく表示されている。熟練鋳物工が日払い仕事をすることは半ば当然視されていたことがわかる。それを見ると，賃金階層間の差が無視され，ほぼ一律の賃率（2.5～2.75ドル）を適用されていたことがわかる（ちなみにマコーミック社では全ての鋳物工は出来高払いの賃金を受領しており，日払い仕事との併用という事態は1886年ストライキ敗北

まではまったくなかった)。そのために出来高払いの賃金が適用される場合には週40ドル程度を稼ぐ事例3のような超熟練工であっても日払い労働に回されるとわずかに16ドルを稼ぐに過ぎないという事態が日常的に発生することになるのである。これが賃金実績にみられる不安定性の原因であった。

　出来高払い仕事と日払い仕事のどちらを割り当てられるかによってきわめて大きな賃金格差を生み出す。とりわけこの格差は賃金階層が上に行けば行くほど拡大するのであるから，鋳物工たちはなんとかして割のよい出来高払いの仕事にありつこうと努力するであろう。だがそれを決定するのは職長ら現場監督者なのである。誰も割の合わない仕事を回されたくはない。だとすれば誰も彼もが仲間と競争してまでも自分の有能さを職長に売り込もうとするであろうし，さらにはできるだけ職長たち現場監督者の意を汲み，いかなる命令でも受け入れようとするに違いない。こうして出来高払い仕事と日払い仕事の併用は鋳物工の労働意欲を刺激するインセンティヴ・システムとして有効に作用することになった。そればかりか労働者と職長との関係についてみれば職長が圧倒的優位に立ち，その結果現場監督者による専制的・権威的支配が貫徹していくことになる[16]。

　ディアリング社が採用したインセンティヴ・システムにはもう一つあった。ヘルパー制度がそれである。ヘルパーは熟練労働者からの距離に応じて三種類のタイプに区別して論じられるのが普通である。先ずリモート・ヘルパー remote helper がいる。彼らは熟練労働者から最も遠いところの単純労働者である。鋳物部門では主に砂切り，滓取り，鋳物取り出しなどの労働に従事する労働者がこれに該当する。不熟練労働者とは普通彼らを指す。次にヘルパー・プロパー helper proper がいる。これが本来の意味での熟練労働者の補助者たるヘルパーである。鋳物部門ではバークシャーズ "berkshires" あるいは単にバックス "bucks" と呼び慣わされる。彼らは実際に模型を取り扱ったり，鋳枠に砂を詰めるといった作業に携わり，鋳型成形に直接関与する。最後にアドヴァンスト・ヘルパー advanced helper がいる。彼らは熟練工とほとんど変わらぬ仕事を担当する。鋳物部門ではしかし，彼らは例外的にしか存在しないと言われる[17]。

　ここで問題とするヘルパーとはヘルパー・プロパー，すなわちバックスなどと呼び慣わされている労働者である。もともと鋳物工は内部請負制の下でヘルパーを自ら雇用していた。この慣行はとくにストーブ製造業において顕著であった。ヘルパーを雇うことで鋳物工は最も熟練を要する工程，すなわ

ち模型 pattern を正確な場所にセットする，砂固めを終えた鋳型枠から模型を取り出す，ガス抜き用の穴を開ける，あるいは鋳型の中にどろどろに溶けた鉄を流し込む，そうした作業に専念でき，それによってより多くの工賃を稼ぐことができた。

　ヘルパー制度は確かにより多くの賃金を得ることができるという意味で鋳物工個人にとってはきわめて有利であった。だが鋳物工全体の福祉の観点から見るときわめて大きな危険を孕んでいた。というのはヘルパー制度の横行が鋳物工の大量養成に結果し，鋳物工の社会的希少性を著しく減じたからである。既に述べたようにヘルパーは鋳物工のごく近くで作業をするために熟練を掠め取ることができたからに他ならない。その結果は鋳物工の賃金の低下，失業の危険の増大をもたらした。そこでIMUはヘルパー制度を全面的に禁止し，徒弟制度の厳格な運用を決議したのである[18]。マコーミック社では19世紀60年代に（総会決議に先駆けて）ヘルパー制度を葬り去って以来，1886年ストライキが労働者の敗北に終わるまでヘルパー制度とは無縁であった[19]。

　ディアリング社では事情はまったく違っていた。ヘルパーの雇用主は鋳物工ではなくディアリング社であり，彼らへの賃金支払いもディアリング社がこれを行った。しかもヘルパーを鋳物工全員に配属させていたわけではなく，きわめて限られた鋳物工がヘルパーを利用できたにすぎなかった。賃金表から確認できたところによれば，ヘルパーの数は鋳物工のおよそ5割程度にすぎない。とりわけ大型の鋳物を製造する，それゆえ高い熟練を要する仕事の場合に専ら利用されていたであろう。ヘルパーを使えば確実に個数を伸ばすことができたのであるから，鋳物工，とりわけ最上層の超熟練鋳物工はやはりより多くの賃金を稼ごうとして争ってヘルパーを利用できる仕事に就こうとしたのである[20]。

　以上からも分かるようにディアリング社の鋳物工たちは自分個人と家族に対する配慮を最優先しており，職場の仲間への配慮は片隅に追いやられていたのである。ディアリング社の採用した管理はまさしくより多くの賃金を得ようとする個人主義的利害を刺激し，鋳物工の労働意欲をより多く引き出そうとするものであった。重要なのは，ディアリング社の賃金政策が鋳物工一般というよりもむしろその最上層をターゲットとしていたことである。これを鋳物工の利害から見れば，鋳物工の最上層はとりわけ個人主義的利害に熱心なタイプであるということにならないであろうか。しかも職長やスーパーインテンデントなどの現場監督者は彼らの中から徴募されるという事情が付

け加わるのであるから，ますますもってこのことは確からしく思われる。そうだとすれば，彼らの置かれている立場からみて物質的にも身分的にも労働組合に加入する利点はどこにも存在しないかのようである。果たしてそうか。この問題に答えるためには，残された課題，すなわちマコーミック社ではなぜ賃金が異様に安定していたのかについて検討する必要がある。

3）マコーミック社の鋳物工と労働者主導の職場規律

　マコーミック社ではその賃金階層はきわめて固定的であり，しかも個々の鋳物工の賃金実績も「異常に」安定していた。しかし個々の鋳物工の賃金実績の推移を子細に見るとそこに興味深い事実を発見できる。表1－1の事例2を見ると，この鋳物工はごく一時的に（1884年の7月11日から8月1日までのわずか3週間のみ）ではあるが40ドルの水準を遥かに超える週賃金を得ている。このことは件の鋳物工はその気になりさえすれば週100ドルを稼ぐことも困難ではないほどの高い労働能力の持ち主であることを意味している。換言すればこの鋳物工が40ドル台の賃金を得るということは，明らかに自分の能率にブレーキを懸けていたことを意味していたのである。マコーミック社鋳物部門では，出来高賃金と日払い賃金の併用もヘルパー制度も知られていなかったのであるから，これが専ら雇主や現場監督者の生産計画によっていたとは考えにくい。実際，彼らの賃金実績は季節と無関係に安定していた。そうだとすれば，これは労働者の側に能率についての規律が存在していた，階級的連帯によって生産高制限（すなわち緩怠）が行われていたと考えなければなるまい。マコーミック社鋳物部門における賃金の安定性はまさにその結果としてもたらされたものであった。とりわけ1884年下期から1885年上期にかけては労使間の緊張が高まった時期であったことを考えるとなおさらそう判断することができる。1884年12月中旬には経営側が一方的に15％の賃率引き下げを通告しているし，さらに1885年3月下旬には今度は労働者側が賃率引き下げの撤回を要求するストライキを断行している[21]。

　長期にわたる生産高制限の実施や生産が本格化する春先を狙って仕掛けられたストライキ，およびストライキ期間中の規律の取れた行動，そのどれ一つを取ってみてもマコーミック社の鋳物工の間にきわめて強固な階級的連帯が存在していたことを示す証拠となるであろう。マコーミック社の鋳物工たちは件のストライキを成功させ賃率引き下げを撤回させたが，その究極の力となったのもやはり彼らの強固な連帯と指導者のずば抜けた統率力をおいて

他にない。
　ではその指導者とはいったい誰であろうか。彼（あるいは彼ら）はいかなる賃金階層に属する鋳物工なのであろうか。彼らの賃金実績は中流の生活をとうてい維持し得ないほどの低いものであったのであろうか。もしそうであるとすれば全てがうまく説明できる。だが事実はそうではなかったのである。1885年ストライキの首謀者は2名いた。M・E・マクパッデン（M. E. McPadden）とパトリック・エンライト（Patrick Enright）である[22]。われわれは彼らの賃金実績をマコーミック社の賃金表から捜し当てることができる。こうして捜し当てた彼らの賃金実績の推移を示す表こそ既に明示した事例1と2であったのである。彼らは（予想に反して）週40ドル以上を稼ぐ超熟練鋳物工であった。とりわけマクパッデン（事例2）の労働能力には驚嘆させられる。彼は採用後わずか数週間で40ドルの賃金階層へと「昇進」している。しかも彼の1885年7月第2週から第4週までの賃金実績はマコーミック社鋳物工の中で最高位を占め、彼に比肩しうるほどの鋳物工は他にわずか2名存在しただけであった。ちなみにこの2名ともIMUのメンバーであった[23]。
　同じようにして1865年以降IMU第23ならびに第233分会の役員を務めたマコーミック社鋳物工をマコーミック社の賃金表の中に捜すと、やはりその多くがマクパッデンと同じく40ドル以上の高い賃金を稼ぐ超熟練鋳物工の階層に属していたことがわかった。しかも最大の能率で労働することが許された場合、彼らは仲間の中で最高の生産性を記録していた[24]。こうした事例から見て、いわゆる志操堅固な労働組合員が最高度の熟練と労働能力を誇る「第一級のメキャニック」でもあったということは類型的に見いだせる現象であったと考えなければならないのである。誤解を恐れずに言えば、アメリカの労働組合（より広く労働運動）は労働能力の点で最高の水準を誇る第一級のメキャニックこそを担い手としていたのである。この点（優れた労働能力の持ち主が組合員であったということ）ではドイツにおける社会民主主義的労働組合とまったく同じであったと言える。すなわち彼らこそ最も自覚的に「自分の収利性を『生産手段』として意識」することができたのである[25]。

4）熟練労働者の二つのタイプと経営管理

　以上より、われわれは才気煥発な労働能力に秀でた労働者はきわめてアンビヴァレントな存在であることを知った。雇主あるいは現場監督者とは労働者から最大限の労働意欲を引き出そうとするのであるから、彼らは志操堅固

な組合員に対抗して労働意欲に溢れた労働者を保護しようとする。そしてこうした経営の努力が効を奏したとき職場は「職長の帝国」となるのであり，それに失敗したとき「労働者統制」が実現する，そのように言うことができる。

一般に労働能力に優れた労働者は職長への昇進のチャンスが大きかったがゆえに，雇用主や現場監督者は彼らに「競争馬」としての役割を期待することができた。なぜならば労働者，とりわけ最上層の熟練労働者は昇進を期待するために，雇用主や現場監督者に従順に従い，勤勉に働こうとするのが「通例」であったからである。その結果，雇用主や現場監督者は彼らの個人的利益を刺激して最大限の労働能力を発揮させ，それを梃子としてそのほかの労働者に対しても「ついて行く」ことを強制することができた。なぜならば，もしそうした新しい生産性の水準について行くことができなかったとき，その労働者には失業者の群れの中に放逐される運命が待ち受けていたからである。こうして労働者を厳しい淘汰の渦の中に巻き込むことに成功したとき，職長の実力は最大となる。「1900年以前の工場では，また1920年以前であってもほとんどの工場では職長は彼のデパートメント，仕事仲間，クルー，あるいはショップの並ぶ者無き支配者であった」と述べるネルソンはその限りでは正しい[26]。このときこそ「職長の帝国」が出現するのである。ちょうどディアリング社がそうであったように。

だが，本来「競争馬」であるべき最上層の労働者が，たとえばマコーミック社のマクパッデンやエンライトのように，雇用主の意に反して志操堅固な労働組合員である場合，そうしたインセンティヴはまったく通用しない。それどころかかえって，その優れた能力が逆に現場監督者の要求を拒否する拠り所となったばかりか，雇用主に対して労働者の階級的利害を要求する攻撃の拠点ともなったのである。すなわち第一級の熟練労働者はきわめて高い社会的希少性を有していたために，そのようなタイプの労働者を中心に組織された階級的連帯は雇用主や現場監督者の恣意に対して最も強い抵抗力を持つことができるからである。ただし，志操堅固な労働組合員がリーダーシップを発揮し，職場における労働者集団の圧倒的支持を獲得していることが条件である。そうしたときに初めて労働者集団は経営管理に対して優位に立つことができた。なぜならば，既に述べたように才気煥発な立身出世指向の労働者が存在しており，雇主たちは喜んで彼らを保護しようとしたからである。

それゆえに労働組合は階級的連帯の名の下になんとしても彼らを自分たち

の利害に従属させる必要があった。そのためには労働能力の劣る労働者に対して教育的影響力を発揮し，彼らを労働組合の味方としなければならない。なぜならば，彼らの，時として暴力を伴う社会的圧力を行使することによって初めて立身出世指向の労働者を労働者集団の利害の下に屈服させることができたからである[27]。立身出世指向の労働者をも労働組合に参加させ得たとき，その時こそ階級的連帯は最強となり，自ら定めた規律を職場の規律として通用させることが可能となるのである。これこそ「労働者統制」と呼ぶに相応しい。マコーミック社はそれに近似した状態にあった，と言うことが許されるであろう。

2. 労働者の階級道徳と「市民」的同格性

　従来，第一級のメキャニックはその高い賃金獲得能力および現場監督者への昇進のチャンスを有するがゆえに，個人主義的利害を最優先する，すなわち立身出世指向の強い労働者と理解されてきた。確かに，ディアリング社の鋳物工を見る限りそのことは正しかった。彼らはなによりも個人的利益を優先していた。ところが，マコーミック社の鋳物工の中にはそうではない事例が数多く存在していた。しかも彼らは消極的に労働組合に参加していたのではなく，むしろ職場内における労働者集団の中心的存在であった。出世のチャンスに見向きもせず，解雇の危険を賭して労使紛争を戦う彼らは，正しく「志操堅固な」労働組合員であったと言えるであろう。われわれにとって最も重要な発見は，労働能力に秀でた第一級のメキャニックであることと志操堅固な労働組合員であることは決して相矛盾するものではなく，むしろ「親和的関係」にあるということであった。そのようなタイプの労働者がマコーミック社では類型的に発見されたのであった。こうしてわれわれは，彼らを一つの労働者類型として把握する必要があることを悟ったのである。

　実際の労働者を見ると，労働史研究者グリーンバーグ（Brian Greenberg）が言うように，労働者には「二つの魂」が宿る，と考えることもできるかもしれない。一方には個人主義的な立身出世指向が，他方には階級道徳があり，状況に応じてこの二つのうちのどちらかが他を圧倒し，労働者の行動を決定するという説明が成り立つようである。平均的労働者についてはこの説明が妥当するように思われる。そう考えれば，景気変動に応じて労働組合員の数が増減を繰り返すのもよく分かる。こうした性向のゆえに，多くの労働組合

員は職長への昇進をいとも簡単に受け入れてしまうし，しかも職長になった途端，かつての仲間に対して平然と専制的支配をやってのけられるのである。彼らは，しかし，外からの刺激に応じて態度を変更させているに過ぎず，内面に確固たる砦を有しているわけではない。彼らはいわば「オポチュニスト」であった。こうしたオポチュニストが労働組合のメンバーの中にも実際に存在することを当の労働組合自身が認めている[28]。

> 誰か研究している人がいたら，なぜ組合員鋳物工が最も専制的な職長になるのか教えてほしい。労働組合員として輝かしい記録を残していればいるだけ悪名高き職長になることが多いのだ。勿論例外はある。だがそれが例外であるということが先の命題の正しいことを証明しているのである[29]。
>
> どの職業についても言えることだが，労働組合にとって最大の欠陥は，最も熱心な運動の唱道者が風向きのちょっとした変化により，あるいは職長に，あるいは更に悪い場合には雇用主になるとたちどころに運動の理念を忘れ去り，かえってこれに敵対するようになることである。労働者の連帯を心の底から信じていれば，権力を握ったからといって，簡単に心変わりすることができるわけはない。（すぐに心変わりする人間は）結局労働運動の理念を決して信じてはいなかったか，あるいはもともと事大主義者であるか，さもなければ自己の理念を捨て去ることによって事大主義者になったのかのどちらかである[30]。

アメリカでは勤労倫理が広く社会を染め上げていたことはよく知られている[31]。資本主義の体制下にあっては労働者もまた淘汰の過程に巻き込まれているのであるから，失業を回避するためにも勤勉に労働しなければならない。しかもなおその上に職業義務の思想がイデオロギーとして労働者に「勤勉に労働する」ことを強制しているのである。こうして「立身出世」こそ社会的には正義と見なされる。そうであれば，オポチュニストは自覚的な勤労倫理の抱懐者とは言えないにしても，立身出世を選択したということでは，企業経営者の唱える「労働の自由」論，すなわち有能な労働者であれば他人のために労働することはただ一時しのぎのことであり，やがて彼は独立自営業者となり雇用主となることができるとのイデオロギーを，結果として，受け入れたことになるであろう[32]。

他方，労働組合に参加する労働者とは，こうしたイデオロギーから見れば，要するに労働能力に劣るばかりか働く気力に欠ける「男らしからぬ」人間ということになってしまう。労働組合とは，それゆえ，能力の劣る労働組合員が，集団の実力によって才能のある労働者に圧力をかけ，自分たちと同じ低い水準にとどまることを強要する，そういう機能を果たしているということになる。実際，雇用主たちはしばしば「労働者の勤労の自由を奪う」ことを理由に，「(能力の劣る自分たち労働組合員同様に，才能のある彼らにも) 生涯木を伐り水を汲む境遇にとどまることを強制している」ことを理由に労働組合を批判していた。こうした逆境の下で敢えて労働運動に身を投じようとするためには「飛躍」を必要とした。

そうした「飛躍」を自覚的に行ったのは決して労働能力の劣る労働者ではなく，むしろきわめて高い労働能力を誇る第一級のメキャニックであったのである。彼らが自覚的に「自分の収利性を『生産手段』として意識」する(だから「交渉能力」を確保する)ためには立身出世指向を，更に個人主義的な「労働の自由」論を断固拒否するという契機が存在しなくてはなるまい。資本家的利害に対抗して労働者的利害を主張するだけではなく，階級の固定化を促す資本家的工業化に対抗する別種の工業化路線とそれを支える新たな理念＝世界観を必要としたのである。19世紀後半期アメリカ労働運動を指揮した IMU 指導者ウィリアム・シルヴィスは，そうした別の選択肢とそれを支える理念の典型的持主であった。われわれは次に労働組合を支えた理念を，ウィリアム・シルヴィスに即して眺めることにしたい。

1）ウィリアム・H・シルヴィスと労働組合の理念

ウィリアム・シルヴィスは1828年に子沢山の馬車大工 wagon-maker ニコラス・シルヴィス (Nicholas Sylvis) の息子としてペンシルヴァニア州に生まれた。父親はかつては羽振りの良い馬車製造業者であったが，1837年恐慌により事業に失敗，再び職人に逆戻りしていた。こうした家庭の事情により，ウィリアムは11歳の時「口減らし」のために近隣の農場主の所に年期奉公に出された。17歳になったとき父親が馬車製造の作業場を再開することができ，ようやく自由の身となった。

彼は鉄鋳物工の徒弟として職業生活を開始し，やがて腕の良い職人となった。職人となってすぐ友人でもある同僚と共同で鋳物工場を賃借し独立を試みたが，結局賃借契約が更新されることはなかった。その後は良い賃金は得

ていたものの，彼には二度と再び独立するチャンスは巡ってこなかった。ウィリアムは父親のニコラスとよく似た生涯を送るが，ただ一つ彼の時代の方が独立するチャンスは一段と少なくなっていたのである。父親の時代にはなお職人と独立自営業者とが同一の社会層を形成し，両者間の社会的対流は存続していたが，ウィリアムの時代には，次第に両極分解が進行して「労働者階級」が固定化する傾向が強まりつつあったと言うことができる。ただしなおフロンティアは存在していたのであるから，職人の間から完全に独立自営を指向する意識が消滅してしまったわけではなかった。やがて言及するように，そのことがシルヴィスの時代における労働組合の運動理念にも色濃く反映されていた[33]。

彼は職人として有能であるだけではなく，教養ある労働者として自らを鍛錬することを怠らなかった。とりわけ経済書をよく読み，労働者の運命について人一倍高い関心を抱いていた。ウィリアムが組合に参加したのは1857年のことであり，勤めていた鋳物工場で賃金の12％削減に反対するストライキに参加したことがきっかけであった。やがてフィラデルフィア鋳物工組合役員となり，1859年全国鋳物工組合結成大会に同分会代表として参加した。

1862年南北戦争が組合を衰退させ戦時インフレが労働者の生活を直撃しつつあったとき，ウィリアムは組織再建を託され同組合会長となった[34]。彼は組合の教育力に期待をかけ，組合機関誌『アイアン・モールダーズ・ジャーナル　*Iron Molders' Journal*』（以下 *I.M.J.* と略記）の編集主幹の責を負ったばかりではなく，多くの記事を自ら執筆し組合運動の理念を熱心に説いた。彼の主張は一貫して労働者の団結と協同の必要性を説いていた。彼の唱えた労働運動の理念とはおよそ次のようなものであった。

まず労資の利害が一致するという「労働の自由」の教義に対して，彼は次のように痛烈な批判を浴びせる。

> もし二つの階級の利害が一致するのであれば，なぜ少数者が世界の富と権力と名声を独占しているのか，なぜ数年間ほんの少しの骨折りをしただけで彼らは膨大な富を蓄積し，生涯を贅沢と安楽のうちに暮らし，その死とともに大理石の壮麗な建物，花崗岩の列柱を後に残すのか。そして時には有名人の名前が記された，黄金の文字によって記される巻物に名を刻むのか。他方では骨折って働く多くの人たちがいる。彼らこそすべての偉大さと栄光の創造者であるが，彼らは長年にわたる報われるこ

とのない骨折り，心配，そして悲惨を経験した後，早すぎる死を迎え，嘆かれることも，褒められることも，歌われることもなく墓に埋葬される。これらすべてが盛んに喧伝される相互依存の結果であると言うのだろうか[35]。

資本家と労働者は互いに異なる二つの階級であり，この二つの階級の利害は決して一致しない。そのことは次の事実を見れば明らかである。

資本家は利益を得るために労働者を雇用するのであり，労働者は賃金を得るために働くに過ぎない。これが両者の間に存在する関係である。両者は別個の要素である。あるいは両者は別種の階級であり，互いの利害は北極と南極ほど乖離している。われわれは資本家が絶えず自分たちの利益に関心を払い，すべてを自分たちの希望を叶えるための手段とするのをためらわないことを知っている。そうであれば，なぜわれわれ労働者が自分たちの利益に関心を払ってはいけないのか，なぜ同じようにあらゆる機会を利用して良い賃金を確保し社会的地位の向上を図ってはならないのか[36]。

労働者は経済的に豊かでなければならない。そうした国こそ真に自由と言える。しかし，アメリカの現状は果たしてその理想に近い状態にあると言えるのか。多くの労働者は「木を切り水を汲む」境遇に貶められている。その原因はどこにあるか。

第一に，労働者は十分な教育を受けることができない。「われわれは社会科学や政治学の真の諸原理を正しく理解するだけの十分な教育を受けてはいない。そのため知性を磨くよりも偏見を助長しようという悪意をもつ輩の声に易々と耳を貸してしまうのだ」。

第二に長時間労働のゆえに教養を身につけることができない。「われわれはあまりにも長い時間を労働に費やしているため，読書し，研究し，思索する時間をもてない。市民としてのあらゆる義務を果たすためには高度な知性を必要とする。もしわれわれが一日6〜8時間の労働の対価として教養を身につけるに十分な賃金を得られるならば，われわれはもっと良い仕事ができるし，もっと役に立つ人間になれるはずだ」。

第三に労働者間における連帯と調和が未成熟である。「われわれが必要と

し切望してもいる，神が与えたもうた約束と社会的地位を得るに十分な連帯と調和がわれわれ労働者の間にはなお十分ではない。それは，労働者の状態と欲求をよく知りそれを尊重すると同時に，労働者の現状を改善し彼らの欲求を満たすための正しい道を理解する人々の，真摯で，連携のとれた，適切に方向付けられた努力をもってしか実現することはできない」。

　第四に，低賃金が仲間の労働者に対して道徳的影響を行使することを不可能にしている。「現在富める人が労働者に対する道徳的影響を行使して国の社会と政治をコントロールすることに成功しているが，これは低賃金がわれわれに仲間の労働者に対して道徳的影響を行使することを不可能にしているからに他ならない。こうした状況を打破するためには全産業において完璧なコンビネーション（労働組合）とコーポレーション（協同組合）を実現するしかない」。

　第五に，統制のとれた徒弟制度が欠如しているため，仲間ではなく勤労意欲のある労働者が優勢となってしまうからである。「よく統制された徒弟制度が欠如しているため，全国に能力の劣る労働者が溢れかえっている。彼らは己の職能のマスターではないので，多かれ少なかれ資本家の恣意と気まぐれに屈服している」[37]。

　以上のように，シルヴィスは労働組合によってまず労働者階級全体の福祉を底上げする必要があると主張するのだが，その核心には政治と社会における市民的同格性（統治への参加と対等な社会的交通）を回復するという意志が存在していた。労働時間の短縮と高賃金を要求する根拠にはアメリカ市民に相応しい生活のほか，教養とモラルを高めるための余暇活動を重視する立場が貫かれていた。それこそが統治への自発的参加を保障するからである。市民的同格性を高い教養とモラルに置いていたところに注意したい。

　これに関連してもう一つ，われわれにとって注目すべきは労働組合は道徳的影響力を有するという主張であろう。シルヴィスは別の箇所で，誇るべきことは労働組合員のメンバーの間に兄弟のごとき感情 a feeling of brotherhood が育まれつつあることであると表現している。

　　われわれの組織がもたらした最も美しくまた有益な結果の一つは，組織全体にわたる連帯感 the universal and wide-spread acquaintance，すなわち兄弟のごとき感情がいたるところに生まれたことである。互いの福祉に関心を持つということが，広範にわたって存在した利己心という古き

感情を解体した。（これに対して）男らしい独立心は，今や正直な人間を馬鹿にする卑屈さとご機嫌取りの根性に成り果てている[38]。

　仕事を貪欲に漁ろうと，ランタンの明かりを頼りに夜明け前から仕事場に出かけ誰よりも長時間働いたりする利己主義者は決して仲間の福祉のことを気にかけない。鋳物工は機械工や鍛冶工等に較べ労働時間短縮に不熱心であったのだが，その原因にはこうした利己心があった[39]。競争を煽るこうした利己的振る舞いは雇い主に利用され，賃率引き下げの口実を与えてしまう。その結果労働能力に優れた仕事の速い少数の者たちだけが良い賃金を得られ，その他大勢は赤貧洗うがごとき水準の生活を強いられる。そればかりではない。職場での競争の激化は良い仕事を回してもらおうと職長や雇い主におべっかを使う根性と卑屈さを増長させ，その結果正直な仕事を行うがゆえに仕事が遅い職人に対しては「能なし」という蔑みの言葉を平気で投げかけるようになってしまう。シルヴィスによれば，労働組合は競争を制限することによって賃金を引き上げただけではなかった。むしろ上司や雇い主に対するおべっかとご機嫌取りという卑屈な奴隷根性を消滅させ，彼らに対抗する独立心と仲間に対する友情をともに植え付けたと言うのである。

　われわれはシルヴィスの発するこうした言葉の端々に仲間からの承認，賞賛，すなわち「階級道徳」が労働者の名誉観念として次第にしっかりと根を下ろしつつあった事実をはっきりと見て取ることができるであろう。

　労働組合は高賃金を獲得するためだけではなく，階級道徳もしくは労働者の名誉観念を発展させる上でも重要であったのだ。だがシルヴィスは真の社会改革のためには労働組合だけでは不十分であり，さらに一歩推し進めコーポレーション，すなわちメンバー全員が出資して共同経営者となり，労働をも担う（生産）協同組合運動が必要であること，すなわち社会改革の必要性を熱心に説いていた。

　　生産協同組合 co-operation こそ社会の害悪に対する真の救済策だ。これこそ集中，独占，強奪の現行システムを解体するために必要な偉大な理想である。協同組合によって，われわれは雇用主，われわれ自身の労働の雇用主からなる国民体となることができる。国富はそれを生み出す人々の手に渡る。貧民を当てにする怠惰なのらくら者は仕事に就かなければならなくなる。邪悪な手を用いて人類に破滅をもたらす酒販売人は正

直な産業に従事しなければならなくなるであろう。そうでなければ飢え死にするしかないからである[40]。

シルヴィスの生産協同組合構想には,「働かざる者食うべからず」の勤労倫理とともに独立生産者＝自立的市民という等式が潜んでいたと言ってよい。歴史家はこうした1860年代・1870年代における労働組合の社会変革運動を推進した理念を「民富」"commonwealth"もしくは「経済的正義」"economic justice",あるいは「職人の共和主義」"artisanal republicanism"と呼び慣わしている[41]。ともあれ,当時においてはなお労働運動の目標は生産者としての独立にあったのであり,職人が生涯を賃金労働者として過ごさなければならない状態は社会的不正義と考えられていたのである。

> (協同組合運動が成功すれば,)われわれは公正な賃金水準を確保するばかりか,われわれの労働による利益をも我がものとすることができる。われわれは,われわれ自身のホールを建設しなければならない。そうすればわれわれは,われわれ自身が管理する図書室も,読書室も講義室も持つことができる。もちろん,われわれはそれを使うための余暇時間をもたなければならない。われわれは自ら考える存在にならなくてはならない。そして仲間に高いモラルを吹き込まなければならない。われわれは自尊心を学び,われわれの職業と社会的地位に誇りをもたなければならない。われわれは煌びやかな通りを歩くのに恐れたり恥じ入ったりすることなく,堂々と胸を張って歩かなければならない[42]。

(生産協同組合により)独立生産者として経済的独立を果たし,市民に相応しい教養とモラルを身につけることができさえすれば,自発的な政治への参加とともにコミュニティの他の社会層のメンバーと対等な社交ができるようになる,これがシルヴィスが描く理想の社会であった。

2）労働者の生活理想

市民的モラルと教養を重視する姿勢はシルヴィスだけではなく,多くの著名な労働運動指導者にも見て取ることができる。とりわけ彼らは理性的であることを重視していた。彼ら指導者について書かれた伝記や研究書を読むと,その多くが独学で知性を向上させていたことがわかる。たとえば19世紀30年

代のフィラデルフィアを舞台に幅広い社会運動を組織した製靴工ウィリアム・イングリッシュ（William English）は「日中，学校にいったことがなく，子供の頃から労働することを運命づけられたメキャニック」と自らを説明している[43]。シルヴィスも，「口減らし」のために年期奉公に出された先の大農場主の所で許された冬の間の3ヶ月を除けば，正規の学校教育を受けてはいない。シルヴィスの伝記によれば，彼には正書法や文法についての基礎知識さえ欠けていたという。こうした状態は徒弟期間を終了して一人前の鋳物工となってからも余り改善されず，簡単な文章を書くのにさえ難渋していたという。だがIMU会長時代に書かれたエッセイや講演からは，簡潔で力強い文章のスタイルとともに彼の深い思想と高い教養の蓄積が窺え，この間の彼の勉学ぶりがいかに真剣で熱を帯びたものであったか理解できる。彼は政治学や経済学をとりわけ好み，熱心に勉強したという。実際大変な読書家であったようである。

　シルヴィスと同時代人であり生産協同組合運動と車の両輪の関係にあった8時間労働運動の指導者アイラ・スチュアード（Ira Steward）も独学の徒であった。そのスチュアードは，中流階級のモラリストによる労働時間の短縮は結局飲酒と淫売を蔓延させるだけだとの批判に対して，（8時間労働は）「襤褸をまとい，マナーを知らない不潔で無知な人々に，社会の中における自らの境遇と自分自身を恥じ入らせるようになる」。そして余暇を与えられた労働者たちは「どうしたら自らの境遇を改善することができるのかを」一所懸命考えるようになる，と反論するのである[44]。

　さらに，志操堅固な労働組合員がいかに教養を重んじたかを物語る次のような事実もある。廉価版の書籍を共同購入する組織にブック・クラブがあるが，これは19世紀30年代における労働運動を担った熟練労働者の中から生みだされたものであった。あるいはまたディベート・クラブやディスカッション・グループ，あるいは文化運動団体Lyceumなどを組織したのも労働運動に結集した熟練労働者たちであった。彼らはこうした組織を通じて相互に知的教養を鍛え合っていた。ただしこうした組織は労働組合とは別個の組織であった。ともあれこれらの団体が，労働組合も含めて，すべて「世俗的クラブ」として，すなわちセクト的原理に則って結成され，運営されていた点は重要である。彼らの知的関心は宗教，政治経済，自然科学さらには韻文学に至るまで相当多岐にわたっていた[45]。熟練労働者のこの伝統はプログレッシヴィズムの時代まで継承されている[46]。

この点において対照的なのが信仰復興運動に参加した労働者（リヴァイヴァリスト）たちであった。彼らは労働運動に参加しようとしないばかりか敵対的ですらあったが，知的教養という点で労働運動に参加した労働者に較べ明らかに劣っていたという。リヴァイヴァリストは彼ら労働運動参加者に較べ科学についての関心に欠けていた，あるいは明白に敵対的ですらあったのである[47]。

理性とモラルを重視する労働者は労働運動の教育力によって初めて生み出される存在でもあった。すなわち，第一級のメキャニックであるがゆえに労働組合員となるという関係ばかりでなく，労働組合員となることによって初めて第一級のメキャニックに，理性とモラルを重視する人間に鍛え上げられるという逆の関係も確かにあったということである。以下に述べる鋳物工の事例がそれを端的に物語っている。彼は決して偉大な労働運動指導者ではない。だが労働運動を底辺で支えた志操堅固な労働組合員の一人であったことは確かである。名前はオブライエン（E. F. O'Brien）。IMU 第72分会会長であったが，同時にスプリングフィールド（オハイオ州）の「職業と労働会議」"Trades and Labor Assembly" の議長でもあった。この組織は労働者の理性の向上を目的として設立され，公開講座の開催などを行う文化運動団体であった[48]。

オブライエンがイングリッシュやシルヴィスの系譜に属していることはこの点からも明らかである。彼は労働者に理性が必要である理由を自己の経験に照らして次のように述べているが，われわれはそこに市民としての誇りを取り戻そうと苦闘する労働者の姿を見ることができる。と同時にアメリカの労働運動がきわめて重要な教育力を有していたことをも教えられるのである。

彼によれば「平均的労働者の本性は自己本意，無知，そして偏見の三つから成り立っており，さらにこれに自己欺瞞と嫉妬が付け加わると彼は志操堅固な労働組合員となるか（雇用主に）忠勤を励む従業員となる」のであり，状況によってはどちらに転んでもおかしくはない。彼の場合もたまたま労働組合のメンバーになっただけであって，最初から自覚して組合に参加したわけではなかった。実際彼が労働組合員になったのは，鋳物工として働き始めてから8年後であった。しかも入会の動機は組合員証をもっていればあちこちと放浪して回るのに好都合であり，とりわけ困ったときにはただ飯が食べられるという「不純な」ものであった。そんな彼であったが，入会式で聴いた説話に心を動かされる。「労働は高貴でありまた神聖である。無知と欲深

が持ち込む有害な要素を労働から除去すること，また自己本意と邪悪さの支配から働く者を救い出すこと，これらは我らのうちで最も高貴で最も善である者に相応しい責務である。…知識は力となる。（これによって）無知と欲深を廃嫡しなくてはならない」。そして彼は「こうした美しい言葉に霊的な刺激を受け大変に高揚した気分に」なり，「その晩からさっそくたくさんの本を読み，どうしたら労働者はさらに高い水準に自らを引き上げることができるかを考えるようになった」[49]。

　オブライエンが労働者として回心する物語は，あるいは回想のために都合良く脚色されているかも知れない。しかし当時の労働組合がそうした階級道徳の錬成所となっていたことは，あのロバート・リンド（Robert S. Lynd）も同意しているのである。彼は当時の労働組合が（1920年代と較べると）「（ミドルタウンの）労働者階級家族の生活を最も活発に統合する中心の一つになっており，これら家族の生活費獲得活動，教育活動，余暇活動に影響を与え，若干の場合にはその影響が宗教活動にも及んでいた」と説明している。リンドのいう労働組合の宗教的要素とは，組合も宗教団体に起源を有する自発的結社であること，またメンバーの道徳的内面性に対して規範意識を涵養する機能を有していたこと，の２点を意味している。1890年代においてもなおその道徳的規範を植え付ける教育機能を有していたと言うのである。まさしくそれはオブライエンの入会した時代に重なる。そしてリンドはその道徳的規範を教え込むために，「当時の労働組合が儀式的側面を重視し，新加入者を迎えるときは特にそうだった」と記している。それゆえオブライエンが労働運動と接触したことが契機となって読書と思索をよくする人間になったことはそれほど疑わしいことではなく，むしろ普通に見られる現象であったと言っても誇張ではなかった。すなわちオブライエンにとって，知性を高めようとする意欲を覚醒させたのは労働者としての自覚であったことは紛れもない事実であった。「（読書や思索などにより）知性を高めることは新しい理想を導き，支払日の酒と馬鹿騒ぎに惚けることが破滅につながることを知らしめる。知性は人間の動物性を弱め，精神性を強める」との自信に満ちたオブライエンの言葉がそのことを明瞭に物語っている[50]。

　理性的であるためには知性を磨く必要があった。余暇とは本来そのためにあった。換言すれば家庭の団欒を重んずると同時に，読書と思索をよくし，様々な社会組織へと参加することが生活の一環として，構成要素として意識されていたのである。

アメリカ労働運動においては，こうした類型の労働者こそ典型的な労働組合員であった。しかしながら労働組合それ自体は初期の社会変革への展望から次第に遠ざかってゆく。そして革新主義の到来と共にいわゆるビジネス・ユニオニズムの理念が台頭し，やがてオーソドクシーとなる。世紀境期に早くも，高賃金を得て消費の豊かさを保障されるならば生涯労働者の境遇に止まる運命であったとしても決して不幸ではないとの主張が I.M.J に登場するようになるが，これはそのことを象徴している。

　　…アメリカの労働者は勤勉と訓練によって労働現場のベンチからマネージャーの椅子へと昇り詰めることができるという観念は，我が国の諸制度のもつ自由に対する誇りと，アメリカ合衆国の社会経済には階級差も階級間の裂け目も存在しないという盲目的確信によって，依然としてわれわれの多くを盲目的に捉えて放さないものである。…しかしそれにも拘わらず，労働者階級よりも上の階級に上昇したいという労働者の望みは，他の一切の過去の偶像と同じく，産業発展によって荒々しくも閉ざされつつある。われわれはこの冷厳な事実に日々直面させられている。…しかしながらよく考えてみれば，生涯労働者であるという予想は，われわれが公正で平等な労働条件の下で働くことができさえすれば，われわれの多くにとって必ずしも悲惨なことではない。そしてわれわれが見苦しくない生活 decent living を送れる程度の賃金を得られ，子供たちに新しい世界の市民に相応しい十分な教育を施し，少しの蓄えができさえすれば，また不況の時や年を取ったり怪我や病気で働けなくなったときにも世間の冷たい慈善に頼る必要がなければ，われわれは階級社会の到来にも比較的無関心でいられる。われわれが恐れなければならないのは階級間格差ではない。むしろそれに随伴して発生する労働の価値を貶め，労働者が不名誉な従属的地位を意味するようになるという傾向こそを恐れなければならない。こうした傾向に対してこそわれわれは断固として戦わなければならないのだ[51]。

資本主義の体制を受容したとはいえ，アメリカの労働者は単に消費の豊かさだけをもって「足れり」としたわけではない。それと同時に労働の尊厳や人間的誇り，あるいはそういって良ければ，名誉を重んじたのだった。だがそうした身分的利害の強さはいつも一定であったわけではない。むしろ労働

組合の盛衰とともに変動を繰り返すことになる。第2章ではプログレッシヴィズム期における「社会変革を展望した」労働組合からビジネス・ユニオニズムへの変貌を，熟練労働者たる鋳物工のエートスに即して解明する。そしてそうした労働運動に直面したときに取った雇用主たちの対応策についても眺め，労使関係に表れた変化を描くことにしたい。

第2章
生産高制限「問題」を契機とする労使関係改革と熟練労働者のエートス

　1873年恐慌とそれに続く長い不況からようやくアメリカ経済が立ち直りを見せつつあった19世紀80年代以降, 労働組合は着実にそのメンバーを増やし, 勢力を回復しつつあった[1]。頻発するストライキがそれを明瞭に物語っている。この時期, ストライキと同様に, 否それ以上に経営者が問題としたのは労働者による生産高制限 restriction of output であった。そして生産高制限問題は20世紀に入るとともに社会問題化, 政治問題化してゆき, まさに国民的問題となった感があった。労働局長官第十一特別報告書『生産高の統制ならびに制限について *Regulation and Restriction of Output*』が1904年に公表されたことがそれを象徴している。この報告書は経営者の生産統制にも言及してはいるが, 主要な課題は労働者の生産高制限であった。

　当時の長官キャロル・D・ライト (Carrol D. Wright) は, 生産高制限問題がおよそ十年前頃から経営者や労働者の間で最も関心を集めている問題であると述べている。これまで公的機関によるこの問題についての研究が皆無であったことを指摘したのち, この報告書が単に生産高制限問題についてばかりか労使関係に表れた新しい重要な特徴についても触れていることに注意を促している[2]。ここで述べられている新しい特徴とは, 労使関係が従来の敵対から協調に変化を遂げ, 生産高制限についても労働協約を締結することによって解決の糸口をつかみつつあることを指す。「雇用主たちが強力な団体を組織しているところではどこでも, 生産高制限の完全な排除を最も重要な要求に掲げている。そしてきわめて一般的に労働組合はこれを受け入れ, 労働協約に盛り込むばかりか, 実際にも生産高制限を放棄した」[3]。なお, これに関連して当該報告書の元となる研究を実際に指揮したのがあのプログレッシヴィズム時代の代表的知識人コモンズであったことにも着目しておきたい。

生産高制限問題がなぜこの時期に関心を呼んだのかといえば，その原因の一つに国民経済の効率的運営という「時代の要請」が存在したからに他ならない。ルーズベルト大統領が，資源の保全問題と並んで，国民経済の効率性の問題を最重要課題として位置づけていたことに端的に表現されている。生産性向上の前に立ちはだかる最大の無駄は人的資源の浪費にある，というのが一般的認識であった[4]。生産高制限やストライキはそうした人的資源の浪費として捉えられていたのである。「産業の平和」実現問題はこのような効率性の問題を抜きにしては語れない「時代性」を有していた。1912年に設置された有名な上院労使関係委員会の目的をみても，このことは容易に理解可能であろう[5]。

　この時代はまた禁酒運動の一大高揚期でもあった。反酒場同盟 Anti-Saloon League が従来の節酒運動 Temperance Movement を大転換し，ついに禁酒法の憲法修正条項化を目標に掲げ，運動を強化したのが奇しくも1905年であった。生産高制限を問題とする精神は，禁酒運動を突き動かす力と，実は一個同一であった。周知のように禁酒運動は単にそれ自身が目的であったわけではない。その推進者が，当時隆盛に向かいつつあった娯楽産業に対しても不信の目を向けていたことからも窺い知ることができるように，その究極的目標は禁欲的職業道徳の復活にあった。

　そして既に良く知られているように，禁酒運動の推進母胎はプロテスタントの諸教会であり，諸信団であった。換言するならば，禁酒運動の高揚とは，プロテスタンティズムの信仰復興，リヴァイヴァルでもあったのである[6]。彼らの倫理観からすれば生産高制限が不道徳極まりない行為であり，当然許されざるものであったことは火を見るよりも明らかであろう。アメリカ全土を燎原の火のごとく焼き尽くす禁酒運動の広がりは，生産高制限を絶対悪と見なすエートス，すなわち（ヴェーバーのいう意味における）資本主義の精神の復活と並行していたのである。

　資本主義の精神の復活に対して，労働者および労働運動だけが無関係でいられることはおよそ不可能であった。しかも資本主義の精神の復活は，雇用主，管理者にとっては従来の労使関係を根底から変革する絶好の追風となったのであるから，なおさらであった。こうして，世紀の境目に突如諸資源の効率的利用と連動して，社会の耳目を集めた生産高制限問題はまた，否応なく労使関係のあり方，さらには労働組合そのものをも問い直す契機にもなった。

すなわち，一方には労働組合を経営の効率化にとって障害となるがゆえにこれを排除すべきだとする勢力があった。この勢力の理論的支柱となっていたのがテイラーであった。周知のように，近代的経営管理論の父テイラーは体系的管理運動に身を置きつつも，正しく「時代の課題」であった生産高制限問題の解決策を模索することによって，独創的な「科学的管理」の方法的基礎を構築したのであった。これに対抗して，労働組合は産業の平和に不可欠であると主張し，団体交渉による労働協約の締結に展望を見いだす勢力が存在していた。こちらの勢力は，既に触れたコモンズに代表されるプログレッシヴィズムの知識人によって支持されたのであった。

　管理の契機を重視する立場と交渉の契機を重視する立場は，確かに，労働組合の承認を巡っては「あれかこれか」の対極に位置していたと言える。だが生産高制限に対する評価については両者の間に相違があったとは言えない。むしろ生産高制限を道徳的に許されざる行為と見なしていた点で一致していたのである。両者の論争点は生産高制限問題の解決に労働組合は有効であるか否かにあった。テイラーが，従来の労働組合が生産高制限を積極的に推進したのであるから，生産の効率化のためには労働組合の排除が不可欠であると主張するのに対して，コモンズは，労働者の賃金交渉権さえ承認すれば，労働組合は生産高制限問題解決にきわめて有効であると反論した。すなわちコモンズはアメリカ労働運動は「変わりうる」と述べているのである。事実労働組合は変わった。

　われわれの課題は熟練労働者とその労働運動に，だから労使関係に，資本主義の精神の復活はいかなる影響をもたらしたのかを解明することにある。具体的には，コモンズがモデルにしたストーブ製造業におけるIMUとストーブ鋳造業者全国防衛同盟 Stove Founders' National Defense Association（以下SFNDAと略記）の敵対から協調への転換を取り上げることにする。とりわけIMUに着目したい。IMUはこの時期組合員数5万人程度であったから，規模としてはそれほど大きくない。だが当時の組合のうち最も古い歴史を有する組合の一つであり，財政的にもきわめて豊かで，アメリカ労働総同盟 American Federation of Labor（以下AFLと略記）の有力組合の一つであった。

　われわれにとって重要であるのは，このIMUが南北戦争期，とりわけ南北戦争終了から1873年恐慌に至る労働運動の第一の高揚期に，牽引車としてアメリカ労働運動をリードしたという事実である。この時代の労働運動の理念には，資本家的発展とは異なる工業化の路線である生産協同組合を指向する

「理想主義」的色彩が濃厚にあった。また，資本家的利害に対抗して労働者の階級的利害を守るために，出来高賃金制度の撤廃と日払い賃金制度の導入，労働時間の短縮などを運動目標に掲げていたが，その背後には，仲間と「仕事を分け合う」ことを正義と見なす道徳規範が存在していた。すなわち経済的淘汰を抑止し，労働者の全般的福祉向上を目的としなければならないという階級意識が存在していたのである。IMU はまさにそうした理想主義的かつ反権威的な労働運動の先頭に立っていた[7]。

それが決定的変貌を遂げたのがまさにこの時期であった。それゆえに，われわれの分析はまた「理想主義的」労働組合から現実主義的なビジネス・ユニオニズムへの変貌を，熟練労働者たる鋳物工のエートスに即して解明することでもある[8]。その課題を果たすためには，われわれは，復活した資本主義の精神を労働者並びに労使関係について分析し，「比較のための基準」を得ておかなくてはならない。テイラーの管理論こそその理念を典型的に表現していると思われる。そこで，テイラーの管理論を分析し，彼が生産高制限問題をどう捉え，それをどう解決しようとしたのかを明らかにすることから始めよう。それによって，彼の理想とする労使関係がどのようなものであったのかを再構成したい。

1. 生産高制限「問題」とテイラーの経営管理論

アメリカの産業界，とりわけ金属加工・機械製造業にきわめて大きな影響力を有する技術者の団体に，アメリカ機械技師協会 American Society of Mechanical Engineers（以下 ASME と略記）があった。ASME は当時，後に体系的管理運動 Systematic Management Movement と呼び慣らわされることになる工場管理改革の熱気の中にあった。工場管理改革が必要である理由を，科学的管理運動指導者の一人であるパースン（Harlow S. Person）は次のように説明する。

> 工場規模を拡大しても，生産コストは期待するほど低下しなかった。むしろ原料の無駄使い，機械の運転時間ロス，労働の時間ロスは大規模化とともに悪化してしまった。大規模生産を営むことが決して容易でないことは明らかであった。原料は約束の時間通りに工場に到着しなかったし，工場の中のモノの流れにしても定められた時間通りにしかるべき作

業工程の機械のところに到着しなかった。ある作業部門では仕事が滞留してしまい，また別の部門では仕事がなく労働者も機械も遊休化しているといった有様だった[9]。

パースンが述懐しているように，機械製造企業では，複数の現業ユニット間のモノと情報の流れを調整して，工場全体を統合化することが喫緊の課題として認識されるようになっていた。モノの流れを調整すること，すなわちスループット throughput を調整することによって，生産性は大幅に向上させることができるからに他ならなかった[10]。しかし生産性の向上，換言すれば能率向上は労働者の勤労意欲にも大きく依存していることも確かである。それゆえに，ASMEは工場管理問題とともに，いかにして勤労意欲を喚起するかに多大の関心を寄せることになったのである。それとの関連で言えば，当初はむしろ賃金論の方が議論の中心であった。そしてASMEが期待し，その導入を熱心に働きかけていたのは出来高賃金制度であった。

出来高賃金制度が，日払い賃金制度に較べ，高い能率を引き出すことは分かっていた。しかしその導入は決して成功とは言い難かった。それどころか出来高賃金制度を導入した企業において，より一層激しく生産高制限の嵐が吹き荒れるありさまであり，労働組合を勢いづかせるだけであった。パースンも次のように述べている。「労働者はより独立的になり，より多くの賃金とより少ない労働を獲得するために集団を作り，生産高制限（怠業）を行った。彼らは企業の経営よりも労働組合に関心を持ち，労働組合を強化することにより賃金を引き上げることを望むようになった。この点からも，大規模工場を運営することは決して楽な仕事ではなかったのである」[11]。

出来高賃金制度は改革されなければならなかった。その課題を解決する処方箋を提示してみせた革新者こそ，テイラーその人であった[12]。テイラーが最初に出来高賃金制度改革案を公表したのは1895年のことで，ASMEに発表した「一つの出来高賃金制度」"A Piece-Rate System" によってであった。これが多くの雇用主や管理者の注目するところとなった。さらに1903年，同じASMEにテイラーは有名な『工場管理論 Shop Management』を発表した。

彼の名声が不動のものとなったのは，1910-11年のことである。いわゆる東部鉄道運賃改訂問題の公聴会において，荷主側の弁護士であったルイス・ブランダイス（Louis Brandeis）がテイラーの管理技法が著しい能率改善をもたらしていることを繰り返し証言し，鉄道各社もテイラーシステム，（ブラ

ンダイスはそれを科学的管理法と呼んだ）を導入すれば能率向上が図れ，一日当り数百万ドルのコスト削減が図れること，それゆえに運賃の引き上げは不要であること，を主張した。これを契機として，テイラーシステム，すなわち科学的管理法は瞬く間に世間に広く知れ渡ることとなった。こうした時流に乗ってテイラーは，集大成となる『科学的管理の諸原理 The Principles of Scientific Management』を纏め，出版したのである。その間テイラーの主張は，体系的管理運動と共に，単なる賃金論から工場管理改革・組織論へと発展を遂げていく。すなわち生産高制限問題の解決には単なる賃金政策ではなく職場内労使関係（＝現場監督者と労働者集団との関係）改革を必要とすることを自覚する過程でもあった[13]。

1）テイラーの管理論に表れた「労働者論」の特徴

テイラーは，労働者がなぜ生産高制限（テイラーに従えば組織的怠業）に走るのか，その原因はどこにあるのかについて，次のように述べている。

> その原因は要するに，雇用主というのは誰でも労働者の階層ごとに「適正」と彼が考える（一日当りの）賃金の上限を設けていることにある。これは日払いであっても出来高払いであっても（またそのほかいかなる賃金制度であっても）変わらない。…労働者はすぐに，自分の職務の最高賃金がどれほどであるのかを知る。そして雇用主がこれまでよりも多くの仕事をさせることが可能だと確信したならば，やがて労働者は，彼が賃金を殆ど引き上げることなく従来よりも高い水準の労働を強制することを，身をもって悟る。…それゆえ，労働者にとっては，仲間の誰も従来の作業能率を上回らないようにすることこそが利害に叶ったこととなる。若手や経験の浅い者は古参者から生産高制限を教わる。考えられるあらゆる教唆と社会的圧力を使って，欲深で利己的な仲間が従来の水準を越えた能率で労働することを阻止する。一時的には確かに彼らの賃金を増加させるかもしれないが，結局は従来と同じ賃金で労働を強化させられるだけに終わるからだ[14]。

こうした状況は労働者の勤労意欲を刺激するために導入された筈の出来高賃金制度でも変わらない。それどころか「出来高賃金制度こそ組織的怠業の温床にすらなっている」。

容易に理解できるように，テイラーは生産高制限の原因の第一に，不合理な賃金制度を挙げている。合理的な賃率の決定がなされていないから，きわめて高い賃金を稼ぐ労働者が出現すると，賃率を引き下げなければならなくなる。このことが労働者の不信を招くのだというのである。その限りでは，テイラーは労働者に対して同情的である。テイラーがミッドヴェイル製鋼所機械部門で実際に旋盤工の組織的怠業と対決しなければならなくなったとき，彼は友人でもある労働者に共感を抱かざるを得なかったことを正直に告白し，次のように回想している。

> 友人である旋盤工が一人でやってきて，友人として尋ねたいという。労働者としての利害にとって，これまで以上に生産性を上げて働くことが得策であると思うかと。そのとき私は，誠実な人間として，もし自分があなたたちと同じ旋盤工の立場であれば，現在の水準よりも生産性を上げることには反対するであろうと答えた。なぜならば，現在の出来高払い賃金体制下では，より多くの賃金を得ることはできないのに，労働だけが強化されてしまうからだと[15]。

他方で，テイラーは労働者に対してあからさまな不信を抱いてもいた。労働者は元々，放って置けばできるだけ楽をしようとする性格を持っている。だから管理者は，労働者が怠業しないよう管理を行う必要がある。しかし現実の管理は，生産高制限が行われているかどうかを判断するための，客観的尺度さえ持ってはいない。こうした管理の欠陥こそ労働者に怠業を許している，と述べて，生産高制限問題が管理問題でもあることを指摘する。テイラーは生産高制限問題を次第に管理問題としての側面から把握するようになるのである。そしてそこにこそ本来の管理者職能を発見する。こうして「管理」が専門的知識として独立する。その際テイラーは，第一に，組織的怠業のノウハウを労働者から剥奪すること，第二に，怠業を行った労働者に対して厳罰を適用すること，の二点を最も重視した。

第一の要件についてテイラーは，労働者が保有する経験によって獲得した熟練を管理者が聖域視していることが最大の問題であるとして，これを徹底的に科学的に分析し，最も合理的な作業形式を発見することによって解体すること，その上で一定量の作業を行うのに必要な標準労働時間を科学的に測定し，基準値を定めることを提起する。その場合，標準労働時間の設定は最

も有能な労働者を基準としなければならない。その有能な労働者の作業方法を一般の労働者たちに教え込むことが重要な管理課題となる[16]。課業 task の設定と標準化,そして教育・訓練,これが科学的管理法の心髄であることは言うまでもない。

　第二の要件についてテイラーは,出来高賃金制度改革を考えるのであれば,罰則規定を導入することが必要であることを強く主張する。これがテイラーの出来高賃金制度案の最大の特徴であった。そのことは,ホールシ (F. A. Halsey) のプレミアム制度や,これを基に相次いだボーナス制度などの出来高賃金制度改革案が,標準的能率の労働者を規準にし,専ら報奨に力点をおいていたことを見れば明らかである[17]。テイラーの考えた罰則重視の方法とは,要するに出来高賃率を差別化するという方法に他ならなかった。テイラー自身の説明を示せばこうである。一日当りの最大可能仕事量をたとえば20ユニットと設定する。これを達成ししかもその出来も満足のいくものである場合に限り,一個当り15セントの賃率が適用される。これを標準とする。これに対しきわめて能率が劣り,たとえば19ユニットにとどまった場合,適用される賃率は12セントに減じられる。あるいは非常に出来の悪い仕事である場合は,状況に応じて更に低い10セントあるいは5セントという賃率が適用される[18]。このように賃率に格差を設けることによって怠業癖のある労働者や技能の劣る労働者の淘汰を容易にしようとしたのである[19]。

　以上の諸点からも分かるようにテイラーの管理論はいかにして労働者を管理に対して従順でしかも勤勉に労働に励むようにすることができるかに,換言すれば労働者の淘汰に最大の力点が置かれていた。テイラーは,それゆえ,コモンズのように労働者に賃金交渉権を認めることをはっきりと拒否する。賃金の決定権は雇用主たる経営者あるいは管理者にあるのであり,それは彼らの義務でもある,というのがテイラーの立場であった。こうした状況に対して彼は爪の垢ほどの疑念も差し夾んではいない。テイラーの賃金論でも労働者の適正賃金が予め雇用主によって定められておく必要があることに変わりはない。後のテイラーが標準的労働者の能率の設定,それゆえに標準的賃金の設定,すなわちそうした統一制 uniformity を重視するようになったことを見ても分かるであろう。つまり労働者の賃金が適正であるかどうかを判断するのは雇用主であることについては最初から当然自明と見なしているのである。

　ただし,「労働者の階層ごとに『適正』と考える賃金の上限を設ける」従来

のやり方は変えなければならない。なぜならば，こうした方法を採用している限り，能率を向上させてより高い賃金を得る労働者が出現しても，能率が向上したということよりも想定外の高い賃金を稼ぐことの方に関心が向いてしまうからである。そしてせっかく能率向上を引き出した職長を褒めるのではなく，むしろ叱責し，賃率の引き下げを命じることになってしまうからである。それゆえ，まずもって雇用主は，高賃金を支払う覚悟をもたなければならない。能率向上の果実を雇用主が独占するようなことがあってはならない。能率向上が労働者の協力によって実現される以上，労働者にも相応の分け前を保証するのは当然のことと言える[20]。その限りでは，確かに，テイラーは労働者との協調，彼らとの友情が重要であると述べている。しかし彼の言う協調とは労働者が専門家＝管理技師と雇用主を盲信することに他ならないのである。彼らには労働条件について，いかなる決定権も，それどころか発言権さえ認められていないのである[21]。

　テイラーの賃金論は一方で勤労意欲のある優秀な労働者の存在も想定していた。後には有能な労働者には報奨をもって応えることをも提起している。だが，そうした有能な労働者は生涯労働者の地位にとどまることはなく，やがて職長等の現場監督者あるいはその上の管理者の地位へと昇進していくに違いあるまい。それゆえ，そうした有能な労働者は管理者予備軍を構成していると見なすべきであろう。おそらくテイラーもそう考えていたはずである。第一テイラー自身がそのようにして職長へ，そして主任技師へと昇進を遂げているのである。テイラーは単に勤勉な労働者であったばかりでなく，自分の職業にとって必要な科学的専門知識を熱心に学ぶ学徒でもあった[22]。人を勤労と学習へと突き動かす精神は決してテイラーに固有のものであったわけではない。この時期，多くの熟練労働者がテイラーと同じように工学的知識を熱心に学んでいたのである。たとえば，大学通信教育部を含めた通信教育の発展がそれを裏付けている[23]。だが，そのような昇進のチャンスに恵まれる労働者はきわめて少ない。圧倒的部分は生涯労働者としての地位にとどまるであろう。彼らは（テイラーに従えば）能力も道徳的資質も劣るから経営者や管理者になれないということになる。

　以上の諸点よりテイラーの管理論から導き出される労使関係（現場監督者と労働者の関係）は次のようなものとならざるを得ないであろう。テイラーの管理論は「工場管理」を一つの科学的専門知識とすることによって，これを「持つ」工場管理者と「持たざる」労働者とを截然と分かつ。それによっ

て従来では考えられないほどの断絶が両者の間にもたらされた。かつて工場のライン管理者として枢要な役割を果たしていたのは職長であった。またその職長は労働者の中の最も技量の優れた仲間から選抜された。だからその能力がなくなれば彼は再び労働者に戻るのが当然であった。熟練を共有するという意味では両者間の社会的交通は頻繁であり，現場監督者と労働者は渾然一体となって一つの社会層を形成していたと言える。だが熟練ではなく科学的専門知識を基礎とする専門家集団が職場を管理するようになれば，工場組織は管理を遂行する専門家集団と指図通り作業を行う肉体労働者集団との二つの集団によって構成されることになる。双方の集団間にあった社会的交通は次第に希薄となるであろう。原価計算，在庫管理，生産管理，あるいは時間研究と賃金設定に関する専門的知識，こうした管理的専門知識を有しているかどうかが両集団を截然と分断してしまうからである。まさしく科学による管理の貫徹であった。

　こうした新しいタイプの専門家像をわれわれはテイラー自身に発見する。テイラーがミッドヴェイル製鋼所機械部門の現場監督者として旋盤工の組織的怠業と対決し，それを打破することができたのは彼自身が労働者と社会的に断絶していた点にあった。このことは彼自身が主張するところである。「私には普通の職長にはない二つの有利な点があった。二つとも奇妙にも私が労働者階級の出身者ではないことに由来していた。」その一つはそのことのために雇用主の信頼を勝ち得たということ。二つめは次のことであった。「もし私が労働者階級に属している人間で，彼らと同じところに住んでいるとしたら，社会的圧力に耐えきれずに彼らに屈服してしまったであろうということである。すなわち表に出るたびに『裏切り者』とかそれに類する不名誉な名前で呼ばれ，妻は嫌がらせを受け，子供は石を投げられたであろう」[24]。

　周知のようにテイラーは裕福なクェーカー教徒である弁護士の家庭に生まれ育った。彼に施された家庭教育は厳格な宗教と西洋古典ならびに外国語を中心とする人文的教養によって特徴づけられるものであった[25]。いわばミドルクラス，それもエリート層に生まれ落ちたのであった。確かに同じく職長とはいっても労働者階級の出身者とはまったく異なっていた。しかし社会的断絶は出自によってのみもたらされるものではない。労働意欲に溢れ，仲間の労働者からいかに激しい社会的非難や嫌がらせを受けてもテイラーのように自己の信念を堅く保ち，労働者の階級的連帯と手を切ることができれば，たとえ労働者階級の出身者であったとしても十分に雇用主を満足させ，信用

されるであろう。まず意識の上で労働者と訣別すること，次に管理に関する専門知識によって武装することが必要であった。こうして彼らは管理者としてのアイデンティティを獲得する。

一方，労働者にとっては，科学的管理法の導入は間違いなく生産高制限の諸手段を現場監督者や管理者に取り上げられてしまうことを意味する（とテイラーも熟練労働者も考えていた）。その結果彼らは否応なく管理者の公正と良心を信じるしかない存在へと転落する。ひたすら従順に「労働」に励むべき，およそメキャニックとしての誇りなど微塵もない「労働者」となったのであった。

2）道徳問題としての組織的怠業問題と労働組合

テイラーの組織的怠業論はそれを道徳問題として論ずるところにもう一つの特徴がある。たとえば彼は次のように述べている。

> 労働者の性格にとって不幸なことは，怠業が雇用主をだますための手口を駆使しなくてはならないために，正直で生真面目な労働者さえも，多かれ少なかれ，偽善者とならざるを得ないということである。…怠業が労働者の間に広く深く浸透しているために，労働者たちは，たとえかなり生産高を増大させても殆どなんの影響も彼らに及ぼさないことが分かっているにも拘わらず，現在扱っている機械の生産能力をこれ以上引き上げないようにすることで，彼らは心に痛みを覚えている[26]。

すなわち，テイラーの道徳観によれば，絶えずベストを尽くそうと努力するのが労働者であり，またそうすべきであった。それゆえ，怠業を率先して行う者は働く意欲にかける「怠惰な人間」か，もしくは怠業を正義と見なす「確信犯」しかいない。

彼の「自然的怠業」概念からも明らかなように，テイラーは平均的労働者は「怠惰な人間」であると見なしている。その労働者がより勤勉で，より能率の高い信用するに足る労働者となるのはただ「彼自身が十分な経験と思索により，あるいは良きモデルの感化により良心が覚醒するか，または外部からの圧力により強制されるか」した時だけである[27]。その際に重要な意味を持つのが労働者集団であった。テイラーは職場の労働者集団を砂の山のごとき存在として捉えていたのではない。テイラーがいかなる労働者集団を理想

としていたのかを考える上で，次の指摘はきわめて示唆に富んでいる。

> イギリス人とアメリカ人は世界中で最もスポーツ好きの国民である。アメリカの労働者が野球をするとき，あるいはイギリスの労働者がクリケットをするとき，彼は常に自軍に勝利をもたらさんと全神経を集中させるものだと言って間違いない。彼はできるだけ多くの得点をあげようと努力する。この普遍的に見られる仲間意識 universal sentiment は大変に強いものがある。それゆえに，自分の全精力を出し尽くすことをしないものは誰であれ「腰抜け」"quitter" との烙印を押され，仲間から軽蔑される[28]。

それにも拘わらず，その同じ労働者が職場に行くと，彼は決して全力を尽くそうとはせず，むしろいかにしてサボるかを思案する。仮に全力を尽くそうとしようものなら，仲間の労働者から嫌がらせを受けるのが落ちだからだ。労働者は，あたかも自分が腰抜けの駄目人間であることを一所懸命に証明しているようなものだ，と。テイラーは，自然的怠業，すなわちベストを尽くそうとしないことを，人間の弱さ（自然性）として最も嫌っていた。このことは先の引用を見ただけでも分かるであろう。しかしさらに重要なのは，野球のチームの場合，（自分が腰抜けの駄目人間ではないことを絶えず証明することを通して）個々の人間的弱さを克服して絶えずベストを尽くすタイプの人間に鍛え上げる，そうした人間陶冶の場として描かれていたのに対して，職場の労働者集団は駄目人間であることを証明しなければならない場となっていることであった。そしてテイラーが最も重大視していたのが，そのために労働者が道徳的に破滅してしまうのではないかということであった。職場における労働者集団は，個人を労働意欲のある労働者へと鍛え上げる，そうした肯定的な編制原理によって律せられるべきであった。そうであるがゆえに，その労働者と労働者集団が「怠業」に汚染されている状況は，テイラーの目にどうしても看過することが許されない社会的病理と映ったのである。

ではいったい，職場の労働者集団の中に組織的怠業を蔓延させている元凶は誰なのか。これが根っからの怠け者であるはずはない。彼らは，本質的に受動的性格であるからである。元凶は怠業を正義と見なす「確信犯」をおいて他にはない。結論を先取りして言えば，この確信犯を生み出したものこそが労働組合とその指導者であった。テイラーは次のように述べている。「組

織的怠業の第一の原因は，昔から労働者の間に広まっている次のような間違った観念に基づいている。すなわち労働者一人当り，あるいは機械一台当りの生産高を増大させると，結局は多くの仲間から仕事を奪うことになるという観念である」。それゆえ最大の能率を発揮して働くことは「同じ職業に従事する仲間を失業に追いやるから，仲間全体（の利害）に対して大きな不正義を働くことになる」[29]。

重大なのは，労働組合とその指導者がこうした道徳を教え広めているという事実である。「ほぼ全ての労働組合は，この目的のために，組合員の生産高を制限する規則を制定しているか，そうすることを考慮している。労働者の間に最も影響力を持つ人々，すなわち労働運動指導者や彼らを助ける慈善心旺盛な人々が日毎この道徳観を労働者に広め，彼らに向かう度にあなたたちは働かされすぎていると告げ回る」[30]。こうした道徳観は間違った事実認識に基づいている以上，正さねばならない。なぜならば産業史をひもとけば明らかなように，技術革新あるいは新しい労働の形式は短期的には失業問題を引き起こすかもしれない。だが新しい労働節約型機械は（コストを引き下げるから）価格低下をもたらし，それが有効需要を拡大するから，中長期的に見れば絶えず雇用機会は増大したのであり，雇用が限られてしまうなどということはまったくの謬見にすぎないからだ[31]。

果たしてこれが労働者を説得するに十分な反証になったかどうか，はなはだ疑問が残るとしても，テイラーがこうした道徳観を危険視し，何とか打破したいと考えていたことは確かである。テイラーは工場管理者や管理技師に向かって，事実誤認に基づくこのような道徳に対抗すべく思想戦を仕掛けろと訴えている[32]。

以上の点からも分かる通り，テイラーは労働組合が厳然として存在し，しかも雇用主や管理者にとって最早無視することが不可能なほどの勢力となっていることを事実として認めていた。だがテイラーは，労働組合が道徳的に許し難い組織的怠業を蔓延させ，あまつさえ組織的怠業を道徳的に正しい行為と見なす価値規範に立脚するがゆえに，どうしてもこれを許容することはできなかった。むしろそうであればこそ，労働組合は現在の差し迫った諸資源の効率的運用という国民的課題にとって無視できない障害となるがゆえに，これを排除しなければならないと説くのである。

テイラーの労働組合批判論が，諸資源の効率的運用という国民的課題と有機的関連性をもったものである以上，労働組合は自ら生産高制限問題を有効

に解決する組織であることを証明してみせなければならなかった。その意味では挙証責任は労働組合の側にあった。もしそれができなければ，労働組合は国民的非難の中で死滅するしかなかったのである。だがそのことは従来の労働組合の理念を捨て去ることをも意味した。果たしてアメリカの労働組合はそのジレンマにいかなる解決の糸口を見つけるのであろうか。アメリカの労働運動は大きな転換期を迎えようとしていたのである。

2. 労働組合の労使協調路線とその帰結－国際鋳物工組合（IMU）の場合

　コモンズは生産高制限をどう見ていたのであろうか。その点をテイラー批判を意識して書かれた論文「労働組合と能率」"Unions and Efficiency" によって確かめておきたい[33]。コモンズによれば，テイラーの科学的管理法は基準賃率の決定法として見れば「公平な意図と厳密かつ数学的に裏付けられた方法」として積極的に評価できる。しかし，科学的管理法があたかも万能薬のように，それだけで労働者の不信を解消し，労使協調体制を実現してくれると考えるとすれば，それはあまりにも非現実的すぎる。なぜならば，ほとんどの場合「(科学的管理法は)それを実行するのが雇用主であるか職長やスーパーインテンデントではあっても，科学的管理技師では決してない」というのが厳然とした事実であるからである。テイラーは労使の利害は一致すると述べているが，それはとんでもない間違いであり，双方の利害は根本的に対立するものである。経営者がより高い収利性を求めて労働コストをできるだけ低く押え込もうとするのに対し，労働者は逆にできるだけ多くの賃金を獲得しようとするものであるからだ[34]。

　さらにこれに関連して労働組合排除の論理をも批判する。たとえ労働組合を解体することに成功したとしても，それによって労働者の間から生産高制限をなくしてしまえるわけではない。「私は早くから組織労働者を駆逐することに成功したある巨大トラスト会社の例を知っている。その例が明らかにするところでは，出来高賃金制度の下にある全ての職場で，(労働組合が存在しないにも拘わらず) 奇妙にも賃金に上限を設け，互いにそれを超えないようにするという『談合』が労働者の間に結ばれているのである」[35]。

　すなわちコモンズに従えば，それを好ましいと考えるか好ましくないと考えるかに関わらず，またそれを認めようが認めまいが，労働者の階級的連帯性そのものを究極的に絶滅することはおよそ不可能である。換言すれば労働

者は賃金交渉力を具備しているのである。雇用主も管理者も，この厳然たる事実を冷静になって認めなければならない。コモンズは労働者の交渉能力を承認することが何よりも必要であることを強調しようとしているのである。ここから，真の意味で公然たる対決を回避できる方法は唯一，経営が労働組合を承認し，団体交渉を制度化することであるとの結論が導出されてくることは言うまでもない。

だが，労働者の集団性（連帯性）を壊滅させることができないとしても，それが直ちに労働組合の承認の理由にはならない。労働組合を容認するためにはより積極的な理由が必要であった。すなわち労働組合が生産高制限問題の解決に有効に機能するかどうかという問題は，依然放置されたままなのである。テイラーならば更に突っ込んで労働組合はそれがよって立つ道徳規範（階級道徳！）を本当に捨て去ることができるのか，と問い直したであろう。

コモンズは，生産高制限問題の解決にも労働組合はきわめて有効に機能すると断言することができた。なぜならば彼は，団体交渉による労働協約が労働組合に生産高制限問題を自主的に解決させた顕著な成功例を熟知していたからである。それがストーブ製造業であった。否ストーブ製造業の成功例がコモンズをして労働組合擁護論を書かせたと言ったほうがより正確であろう。彼は実際にストーブ製造業における労使協議制度 conciliation 成立史の論文を書いている[36]。以下われわれもコモンズの研究に従ってストーブ製造業における「生産高制限問題解決にいたる道」について簡単に辿ることにしよう。

1）ストーブ製造業における労使協調への道と生産高制限問題

1891年，IMU と SFNDA は，激烈な闘争の末にようやく労使協調のための話し合いのテーブルに着き，紛争を労使間協議によって平和的に解決することに合意した。ちなみにこれがアメリカでの団体交渉に基づく労働協約の嚆矢となった。団体交渉制度化の本来の意図は，頻発するストライキを回避することにあった。この時期，生産高制限問題は未だ交渉のテーブルに上ってはいない。ストライキの火種には事欠かなかったが，とりわけ賃金問題が最も深刻であり，早急の解決を必要とした。

ストーブ製造業ではかなり早い時期に出来高賃金制度の導入が図られ，南北戦争の頃には既に一般に広く普及していた[37]。出来高賃率は地域によって，また同じ地域でも事業所によって，きわめて大きな格差が存在していた。同じ型のストーブでも，その鋳造コストは最大40％もの差が存在したほどであ

ったという。ストーブ製造業も専門化，特化が進んでいた。鋳物工は最早ストーブ板，それも頭の部分，胴の部分，足の部分のどれか一つを専門的に鋳造するに過ぎなかった。さらに，従来彼らが行っていた作業のかなりの部分が特化し，独立の職業となっていた。たとえば鋳物工の製造した部品を一台のストーブに組み立てるのはマウンターの仕事であったし，中空の部品（中子）の鋳造は中子工 core-maker が専門にこれを取り扱うようになっていた。とはいえ鋳物工は依然として模型工 pattern-maker と並んで最高の賃金を得る最上層の熟練工，メキャニックであった。しかも彼らは労働力編制の上で最大の集団を形成していた。そのため全製造コストに占める鋳物工の賃金比率はきわめて高く，およそ40～50％にも達していたほどである[38]。

　雇用主が製造コストを引き下げる場合，真っ先に鋳物工の賃率に手を着けようとするのも無理からぬことであった。実際，雇用主はできるだけ賃率を圧縮しようと試みてきた。そのことは賃率引き下げの時期について見るとよくわかる。賃率の引き下げや，それに連動しやすい新しい模型の導入は，夏や冬のオフシーズンに併せて断行されることが多かった。この間（1～2ヶ月）鋳物工たちは無収入で過ごさなければならないことから，もし拒絶すれば更に長期にわたる工場閉鎖を覚悟しなければならない。それゆえ賃率の引き下げを拒否することはきわめて困難であり，受け入れざるを得なかったからである。また普通の水準を著しく越えた収入を得ようとする「勤労意欲に溢れた」労働者，いわゆるペースセッターを利用して賃率を引き下げようとする方法に訴えることも多々あった。だが雇用主による出来高賃率引き下げ圧力が強ければ強いほど，景気が上向きになるなどのチャンスさえあれば，今度は逆に鋳物工の側からの賃率引き上げの圧力もそれだけ高まることになる。その結果が労資紛争の頻発，労使関係の不安定化となったことは言うまでもない[39]。

　IMU と SFNDA はかなりの長い時間をかけて賃率の是正を根気よく行い，地域間格差，事業所間格差の解消を成功させた。賃率の改訂が制度化されたのは1898年のことであり，以降定期的に開催される双方の代表による専門家協議会の合意を俟ってはじめて賃率の変更が実施されるようになった[40]。

　これが生産高制限問題にとって画期的意義をもったことは言うまでもない。SFNDA が賃率についての「カルテル」を形成し，その決定権を経営者の手から奪い取ることにより，個々の雇用主は恣意的な賃率引き下げが事実上できなくなったことがきわめて重要である。SFNDA は協会加盟の鋳造所経営

者に対し労使双方で合意した賃率を誠実に遵守することを求めた。幾度かあった労使の合意を無視した賃率引き下げの企図に対し，SFNDAは直接干渉し強制的にこれを中止させるということさえも行ったほどである[41]。最早賃率は競争条件から除外されたと言える。IMUは完全に対等な賃金交渉権を獲得したのである。この結果，生産高制限の原因の一つ，それも主要な一つは取り除かれたことになる。

生産高制限そのものに対するIMUの態度の変化について見ると，先ず1886年に全国総会において「出来高賃金を得ている全ての組合員は1日当り3.50ドルを超える賃金を得てはならない」ことを全会一致で採択している。この時期いかに頻繁に生産高制限を闘争手段としていたかが窺われる[42]。ところがそれからわずか2年後，この生産高制限条項は綱領から削除されている。労使協調路線へと転換する分水嶺となったIMU史上最大の闘争，ブリッジ＆ビーチ Bridge and Beach のストライキが1887年のことであるから，明らかにSFNDAとの交渉上障害となることを恐れての措置であった[43]。とはいえ，綱領から生産高制限条項が削除されたからと言って，それが職場や分会のレベルでも自主規制されたことを意味したわけでは決してない。むしろ生産高制限は個々の職場を戦場とするに相応しい闘争手段であったのである。

生産高制限の禁止が労働協約の中に明文化されたのは，最終的に賃金問題が決着した4年後であった[44]。このことは，賃金問題が解決してからもなお，生産高制限が横行していたことを示している。ともあれこれにより，黙認されたままであった生産高制限という闘争手段は，労働組合自身（中央機関）によって，個々の職場，個々の分会の手から取り上げられたのである。職場や分会は中央機関の中止命令に服さなければならなくなったのである。

2）労使協調路線が経営と労働に与えた影響

労使協調路線の定着は，職場の中に勤労のエートスの復活をもたらした。たとえばストーブ製造業界の大立者グリッベン（Henry Gribben）が，1904年の全国ストーブ製造業者協会 National Association of Stove Manufacturers の大会で行った会長演説で，雇用主から見て望ましい精神が労働者の間に復活したことを，次のように指摘している。

　　労働組合はこれまで，製造業者に損害を与える目的で，多くの非難されるべき規則を制定し，それを組合員に強制してきた。その最たる例が出

来高払いの賃金の最高額を設定することであった。有能で勤勉な労働者に，能力の劣る労働者と等しい立場に留まることを強制し，「一度労働者となった者は生涯労働者に留まる」"once a workingman, always a workingman" という原則を適用することにより，(労働者はどんなに有能であっても) 残りの生涯を「薪を切り水を汲む者」として送らざるを得ない。彼はより高い賃金を得て将来の開業のために節約し，ついには独立の事業主となるチャンスを閉ざされてしまうのだ。(労使協調体制が確立してからというもの) 才能ある労働者の生産高を制限することはストーブ鋳物工の間からほぼ完全に消滅した[45]。

さらに1915年の上院労使関係調査委員会においても，SFNDA の幹事，ホウガン (Thomas J. Hogan) が同様な趣旨の証言を行っている。

> ワインストック委員：平均的非組合員とくらべ組合加入の鋳物工のほうに高い能率を期待できますか？
> ホウガン氏：その点については疑問の余地がありません。
> ワインストック委員：あなたの事業所でそうであるのですか？
> ホウガン氏：そうです。
> ワインストック委員：それは労働組合員のほうがより高い技能の持ち主であると一般化して言うことができますか？
> ホウガン氏：はい。私の所では非組合員も働いておりますが，労働組合員が最高の能率をあげる労働者であることは一貫しております。もちろん彼らは熟練を研かなければなりませんが（やがて）優秀な熟練工となるのです。ですがなかには不良の，堅実に働くことのできない労働者も居ります。飲んだくれであったり素行が悪かったりする労働者も居ります。ですがそうした連中によっておおいに困るようなことは当然ながらございません。

> コモンズ委員：鋳物工組合は組合員の最高賃金を一定額に制限する政策は採用していないようですが，実際に彼らは一日当りどれほどの賃金を得るのですか。確か一日8時間の労働でしたね？
> ホウガン氏：いいえ。彼らは一日約9時間労働です。…
> 　　最高額の賃金を得ている鋳物工は一日当り8ないし9ドルを稼いで

います。
コモンズ委員：低いほうについてはどうですか？
ホウガン氏：昨年秋のデータによりますと，協会加盟の全事業所の一日当り平均賃金は4.24ドルでした。
コモンズ委員：組合（中央）は分会レヴェルの生産高制限を止めさせるためにいかなる方法であなたがたを支援するのですか？
ホウガン氏：それは…中央から分会に対して止めるように命令が出されるのです。それだけです。生産高制限が発覚した分会に対して，中央は直ちにそれを止めるようにと命令を出しておりました。分会は誠実に命令を遵守し中止したのです。
コモンズ委員：分会は誠実に命令を遵守するのですね？
ホウガン氏：そうです[46]。

　労働能力に優れた労働者たちが，賃率の引き下げの危険がなくなったことにより，最高度の緊張をもって，できる限りの能率を達成しようと努力する様が，目に見えるようである。彼らは誰に気兼ねすることなく，より高い収入を享受することができたのである。将来の独立に備えるためであるとは到底思えないにしても（実際そんなチャンスは最早どこにもなかった），たしかに彼らは勤勉に労働して一日8ドルも9ドルも稼いでいた。もはやそうした彼らの禁欲的行動を押しとどめる力はどこにも存在しないと思えるほどであった。
　そうした勤労のエートスの横溢は，一方で現場監督者の専制的・権威主義的管理の復活をも許すものであった。たとえば次のような生産高制限事件にそれを見ることができる。既に述べたように，IMUは1902年に生産高制限を放棄することを正式に機関決定し，SFNDAに組織としてこれを遵守することを約束した。だがその後も散発的ながら生産高制限は発生していたのである。この事例は，そうした生産高制限がどのような原因で発生するのかを明らかにしている。アメリカの中でも最大手に属するストーブ事業所からクレームが提出された。その内容を掻摘んで言えばこうである。同じ町の同業他社の鋳造所を買収した際に，彼我の鋳物工の生産性を比較した結果，新しく買収した鋳造所では強固な生産高制限が行われていることが分かった。この二つの鋳造所は規模も仕事の中身もほぼ同じであるにも拘わらず，一方の鋳造所では鋳物工の平均賃金が一日当り4ドルであるのに対して，件の鋳造所

では僅か2.75ドルにすぎなかったことから，生産高制限が実施されていることが容易に発見されたのである。クレームに基づく組合側の調査でもクロと判明し，直ちに禁止命令が出され一件は落着した。ではなぜ，件の鋳造所の鋳物工たちは生産高制限を実行したのか。それについて組合側の追跡調査は次のような事実を明らかにしている。

　5〜6年前，当時雇われていたあるスーパーインテンデントによる不公平な職場管理に原因があることが分かった。彼は自分の「お気に入り」の鋳物工にばかり割の良い仕事を回した。その結果お気に入りたちは一日5ドルないし6ドルを稼ぎだすことができた。これに対して，嫌われた労働者たちは一日2ドルを超える賃金を得ることすら困難であった。こうした不公平な扱いが行われていることを知るに及んだお気に入りたちは，かような職場管理は許されないとして，率先して自らの高賃金を放棄し生産高制限を実行に移すことになったのであり，その理由は純粋に利他的なものであった[47]。

　上の事例は，現場監督者の恣意的な管理に抵抗するために，生産高制限が行われたことを物語っている。ストライキが強力な組織と財政力を必要とするいわば正規軍の戦術であるのに対し，生産高制限はゲリラ戦の戦術であった。組織も財政負担も殆ど必要とせず，同じ職場の労働者の間に，とりわけその重要な部分に，「連帯」が存在すれば実行可能なのである。しかも生産高制限はストライキと較べるとはるかにリスクが少なく，しかも効果があった。雇用主や管理者は，たとえ生産高制限が行われていることが分かったとしても，首謀者を特定することは殆ど不可能に近かったからである[48]。首謀者を特定できない以上，むやみに労働者の首を切ることはできない。もし解雇すればたちまちストライキが発生する危険があった。さらにこのために悪評が立ち，労働者の募集に支障をきたす恐れもあった。結局，経営者や管理者は労働者の要求を受け入れ，生産高制限を自主的に中止してもらうよりほか手がなかったのである。労働者の間に強固な連帯が存在する場合，生産高制限はありとあらゆる原因で，たとえば現場監督者に対するちょっとした不満によってさえ実行される。既に注意を促しておいたように，賃金問題が解決を見た後でも鋳物工たちが生産高制限を行っていたことが何よりの証拠となる[49]。

そして労働者の不満の発生源として，職長やスーパーインテンデントなどの現場監督者との関係ほど重要なものは他になかった。労働者にとって，職長がドライブをかけるタイプであるのか，それとも折り合いをつけてうまくやっていこうとするタイプなのか，それが重要であった。すなわち，職長との間に良好な関係を維持できればさほど問題は発生しない。だが，逆の場合は，ちょっとした不満さえ直ちに生産高制限に直結したのである。このことは先の例でも分かるとおりだ。またIMU機関誌（*I.M.J.*）にも職長に対して抱く組合員の感情が次のように表現されており，そのことを傍証している。

> 職長には，単に技能に優れているということだけではなく，労働者を賢明に彼らの長所を引き立たせるように管理し統治する能力を有する者が登用されるべきだ。成功する職長とは思慮深い人でなければならず，決してえこひいきに走ってはならない。もし彼がお気に入りやペットをつくれば，彼の有能さはその分減殺されてしまう。彼は仕事の配分に不公平な差別を行ったとか特権を認めたとかの非難に曝されざるを得ないからだ。ジェラシーが差別を受けた者の間に生まれ，そこから直ちに分裂がはじまる。表面的には全ての者たちが彼に従う。しかしそれはあくまでも「ふり」であって，心底では彼を嫌悪し，友人となろうとしたり，あるいは彼を助けようなどとは決してしない。…彼は誠実さに欠けているので，その地位が持つ権威と道徳的影響力の大半を失ってしまう。…もう一つ，気骨のない職長というタイプがいる。彼は雇用主にも労働者にもいい顔をしようとする。誰の意見にも同意するが自分自身の主張がない。たとえあったとしてもそれを表現する勇気に欠けている。…彼は約束だけは簡単にする。しかしそれを実行する気はない。彼は（結局）職長という地位を利用して，鋳物工の職業の品位を落としている。彼はかつての同僚（である鋳物工たち）を辱め，あたかも役畜のごとくにこき使う。彼は労働者が困窮しているのを利用して「男らしさ」を放棄させ，人生の喜びや将来の希望を失わせるような（劣悪な）労働条件を呑ませる。不運なことであるが，この手の職長こそ往々にして雇用主を喜ばせる職長となる。彼は自らしでかした不正に目をつむり，競争者を出し抜いたことで満足する。最近の不況がこの不正義なタイプの職長を跋扈させている。だが彼らこそ，労働者を駆り立てたり，労働者から仕事を奪うことがいかに愚かなことであるかを示す格好な例とすべきであろ

う。なぜならば，そうしたことはせいぜいのところ短期的に有効であるに過ぎず，結局利益の幅は減少し，競争が激化するだけであるからだ50。

　この記事が書かれたのが1896年であった事実に注意したい。IMU は既に SFNDA との間に労働協約を締結している。また機械製造関連の大手鋳物業者の団体である全国鋳物業者協会 National Founders' Association (NFA) との間にも同様な団体交渉に基づく労働協約の締結を考慮しつつあった時期であり，いわば団体交渉の蜜月時代であったのである。それゆえ鋳物工は，ストライキあるいは生産高制限に対して自己抑止する傾向にあった。

　われわれは二つの点に注目したい。第一，労使の協調が成立していたにも拘わらず，労働者と現場監督者の関係は依然として職長のあり方に大きく左右されていること。実際，労働者を駆り立てる職長，お気に入りを作る職長に対する批判の厳しさには驚かされる。それにも拘わらず有効な対抗手段をとれない現状に内心忸怩たるものがあるであろうことも文面から伝わってくる。第二，もしこれが労使協調以前であったならば，労働者を駆り立てたり仕事を奪ったりする職長は確実に労働者の抵抗に遭遇し，ストライキあるいは生産高制限の発動は不可避であったであろうということ。実際，先の例は，お気に入りを作る職長に対する抵抗として，生産高制限が禁止されていたにも拘わらず，発生したことを示している。こうした心情が優勢とならないように，雇用主や管理者は絶えず労働者の顔色を窺い，労働者と折り合いをつける努力を必要としたのである。また職長を選ぶ際にも，労働者と折り合いをつけうまくやってゆけるタイプであるかどうかを，重要な決め手としなければならなかったのである。

　だが SFNDA が提案した生産高制限の禁止に合意したために，事態は一変した。IMU は，組織の責任において，生産高制限を中止させなければならなくなったのだ。SFNDA を通じての告発に対し，IMU は調査を行い，その事実が確認されれば中止の命令を発し，強制力を使ってでもこれを止めさせなければならなかった。雇用主や管理者は，最早かつてのように労働者の連帯にびくつく必要はなかった。彼らはただ生産高制限の事実さえ発見すればよかった。あとは IMU に問題の処理を委ね，解決を待てばよいのだ。こうして雇用主や管理者は労働者に対し圧倒的に優位に立つことになる。すなわち彼らにとって好都合な，勤労意欲のある，あるいは労働能力に優れた労働者を保護し，言うことを聞かぬ労働者あるいは怠惰で労働能力に劣る労働者を差別

する，そうした専制的管理を，労働組合の保証の下に晴れて実現することを意味したのである。

　こうした管理が労働者の連帯そのものを圧し潰しかねないほど，淘汰の圧力を強化したことは言うまでもない。あるストーブ製造業者は鋳物工を「堅実な鋳物工」と「浮き草のごとき鋳物工」の二つの階級に区分し，後者をあからさまに差別している。すなわち彼によれば，堅実な鋳物工は「製造業者からみて最も望ましい労働者」であり，年間を通じて勤勉に働き，しかも「でき得るかぎり多くの賃金を得ようと最大限の努力を惜しまない」。他方，浮き草の鋳物工は短期間ですぐに辞めて他に移ってしまう階級で，「彼らは堅実な鋳物工と比較すると遥かに低い能率しか達成し得ない」[51]。実際両者の間には大きな賃金格差が存在していた。件の製造業者の鋳物部門における1905年の賃金表によれば以下の通りである[52]。

　　堅実な鋳物工は50人，フロア数50，年間総労働日13,72日（労働者平均265日）で彼らの賃金の総額は50,911.37ドル（労働者平均年収は1,018ドル）であった。一人当り賃金は一日平均3.84ドルとなる。
　　浮動する鋳物工は183人，フロア数71，年間総労働日16,951日（労働者平均93日！）で彼らの賃金の総額は46,853.75ドルであった。
　　一人当り賃金は一日平均2.77ドルとなる。

驚くべきことに，このストーブ鋳造所における鋳物工の定員の実に6割弱が，「浮き草のごとき鋳物工」で占められていたのである。淘汰の圧力がいかに強く鋳物工の上に圧しかかっていたかが理解できるであろう。

　実際，多くの鋳物工が職場を転々とする運命にあり，各地を渡り歩かなければならなかった。安定した雇用に恵まれず各地をさ迷い歩く職人を，当時の人はホーボー Hobo と呼んでいる。鋳物工の中には鋳物工としての仕事にさえありつけず，本物の浮浪民，すなわちトランプ Tramp にまで身を落とす者もあった。この時期，アメリカでは大量のホーボーやトランプが発生していたのである。たしかにアメリカの熟練労働者は，職人の伝統として，徒弟修了後数年にわたって各地を渡り歩くのを常とした。あるいは若さゆえの旅そのものへの憧れがそうさせたのかもしれないし，あるいはより住みやすい町を求めての移動であったかもしれない。だがその動機がなんであれ，彼らの多くは独身で，職場を転々としながら腕を磨き，結婚と定住に備えるいわ

ば積極的な渡り職人の層であった。実際，鋳物工の生涯を伝える I.M.J. に掲載されている死亡通知の記事を見ても，多くの組合員がこの積極的渡りを経験していたことが分かる。だがホーボーはこうした積極的な渡りとはまったく異なっていた。そのかなりの部分が妻帯者であることからも分かるように，彼らは「渡り」をせざるを得なかったのである。ある鋳造工はその理由を次のように述べている。

> なぜ多くの鋳物工がホーボーの群れに加わるのか，その究極の原因は，雇用主が鋳造所への投資を怠っていることにある。鋳枠や模型などの重要な道具は，更新されないために，旧式でしかも使いものにならない代物が多い。そうした劣悪な道具を使って仕事をしなければならないために,「御釈迦」を造る危険性がきわめて高い。それにも拘わらずうまくいって当り前，失敗しようものならボス（職長のこと：引用者）がやってきて「なぜ他の連中のように仕事ができないのか解らん」とあたかも無能であるかのように非難叱責するのだ。…叱責された鋳物工は心穏やかならぬままに鋳造所を後にし，憂さ晴らしのために酒場へと赴く。頭に血が昇りカッカとしている彼は，ボスの罵詈雑言を思い出しては酒を飲み，ついにはへべれけに酔っ払って酒場から追い出されることになる。さて，2，3日してようやくしらふに戻り，鋳造所へと出掛けてみると，ボスがやってきて「もうお前のする仕事はない」と彼に解雇を申し渡す。彼は残りの賃金を受け取り，分会からカードを交付してもらい，妻や子を残して住み慣れた町を離れて職探しに旅発つ。前よりもっとましな設備の鋳造所を求めて。しかし，やがてどこも鋳造所は似たりよったりであることに気が付くことになる。こうして彼はどこでも同じ失敗を繰り返し，やがて本物のホーボーとなるのだ[53]。

かつて職長やスーパーインテンデントは，労働者を非難叱責することにはきわめて慎重な態度をとった。なぜならば，「そのような非難や叱責を浴びせた場合，労働者のメカニックとしての名誉を傷つけたことになり，他の労働者たちがこれを黙って看過するはずはなく，必ずや現場監督者と労働者の間に危険な軋轢が生」じたからである[54]。だが今や，他の労働者たちは仲間が叱責されるのを，それどころか解雇されるのさえ，黙って見過すのである。職長やスーパーインテンデントたち現場監督者は大手を振って労働者を

駆り立て，(「御釈迦」をだすような) 能力の劣る労働者を誰はばかることなく解雇することができるようになったのである。並の能力の鋳物工は就労の不安定な仕事にしかありつけず，絶えず失業の恐怖にさいなまれるホーボーとなる。そして能力の劣る鋳物工にはトランプの群れの中に身を沈ませる運命が待っていた。

　現場監督者の支配権が強まり，職場に勤労意欲が溢れたことは逆に労働者の職場集団からは共感意識が，階級的連帯が著しく衰微したことを意味している。そうした状況を指摘する労働者の声は必ずしも多くはないが，しかし決して無視してよいほどか弱くもない。以下鋳物工組合機関誌 *I.M.J.* に現れた投稿記事の若干を列挙する。

　その1：
　　Molder 氏は1860年から1880年の頃と現在を較べて次のように述べる。当時「ストーブ鋳物工は一日5ドルから7ドルを稼いでいた。もちろんヘルパーなしでだ。現在よりもずっと優れた仕事をしていたし，それに現在ほど仕事もきつくはなかった。現在見られるような，仕事を独り占めにしよう (hogging) とするような風潮もなかった。ほとんどの鋳物工は朝7時を過ぎてから仕事に取りかかるのが普通であったし，昼食にもたっぷり1時間をかけたものだ」。しかし時代は変わってしまった。「…何かの都合で7時過ぎに職場へ来ようものなら，『泥棒猫野郎』が他人のフロアを勝手に横取りしてしまっているであろう。そして仲間からは決まって，昨日は飲みすぎたのだろうという類の罵りを浴びるのだ。…仕事をしたければ朝7時前に準備を完了し，(7時の) 始業の合図を待っていなければならない。仕事開始のベルを今や遅しと待ち受けている鋳物工の姿を見ればよい。その姿はまるで獲物にむかって跳びかかろうとしている猫にそっくりだ」[55]。

　その2：
　　Barney 氏は，自身が所属するフラターナル・オーダーと組合の分会を比較し，分会にあっては親密かつ誠実な友情が欠如していると非難する。とくに職場における組合員相互の関係は，「共食いと弱肉強食という言葉に相応しいものだ」と嘆いている。彼は具体的に三つの事例を挙げる。
　　まず仲間の失敗を論うこと。「『御釈迦』をだした仲間に対して『あい

つはなんにもできやしない』といった陰口を平気で叩く。しかしそういう輩に限ってじつは仕事ができないことが多いのだ」。

次に個人的利益の追求に血眼になり，他人への配慮を欠いていること。「幾人かの仲間はユダヤ人のようだ。彼らはすべてを貨幣によってしか見ようとせず，一日25セントあるいは50セントを余分に得ようと二人分の仕事を平気でする(換言すれば仲間の仕事を奪うということ：引用者)。仲間が解雇されようがどうなろうが，自分たちが安全であれば全く無関心でいられるのだ」。

さらに昇進を遂げる仲間に対する嫉妬。「知った仲間が昇進すると知ると，彼が使うハンマーなどの道具が決まって壊される。そして彼に対してとてもここに書けないような汚い悪口がまことしやかに囁かれるのである」[56]。

その3：

W.T. Curry 氏は，1908－9年の恐慌期に多くの鋳物工が職を失い，路頭に迷った苦い経験があるにも拘わらず，現在再び景気が回復するとともに，彼らはでき得るかぎりの賃金を得ようと躍起になってがむしゃらに働いていることに，警告を発する。「(労働者の)賃金の購買力は10年前と比べて決して高まっていない。もし生産（高）を制限せず，しかも賃金がより高い購買力を持つことがないとすれば，早晩再び恐慌に見舞われることは不可避となろう」。「労働組合は，賃金の持続的上昇と労働時間の短縮を主たる目標としている。主要労働組合は労働時間の短縮に成功しているが，鋳物工組合だけは例外である。とりわけストーブ製造業部門では労働時間の短縮は遅々として進まない。機械工業部門では多くの分会が9時間労働をかち取っているが，ストーブ製造業部門では25年前と変わらない。…ストーブ製造業部門では，筆者の知るかぎり，労働時間短縮に向けた運動が鋳物工の間で組織された例がない」。

「7時間の砂固め作業とは1日10時間の労働を意味する。10時間の内に1日の仕事を終えるためには，殺人的ペースで仕事を進めなければならない。自己保存は第一の自然法則であると言われているが，ストーブ板鋳物工については妥当しないように思われる。彼らはでき得る限りの仕事をやり遂げようとする貪欲さのゆえに，自らの肉体に損傷を負うばかりか，そうすることによって次の恐慌を準備しているのである。こう

してストーブ製造業全体に危害をもたらすのだ」。

「指導者たちの高尚な哲学は，一般のストーブ板鋳物工の耳には聞こえない。なぜなら，彼らは肉体を余りにも酷使しているために頭脳は働かず，理性の働きは鈍るばかりだからだ。…余暇を楽しむことと知性を磨くことは，肉体と精神を酷使するストーブ板鋳物工には不可能なことである。世界の運命が理性的労働者と彼らの子孫の手中にあるとすれば，われわれは自由な時間をもっと持たねばならない。われわれに8時間の労働を」[57]。

これらの投稿から容易に判ることは，ストーブ鋳物工たちの行動がより多くの賃金のために先を争って仕事に励む，そうしたいわば禁欲的な行動様式に基づいていたということであろう。だが個人主義的な利己心が，結果として凄まじい経済的淘汰の圧力となって彼らに襲いかかる。その結果彼らは否応なく「殺人的ペース」で仕事に励むことを強制されるのだ。彼らの余暇活動は貧困となり，ひたすら睡眠を貪るために家庭が存在するようになる。疲労のゆえに彼らが酒場の魔力に魅せられたとしても不思議ではない。

ストーブ鋳物工たちの間の生存競争を一層激しいものにしたのは，労働組合が労働者を解雇する自由を雇用主に無条件に承認したことにも起因していた。だが一層重要なのは，技量の優れた鋳物工やスピード自慢の鋳物工たちが，技量に劣る鋳物工や競争に耐え得ない鋳物工たちを，恰も「モラルに欠けた」タイプの人間であるかのごとくに見下すその姿勢である。特にアルコールとの関係をモラルの基準とする点が特徴である。「飲んだくれであるから仕事ができないのだ」と言わんばかりの職場の雰囲気がそのことを明瞭に示している。

一般組合員の中から次のような声が上がっていることに注目したい。投稿者は鋳物工を「ホーボー鋳物工」と「ホームを守る鋳物工」に分かち，前者を道徳的に欠陥がある人間であると形容している。彼自身1880年から21年間各地を放浪しなければならない運命にあった。その中で彼が得た結論は，ホーボーとなっている鋳物工の圧倒的部分は，もともと定職に就く気がない怠け者であるということであった。彼はいう。「ホーボー鋳物工は根っからのホーボーである。アメリカで最良の仕事，すなわち最短の労働時間，骨の折れることが最小の仕事，最高の賃金などの条件をすべて満たす仕事を当てがったとしても，彼は決して居つかないであろう。なぜか。彼は生まれつきの

トランプであり，それ以外の何者でもないからだ」[58]。

より多くの賃金を得ようとする，またそうすることができる労働者たちを強制して，他の労働者たちに「ついて来ることを許」していた，そうした労働者の共感はどこにも感じられない。また階級的利害に服すことが正義であると見なす意識，すなわち階級道徳も，勤労のエートスがどこかに吹き飛ばしてしまったかのようである。

ホーボー問題の深刻化，あるいは他人の道具を意図的に破壊するような社会的病理現象の横行は，まさしく権威主義的・専制的職場管理と労働者の階級的連帯の衰退に起因していた。こうした危機的状況に対して労働組合は組織としていったいいかなる対応を，いかなる運動を行ったのであろうか。

3）IMUのモラル向上運動と熟練鋳物工の保守化

そもそもアメリカの労働運動は「下から」発展を遂げたものであり，労働組合の実力も地方分会の，さらには個々の職場の労働者の階級的連帯によって支えられていた。そしてまさしくストライキや生産高制限は労働者の階級的連帯の実力を雇用主に見せつける手段であり，それによって労働者は経営の権威主義的・専制的管理を抑止したのである。生産高制限（あるいはストライキ）と階級的連帯との関係について言えば，確かに生産高制限の放棄が階級的連帯を死の瀬戸際まで追いつめたと言える。

だが階級的連帯の衰退が生産高制限の放棄へと踏み切らせたという，逆の関係も存在したのである。実際SFNDAからの生産高制限の禁止要求に対して，IMUは殆ど議論らしい議論もせずに，高い収入を理由とした賃率の引き下げを行わないことを条件にいとも簡単に受け入れてしまったのである。多くの労働組合員が高収入の保証と引き換えに生産高制限を放棄することに同意しないかぎり，換言すれば仮に多くの組合員が生産高制限の堅持を主張したならば，IMUはこうも簡単にSFNDAの提案に同意しなかったであろうし，事態はもっと紛糾してもおかしくなかったであろう。

既に指摘したように，生産高制限を実行した職場も存在したし，また階級的連帯の衰退を嘆く仲間も決していないわけではなかった。禁欲的行動様式が独り歩きしてしまい，そのために家族との団欒（家庭教育の場！）も教養を高めるチャンスも喪失しつつある状況を，「おかしい」と考える批判勢力も確かに存在していたのである。そうした「（心の）貧しさ」を自覚する者たちの中には，さらにラディカルに自己変革を遂げる層も少なからず存在した。

19世紀末以降，政治を指向する社会民主主義を信奉もしくは支持するメンバーの投稿が *I.M.J.* 誌上を賑わせるようになるのが，その端的な表れである。

連帯意識を重視する階級道徳から見れば，労使協調体制は経済的個人主義を復活させ，経済的淘汰を推し進めるだけであるということになる。実際多くの仲間がホーボーへと転落していっているではないか，と。メンバーの間に社会民主主義思想が少なからず影響力を及ぼすようになったとき，IMU 指導層がこれと激しい路線闘争＝思想戦を行ったのは蓋し当然であった。この思想戦そのものは IMU のオーソドクシーの勝利におわった。われわれにとって重要なのは，戦いそのものではなく，労働運動の隊列を組む労働者集団が「社会民主主義」ではなく IMU のオーソドクシーを支持したということである。そこに鋳物工たちの保守化傾向をはっきりと見て取ることができる[59]。

IMU のイデオローグたちが「社会民主主義」を意識しつつ展開した現状肯定の論理にみられる特徴は，ホーボー問題を労働者個人の問題として把握する点にある。すなわちホーボーへと転落する労働者は道徳的に欠陥があるからだというのである。そこでその解決のためには労働者のモラルを向上させる必要があると主張し，IMU が率先して「モラル向上運動」に乗り出すことになる。その際とりわけ飲酒癖を元凶として槍玉にあげる。

> 飲酒の習慣は鋳物工に特有の悪弊であるわけでは断じてなく，世情一般に見られるものである。…われわれは上品な趣味としての禁酒運動のお先棒担ぎをしようとしているのではないし，一杯のビールがもたらす疲労回復と心地よい気分の効用を否定しようとしているのでもない。だが度を超えた飲酒が続けば，人は否応なく酒に飲まれるようになってしまう。しかし，習慣性の飲酒が社会的に見て悪弊であることは，誰一人否定しないであろう。…労働者の間に蔓延する飲酒習慣が，依然として彼らの幸福な暮らしにとっての最大の害毒であることは否定し得ないにしても，われわれは教育による啓蒙（すなわちモラル向上運動！：引用者）によって，飲酒習慣を減らすことができると固く信じる者である。かような教育は公共の教育機関によってばかりではなく，労働組合によっても担われるべきである。…労働組合が労働者の間に影響力を増せば増すほど，労働者の労働環境が改善され，また彼らの生活水準が高くなればなるほど，労働者は一層自尊心を持ち，一層（アルコールに対して）自制的となり，一層倹約に励む。こうして彼は社会の一員として一層尊敬

をかちとり，雇用主からも一層多くの利益をもたらす労働者として信用を得るのだ。このことは人々に次第に理解され注目されるようになった60。

かつて IMU は節酒運動（節酒そのものではない）に対してきわめて冷淡であり，不信の念すら抱いていた。*I.M.J.* に掲載された次の「節酒」"Temperance" と題する記事がそうした彼らの態度の典型であった。

「アルコールばかりでなく，全ての物欲に対して節制すべきことに諸手を挙げて賛成したい」。だが「過度な飲酒こそ労働者が困窮化し，浮浪民化する唯一あるいは最大の原因であるとの（節酒運動を展開する諸協会の）主張に対しては，断固異論を唱えるものである。飲酒癖が貧困の原因ではなく，逆に貧困こそが労働者を過度な飲酒へと引きずり込む元凶なのだ。このことを強く主張したい。いかなる節酒運動であれ，飲酒癖の根本原因をこの世から永遠に取り除かない限り，飲酒癖を絶滅することは決してできない」61。

かつてはこのように，節酒運動は貧困を解決することができないと明確に述べることができた。貧困を解決するためには労働者階級全体の福祉向上を図らねばならないのであり，そこにこそ労働運動の，労働組合の使命があった。

だが時代は変わってしまった。今や労働組合が率先してモラル向上に取り組んでいる。労働者階級の全般的福祉の向上という労働運動の使命は雲散霧消してしまったかのようである。時あたかも禁酒運動が最大の高揚期を迎えようとしていた。「禁酒運動のお先棒担ぎをするつもりはない」と述べてはいるが，禁酒運動に対する IMU の態度の転換はまさしくアメリカ社会の全般的保守化傾向と軌を一にするものであった。実際，禁酒運動やモラル向上運動は，多くの鋳物工の中に眠っていた魂を力強く揺り動かしたのであった。たとえば *I.M.J.* の投稿欄に掲載された次の記事がそれを象徴する。労使協調以前にはおよそ掲載など考えられないような内容の記事である。

「鋳物工として成功する方法」"How to Become a Successful Molder" と題するその記事のなかで，われわれにとって特に興味を引く部分は後半の，成功のためにはいかにモラルが大切であるかを力説する箇所である。そこには守るべき道徳規範が具体的に列挙されている。煩を厭わず以下に示しておく62。

・職場で暇つぶしをしてはならない。

・冗談を言って職長のご機嫌をとろうなどとしてはならない。そんな与太話は以前に聞いているに違いないからだ。それよりも自らの仕事を誠実に果たす do your work in a workman-like manner 労働者こそ彼にとって喜びとなるのだ。
・神を恐れぬ態度 profanity と粗暴であることをメキャニックとして優れている印であると考えてはならない。
・稼いだお金をすべてウィスキーに使おうとしてはならない。
・あなたの仕事 trade を強い酒 booze を買うための貨幣を手に入れる単なる手段と見なしてはならない。
・仕事を終えたあと酒を飲んで仲間とどんちゃん騒ぎをしてはならない。翌日満足のいく仕事ができなくなるから。
・何でも職長のところに行って相談するようなことは控えるべきだ。職長は職場で最も忙しい人であり，彼は些細なことについては自分の力で解決しようとする労働者の方を信頼するからだ。
・些細なことを怠ってはならない。僅か5分で終る準備工程のチェックを惜しんだためにいざ砂固めのときに幾度もやり直しをして自尊心を危険に曝すばかりか数時間をロスすることになるからだ。
・職長に他人の告げ口をしてはならない。もしそのようなことをすれば職長は告げ口をされた仲間を不信の目で見るようになり，ついには解雇してしまうかもしれない。そしてその運命はいつあなたの所に回ってくるかもしれないからだ。
・朝職場にやってくる最後の人間となったり，夕方職場を離れる最初の人間となったりしてはならない。
・最後に機敏さ，独立独行，自尊心そしてとりわけ冷静であること，これらの徳性を身につけるように努力しなさい。あなたの雇用主に対してあなたが信頼するに足る人間であることを，あなたのコミュニティの隣人に対してあなたが良き市民であることをたえず証明しなさい。そうすればあなたは鋳物工として，また人間として成功すること間違いなしである。

今や鋳物工にとって「成功」こそが最大の関心事であった。成功にとってとりわけ重要なのが，雇用主や管理者にとって信用のおける労働者たらんとすることであった。すなわち高いモラルを持ち，現場監督者に従順であるこ

と，そしてなによりもより多くの賃金を目標として勤勉に労働すること，これこそ成功にとって必要不可欠な要件であった。こうした労働者こそ，職長への昇進のチャンスに恵まれることになる。

　熟練労働者にとって，ホレイショ・アルジャーの成功物語はたしかに夢のまた夢であった。労働者がロックフェラーやカーネギー，あるいはモルガンを夢見ることは，およそ非現実的であった。だが熟練労働者であれば，彼らなりの成功の物語を書くことができた。しかもほんのちょっと努力しさえすれば手に入れられるものだったのである。それだけに一層，彼らは必死であった。IMUもまた組合員が職長へと昇進することを積極的に後押しした。たとえば職長に昇進するメンバーに対する評価にそれが象徴的に現れている。IMUは職長へと昇進するメンバーを最早「裏切り者」ではなく，「模範的組合員」として高い評価を与えるようになった。I.M.J. の投稿欄には，職長へと昇進した仲間を紹介する，各分会からの記事が頻繁に掲載されている。満載されていると言っても誇張ではないほどである。その記事はどれも例外なく，彼ら昇進した組合員はいかに技能に優れ，いかに志操堅固な労働組合員であり，道徳上欠けるところのない人物であるかを縷々説明するものであった。

　この点に関連して興味深いのは，記事の最後を締め括る常套句として「二度と再び砂と汗にまみれた職場へ戻ることのないように」との文言が使われていたことである。額に汗して働く労働，とりわけ不衛生で力仕事を必要とする労働は，最早社会的に高い評価を受けなくなっていた。労働の社会的評価が著しい低下を見たのは，世俗化したプロテスタント思想の極端な衛生観念（清潔思想）からの，少なからぬ影響でもあった。不衛生な職場は良き「市民」，紳士たるに相応しくないとされたのである。不衛生ということでは鋳造所はその最たるものであろう。そのために有為な若者は次第に鋳物工となるのを敬遠し，機械工や模型工の徒弟となる道を選ぶようになった[63]。

　この時期，鋳物工が模型工に対して激しい憎悪を抱いたのも鋳物工の地位低下が原因であった。鋳物工は模型工がろくな模型を作らないといって非難していたのだが，その理由は，彼らに言わせれば，模型工が鋳造所の現場を馬鹿にしてその仕事の内容を知ろうともしないからだった[64]。かつて鋳物工は，機械工や模型工と較べ勝るとも劣らぬ最上のメキャニックと自認し，また社会的にもそう見なされてきた。だが今や，鋳物工たちは自らの職業を，大工職人や煉瓦積み職人などの伝統的熟練職種に較べても，あるいは警察官や消防署の職員たちと較べてさえ，劣ったものであると見なすようになって

いたし，社会的にも不熟練労働者と殆ど変わらない熟練職種の中の最低の部類に属するものと見なしていた[65]。

だが，職長に昇進すれば，彼はそうした身分的利害状況を劇的に好転させることができた。かつて職長は「平等者中の筆頭」として存在し，鋳物工と共通の社会層に属していた。だが鋳物工の地位低下に反比例して職長の地位は上昇し，今や「現場監督者」（産業の下士官）として，彼らとは別個の社会層に属するようになっていた。それゆえ職長への昇進者はまさに文字通りの「成功者」なのであった。「二度と再び砂と汗にまみれた職場へ戻ることのないように」との文言は，このような鋳物工の心情を表現していたのである。いわば鋳物工の身分的利害状況も，彼らをして，熱心に昇進へと駆り立てていたといえる。この点も看過してはなるまい。

鋳物工の最大の関心事は今や「家族への配慮」であり，立身出世こそが目標となったのである。鋳物工にとり，最早いかなる意味であれ「階級的連帯」は重要ではなかった。彼らの階級道徳は見る陰もなく廃れてしまった。IMUはこうした鋳物工の全般的保守化傾向の波に乗って路線の転換を行ったのであり，そうすることで今度は逆に鋳物工の保守化を積極的に押し進めたと言える。IMUは今や一方で賃金交渉機関として，他方でモラル向上協会として，高賃金を梃子とする能率向上に積極的役割を果たすことになったのである。

以上われわれは生産高制限問題を手掛かりとしてアメリカ労働運動の変貌を明らかにした。テイラーもコモンズも生産高制限を単に労働者が怠惰であることの証明と見る見方に対し，それが労働者の階級的連帯の具体的表徴でもあると正しく見抜いていた。生産高制限を労働者の伝統主義に直ちに結び付け工業化に対する一種の不適応症とのみ見なす多くの議論はこの点批判を免れ得ない。生産高制限はむしろ工業化の中から生み出されたものであったのであり，労働者が労働者として覚醒することなしには到底不可能であった。われわれは生産高制限を階級的連帯の具体的発現形態としてきわめて重視したヴェーバーが，「経営という姿を取る自由な労働の合理的組織がなかった以上，プロレタリアートは存在し得るはずがなかった」と述べるその意味を改めて十分に吟味すべきであろう。アメリカの熟練労働者は単に賃金のみを問題として提起していたわけではなかった。彼らが強固な階級的「同胞倫理」（＝階級道徳）を有していたことはテイラーすら認めている。この点生産高制限を専ら賃金問題と見なす議論もまた批判は免れない。むしろそこには二つのエートスの対抗が表現されていたのである。

経営内部の労働関係について言えばこうである。階級道徳の持ち主が労働者の連帯を利用して勤労意欲のある仲間を階級的利害のもとに強制的に服させることに成功していた。そして社会もまたそれを承認していた。だが19世紀末より資本主義の精神の力強い復活が見られ，それが労働者の間に眠っていた精神を揺り動かした。勤労意欲のある労働者が「利己心」に従って高賃金を求めて努力することが労働者の間に是認されるに及び，彼らの階級道徳は見る陰もなくいじけたものになってしまった。彼らの間では最早どれだけの賃金を得ることができるかが全てとなったのである。われわれはこの過程をストーブ製造業とIMUについて具体的に眺めてみた。団体交渉に基づく労働協約の締結に成功したことがかえって階級道徳を衰退させ，勤労意欲の強化に結びついたことは歴史の皮肉以外の何物でもなかった。

　この時期の熟練労働者にとって機械化問題もまた避けて通れぬ重大事であった。機械化の進展は，人間的誇りを労働によって実現することを不可能にしてしまう危険性を秘めていたからである。IMUはこの問題も労使間協議によって解決しようとした。しかしIMUの戦略は成功しなかった。われわれはこの失敗を労働組合の「交渉権」問題の一環として第3章で考えてみたい。第3章ではさらに，機械化を利用することによって雇用主が労使関係において圧倒的優位に立ち，その結果，階級道徳とアメリカ労働者文化が衰退に向かう過程をも明らかにしたい。

第3章
機械化の進展とアメリカ労働者文化の危機

　19・20世紀の境期，とりわけ1898年から1902年にかけてのアメリカでは，「団体交渉の蜜月時代」と呼び慣わされるほどに労働協約体制が産業の平和の切札と見なされ，労使双方から支持されていた。しかし後の大量生産体制を準備することになる金属機械工業の諸分野では，たとえば国際機械工組合 International Association of Machinists (IAM) と全国金属工業会 National Metal Trades Association のように，労働協約が雇用主団体の側からの一方的破棄によってきわめて短期間の内に終息させられてしまった。われわれが検討するIMUの場合も，SFNDAとの間では長期にわたり労働協約体制を維持したが，全国鋳物業者協会（以下NFAと略記）との間ではわずか5年の命脈しか保てなかった。

　IMUとSFNDAとの関係は1915年当時でもなお良好に維持されており，SFNDAはIMUのリーダーシップに揺るぎない信頼を寄せていた。ストーブ製造業ではIMUの組合員に対する統制力は抜群であり，ストライキはおろか生産高制限すら許さなかったのであるから，蓋し当然であった。そしてそのことを立証するように，SFNDAの代表幹事は，労働協約が一般組合員の間にモラルの向上をもたらし著しい生産性の伸びが見られたと議会証言している。これとは対照的にNFAはIMU執行部のリーダーシップに対する不信を露にしていた。IMU執行部が組合員の，ストライキを含む数多くの協定違反行為を取り締まるだけの統制力を欠いており，また新委員長が社会主義的かつ無責任であると非難している[1]。

　IMUがNFAとの間に協調関係を維持し得なかったのは，SFNDAとの間には存在しない困難な問題が横たわっていたからであった。それが造型機 molding machine の導入問題であった。両者は造型機操作にかかわる労働諸条件

を合意できなかったのである。機械化の進展に危機感を抱いたIMUは，造型機操作を受け入れること，生産高制限を行わないことを決議してはいた。だが一般組合員である熟練鋳物工は自ら進んで造型機を操作しようとはしなかったし，仮に操作しなければならない場合でも期待される水準の能率を達成できなかった。

造型機を喜んで操作しようとしたのは，若くて聡明な不熟練労働者たちであった。彼らにとっては造型機を操作することは大きなチャンスを意味した。賃金が上がるだけではない。身分的にも（心理的にも）押しも押されもせぬ鋳物を造形する主役になることができるからであった。そして彼らは十分に雇用主の期待に応えたのである。不熟練労働者出身の操作者は着実に増加していった。IMU にとり，こうした事態を放置すればやがては熟練鋳物工の労働条件にも悪影響を及ぼすことは必至であった。それゆえに IMU も必死で造型機操作者取り込みに努力を傾注した。IMU と NFA の協調関係が短期間の内に崩れ去ったのは，不熟練労働者出身の造型機操作者に対する支配権をめぐる熾烈な争いが展開されていたからであった。NFA の IMU 非難が殊の外厳しかったのはこうした支配権争いの激しさを物語っていたと見なければならないのである。

アメリカの熟練労働者とその組合は機械の導入そのものに反対していたわけではない。もちろんそのような態度を取る労働者も少なからず存在した。しかし，たとえばIMU に見るように，指導層は熟練鋳物工の一部にあるそうした態度と戦い，職能別組合ではあっても，造型機操作者を労働組合のメンバーとして取り組む政策を断固追求したのである。その努力の中で，彼らが問題としたのは機械操作のための労働条件であった。彼らが労働運動の中で育んだ階級道徳によって，どこまで機械操作をアメリカ市民に相応しい労働とすることができるかということであった。われわれはそのことを造型機に対するIMUの戦略と熟練鋳物工の態度を具体的事例として眺め，考察したい。

ところで造型機導入は労働組合排除のための手段でもあったから，労働組合と階級道徳にとって大きな試練となった。NFA のオープン・ショップ運動はまさしくその典型的事例であった。多くの組合員は自己保身のために機械操作者やスペシャリストを排斥したために，結局機械操作の仕事をアメリカ市民に相応しい職業とすることはできなかったのである。非アメリカ的な作業現場，すなわちアメリカ市民に相応しい生活を保障しえない作業現場は鋳造所だけではなかった。労働組合排除が徹底された産業における職場では，

機械化が進展するとともに非アメリカ的な労働現場が至る所に出現したのである。そしてそれは熟練労働者が最も重視してきたアメリカ的生活様式そのものの衰退を意味していたのである。

1. 造型機問題に対する IMU の戦略と熟練鋳物工の態度

1) IMU の初期の戦略と組合員鋳物工の反抗

　造型機の開発は1890年代に至って漸く本格化した。動力を用いた本格的な機械はテイバー機 Tabor machine が最初であるが，これは鋳枠 flask に模型 pattern をセットし周りの砂を突き固める作業 ramming だけを自動化したものであった。その後鋳枠から模型を抜き取る作業 pattern drawing を自動化する機械が発明され，漸く突き固め作業と模型抜き取り作業の両方をこなす本格的な造型機が登場することとなった[2]。IMU はいよいよ機械問題と真正面から取り組まなければならなくなったのである。

　組合執行部の苦悩は大きかった。なぜならば，一般組合員は造型機を忌避していたからであった。メキャニックとしての誇りを失うことを恐れて，多くの組合員鋳物工は「機械を操作することを選ぶよりも職場を辞めてしまう」のであった。しかも一方で，造型機操作にはいくらかの熟練を必要とするとしても，必ずしも鋳物工としての経験は必要なかった。雇用主は機械を軽蔑する熟練鋳物工に頼ることを止めて不熟練労働者の中から才気煥発な若者を選び出し，彼に訓練を施して一人前の機械的修練鋳物工（以下，造型機操作を行う労働者を機械的修練鋳物工と呼ぶことにする：筆者）に仕立て上げることができた。その結果事態をこのまま放置して「組合員鋳物工が機械操作の仕事にありつくチャンスをみすみす放棄してしまうならば，短期間の内に多くの鋳物工が失業」してしまうことが危惧されたのである。実際，NFA のメンバー事業所についての統計ではあるが，機械的修練鋳物工は1900年には早くも不熟練労働者を除く鋳造部門就労者の10%にまで達する。その圧倒的部分は不熟練労働者からの昇進組によって占められていた[3]。

　IMU 執行部はこの危機的状況を冷静に理解し，決断した。組織防衛と組合員保護のために不可避の決断であった。その努力は先ず1899年の IMU 総会における次の決議に結実した。

1. 今後組合は造型機操作者ならびに鋳造の各工程に従事する全ての労働者に対する支配権を確立する努力を行うこと。
2. 組合はそのメンバーに対して造型機を使う職務を受け入れ，最大の能率を達成するように努力することを勧告し指導すること。
3. 組合執行部はこの計画を推進するために，またその他当該計画実行のための手段について鋳物業者に協力を要請すること[4]。

　この決議を採択することによって IMU は造型機操作が熟練鋳物工の職務に相応しいものであることを宣言し，これを組合員が独占することを基本政策としたのである。しかしそれを実行に移すためには造型機を忌避する一般組合員を説得し指導しなければならなかった。1899年大会での造型機条項はさしたる議論も反対もなく比較的すんなりと採択されてはいた。だが職場で実際にこの問題に直面した一般組合員の中には機械の導入そのものに激しく抵抗し，執行部に盾突いた者も少なからず存在したのである。たとえば IMU 機関誌に掲載された次の投稿記事にその一端を見ることができる。

　　私が最も衝撃を受けたのはテイバー・マニュファクチュアリング社 Tabor Manufacturing Co. 製の造型機の広告が貴誌に掲載されたことです。…私は造型機に反対です。そしてわれわれの組織の福祉を心から配慮するメンバーなら誰でも反対するはずです。造型機は低賃金と不熟練労働の先駆けであり，誰もそれと競争することを望まないからです。…私は IMU のメンバーになって16年以上にもなります。その私がいつも思うことですが，造型機を操作することは真の組合員にとって最も恥ずべき行為なのです[5]。

　執行部による一般組合員への説得は，要するに機械化に盾突くことは時代の進歩に逆行することであり，徒らに過去の栄光にすがるべきではないということであった。むしろ積極的に機械を利用し，機械を自分たちに適合させる道を選択するべきだと言うのである。そのためには不熟練労働者よりも熟練鋳物工が造型機の操作においていかに優れているかを雇用主の前に実証して見せなければならない。「しかしこの点については楽観視することが許されるであろう。なぜならばわれわれの圧倒的部分は熟練メキャニックとしてその道の専門家であるのだから，能率の点でもまた鋳物の欠損率についても

自動機械 (automaton) のようにしか労働しない不熟練労働者に対して造型機の操作の上ではるかに優位に立つことができる筈だ」[6]。熟練労働者は自働機械ではないという誇りこそ組合指導者が説得において最も強調した点であった。自動機械とは要するに雇用主が専決した（操作手順を含む）労働規律に従順に服すタイプの労働者であり，職人としての誇り（カリスマ的資質）を否定されてしまっている状態を端的に表現したものであった。

同じことはドイツの労働者に対する軽蔑にも当てはまった。当時アメリカはドイツとともに工業化を成功させ，イギリスの国際的優位性を脅かしつつあった。こうした時代背景の下でアメリカでは国際競争力比較に関心が集まり，「高賃金・低コスト」論争が耳目を集めていた。この議論を仕掛けたのは国際派を自認する一部の知識人であった。彼らはアメリカの労働者の賃金がヨーロッパの労働者に較べ著しく高いことを指摘し，これがアメリカの競争力低下を招くと主張した。これに対して，高賃金ではあっても低コストを実現していることがアメリカ経済の優位を支えているのだという反論が声高に主張された。「高賃金・低コスト」論を唱えたのは体系的管理運動のグループと労働運動のグループであった[7]。体系的管理運動がその根拠をシステムの優位に求めたのに対して，労働運動は労働者の優位に求めていた。すなわち，アメリカの成功の秘密は人間を機械に適合させるドイツとは逆に機械を人間に適合させる点にある，と。以下の主張を見られたい。

　アメリカでは労働者の優位性のゆえに機械が人間に適合させられている。労働者の知性の高さ，社会的上昇のチャンスがそれを可能にしている。まさにそうであるがゆえに，機械が人間を支配するようになればアメリカの労働者の優位性は失われてしまう。もしアメリカのメキャニックが機械化から利益を得ることがなく，かえって機械との競争を強いられ，世界のメキャニックの中の誇りある地位から機械のごときドイツの労働者の地位におとしめられるとすれば，その時こそアメリカ経済の優位は失われることになろう[8]。

しかし，鋳物業者が望んだのは正確に働く自動機械であった。頑健な筋肉機構を持ち，機械に自己を適合することを厭わぬ従順な労働者であった。というのも造型機は簡単で軽量な鋳物の大量生産にこそまっ先に導入されたからである。すなわち判断力や知性よりも筋力や単調さへの忍耐力を必要とす

るような仕事にまっ先に導入されていった。一例を挙げるとこういうことである。一鋳型当り7セントという低い賃率を適用される仕事があったとする。比較的小型の鋳物を大量に製造する仕事である。この仕事に従事する熟練鋳物工は一日当り60個を鋳造でき，4.20ドルという比較的高い賃金を稼いでいた。ただしそれに必要な銑鉄の量は10杓であり，相当な重労働である。この仕事に造型機が導入され，賃率が一鋳型当り2.75セントと設定される。もし，手仕事の場合と同じ賃金を得ようとすれば，165個を鋳造しなければならない。これに必要な銑鉄の量は28杓である。これまで銑鉄の入った重い杓を10回使えば良かったものが28回に増え，また重い鋳枠から鋳物を取り出す作業も60回から165回に増加することを意味する。これが件の熟練職人にとって何を意味するかは明らかである。要するに，造型機を利用する仕事とは，いかなる熟練鋳物工でも働くことを諦めざるを得ないほどの労働の強化を意味したのである[9]。

　換言すれば，熟練鋳物工が習熟していた熟練と機械的修練鋳物工に要求される熟練とは質的に異なっていた。決して組合員鋳物工であるから能率が低いということではなかった。非組合員鋳物工の場合であっても同様に，造型機を使って最大の能率を発揮することはできなかったのである。造型機を使った労働がもたらす疲労の質と量は，手工業的熟練労働によって経験する疲労とは異なっていたからに他ならなかった。このことは鋳造所経営者によっても理解されていた事実であった。「熟練鋳物職人の場合，長年慣れ親しんだ一日当りの具体的な量と質の仕事量というものがある。それゆえ彼らにとって造型機が要求する生産能率に適合する新しい質と量の仕事量に適応することはきわめて困難となり，そうした事実が造型機操作に対して激しい敵愾心を生み出すことになるのだ」[10]。IMUが問題にしたのはまさしくこの造型機が要求する新しい仕事の質と量であった。

　大量生産を指向する鋳造所の場合，造型機操作は諸々の機械とその操作者の助力を随伴することが多かった。機械的修練鋳物工に残された仕事は鋳型作りのみということも決して少なくなかった。こうした職場の機械的修練鋳物工は完全な自動機械となるわけである。この種の機械的修練鋳物工であれば，それまで鋳造所の内部を覗いたこともないまったくの素人であっても短期間の訓練で一人前の労働者に仕立て上げることが可能であった。しかしこうしたタイプの労働は一方で全面的に経営規律に服さなければならない。仮に多くの補助機械とその操作者の導入によって力仕事からは解放されるとし

ても，従来では考えられなかった作業速度を要求される。しかもそれを持続させなければならないのである。何よりも，無駄な動作を省かれた最も合理的な作業動作と手順を規律として教えこまれ，これに習熟することが必要であった。かなりの作業速度であるがゆえに相当な緊張を強いられる。それにも拘わらず労働の内容それ自体は単調であった。一方で職人としての誇りをもつことは不可能であり，他方で厳しい経営規律に全面的に服する，このようなタイプの仕事は，熟練鋳物工がかつて経験したことのない種類の疲労をもたらすことになるであろう[11]。

　そのような疲労はいったいいかなるタイプの余暇活動を必要とするのであろうか。アメリカ市民に相応しい生活様式に合致する余暇を保証するものであったのだろうか。IMUと熟練鋳物工が提起する，機械に人間を適合させるのかまたは人間の方に機械を適合させるのかという問題は，まさにこの市民に相応しい生活様式を保証する疲労の量と質であるか否かという問題でもあった。何となれば疲労の回復期である余暇時間の活動様式は個別具体的な職業労働によって得られる疲労の質と量によって規定されているからである。かつてヴェーバーがヤンキー労働者を「教養ある市民」と形容したように，熟練鋳物工を含むアメリカのメキャニックの余暇活動は（少なくともその理想は）家庭の団欒と市民的教養，およびアソシエーションを中心にした市民的社交にあった。すなわち市民に相応しい消費生活を保証する賃金とともに家庭の団欒と市民的教養ならびに市民的社交を保証する労働の量と質が基準であったのである[12]。

　造形機の導入を支持した以上，IMUは，職人としての誇りについては意識変革を迫る以外にいかんともし難かったとしても，市民的余暇活動の保証についてはなんとしても実現しなければならなかった。すなわち造型機を操作する労働の賃率や労働時間などの労働条件を市民に相応しいものとするようにNFAと交渉しなければならなかったのである。しかし，IMUの立場は決して有利ではなかった。

2）機械化の進展と組合員鋳物工の生産高制限

　雇用主たちは人選さえ誤らなければ，適切な訓練を施すことによって3〜6週間で不熟練労働者を一人前の機械的修練鋳物工に仕立てることができた。彼らは数ヶ月も経てば十分に習熟し，かなり手の込んだ鋳物や大型の鋳物であっても易々と製造することができるようになったという。それゆえ，機械

を用いた新しい労働に進んで自らを適合させる不熟練労働者と機械を自分たちに適合させようとする熟練鋳物工とでは，能率の点でどちらに軍配が上がるかは火を見るよりも明らかだった。たとえば，NFAの作成したレポートによれば，ある鋳造所で7台の造型機を導入し，5台を鋳物工に2台を不熟練労働者によって操作させたところ，熟練鋳物工が1日あたり75～100個の鋳物を製造するのがやっとであったのに対して，不熟練労働者は175～200個の鋳物を製造することができた[13]。

また，造型機製造業者E・H・マムフォード（E. H. Mumford）は両者の能率の違いについて次のように述べている。最新鋭の造型機について両者を比較したところによれば，熟練鋳物工の場合一日当り2.75ドルの賃金を得て65の鋳型を仕上げた。これに対して不熟練労働者は一日当り2.40ドルを得て160の鋳型を仕上げた。労働コストの差は歴然であった。能率は不熟練労働者が圧倒的に勝っていたのに対して，賃率は一方が一鋳型当り4セントであるのに対して他方はわずか1.5セントでしかなかった[14]。鋳物業者にとり，造型機を導入することは著しい収益性の向上に繋がったのである。造型機への投資は悪くはない決断であることが理解されるのに，さして時間はかからなかった。

鋳造所経営者たちは造型機の賃率決定に際して熟練鋳物工を基準とする必要はなかった。いかなる労働のタイプにもいかなる労働の強度にも耐える不熟練労働者を基準として賃率を決定することを欲した。その結果NFAは，造型機の技術的基礎は鋳物工の熟練とは無関係であるという論理を押し立てて，造型機操作者を誰にするかは経営権の支配するところであると主張した。だが，1899年から1903年にかけて鋳物業界は活況を呈していたため，造型機の操作者を熟練鋳物工に限定したいと考えるIMUの方がNFAに対して優位を保っていたのである。造型機問題を議題から外すというNFAの戦略はほとんど成功しなかった[15]。しかしIMUの指導部が笛を吹いても一般組合員はなかなか踊ろうとはしないという事態は一向に変わらなかった。むしろ彼らはますます造型機を忌避し，憎悪を募らせていった。

われわれは造型機問題に関し交渉が暗礁に乗り上げてしまっていたことをマムフォードの言葉から知ることができる。造型機製造業者である彼は多くの鋳造所における実見に基づき，組合員鋳物工が造型機に敵対し，造型機操作者に対して生産高制限を強要していると非難する。たとえば次の事例である。労働組合が交渉権を確立しているある大手の鋳造所に造型機を納入した

ところ，期待する能率を達成することができなかった。そこでこの機械に習熟している熟練鋳物工（彼は IMU 組合員であった）を派遣し，その機械を操作する不熟練労働者出身の機械的修練鋳物工を指導することにした。すると職場委員がやってきて機械の指導はまかりならないと入所を拒否した。指導員が分会の断り無しにその機械の能率を決定することはできないというのだ。そこで協議が行われ，結局，実地指導はしないことを条件に，1時間だけ件の機械的修練鋳物工に指導員が当該機械の操作をやって見せることが許可された。驚いたことにそれまで1日30鋳型を仕上げるのが精一杯であった彼が，なんと同じ30鋳型をわずか1時間で仕上げることができたのである。ところがこの労働者は再び分会の制限下で働くようになると1日当りわずかに50～55の鋳型を仕上げるにすぎなくなった。この状態が数ヶ月続いた後，経営者は造形機の本格導入に踏み切った。その際一計を案じ，機械の据え付け場所を囲い込み，組合員鋳物工たちの干渉を排除する措置を取った。これが効を奏して機械的修練鋳物工たちは平均して1日当り150の鋳型を仕上げるほどの能率を発揮した[16]。

　われわれはこの事例から，組合員鋳物工が職場レベルにおいて機械に対する統制を行っていたこと，それにも拘わらず機械の操作を自ら行おうとせず不熟練労働従事者の手に委ねていたことを知ることができる。IMU 執行部は，すぐ後に見るように，不熟練労働者出身であっても機械操作者に組合員資格を承認する決定を行っていた。そしてこの職場でもそうした機械操作者を組合員として承認し，仲間として遇していたことが分かる。そうであるがゆえに件の機械的修練鋳物工は生産高制限に服していたのである。IMU 機関誌においてもこれを裏付ける次のような投稿記事が掲載されている。

　　『レビュー Review』誌に掲載された造型機と題する記事によれば「組合員が造型機を操作している鋳造所については100のうち99までが手作業と同じ水準に能率を制限している。」…私自身かなり多くの鋳造所, そのなかには NFA 参加事業所も含まれる，において造型機が据え付けられはしたが（生産高制限によって能率が上がらず：引用者）結局撤去せざるを得なかったりあるいはスクラップの山になっていたりするのを見ている[17]。

　ちなみに生産高制限についてマムフォードは次のように述べている。彼が

きわめて鋭い観察眼の持ち主であることが分かる。後のメイヨーやレスリスバーガーを彷彿とさせるが，ある意味では彼らをも凌いでいる。

> 造型機を不人気にさせるという目的は，しばしば労働意欲に溢れている操作者を社会的に追放する social ostracism という単純ではあるがきわめて有効な方法によって達成される。…私は鋳造所にはきわめてリアルなソサイアティが存在するということを申し上げたい。そこで人は直ちに何が良い行いであり，何がそうでないのかを学ぶ。労働者と一緒に働いた経験のあるわれわれは，良き仲間であることに関心を持つ限りでは，紳士のクラブにおいて真実であることは鋳造所でも真実であることを知っている。仲間の労働者を皆と同じ考え方に従わせるために棍棒を使う必要はないのだ。…（生産高制限は）労働者階級 a common body of men に対する忠誠に伴うあの不幸な影響力のもたらす結果であると言える。すなわち，できる限り少ない労働を維持する一方でできるだけ多くの賃金を確保しようとすることによって仲間の支持を得ようと競い合うことの結果である。これは自らの腕や頭の製造物をできるだけ良い値段で売らなければ生きていけぬ人間，あるいはその階級が帯びる自然な傾向ではある[18]。

ところでもう一つ，前述の事例の興味深い点は，本格的な機械導入に際しこの鋳造所の経営者が機械的修練鋳物工たちを囲い込み，労働組合員との社会的交流を遮断するという方法を採用したことである。この囲い込みによって初めて労働者は，雇用主の立場から見て，機械的修練鋳物工として満足のいく能率を達成することができた。この事実はきわめて象徴的である。というのは，いわば文化的囲い込みによって労働者を労働組合員のアソシエーションから隔離しなければ，経営者は労働者を調教する自由を確保することができなかったことを示唆しているからである。NFA は機械の能率を確保するためにどうしても文化的囲い込みを実現しなければならなかった。なんとなれば IMU が従来の戦略を転換し不熟練労働者の出身であっても一定程度の条件を満たせば機械的修練鋳物工やスペシャリストを組合員として組織化することを決定したからであり，しかも彼らの組織化に一定程度成功しつつあったからである。

3）IMU による造型機操作者組織化の努力

　IMU が組合員資格要件を修正し，機械操作者の組織化に踏み切ったのは1902年総会においてであった。「4年の徒弟期間もしくは同じ長さの鋳造所での労働の経験」を有することが条件となってはいたが，これによって機械的修練鋳物工は IMU に加入することができるようになった。これに先立つ1900年当時，IMU 指導部は組合機関誌のなかで，組合員鋳物工たちを造型機操作に従事させる試みが失敗に帰したことを認め次のように述べている。

> 鋳造所経営者たちは，熟練鋳物工たちが機械操作に従事しようとしないことを見て取り，それよりも少し余分のコストと忍耐を必要とするが，不熟練の労働者を訓練すれば有能な機械操作者を獲得できることを学んだのである。現在，機械は最早かつてのような信頼性が乏しくしかも簡単な作業しかこなすことができない，道具に毛が生えたような代物ではなくなった。いくつかの作業工程を完全に機械に取り込み，とりわけ大量生産に適合的な，比較的簡単な鋳物の製造に盛んに導入されている。さらに造型機の改良は進み，大型でより複雑な鋳物の製造や注意が必要な仕事にも利用されるようになった。こうした仕事をこなす機械操作者にはそれ相応の熟練と頭脳が求められる。…その多くについて言えば，優れた熟練鋳物工と較べて勝るとも劣らぬほどである。それゆえそうした造型機を巧妙に操作する不熟練労働者を「不熟練」と形容することは最早できない。訓練と経験を積んだ彼らは立派な熟練職人であるというべきなのである[19]。

　こうした認識に基づき，IMU は「われわれは早急に機械操作者に対する支配権を確立すべきである」との方針を決定したのであった。これ以降 IMU は組合員鋳物工を機械操作に仕向けるのではなく，機械操作者を組合員にする方向に戦略を転換していくことになるのである。

　インディアナポリスとその周辺地区を担当するビジネスエージェントのジョージ・カスタ（George Custer）はこの間の事情を組合機関誌の中で生き生きと伝えている。彼が取り組んだのはインディアナポリスにあるアトラス・エンジン製造会社 Atlas Engine Company 鋳造部門における機械操作者の組織化であった。この会社は当時（1902年 IMU 総会直前の時期）エンジン部品に関わるすべての鋳物部品を造型機によって製造していた。しかし組織化以前

には機械操作者は時給14セントしか得ていなかった。彼らの中にはこの道13年，14年というベテランもいたが，彼らも同率の低賃金しか受け取ってはいなかった。他方，同社は造型機導入の当初から，鋳物工に機械操作を委ねようと努力もし，また賃金についても鋳物工としての最低賃金を保障しようとした。それゆえカスタも「鋳物工に対して造型機を操作するように一所懸命働きかけてみた。しかし誰一人としてそれに従事しようと名乗り出た者はなかった」。その結果，すべての鋳物部品が造型機によって製造されるようになり，熟練鋳物工は，一部の部門を除き，製造現場から姿を消してしまったのである。こうした状況を改善するため彼は，アトラス社で長年働く機械的修練鋳物工ヘンリ・シルヴィ（Henry Silvey）とともに，造型機操作者の組織化に着手する。

　　中央執行委員会は機械操作者として彼らを組織化する権限をわれわれに与えたが，しかし対象を造型機操作者に限定するべきこと，2年間の徒弟期間を加入資格とすることを条件としていた。われわれは直ちに組織化に着手し，短期間のうちに加入資格のある機械操作者全員を獲得し，彼ら自身の分会，IMUインディアナポリス第382分会を創設することに成功した。そして今年1月同社との間で最初の団体交渉を行い，1年間の労働協約締結に漕ぎ着けた。この協約により，最低賃金を時給20セントとすること，超過勤務については1.5倍の割り増し賃率を，日曜日と祝祭日については2倍の賃率を適用することなどを取り決めることができたのである[20]。

　しかしカスタが直面したのは造型機操作者問題だけではなかった。既に彼の記事にもその一端が表出していたが，単能型機械であるスクイーザーやランマーがより熟練度の低いいわゆる不熟練鋳物工 unskilled molder と言われるスペシャリスト，「スクイーザー」squeezer-puller および「ランマーマン」rammer-man を大量に生みだしていたのであり，機械問題はさらに一層深刻化していたのである。カスタによれば，インディアナポリスには軽量鋳物専業のねずみ鋳鉄鋳物工場3ヶ所と可鍛鋳鉄鋳物工場1ヶ所があった。ねずみ鋳鉄鋳物工場の造形作業従事者300人のうち，鋳物工は約半数（因みにベンチ鋳物工とフロア鋳物工はほぼ同数）にすぎず，残りはスクイーザーを操作して鋳物を製造するスペシャリストで占められていた。また可鍛鋳鉄鋳物工場

は造形作業従事者450人のうち鋳物工は僅かに3分の1に過ぎず，残り3分の2がスペシャリストであったのである。

造型機操作者の組織化には中央執行委員会もゴーサインを出したが，より熟練の劣るスペシャリストについては除外するよう釘を刺していた。IMUはなお熟練の水準にこだわっていたのである。それは2年間の徒弟期間を前提にしていたところにも窺われる。造型機操作に2年以上携わればかなり複雑な鋳物や大型の鋳物も手がけることができるようになり，それだけ熟練鋳物工との熟練の格差も縮小するはずであり，熟練鋳物工からの反発も少ないであろうとの読みであった。だが，カスタはこうした不熟練鋳物工にも組合員資格を認めてもよいのではないかと主張する。

> （なぜならば）スクイーザーはやがて能率的なベンチ鋳物工になるのだから。実際われわれのところの最も有能なベンチ鋳物工はスクイーザー操作を経て鋳物工になった。スクイーザーを操作して行う作業は突き固め作業だけである。その他の作業，たとえば模型抜き取り，鋳型仕上げ，仕切り砂ふりかけなどの作業はベンチ鋳物工と何ら変わらない。もちろん，通例はスクイーザーを操作して作る鋳型は極めて簡単な物が多い。しかし彼らはスクイーザーを操作するだけではなくランマーも操作することが通例であるので，やがては能率的なベンチ鋳物工になれるのである[21]。

カスタは言及していないが，スクイーザーとランマーマンは異なる職種に特化している例が多かった。カスタが指摘しているように，スクイーザーは不熟練労働者の中から抜擢される。またランマーマンはスクイーザーの中から選抜される。そしてベンチ鋳物工はランマーマンの中から抜擢されている。要するに鋳造所においては不熟練労働者→スクイーザー→ランマーマン→ベンチ鋳物工（→フロア鋳物工）という昇進の階梯が事実上成立していたのである[22]。しかしたとえそうであったとしても，機械的修練鋳物工にさえ同格性を認めようとしない熟練鋳物工が造型機操作者よりもさらに熟練度の低いスペシャリストを仲間として喜んで迎え入れるはずはなかった。実際組合執行部からカースト層と呼ばれる彼らは機械的修練鋳物工やスペシャリストを組合に迎え入れることに頑強に抵抗したのである。

IMU執行部はそうした抵抗に遭遇しながらも，機械的修練鋳物工やスペシ

ャリストの組合参加の道を半ば強引に切り開いていった。彼らはそれだけ時代状況に危機感を抱いていたとも言える。しかしまた彼ら自身の信奉する労働運動の理念に忠実たらんとしたことの重要性も無視してはなるまい。たとえば次の主張をみて欲しい。

> われわれ（IMU）は彼ら（機械的修練鋳物工やスペシャリスト）に組合員資格を承認すること，生産高制限を行わせないこと，しかし未組織労働者の宿命である際限のない賃金引き下げから彼らを守ること，これらをわが組合の政策として展開することこそ望ましいと考える。わが組合の戦略は，必要とあればいつでも，低賃金や過度な労働がもたらす弊害から彼らを保護することである。肉体的限度を超える労働を禁止するという（われわれの）政策に対して，正しい評価をする鋳造所経営者諸氏はかならずや同意するものと信じている[23]。

また I.M.J. の編集者であるブラックは更に次のように労働運動の理想を熱く語る。

> われわれの過去の政策は熟練メキャニックとスペシャリストの間に楔を打ち込み，互いを無視する態度を増進させた。しかしわれわれ（熟練メキャニック）は彼ら（スペシャリスト）を全面的に受け入れ，完全な仲間として受け入れなければならない。どちらか一方の賃金や労働条件が引き下げられれば，かならずやもう一方の賃金や労働条件も引き下げられる。われわれは互いの利害を一致させることによって賃金と労働条件の引き下げを阻止するばかりか一層高い水準へと引き上げることができるようになる。…より理性を働かせ，より包括的かつ革新的な政策を採択し，偏見や時代遅れの職人のプライドを捨て去ることができれば，鋳造業の細分化された諸部門に働く労働者は（階級的）連帯と良き意志によって一つになることができ，鋳造業で働く全ての労働者の福祉と地位の向上のために手を携えて協力することが可能となるのだ[24]。

不熟練労働者を除外しているという限界はあるにしても，1902年に行われた政策の転換はその意味でまさに画期的であった。IMU は機械的修練鋳物工やスペシャリストを熟練鋳物工の仲間として受け入れることを決断したこ

とにより，彼らの労働条件を熟練鋳物工と等しいものにする義務を進んで負うことになった。すなわち彼らの賃金をアメリカ市民に相応しい消費生活を保証するに十分な水準に保つこと，そして彼らの余暇時間についても家庭の団欒と市民的教養ならびに市民的社交の享受を保証するものとなるように労働の強度もテンポも調整されるべきことを，である。要するにIMUは機械的修練鋳物工やスペシャリストを教養ある市民としてのアメリカのメキャニックに教育しようとしたのである。少なくともそのための客観的条件を整えようとした。

4）熟練鋳物工の保守化と階級道徳の衰退

　だが，そうした期待は現実によって無惨にも裏切られることになる。IMUは1904年に労働協約体制が破綻し，NFAが組織として造型機導入を本格化させた後でも，造型機操作者やスペシャリストを組織に取り込む努力をなお一層強力に推進した。そのことが鋳造業，とりわけ金属機械工業の構成要素である鋳造部門に対する影響力を維持することを可能にしたのである。しかし，一般組合員がそうした政策を心から支持していたとは言えなかった。分会レベルあるいは一般組合員レベルで見ると，造型機に対する偏見と憎悪は相変わらずであり，導入阻止や生産高制限などの実力行使を伴う抵抗が続いていた。少なくない分会が機械的修練鋳物工の組合員資格停止提案を総会に提出し，執行部の方針に楯突いていた。中央執行委員会が造型機の導入に反対をした分会を処分した事例も跡を絶たなかったのである[25]。結局，一般組合員の多くは，機械化の進展とともに，執行部の掲げる高邁な理想に背を向けたと言わなければならない。そして彼らは熟練鋳物工という固い殻の中に閉じこもり身の安全を維持しようとする態度を取るようになった。

　一般組合員はなぜ機械的修練鋳物工やスペシャリストを組織化する情熱を失ってしまったのだろうか。その原因は，二つあると考えることができる。その第一の原因は大量生産体制を指向した，機械技術のさらなる進歩並びにシステム化の進行である。それが機械的修練鋳物工と熟練鋳物工の技術的格差を次第に大きくしていった。NFA参加企業の機械化が本格化したのは1904年に労働協約体制が破綻した後であった。それまで造型機導入に消極的であった多くの鋳造所経営者が，IMU排除の手段として本格的導入を真剣に考慮するようになったのが原因であった。造型機製造業者も彼らの要求に応えて機械の改良に取り組み，たとえば中子造型機のように，従来手仕事でな

ければ不可能であると考えられていた作業についても一つ一つ機械の中に組み込んでいった。他方では鋳造所の労働力編制をシステム化するために必要な周辺支援機構，たとえばクレーンや流れ作業台の開発導入が進んだ。それに照応して作業手順も徹底的に単純化・標準化された結果，機械的修練鋳物工が必要とする技能や経験はますます取るに足らぬ些細なものとなっていった[26]。その帰結はニュージャージーのある巨大鋳物専業企業の経営者が証言している次のような事態となる。

　　造型機1台は鋳物工3人分の仕事をやってのける。場合によってはそれ以上の能率を発揮する。組合員である熟練工は機械を操作しようとはしない。造型機を使う仕事はとても体力を必要とし，辛くそして厳しいからに他ならない。労働組合員であるから機械を操作する仕事を嫌うと言うのではない。そもそも機械を操作する仕事についてもいいと思う人を，英語を喋ることのできる人たち English-speaking men の中から捜し出すことができないのだ。われわれの経験ではイタリア系移民や不熟練労働者の階層からしか雇うことができない[27]。

　そうした機械化が究極の段階まで進んだのがT型モデルを大量生産するフォード社鋳物部門であった。そこでは約1,450人の労働者のうち約55人がオールラウンドな熟練鋳物工であるにすぎず，しかもその全てが試作部門 jobbing department に属していた。残りの労働者のうち曲がりなりにも熟練鋳物工と認められるのは約5％程度に過ぎなかった。しかもその圧倒的部分は現場監督者としての機能を果たす存在であったと推定される。残りの95％は造型機操作者のごとき機械的修練鋳物工かスペシャリスト，もしくは不熟練労働者であった。ちなみにフォード社鋳物部門の管理者は英語の単語を一つも解さない移民労働者であっても3日のうちに第一級の（機械的修練）鋳物工に，また2日のうちに中子工に仕立て上げることができると断言している[28]。これらの事態に象徴されるように両者は身分的にますます乖離し，社会的格差はますます歴然としたものになっていった。機械的修練鋳物工やスペシャリストに専ら東欧や南欧からの移民労働者が就いたことがこの傾向に拍車をかけたことは間違いのないところであろう。
　熟練鋳物工保守化の第二の原因として，労働市場において熟練鋳物工に対する比較的堅調な需要が維持されたことを指摘できる。このことが組合員鋳

物工の危機意識を薄めさせたと言えよう。なぜならフォード社鋳造所のごときスピードで機械化が進んだ事業所はむしろ稀で，鋳造所は他の部門に比較して熟練に依存する比率がより緩慢にしか下がらず，熟練鋳物工に対する需要も相対的に高い水準を維持していたからである。表3－1を参照されたい。NFAメンバー事業所という限定付きの統計ではあるが，むしろそうであるがゆえに機械化が最も進んだ事業所を多く含んでいるという利点を持つ。

表3－1 熟練工，機械的修練工およびスペシャリストの労働力に占める割合の推移

(単位：%)

	熟練鋳物工	機械的修練工	スペシャリスト
1900年	75.7	9.4	—
1905年	63.0	14.4	9.5
1910年	54.3	19.4	15.0
1913年	51.8	22.8	15.6

出典：M. L. Stecker, "The Founders, the Molders, and the Molding Machine," 1967, 455-6.

これを見ると，時と共に熟練鋳物工の比率は確かに低下しているが，1913年になっても依然として比率は50％を超えている。絶対数についても20世紀初頭に較べれば減少しているが，1910年代に入るとともに安定する傾向をみせている。また彼らが経営者から経済的にも社会的にも特権的地位を保証されたことも，機械的修練労働者やスペシャリストに対する組織化の情熱を冷却化させた。機械的修練労働者やスペシャリストの賃金は，熟練鋳物工に較べやはりかなり劣っていた。さらに機械的修練労働者とスペシャリストの労働のテンポと強度は，理想的な熟練鋳物工の余暇活動をまねることを許さぬものであった。こうして特権的地位を保証された熟練鋳物工にとって重要なのは，下を見ることではなく，むしろ上を見ること，換言すればより高い熟練と知性を駆使するオールラウンドなメキャニックに相応しい仕事に就き，さらにチャンスがあれば職長へと昇進することであった[29]。

保守化した一般組合員について言えば，機械的修練労働者やスペシャリストに対する組織化を放棄したということは曲がりなりにもアメリカ労働運動が追求してきた市民的同格性を回復する戦いを放棄したことを意味する。すなわち彼らは機械的修練鋳造工とスペシャリストが機械を利用する市民にではなく，機械に適合する自動機械に鋳造されることを黙認したのである。

2.「勤勉な」移民労働者と「怠惰な」ヤンキー労働者

1) NFAの機械化戦略と労働組合批判

　本格的な造型機の導入と NFA との労働協約交渉がほとんど同時期であったがゆえに，IMU は労働協約の締結を優先すべく機械化問題に組織としての決着を急ぐ必要があった。IMU は機械の操作に関する労働条件については平和的交渉によって十分解決が可能であると考えていた。しかし，IMU と NFA とでは機械についての考え方が根本的に異なっていた。IMU は「機械を人間に合わせる」という原則論に立っていたのに対して，NFA は逆に「人間の方を機械に合わせる」という原則論に立っていたからであった。すなわち，NFA にとって重要なのは労働者の市民的同格性ではなく労働者の能率であった。

　既に見たように，造型機操作者として期待通りの能率を達成したのは労働組合員ではなく，比較的若い不熟練労働者，とりわけ移民労働者たちであった。機械化を推進することだけを考えるのであれば，IMU との協調関係を断ち切って，大量に移民労働者を機械操作者として雇用すればそれでよかった。しかし，ことはそう簡単にはいかなかった。鋳造部門は手工業的熟練に依存することの大きい産業であり，完全な機械化は，ごく一部の例外を除けば，およそ不可能であった。そのため，かなりの部分を熟練鋳物工に依存せざるを得なかったのである。しかも熟練鋳物工に対する IMU の影響力は決定的であった。たとえば NFA 参加企業のうち重量機械を製造する鋳造所についていえば，その90％がクローズド・ショップであった。かてて加えて，IMU は機械的修練鋳物工に対しても組織化を着々と推し進めつつあった[30]。

　NFA が IMU との労使協調関係を破棄するためには，まず非組合員の熟練鋳物工を確保するための雇用システムを構築することが必要であった。しかもそれでもなお不十分であった。当時のアメリカ産業社会はなお「団体交渉の蜜月時代」の余波の影響下にあったのであり，労働協約体制を破棄するためにはそれ相応の正当性をもった理由を必要としたはずである。社会を納得させるだけの労働組合批判論を必要とした。この二つの条件を満足させたときはじめて NFA は IMU との労働協約体制を破棄することができる。

　まず熟練鋳物工の雇用システムについて簡単に見ておこう。IMU との労

働協約関係の決裂が決定的となった1903年に，NFA は労働局を組織した。この組織を使って非組合員の熟練鋳物工や中子工をプールした。そして加盟企業がオープン・ショップ化に踏み切ったとき1年（場合によっては60日間）契約で彼らを派遣して労働力の再編成の任に当たらせたのである。派遣鋳物工たちは，派遣先の企業でスペシャリストや不熟練労働者として働いた経験のある人材から有能な労働者を抜擢して熟練鋳物工に養成する一方で，造型機を導入して労働の細分化を計り，機械的修練鋳物工やスペシャリストを大量に養成した。こうして能率を著しく向上させるとともにオープン・ショップ化を実現していったのである。このシステムがいかに有効な解決策であったかは，1916年現在において NFA の全参加企業の実に85％がオープン・ショップとなったことに明瞭に表現されている[31]。

次に労働協約体制破棄を正当化する根拠についてであるが，それは，1915年上院労使関係調査委員会において NFA を代表して証言したブリグズ（O. P. Briggs）の主張に典型的に表現されている。

> ワインストック委員：組織労働者に関するあなたの経験は見るところ明らかに今朝証言されたピーボディ氏のそれとは異なるということですね。つまりあなたの仰ったことを総合すると，あなたの判断によれば，組合は労働者にとって単に重荷でしかない，すなわち組合費を徴収するだけでその見返りの利益を何らもたらさない，と。ピーボディ氏は今朝，次のように証言しています。すなわち，労働協約の最大の利益は労働者の暮し向きが良くなることだ，と。彼は更に次のようにも述べています。すなわち炭鉱労働者たちはかつての状態と較べると，彼らの日常の習慣やモラル，知性の発達についても著しい改善を見た，と。そして労働指導者たちが一般組合員を教育し，彼らの水準を高めたと述べています。お聴きするところ炭鉱業での経験は金属工業における経験とは異なるようですね。
>
> ブリグズ氏：まったく仰る通り，違います。
>
> ワインストック委員：そうしたことは金属工業には当てはまらないということですか？
>
> ブリグズ氏：AFL（アメリカ労働総同盟）傘下の労働組合の運営方法に関する私の観察によれば，付け加えておきますが，私は経営者代表として幾度もこれらの組合（との会合）に列席した経験がございま

す。私は多くの組合指導者ときわめて懇意にさせて頂いておりますし，幾度も彼らとの交渉の席に着いたことがあります。前置きが長くなってしまいましたが，ワインストック氏にお答えいたします。私の観察によればこれらの組合の会合の90パーセントは酒場の階上か隣の部屋で開催されております。実際AFLの会議室におけるよりも酒場における方が労働組合員の姿をより多く見いだすことでありましょう[32]。

NFA前会長ブリグズは，労働者にとって労働組合は何ら存在する意味がないと主張し，さらにAFLとその組合員労働者がモラルに欠ける組織であり労働者であると批判している。禁酒運動の高揚期を迎えつつあった当時のアメリカ社会にあっては，飲酒癖のある人間というレッテルを貼られるだけでも社会的信用の失墜を意味した。ブリグズは労働組合員が酒場通いの常習者であると指摘することによって，彼らが道徳上信用のおけない人間であることを主張しようとしたことは疑いない。ちなみに，このブリグズについて，IMUを代表して同じ証言台に立ったフライ（J. P. Frey）は次のように述べている。造型機は多くのNFAメンバーによって組合を排除するための手段として積極的に導入されている。機械化が組合を弱体化させる上で有効であるとの理由から造型機の導入に積極的になったのはブリグズがコミッショナーになって以来，とりわけ彼が会長職に在職している期間であった。すなわち，能率の向上のために機械化が進められたはずであったが，むしろ労働組合を排除する手段としても機械が利用されていると言うのである。とはいえそれによってことの本質が変わるわけではない。むしろわれわれとしては，こうした証言からブリグズがオープン・ショップ運動の闘士であったことを知ればそれで十分であろう。

　彼の主張に反論することはたやすい。統一鉱山労働者組合 United Mine Workers of America と労働協約関係を維持していたピーボディばかりではなく，SFNDAの幹事ホウガンも労働組合員が道徳的に堅実で能率の高い労働者であることを証言していたからである。われわれは既にIMUとSFNDAとの労働協約体制下の職場にあっては一般組合員の間から生産高制限が消滅し，著しい能率の向上が見られたことを知っている。そしてホウガンの組合員鋳物工に対する高い評価も直接これに関係していた。

　これに対してNFAのメンバー企業における鋳造所では造型機導入を契機

として，先に述べたように，生産高制限が横行するようになった。このことがブリッグズに先のような証言を行わせる口実を与えたと思われる。生産高制限を行うような労働者は信用のおけない労働者として断じて許しがたかったのであろう。造型機操作に熟練鋳物工を充当する必要は必ずしもなかった。むしろ不熟練労働者の中から才気煥発な若者を選んだほうが遥かに高い能率を達成することができた。ブリッグズにとっては勤勉に働く彼ら不熟練労働者出身の機械的修練鋳物工のほうがはるかに信用のおける労働者であったに違いない。

　不熟練労働者，とりわけ東欧やイタリアからの移民労働者は生地を遠く離れることで「伝統主義の惰性」から脱却しいかなる労働強化にも，またいかなる形式の労働にも進んで自らを適合させる準備ができていた。たとえばコモンズは20世紀初頭におけるこの現象を次のように説明している。「移民となることはそれまで慣れ親しんできた伝統，風俗習慣，社会関係から自らを引き剥すことを意味する。半分は恐れが，半分は希望が新参の移民をわが国産業の最も勤勉な労働者に仕立て上げている」[33]。その意味では彼らはあくまでも「調教」を待つ身であった。労働の形式やテンポは外から，あるいは上から，訓練によって与えられることになる。そして彼ら移民労働者たちは機械的修練鋳物工として，あるいはスペシャリストとして，雇用主の要求に十分に応えた。彼ら移民労働者に較べると組合員鋳物工は雇用主が要求する能率を達成することができなかった。より厳密に言うならば，達成することを拒否した。それゆえアメリカの熟練鋳物工こそ怠惰であるということになる。

　経営者が機械に人間を適応させることを望んだのに対して，労働組合は人間に機械を適応させることを要求した。経営が命令に従順で勤勉に働く（移民）労働者を保護し，市民に相応しい余暇活動の保証を要求して管理の一元的支配に抵抗した労働組合を非難したのは蓋し当然であった。オープン・ショップ運動を支えた推進力はまさにここにあった。生産高制限の観察に非凡な能力を見せた，かの造型機製造業者マムフォードは別の言葉で次のように説明する。

　　　人間個人の次元についていえば自己自身のためにベストを尽くそうとする性向がどの程度の効果を及ぼすかは，その人の労働能力に応じて異なる。当然のことながらゆっくりと仕事をするよりもテキパキと仕事をす

ることを好む人もいる。またある人は他の人よりも労働能力に優れている。その結果そうした才気煥発な労働者は生産高の点で、それゆえ賃金の点でも、仲間を遥かに凌駕することになる。仲間との一致した行動を取るという労働者総体の性向とは、要するに、平均的人間の性向に他ならない。それゆえ、もしわれわれが行動の基準として有能さ excellence ではなく凡庸さ mediocrity を採用するならば、そしてそうすることが社会に取って良いことであるならば、なぜこの原則を労働ばかりに押しとどめずに人間の活動の全領域に拡張しないのか。もしそんな世界が存在可能であるとしての話だが、平均が支配する世界というものを思い描いてみればよい。体力に優れた人間も、勇気に優れた人間も、知性に優れた人間も、徳に優れた人間も、誰も存在せず、存在するのはただ並の、平均的な、凡庸な人間ばかりの世界。そこには何かをやってみよう、挑戦してみようとする意志が欠けているのだ！ 34

　マムフォードは明らかに階級的社会倫理が存在することを知悉していた。しかし彼は労働者の世界も経営者や専門的職業者の世界と同様、競争が支配すべきであると考えていた。最適者生存の原則は普遍的に妥当すべきであると。それゆえに階級的社会倫理は否定されなければならない。これがオープン・ショップ運動を推進した企業経営者の個人主義的経済道徳と一個同一のエートスであることは論を俟たないであろう。そして、これこそ重要なことなのだが、当時のアメリカ社会ではブリッグズやマムフォードのような主張こそ最も強力な流通能力を持っていたのである。とりわけ労使関係の領域にあっては彼らのそうした主張を立証してくれる「勤勉な」労働者＝移民労働者が存在していた。機械化は彼らの存在なくしては到底不可能であった。そうした客観的状況下において市民的職業道徳が声高に叫ばれたのである。ではいったい、「勤勉な」移民労働者の大量流入は、ヤンキーの労働者文化にいかなる影響を与えたのであろうか。以下われわれはその影響を、職場における労働者集団と労働者の余暇活動に限って簡単に眺めておこう。

２）勤勉な移民労働者と職場における階級的連帯の危機
　この時期、アメリカの企業経営者たちは個人主義的労働倫理を基準とする雇用政策を大胆に推進することができた。移民労働者が大量にアメリカに流入したからである。しかしそうした雇用政策は確実に職場における階級的連

帯を蝕んでいくことになるであろう。既に述べたように文化的囲い込みと差別化は組合員鋳物工（＝アメリカ市民）による機械的修練鋳物工（＝移民労働者）蔑視の態度を生み出すことになった。そのことがますますアメリカ市民をして造型機を，より一般的に言えば機械を，忌避させた。彼らにとって移民労働者はあたかも自動機械のような存在であった。彼らはそれゆえ，「移民労働者は経営者の命令に黙々と服従し，規律に服する。彼らは文句一つ言わずに，厳しい労働も，長時間労働も，超過労働も喜んで行う」と非難し「彼らはアメリカ市民ではなくむしろ奴隷だ」と述べる製鉄労働組合のメンバーに異議なく同意するであろう[35]。アメリカ市民の労働者に最も嫌われた移民労働者タイプはそれゆえ，昇進意欲に溢れたタイプ，あるいは同じことではあるが，より多くの賃金を得ようとするタイプであった。何となれば彼らこそ，経営が最も保護しようとする労働者であったからである。実際彼らが最も従順に規律と命令に服した。慧眼な観察者である同時代人ウィリアムズ（Whiting Williams）は圧延工場での経験に基づき，勤勉な，それでいて自己中心的な移民労働者の姿を活写している。

　圧延はローラーとキャッチャー，それに2人のヘルパーがクルーを組んで作業を行う。ウィリアムズはヘルパーとしてあるギリシャ系移民のローラーの下で働くことになったが，件のローラーは彼に向かって急げ急げとせかすばかりで休息さえ取らせてくれない。彼の口から発せられたのは，仲間としての友情に満ちた言葉の代わりに刺々しい命令ばかりであった。ある時このローラーの不注意で，ウィリアムズが危うく大事故に巻き込まれ命を落としそうになったが，このギリシャ人は詫びるどころか，責任はウィリアムズにあると言い張り，彼を詰ったのだ。この事故によって己の賃金が減ることに我慢がならなかったからに他ならない。結局ウィリアムズは職長に直訴し，別のクルーに入れてもらうことになった。ウィリアムズは，件のギリシャ人ローラーが圧延工場の労働者の仲間から最も嫌われている労働者の一人であることを知る。「しかし生産高に関心を持つ職長にとってはむしろ好ましい労働者である。なぜならばこのギリシャ人は己の2週間毎の賃金（138ドル！）のために己と己のクルーをかくも激しく働かせるからだ」。ちなみにローラーは出来高払いで賃金を支払われていたのでこのギリシャ人は平均して1日11.5ドルを稼いだ計算になる。これに対して日払いのヘルパーであったウィリアムズの賃金はわずかに4ドルであった。職長にとって，反抗的なウィリアムズより，高い能率で勤勉に仕事をこなすギリシャ人ローラーの方が，

好ましくもまた信頼のおける労働者であったことはまちがいない。事実ウィリアムズはキャッチャーへの昇進を拒否されてしまう[36]。

ところで，同じく勤勉でかつ有能な労働者であるアメリカ人労働者の場合，事情はこれと異なっていた。再びウィリアムズが件の圧延工場で一緒に働いた経験のある熟練工キャッチャーを取り上げよう。彼は20歳に満たぬ青二才ではあったが，一日当り8ないし9ドルを稼ぐ有能な労働者であった。彼，アーサーの誇りは彼が一日当り8ドルを稼ぎ出す腕の良い労働者であることであり，それによって得られる稼ぎの悪い有象無象の労働者に対する優越感に起因していた。しかしそのことが行き過ぎると仲間から「働きすぎる」とか「稼ぎすぎる」とかの非難，あるいは「欲深」ないし「けちんぼ」であるという非難を浴び，結果として良き仲間との評価を傷つけてしまい兼ねない。アーサーはこの危険を犯すことのないように常に気遣っていた。彼は常日頃から彼の上司であるローラーが余りにも金儲けに熱心であるので，もしアーサーが稼ぎと働きにブレーキを懸けなければ，クルーは皆過労の余り死んでしまうだろうと説明していた。「俺は働くことが好きだし，働くことを厭わない。けれどそれによって仲間の嫌われ者になりたいとは思わない。」これが彼の口癖であった[37]。

このアーサーに典型的なように，アメリカの労働者の間にあっては，より多くの賃金を稼ごうとする「禁欲的行動様式」は辛うじて「良き仲間たらんとする意識」によって掣肘されていた。アーサーのような最も有能かつ才気煥発なタイプの労働者にも，「良き仲間たらんとする意識」は共有されていた点に注意を払いたい。この「良き仲間たらんとする意識」こそ，専ら自己中心的な禁欲的行動様式の移民労働者たちを，欲深あるいは「けちんぼ」と非難する根拠なのであった。

> 今朝コンロを囲んで暖を取っていたアメリカ人労働者たちから聞いた（件のギリシャ人を好かないとする）評価は，件のギリシャ人自身が（労働者仲間の間で）不人気であることを知っていながら，それにも拘わらず，貪欲にしかも喜々として仕事を漁ることに起因しているようだ。これは十分にあり得ることだ。「そりゃそうさ。会社はいつだっていい仲間だったアメリカ人労働者を解雇しちまうんだ。15年も20年も一緒に働いた仲間をだぜ。そしていつだってあいつのようなギリシャ人を代わりに雇い入れるんだ。見てみろよ，今じゃ間違いなく数百人のギリシャ人

が働いてら—38)。

　われわれは，仲間への配慮を欠いた自己中心的な労働者に対する非難の中に，アメリカ労働者文化に流れる階級道徳の残り火を確かに看取することができる。だがしかし，そうした階級道徳も今や風前の灯火に近かった。問題は職場の労働者集団が堅い階級的連帯を維持存続できたか否かであった。もしそれを維持存続できたとすれば，経営管理者の採用する「従順で生産能力に秀でた労働者」を保護する政策に抗して，労働者集団は新参者にこの上もなく強力な教育力を発揮することができるからである。しかし，ウィリアムズも指摘しているように，経営管理者が良き仲間であったアメリカ人労働者を解雇して件のギリシャ人のような人材を好んで雇い入れる以上，(熟練)労働者の階級的連帯は弱体化していかざるを得ないであろう。実際ウィリアムズの働いた職場では件のギリシャ人に対しては唯陰口をたたくのが精一杯であったのであり，結局彼の生産能力を抑制することはできなかった。アメリカ人熟練労働者の階級的連帯は最早生産能力に優れた労働者を階級的利害に服させる強制力も，新参者に対する教育力もほぼ喪失していたと言わなければならないのである。

3）アメリカ労働者＝市民文化の危機

　労働組合が有能な労働者の才能を圧殺しているという非難は，いつの時代にも存在した。問題はそうした主張が社会的にどれほどの流通力を有していたかであった。20世紀初頭のアメリカでは，ブリッグズやマムフォードのような経営者の主張が広く市民に受け入れられ，これまで見られなかったほどの流通力を有していた。そうであるとすれば，すなわち最適者生存の法則が通用する社会であったとすれば，いったい労働者の余暇活動は，換言するならば彼らの市民的文化創造への参加は，いかなる運命におかれていたのであろうか。われわれはこの問題を製鉄労働者に例を取り検討しよう。

　マックス・ヴェーバーはある講演会で20世紀初頭アメリカ産業社会の状況を「労働組合は完全に堕落し，一部の企業家は恐怖支配を行っている」と説明しているが，アメリカ製鉄業はまさにその典型的事例であった39)。周知のように，アメリカ製鉄業は19世紀末から逸速く技術革新の洗礼を受け，20世紀の10年代にはほぼ完全自動化を達成した。これに伴い，ドラスティックな労働力の再編を経験した。また1892年のホームステッド・ストライキの敗北

をターニングポイントとして，合同鉄鋼労組は製鉄業者のオープン・ショップ化の前に後退を余儀なくされた。新たに誕生したU.S. スティールは一つまた一つと組合の橋頭堡を潰し，1910年頃には完全に労働組合を排除してオープン・ショップ化を達成した。労働組合の影響力排除を契機として，労務管理にも大きな変化が生じた。先ず，昇進についてであるが，それまでは労働組合の関与の下にシニョリティ・システムが敷かれていたが，これが廃止されてメリット・システムが導入された。頑健で高能率の労働者が逸速く昇進し，あるいはクルーのトップに抜擢されたり職長になったりしたので，作業能率は彼らのスピードに対応して引き上げられていった。また，労働時間についていえばごく限られた部門を別にすれば，三交代制から二交代制に改められ12時間労働へと延長された。しかも週7日労働制が慣例化し，ほとんどの労働者は日曜日の半日しか休暇を取ることができなかった[40]。

プログレッシヴィズム時代の典型的知識人である労働問題の専門家フィッチ（John A. Fitch）は著名なピッツバーグ調査 the Pittsburgh Survey に参加し，製鉄労働者，特にその40％を占める熟練労働者と機械的修練労働者について実態を調べた。彼は，長時間労働とスピードアップを最優先する厳しい労働が製鉄労働者から家庭の団欒と健全な市民精神を奪っていることを指摘し，告発している。先ず彼らには市民的教養を身につけるチャンスがない。

> 平均的労働者について言えば，12時間の厳しい労働を終えた後では，何か本格的な読書をするエネルギーは最早残っていない。最も知性に富んだ労働者であったとしても，せいぜいのところ新聞を読む程度であり，それ以上の物を読むことはめったにない。講演会やコンサートはどうか。そのために出かけるとすれば，身支度を整えるなどの準備を必要とする。しかし，12時間働く労働者はとても疲れており，その準備をする気にもなれない。何か文化的な楽しみを得ようとしても，普通はあまりにも障害が大きくて，それを克服することは不可能なのだ[41]。

たとえば，フィッチが最も知性に富んだ人間として紹介している，ある労働者の一日は次のようであった。早朝6時50分の始業に合わせるために，起床は5時45分であった。工場での作業は夕方5時半まで続く。身支度を整えて帰宅すると午後6時を過ぎた。午後7時過ぎにようやく夕食。夕食を採ると疲れがどっと出て，眠くなるのは致し方ない。それでもこの労働者は数年

前にシェイクスピアの戯曲を数冊読破したことがある。当然のことながら，相当の気力と努力を必要とした。しかし現在は新聞を読む程度で，とても継続して何かを読むようなことはできないと述べている。結局労働者はあらゆる文化活動から疎遠になってしまう。「彼は図書館を利用しない。工場労働者はだれも利用しないし関心も持ってはいない。もし利用したいと思ったとしても，労働時間が余りにも長いために利用することはできない。図書館や公開講座はビジネスマンや婦人，児童には意味のある素晴らしいものであるにしても，工場労働者にとっては無用の長物である」[42]。

　家庭の団欒についても事情は同じであった。フィッチがインタビューした多くの労働者は苦渋の面持ちで，「家庭は食事をし眠るところに過ぎません。私は工場に住んでいるのです」と述べていた。とりわけ夜勤の時は悲惨そのものであると言える。二交代制は普通6時から6時までを原則としているが，実際には夜勤の方が若干長い。夜勤の場合は朝帰宅して直ちにベッドに潜り込むのを常とした。午後4時には起きて食事を採らないと，午後6時からの勤務には間に合わない。その結果，家庭の団欒や余暇活動に割く時間は殆ど残らないのだ。それゆえ製鉄労働者たちは異口同音に，「夜勤の時は仕事，食事，睡眠以外は何もできない」と述べている。日勤の時も事情は似たりよったりであった。多くの労働者は仕事に疲れて，せいぜいのところ夕食後パイプを燻らせながらほんの短時間新聞を読む程度のことしかできない。こうして夫と妻，父と子の会話はなくなり，家庭の団欒も失われる。それどころか，多くの家庭では，とりわけ移民の家庭では，子供は娯楽として行われる虐待の対象でしかなかった。職場の上司から「いじめ」を受けた夫は妻と子供に暴行を働き，妻は夫から受けた「いじめ」のはらいせに今度は子供に手を挙げるのである。労働者家族の間で最も人気のある娯楽は，5セントで楽しめる映画劇場であった。しかし内容的には見るべきものはなく，通常は歌と踊りと映画からなり，どれも現実逃避のための手段でしかなく，決して高尚な娯楽とは言い難かった。また酒場も殷賑を極めていた。フィッチの同僚バイイントン（Margaret Byington）が調査したコミュニティ，ホームステッド Homestead は人口2万5千人の小規模の都市でありながら50以上の酒場とそれに類する場所が存在していた。多くの製鉄労働者は良質のレクリエーションを享受する時間も，また家庭の団欒に割く時間もないために，安直な息抜きの手段として酒場を利用する。いずれにせよ労働者の家庭が市民の理想とする清潔で高尚な家庭には程遠い状態にあったことは認めざるを得ないであ

ろう[43]。

　同じことは労働者の社交についても言えた。製鉄労働者の場合，そもそも労働組合を根こそぎ葬り去られてしまったのであるから，もとより労働組合を拠点とした文化活動はあり得なかった。しかしホームステッドのごときカンパニータウンではなくとも，たとえばリンド夫妻が調査した著名な『ミドルタウン』であっても，労働組合の文化活動は著しく衰退していた。リンド夫妻は，1920年前後の労働者の社交を19世紀90年代のそれと比較した結果を踏まえ，労働者の私生活は「個人主義的」になったと述べている。労働組合が未だその生命力を維持していた頃，労働組合の分会活動そのものが多くの労働者の余暇活動の中心に据えられていた。そして組合主催の講演会やダンスパーティ，あるいはスポーツ大会などに労働者は家族と共にこぞって参加していた。さらにいくつかの労働組合は有給の司書を雇い，広範な種類の図書を備えた立派な労働者図書館さえ持っていた。だが，1920年当時のミドルタウンでは，強力な労働組合の分会でさえも組合活動は形骸化し，ダンスパーティを除けばあらゆる活動が衰退してしまった[44]。

　労働者の他の階級・階層との社交も同様に衰退していった。まず，コミュニティの伝統的な世俗的クラブやアソシエーションは主として中流階級以上の市民をメンバーとしており，労働者の姿を見ることは殆どない。製鉄労働者は主として，保険事業を営む相互扶助のためのアソシエーションであるフラターナル・オーダーに参加していた。このフラターナル・オーダーには逆に，経営者やマネージャー，あるいは専門職従事者は殆どあるいはまったく参加していない。労働者が専ら労働者を主要メンバーとするクラブやアソシエーションに参加するこの傾向は，これも有名な『ヤンキーシティ』に関して，ワーナー（Lloyd W. Warner）が夙に指摘しているところである。ところが，リンドによれば，労働者のうちそうしたクラブやアソシエーションに所属しているのはきわめて少数であり，殆どの労働者たちはいかなるクラブにも属してはいないという。とはいえリンドの場合，労働者階級を総体として分析しているため，熟練労働者と不熟練労働者の相違を捉えることはできない。おそらくそうしたクラブに参加していた少数者は熟練労働者たちであったであろう。だが，経営内福祉政策の一環として，各種年金制度が労働者に提供されるに及んで，フラターナル・オーダーへ参加する利益は殆ど失われてしまったとのリンドの指摘は，重く受け止める必要があろう。明らかに時を経るに従って，労働者のクラブやアソシエーションの活動は確実に衰退に

向かっていたと言わなければならないのである[45]。

　製鉄労働者とその家族が唯一関心を持っていたことは，消費生活の豊かさであった。実際フィッチがインタビューした労働者の多くが，立派な家具を備えた見栄えのする住宅を所有していた。しかし労働者自身は食事と睡眠のためにその住居を利用するに過ぎず，家具調度類を利用するチャンスは滅多にない。その意味では所有することに喜びを感ずるのみであり，利用することによる喜びではない，とも言えよう。換言すれば社会的威信のための消費に囚われていたに過ぎなかった。ただし社会的威信のための消費を重視するのは決して労働者階級ばかりであったわけではない。リンド夫妻が指摘しているように全ての階級，すべての社会層がそうであったのである。しかし労働者階級にとっては，市民としての社会的威信の維持は他のいかなる階級，階層にもまして切実であった。

　持ち家に住むことは多くの労働者にとっては夢のまた夢であったかも知れない。バイイントンによれば，ホームステッドでは週20ドルの支出を可能にする賃金を得られれば，健康的で安定した市民生活が保証された。自分の家を持つことも十分可能であった。しかし週20ドルの支出に見合う高い賃金を約束されていたのは熟練労働者に限られていた。多くの機械的修練労働者の場合平均して週15〜20ドル程度の賃金でしかなく，子どもの賃金を当てにできない場合はかなり不安定な生活を強いられることになった。しかしちょっと無理をすれば，アメリカ市民に相応しい暮しに手が届くことは間違いなかった。自尊心と社会的威信を傷つけないためにも，消費の豊かさを追求することになる。そうした対象の一つとして家具調度類がある。たとえばフロントルームへのこだわりなどはその典型的事例であった。居心地の良さを演出するために鮮やかな色彩のカーテン，ソファ，カーペットを備え，さらにピアノやミシンといった高価な家具を据える。それが豊かさの福音（広告）が教えるアメリカ市民に相応しい暮しぶりだから，彼らはこぞって模倣する。さらにフォード社のモデルTが発売されるとともに，自家用車もまたアメリカ市民にとって不可欠な耐久消費財となるであろう。大衆消費社会は間近に迫っていたのである[46]。

　以上，われわれは機械化が熟練労働者に与えた影響について，とりわけ彼らの階級道徳に与えた影響について眺めてきた。彼らにとり，機械を人間に適応させることができるという確信こそ，機械化を受容するに至る根拠であ

った。たしかに労働過程自体についていえば，これまで経験することがなかったような厳しい経営規律に服すことを意味したのであり，その運命からは逃れるべくもなかった。だが，アメリカ市民に相応しい余暇を保障することは可能であった。機械を操作する労働の賃率や強度の決定を労使交渉の議題とすることによって，アメリカ市民の生活様式を機械的修練鋳物工にも保証することができる筈であった。われわれは機械導入に伴って発生する生産高制限をそうした目標を達成する交渉手段として理解できることを示したつもりである。だが，企業経営者は機械操作者として移民労働者を雇用する方法を採用した。しかも生産高制限に対抗する方法として，彼らは移民労働者を文化的に囲い込んだ。これによって移民労働者を自由に調教することができたのである。

　まさに移民労働者こそ，禁欲的に労働する勤勉な労働者となったのである。彼らこそ，雇用主の眼から見れば，伝統的なアメリカの労働倫理という価値を具現していた。この勤勉な労働者の発見は逆に，階級道徳の持ち主である典型的アメリカ市民である熟練鋳物工を，怠惰な労働者と批判する根拠にもなった。一方の労働組合が階級道徳をアメリカ的と主張し，他方の経営者たちが市民的労働倫理をアメリカ的と主張する。この対照的な態度は，アメリカ市民の労働者が移民労働者を奴隷のような存在であると批判するのに対して，アメリカの経営者たちがアメリカ市民である組合員労働者を道徳的に信用のおけない労働者として非難することに象徴的に表現されていた。

　確かにアメリカ労働運動が育んだ階級道徳は，以上のように機械を人間に適応させる戦略を提示した。そこにわれわれは革新性を，新しい文化の芽を発見することができるであろう。だがしかし，そうした階級道徳の理想主義は，一方では機械化の進展に伴う熟練労働者の特権化や大量出現した産業下士官層への社会的上昇によって，他方では大衆消費社会の到来に伴う消費者としての意義の増大によって，一般組合員の心から砂のようにこぼれ落ちていく。こうして階級的連帯はいじけたものとなり，熟練労働者の誇りであったアメリカ市民としての生活様式も衰退してしまったのである。しかし階級的連帯と階級道徳は決して死滅してしまったわけではない。たとえ「荒野に呼ばわる者の声」であったとしてもなお，アメリカ労働運動はもう一つの選択肢を提供するだけの能力は維持していたことを忘れてはなるまい。

第2部

経営プロフェッショナリズムの発展

第4章

社会改革派と科学的管理運動修正派

　19世紀末,とりわけ20世紀の幕開けとともに,アメリカ産業社会は大地殻変動に見舞われた。機械技術の進歩,生産工程のシステム化と科学的管理法の開発などの制度面での変化ばかりではなく,労働倫理の復活,能率と成長を信奉する時代精神などの内面的変化もまた,労使関係に根本的な影響を与えたのである。こうして生起した労使関係の変化を第1部に即して列挙すれば,以下の三点に要約できる。

　第一は,熟練労働者の地位の低下をもたらしたことであった。それは賃金その他の労働条件に関連する彼らの物質的利害ばかりではなく,市民としての名誉意識や職人としての誇りなどの身分的利害をも著しく損なうものであった。そしてそうした危機感が労働運動を高揚させたのであった。

　第二は,アメリカ労働運動のオーソドクシーがしだいに理想主義と訣別し,高賃金と労働時間の短縮を目指すビジネス・ユニオニズムを指向するようになったことである。すなわち初期の労働運動は共和主義的改革を指向し,あくまでも生産者としての復権を目標に掲げていたが,19世紀末を境として,資本主義(と階級の固定化)を容認し,専ら消費者的利害を前面に打ち出す戦略に転換したのであった。

　第三は,団体交渉に基づくいわゆる労働協約体制が,労働組合の統制力によって生産高制限を止めさせ,結果として能率の向上をもたらすことができるという発見があったことである。その結果,労働協約体制は科学的管理法と並び産業の平和と能率の向上に有効であることが立証されたのである。だが,科学的管理運動と労働運動とは互いに敵対し合っており,なお連携の糸口は見いだせなかったと言ってよい。

　新たな労働者統合論はこうした時代的背景の下で構想されることになる。

労働者の統合を模索する諸潮流は，一方で産業教育・職業指導運動を経て人事管理運動へと収斂していき，他方ではこれと密接に絡みながら産業統治＝産業民主主義問題を提起する。人事管理運動の指導者マイヤー・ブルームフィールド（Meyer Bloomfield）は，第一次大戦期の人事管理モデルには，フォード・モデルと並んで，あるいはそれに対抗する形で，パートナーシップ・モデルがあったことを明らかにしている。「一日5ドル」の高賃金政策で夙に有名なフォード・モデルが，他方で従業員の消費生活管理を実行し，慈善的専制主義を指向していたとすれば，パートナーシップ・モデルは産業民主主義を指向していたと言ってよい。

> 新しい時代精神，すなわち立法によってもたらされた変化やさまざまな改革派グループの努力を知悉する雇用主や管理者は，しばしば次のように自問する。「どうしたらこの組織を，改革を強く指向する現代の諸傾向を最も良く反映するところまで導くことができるのか」と。…人間的名誉意識を自覚し，公民権を行使する人びとを相手とする場合，互酬性，相互依存，そして共通の利益意識の育成こそが原則となる。…現代的組織として成功を収めている企業を見ると，労使協働の精神と雇用主と被雇用者との対等な交渉が最善の結果をもたらすことを理解できる[1]。

パートナーシップ・モデルにはライチ・プラン Leitch Plan, 従業員代表制，労働組合との労働協約体制などさまざまな産業民主主義の実験があったが，そのことごとくは1910年代の高揚する労働運動の直接的あるいは間接的圧力を受けて導入されたものであった。第一次大戦期の労使関係を調査したコモンズは多種多様な実験が試みられていることを明らかにし，次のように述べる。

> （調査した企業について）興味深い事実は，突然にかあるいは漸進的にかの違いはあるにせよ，雇用主が利益追求（business）から人間性重視（humanity）へと方針転換を行ったという事実であった。従業員もそのことに気が付いている。俄には信じられなかったり，あるいは今でも疑いの眼で見ているほどであるが，従業員たちは確かに自分たちへの扱いが変わったと説明しているし，雇用主自身もそう述べているのである。そうした変化を促した原因は，ある場合には労働組合やストライキであり，

ある場合には労働問題が顕現するのを見越して経営サイドが手を打った結果である。しかしそれ以外にも産業的福音主義者の説教が原因となっているものもある[2]。

確かに，労働運動との衝突，あるいはなんらかの側圧があって初めて「改革」が動いたにしても，ブルームフィールドとコモンズがともに認めているように，「改革派グループ」の理念と構想がなければ人事管理のパートナーシップ・モデルは生まれなかった。そしてわれわれの主たる関心もまたパートナーシップ・モデルを導いた「理念」にある。ここで関心を寄せて分析の対象とするのは，労働組合容認と組織改革・管理改革を推進した科学的管理運動修正派の理念である。科学的管理運動修正派は人事管理のパートナーシップ・モデルを導いただけではなく，経営学の発展から見ても射程の長い影響を現代にまで及ぼしている。このことからも，科学的管理運動修正派の理念は経営史上とりわけ重要であると考えることができる。われわれは科学的管理運動修正派が生み出した理念を経営プロフェッショナリズムと名付けることにする[3]。

経営プロフェッショナリズムとは，社会改革派が提唱した専門的経営者論と，科学的管理運動と労働組合の連携論を母胎とし，科学的管理運動修正派の経営者グループを担い手として発展を遂げた理念である。因みにここでいう社会改革派とは，さしあたり労使関係に関心を有する経済学者や社会学者，ソーシャルワーカー，および『ニューリパブリック New Republic』誌や『サーベイ Survey』誌に登場する論壇人などを想定している。また科学的管理運動修正派とはナードヴォーニー（Milton J. Nadworny）の「修正派」"revisionist"に倣った用語であり，科学的管理運動と労働組合の連携を推進するグループのことである。われわれにとって幸運なのは，科学的管理運動と労働組合との関係についてはナードヴォーニーの研究に，科学的管理運動と社会改革派との関係についてはハーバー（Samuel Haber）の研究に多くを学ぶことができることである[4]。われわれのなすべきことは，経営プロフェッショナリズムに焦点を当てることによって両者の研究を統合することに他ならない。本章では，経営プロフェッショナリズムの前史を，社会改革派の経営者論，ヴァレンタインの「能率と同意」論，続いて科学的管理運動修正派と労働組合の連携論の順で辿ることにする。

1. 社会改革派の経営者論

　1903年以降，オープン・ショップ運動の攻勢の前に一度は停滞を余儀なくされた労働運動は，1910年代に入ると同時に再び息を吹き返した。ヨーロッパでの第一次大戦の勃発と移民の途絶が労働市場を売り手優位に転換させたことが主たる原因であったが，1914年のクレイトン法がシャーマン反トラスト法（1890年）の適用から労働組合を除外したことも追い風となった[5]。1904年から1910年まで200万人前後の水準で停滞していた組合員数は増加に転じ，とりわけアメリカが参戦した1917年から1920年までの間には，300万人から500万人に急伸した。

　それに伴って労働争議も頻発した。1910年シカゴ被服製造業大ストライキ，1913年ニューヨーク市，ボストン市，ロチェスター市における被服製造業ストライキを契機としたゼネスト，1915年コロラド炭鉱業ストライキなど，枚挙に暇がない。そして大統領選（1912年）においてアメリカ社会党の候補ユージン・デブズ（Eugene V. Debs）が90万を超える票を獲得したことや，ペ

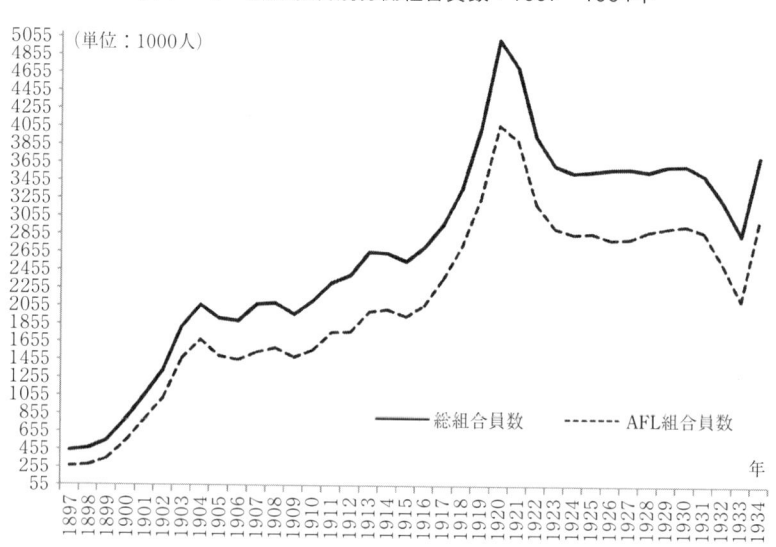

図4－1　加盟組合別労働組合員数：1897～1934年

出典：アメリカ合衆国商務省編　斉藤眞・鳥居泰彦監訳『アメリカ歴史統計』原書房，1986年177頁より作成

ンシルヴァニア州のレディングやニューヨーク州のスケネクタディのような多くの工業都市で社会党員が市長や市会議員に選出されたことに象徴されるように，社会民主主義も労働組合員レベルに確実に根を下ろしつつあった[6]。アメリカ資本主義もまた体制変革を指向する社会民主主義運動と無縁ではなかったのである。さらに世界産業労働者組合 Industrial Workers of the World (IWW) のような革命を標榜するサンディカリズムの運動さえ無視し得ないほどの影響力を揮っていた。

その意味で1910年代アメリカは危機の時代と言えた。社会改革派は急進的革命を阻止し，進歩的改革を模索する。アメリカ資本主義を修正するための方策として社会改革派が構想したプログラムは産業民主主義と科学的管理システムを両輪としていた。より具体的な戦略論として捉えれば，それは科学的管理運動と労働組合の連携論であった。

社会改革派が頼みの綱とする AFL は決して資本主義体制の転覆を望んではいなかった。この時期の AFL の特徴として注目すべきは，その運動目標が生産者的立場から消費者的立場へと転換したことであろう。かつて労働運動は独立生産者を基準として市民的同格性を考えていた。彼らは生涯を賃金労働者で終わるという運命，すなわち賃金奴隷の境遇を拒否し，新たな社会改革を展望したのであった。だが今や彼らは，生涯を労働者として生きる運命を受け入れ，市民的同格性を消費者として追求することを運動の核心に据えるようになったのである。それがアメリカ市民に相応しい生活を保障する賃金，すなわち生活賃金 living wage の要求であり，十分な余暇を保障する労働時間，一日8時間労働（週48時間労働）制の要求であった[7]。

ヴェブレン（Thorstein B. Veblen）に倣えば，今や労働組合も企業経営同様，より良い条件で労働力を売り込むためのセールスマンシップを重視する時代になったということであり，不在所有制 absentee ownership に基礎を置くようになった雇用主に対して優位な交渉力を持つことができるか否かが重要となったのである。だが他方で，依然として，働く喜び，創造する喜び（製作者職能 workmanship）を実現したいという欲求は消え去ることはなかった。その結果，労働運動はワークマンシップとセールスマンシップという相矛盾する二つの原則を焦点とする楕円軌道を運動することになるのである[8]。

もう一つ，忘れてならないのは，この時期の労働組合がアメリカ市民から強力な支持を与えられていたということである。そのことを象徴するのが消費者運動の労働運動への接近であった。19世紀末以来，消費者運動は最初の

高揚期を迎えていた。物価高騰の直撃を受けていたばかりか,多くのペテンの犠牲者でもあった消費者は,消費生活の真の豊かさを実現するために,自ら立ち上がることを厭わなかった。中流階級婦人を主要な担い手とする消費者運動は,労働者階級の婦女子の大量動員にも成功し,既に一定の影響力を社会に及ぼしつつあった。例えば1906年の食品・薬品安全法 the Pure Food and Drug Act,および食肉検査法 the Meat Inspection Act の制定は消費者運動の紛れもない成果であった。さらに彼らは,各地で展開した不買運動によって,日常食料品の値段を引き下げさせることにも成功していた。しかしこの時期とりわけ顕著なのは,消費者運動が労働問題に強い関心を示したことである。たとえば,婦人労働者や児童労働者の賃金改善と職場改善を目標として,全国消費者連盟 the National Consumers' League(以下 NCL と略記)が展開した「白ラベル」運動は夙に有名である。社会史家 L・コーエン(Lizabeth Cohen)によれば,この時期の NCL は「従業員の労働条件改善のための手段として」自らの組織を理解していたのである[9]。

労働運動と消費者運動はこのように互いに接近し,連携して企業経営に圧力をかけつつあった。急進的革命を阻止し,むしろ進歩的改革を模索する社会改革派は,このような現実の中から改革のプログラムを構想したのである。彼らは,消費者市民の利害をパブリック・インタレストと理解し,アメリカ資本主義をこのパブリック・インタレスト優先のシステムへと改革すること,換言すれば能率と公正な配分の実現方法を模索することを喫緊の課題と理解したのである。彼らの標的となったのは所有の上にあぐらをかく経営者であった。われわれは社会改革派の代表として L・ブランダイス(Louis D. Brandeis)とリップマン(Walter Lippmann)の二人を選び出し,彼らの改革論を,所有経営者批判と専門的経営者論を中心に分析する[10]。

１）ブランダイスの専門的経営者論

ブランダイスは,ウドロー・ウイルソン大統領のブレーンとして,新自由主義論を構想した人物であった。ブランダイスは法律家として有名であるが,1910年代の彼は「人民の法律家」"Peoples' Lawyer" とあだ名されたように,労働者や消費者など弁護士のサービスを受けられない社会的弱者の利害を積極的に代弁した人物として知られる。たとえば,1910年のニューヨーク被服製造業で発生した労使紛争の調停で果たした彼の役割や,鉄道会社から提出された賃金引き上げを根拠とする運賃引き上げ申請に対して反対の論陣を張

ったことなどが直ちに想起されよう。ブランダイスはこの鉄道運賃論争において，科学的管理法を根拠として反対論を展開し，これを契機にテイラーその人ばかりではなく，ガント（Henry L. Gantt），ギルブレス等と知り合うことになったが，逆に科学的管理法もまたブランダイスの活躍のお陰で広く社会に認知されるようになり，テイラーは一躍有名人の仲間入りを果たしたのである。その後ブランダイスは科学的管理運動の強力な支援者となるが，ヴァレンタインとともに科学的管理運動と労働組合の連携の必要性を最初に提唱した功労者でもあった[11]。

　ここで取り上げるのは1912年にブランダイスがブラウン大学で行った「一つの専門職としての経営」"Business—A Profession" と題された講演である。ブランダイスは，企業経営は専門職 profession であるべきだと主張する。彼によれば，専門職は主として次の三要素を満たさなければならない。第一にその職業を実践するためには長期にわたる高度な科学的専門知識の修得と技能訓練を必要とすること，第二にその職業は私的利益のためではなく他者のために行われるものであること，第三に金銭的見返りの多寡が成功の指標とはならないことである。ではなぜ経営者はそのような意味での専門職とならなければならないのか。まず専門的知識について考えてみれば，経営者として成功するためには実に様々な領域の専門的知識を必要とすることが分かる。まずは科学の産業への応用が加速度的に拡大していること，たとえば化学，機械，電気などの，諸科学の製造分野への応用ばかりでなく合理的経営のための管理の科学も誕生していることがあげられる。さらに労使の関係を調整することが一層困難さを増していること，社会問題と産業問題が密接不可分のものとなりつつあること，州レベル，連邦政府レベルでの広範な産業規制立法が相次いでいることなど，新たな諸課題が出現していることによっても，そうした傾向に拍車がかかる。高度な専門的科学知識がますます必要不可欠となるのに応じて，従来重視されてきた交渉力や抜け目なさといった資質はあまり重要ではなくなりつつある。そうした経営者が重点的に取り組むべき領域は生産でなければならない。なぜなら需要に較べ供給がなお不足しているため，多くの国民が高物価に悩まされているからである。能率向上こそが経営者が取り組むべき喫緊の課題として理解されなければならない[12]。ブランダイスは次のように述べる。

　確かに利益を紡ぎ出すことは経営にとり単に「うまくいった」というこ

と以上の意味を持つ。それは成功の前提条件なのである。なぜならば利益を継続してあげられない企業は敗北せざるを得ないからである。しかしだからといって利益が大きいことが即成功を意味しているわけではない。成功は（医師や弁護士などの専門職においてと同様）経営においてもまた行為の卓越さに求められなければならない。経営における行為の卓越さはとりわけ次の領域において追求されるべきである。生産方法やその過程の革新，製品の改良，紛争や無駄の軽減につながる工場組織の革新，労働条件の改善，労働者の能力開発と彼らの福祉の増進，消費者及び地域社会との良好な関係の構築，などの領域においてである。…社会に対する責任を深く自覚する経営者である限り，経営をあたかもゲームのごときものと考えてはならない。経営に携わることによって，多くの人を幸福にもし不幸にもすることができるからである[13]。

以上のようにブランダイスは経営者のあるべき姿を，科学的合理性と高邁な理想（サービス動機）を併せ持つ専門的経営者に求めたのである。しかもそのような専門的経営者は単なる絵空事などではなく，以下に示すように見事な実例が存在していた。まさにそうした事例こそ，いわゆる現実主義者の経営者に対する痛烈な批判を意味したのである。彼の紹介する二例をわれわれもまた注意深く観察しよう。

第一の事例：ウィリアム・H・マッケルウェイン William H. McElwain
　マッケルウェインは1908年に41歳で夭逝した所有企業家であった。創業当初の彼は資産もなく，またパテントも有力ブランドももってはいなかったが，死去するまでの僅か13年間に年間売上高僅かに7.6万ドルにすぎなかった企業を869万ドルにまで急伸させ，世界でも屈指の製靴工場に育て上げた。彼は収益力の点から見ても成功した経営者であったと言える。しかし決して単なる貨幣蓄積衝動や権力欲のために事業を行ったわけではなかった。創業から死去するまでの13年間に，マッケルウェインは，製靴工業に多くの革新をもたらしたが，そうした革新はまさしく彼の高邁な理想を実現する手段であった。マッケルウェインの革新は季節商品である靴製造ゆえの就労の不安定性を克服する努力にあった。

　製靴業者は春夏物と秋冬物の2種類を製造する。そのため多くの経営者は年に2度，工場を閉鎖するのが常であった。場合によってはさらに2度追加

的に工場閉鎖を行うこともあった。経営者も労働者も工場閉鎖とそれに伴うレイオフを不可避なものとして受け入れていた。たとえばある年の春夏物について言えば，前年の初夏に商品見本が造られ，その見本による受注が晩夏から開始される。生産は前年の11月から開始され，販売が終了する7月頃までに終了する。受注に際しては一応納期も決められてはいたが，その納期を正直に守る経営者はいなかった。要するに生産計画を立てることはなく，場当たり的に製造が行われていたに過ぎない。これが繁忙な時期と全くの暇な時期を生じ，それに応じて就労も不安定となり，雇用も不規則であった。

　しかしマッケルウェインはこの悪弊を断ち切る改革をしなければならないし，また変革は可能であると考えた。彼は生産と流通について詳細な調査を行い，納期を基準とする生産計画の作成と生産と流通の間における財の流れの調整，さらに安定的生産を保証するだけの受注の確保が必要であることを理解した。その具体化のために彼は科学的管理法を導入し，改革を成功させた。改革に着手してほんの数年の後，彼の工場では就労が安定し，数千人の労働者は年間305日の労働を保証されるようになった[14]。

　第二の事例：フィリーン兄弟 Edward and Lincoln Filene
　フィリーン兄弟はボストンに二つの小売店舗を開いたが，それぞれはわずか20平方フィートの売場しかなく，一方は手袋の，他方は婦人用品の専門店であった。20年後同商会の年間売上高は500万ドルを超えた。さらに1912年には9エーカーの売り場面積を擁する大規模小売企業へと発展を遂げた。しかし彼らの偉大さはむしろ高邁な理想と倫理を経営に持ち込み，それを実践した点にある。

　フィリーン兄弟によれば小売流通業者は社会に対するサービスを行っているのであり，その限りでは製造業と同等の尊厳と責任を有していることを常に自覚しなければならないという。それゆえに高い能率，経済性，そして正当な利益に裏打ちされたサービスを消費者に提供しているか否かを絶えずチェックしなければならない。また納入業者との関係も，正義に照らして公正であるか否かをチェックしなければならない。すなわち小売業者は，自らが販売する商品の製造が公正な労働条件の下で生産されたものであるかどうかについて，十分な関心を払うべきである。最後に雇用主として従業員に対しても義務を負っている。伝統的に小売店舗は婦人の職場であった。そのために労働条件は劣悪であり，人事に対して抗弁権も認められておらず，賃金も

最低水準にあった。こうした状況に対してフィリーン兄弟は以下三つの改善を行った。

第一にフィリーン共済組合によって統御される，従業員のための自治組織を設立したこと。従業員はこの組織を通して経営側の人事政策に発言権を，さらに労働条件についての自己決定権を保障される。第二に仲裁制度を導入したこと。これによって雇用，賃金，昇進について不満を持つ従業員は抗弁権を認められ，労使間に意見の不一致がある場合，この仲裁制度により問題の解決を図ることができる。第三に最低賃金制度が設けられ，従業員の賃金は最低週8ドルを保証されたことである。

こうしてフィリーン兄弟は産業民主主義と社会正義の諸原則を受け入れ，それを経営管理に適応する試みを実践し，成功させたのである。しかもそのことが財務的成功と両立しうることを実証して見せたのだ[15]。

> いわゆる「現実的な経営者」"practical business man"（彼らはヴィジョンも理想も持たぬ狭隘な金稼ぎにすぎない）はフィリーン兄弟やマッケルウェインに対して空論家であるとの馬鹿げた非難を浴びせるが，その実，彼らの金銭的成功はフィリーン兄弟やマッケルウェインの足下にも及ばない。もちろんマッケルウェインやフィリーン兄弟が傑出した人物であることは認める。しかし現代のアメリカには彼らと同じ認識，同じ精神をもつ経営者が数多く存在するのである。彼らのような傑出した開拓者によって切り拓かれた道はやがて多くの人が通る幹線道となるであろう。専門的経営者が増えるのに応じて，社会不安の元凶である深刻な産業問題や社会問題も一つ一つ解決されていくに違いない[16]。

以上のようにブランダイスの専門的経営者論（経営＝プロフェッショナル論）はサービス動機の理念とそれを実現するための科学に裏打ちされた合理的経営の実践を両輪としていた。ヴィジョンも理想も持たぬ狭隘な金稼ぎにすぎない経営者こそ諸悪の根元であるのだから，アメリカが再生するためには，サービス動機の理念によって武装した専門的経営者がこうした現実主義的な経営者を駆逐することを基本線としなければならない，というのがブランダイスの主張であった。もちろん彼は，連邦政府や州政府が果たすべき重要な役割も十分に理解する。社会経済立法も労働者や消費者の生存権には必要不可欠であろう。しかし社会的正義や民主主義と同時に社会的豊かさを実

現するためには，経済活動の指揮権を有する経営者の役割こそ決定的に重要なのである。それゆえに高邁な理想，それを実現する手段としての高度な専門的知識，および問題を科学的に考える理性を併せ持つ専門的経営者こそ問題解決の切り札として期待されなければならないのである。

　もう一つ注意しなければならないのは，ブランダイスが挙げている事例は二つとも中小規模の経営体であり，どちらも所有経営者であったことである。数万人を擁する巨大企業ではなく，せいぜい数千人の従業員を抱える中規模の企業を経営する所有経営者こそ，専門的経営者論と民主主義を実践する主体であるとしてブランダイスは最も期待を寄せていた。アメリカの中小規模経営者団体というと，われわれは直ちに保守的な全国製造業者協会 National Association of Manufacturers（NAM）を想起するが，実は少数派とはいえ，改革の新しい理念を構想し，実践する真の革新的企業家が存在したことを忘れてはならない。ブランダイスの専門的経営者論はそのことをわれわれに教えてもいる。われわれはこのことをしっかりと覚えておきたい。

2）リップマンの改革論：専門的経営者と社会運動

　リップマンはジャーナリストとして夙に有名であるが，1910年代の彼はリベラルな論調で知られる『ニュー・リパブリック』誌を拠点として論陣を張っていた。彼はウイルソン大統領の新自由主義論に対する厳しい批判者としてよく知られているが，それは彼が巨大独占企業に誕生しつつあった専門的経営者を高く評価し，彼らを社会変革の担い手として期待していたからであった。ただしリップマンの改革論は統治論あるいは政治経済論 political economy への指向が強い。たとえば，ビッグ・ビジネス Big Business の対抗勢力として，労働組合 Big Labor と消費者運動 Big Consumer の台頭を不可欠と見なし，これら各グループのリーダーはそれぞれ政治的手腕を有する政治家 statesman とならなければならないと主張する。そして，政府は各グループの諸利害を調整する行司役としての機能を果たす，というのが彼の統治論であった。こうしたマクロ的視点の前に個別企業レベルを見るミクロ的視点はかき消されてしまいがちであるが，それでも彼の所有経営者批判と専門的経営者待望論には傾注すべき論点が多々含まれている。ここでは彼の労使関係に関する主張が端的に表明されている『混沌と秩序　Drift and Mastery』を紹介したい[17]。

　リップマンは『混沌と秩序』の中で，まずマクレーカーの運動を取り上げ，

その歴史的意義を説き明かす。マクレーカー運動は，当初都市行政の腐敗追及から出発したが，次第に私企業に対する批判へと重点を移動させていった。リップマンは，マクレーカー運動は市民や労働者によって支えられていた運動である，との注目すべき指摘を行っている。要するに，マクレーカー運動の方向性と強さを規定していたのは市民や労働者であったと主張するのである。マクレーカーの企業活動批判は，当初公共性の強い企業，たとえば鉄道会社に矛先を向けていた。それは鉄道を利用する市民の多くの声を代弁したものであった。鉄道会社の公共性を発見した彼らは，次第にその経営管理者たちを行政官に対するのと等しい基準で評価し始めたのである。

　事実鉄道会社の経営者は次第にこうした消費者の声を自覚するようになった。たとえば，かつてヴァンダービルドは「利用者なんてくそ食らえだ」という態度で経営を行っていた。だが現在の鉄道会社社長であるエリオットは「鉄道会社が提供するサービスは，鉄道の主人公である利用者から受ける待遇（つまりは料金）に大きく依存することをよくよく利用者に理解してもらわなければならない」と述べるのである。この利用者に対する態度の変化の意味についてリップマンは次のように述べる。

　　（このことは）私的所有の文化的基礎が大きく変化を遂げたことを示している。たとえ法律（制度）がなおその変化を理解していないとしても，事実はそうなのである。それゆえ，仮にペンシルヴァニア鉄道の株主たちが自分たちこそその鉄道会社の究極の所有者であると考えているとすれば，彼らは大きな間違いを犯している。たとえ法律がどうであろうと，一般市民はそのような解釈をしない。そして鉄道会社のような所有物たる基幹的企業経営に何らかの形で責任を有する人々は，今や，次第に公的な行政官と等しい基準で行動することを期待されるようになったという事実から逃れることはできないのである[18]。

リップマンは，株主の利益ではなく消費者の利益，すなわち社会に対するサービスこそ経営動機とする時代が到来しつつあるという事態を背景として，マクレーカーの運動の意味を考えていたのである。
　マクレーカーたちを突き動かす思想が，誰が所有しているかではなくどう管理されているかを問題とする以上，彼らの批判の矛先がやがて一般の産業企業に向けられるようになることは時間の問題であった。まずそれは所有経

営者家族が重役職を独占しているという実態に向けられた。リップマンはこの点を著名な金融専門家ロジャー・バブソン（Roger Babson）の言葉を引用して説明する。若干長くなるが，以下にバブソンをそのまま引用する。

仮にある町の市長が自分の弟を警察署長に，娘の夫を消防署長に，伯父を水道局長に，息子を道路清掃部門の責任者に任命したとしよう。そんなことをすれば，その町の有力者で良心的な市民たちは直ちに市長問責のための会合を開くに違いあるまい。このような不正はいかなるアメリカの町であろうとも，決して許さないと信ずる。では民間会社はどうか。試みにある会社の書簡紙を取り出してみよう。そこには普通次のような経営幹部の氏名が刷り込まれているはずである。
「クインシー・パーシモン，社長；クインシー・パーシモン，Jr，副社長；パーシモン・クインシー，トレジャラー；ハワード・レモン，セクレタリー」
ハワード・レモンはなぜ選出されたのだろう。その疑問は，彼の妻がプルネラ・クインシー・パーシモンであることが判明すれば，容易に理解できよう。要するに，すべて経営の最高幹部はパーシモン一族によって独占されているのである。だが，確実なことは，こうした企業経営においては，特別に重要な事柄のすべてはゼネラル・マネージャーが担当している。彼の名前はホッブス，あるいはスミス，場合によってはホーガンかも知れないが，いずれにせよパーシモン一族とは無関係な人物である。それにも拘わらず，彼の給料はハワード・レモンの息子が乗り回す車の費用程度でしかない[19]。

マクレーカーたちが攻撃したのは，所有の上にあぐらをかくパーシモン一族のごとき所有経営者であった。そのことは，もはや私的経営といえども所有家族が好き勝手に運営することは許されない，換言すれば，専ら所有家族の利益のための手段として企業を経営することに対して厳しい社会的批判があるということを，それは教えている。それと丁度メダルの表裏の関係にある事実であるが，所有経営者家族に較べゼネラル・マネージャーの処遇があまりにも貧弱であることへの憤りにも，注目する必要があるだろう。彼は責任の重さに比して薄給でしかなく，いわんやストック・オプションなどのフリンジ・ベネフィットとも無縁であった。

社会へのサービスの質と量を改善しようとするならば，能率の向上と管理のシステム化・合理化を推進しなければならない。それを実践する能力があるのは，日常的な管理と調整に責任を負うゼネラル・マネージャーや各機能部門の俸給管理者である。だが俸給管理者として正当な待遇を得られない以上，いったい誰がそうした骨折りをしようとするであろう。その点で比較的早く経営者支配が実現された電機工業企業や化学工業企業では事情は異なっていた。これらの産業における俸給管理者は正当な評価を得て昇進を遂げ，トップ・マネジメントのレベルに到達していた。トップ・マネジメントへの昇進の期待は，俸給管理者に，能率の向上と工場管理改革に取り組むに十分な刺激となったのである。そうであるがゆえにリップマンも，彼ら俸給経営者を想起して次のように述べることができたのであろう。「いやしくも知性あるビッグ・ビジネスの経営者たちは，社会的責任とかスチュワードシップをしきりに口にするようになったところから見て，このことを十分認識している。それはまさに古き商業的金儲け主義への『別れの歌』であり，なおぼんやりと霞んではいるが，経営動機の意識革命が現在進行中であるという認識の現れなのである」[20]。

その点はマクレーカーたちが生産の非能率を批判し，食肉の安全性等商品の品質を問題にしたことに表現されている。要するに「買ったおまえが責任を取れ」，あるいは「金銭的成功をもたらす手段こそ正義」を意味する「商略こそビジネス」の時代は過去のものとなり，今や労働者や消費者の声を無視しては経営は成り立たない時代が到来しつつあるというのである。まさしく，誰が所有するかではなく，いかに管理するかが問われているというわけである。「現在われわれは，日々利潤動機への反対が至る所に沸き上がっているのを実感する。この反抗は決して富の創造に反対しているのではない。そうではなくて，私的商業主義が現代産業の様々な可能性を引き出す方法としては時代遅れで役に立たず，しかも愚劣で想像力に欠けているのだということを発見したということなのだ」[21]。

最早利潤動機に基づく所有経営者の時代は終焉しつつあり，これからはビッグ・ビジネスの時代が到来する，とリップマンは述べ，ウイルソンを非難する。

　　大学が経営管理大学院を創設し始めたのも決して偶然ではない。50年前の産業は起業家と家業が支配的であった。しかし現代の（産業）経営は，

法律家，医師，エンジニアと同様，大学で修得すべき高度な専門職 profession となりつつある。大学は需要に応えようとしている。私の信ずるところによれば，ビッグ・ビジネスこそそうした需要を作り出しているのである。なぜならば，現在のような大規模化した産業を，いわゆる経験によって獲得できる知識だけで管理することは到底不可能であるからである。それはちょうど，医師の所に住み込んで徒弟として経験を積んでも，最早医師となることができないのと同じである。あるいは弁護士事務所の事務員となっても法律を修得できないのと同じである[22]。

独立自営業者となることではなく，専門的経営者となることこそ現代の若者に与えるべき目標であるべきだ。改革のためにはその担い手となるべき専門的経営者の大量養成が不可欠である，というのがリップマンの主張に他ならなかった。

リップマンは，所有経営者から専門的経営者への権力の移行を促すためには，消費者の政治力と労働運動の二つが強力にならなければならないと主張する。まず，消費者の政治力についてリップマンの主張を聞こう。消費者を集団化することはおよそ不可能に近いことと見なされていたがゆえに，社会改革の担い手として消費者を想定することは空想的な考え方とされてきた。だが今日，生活費の高騰に反対する彼らの声が議会を動かしつつあるところから見て，彼ら消費者こそが真の権力の持ち主として，民主主義政治の表舞台に登場する時代が到来したと言える。「消費者はなんの力も持たないどころか，労働者階級や資本家階級の利害よりも強力になりつつあると信ずる。消費者が覚醒すれば，労働者も雇用主も自らの階級的利害のために政治を利用することは不可能となる。労資どちらの勢力よりも，政治的に強力なパブリックこそ政治の決定権を握るときが到来しつつあるのである」[23]。

そしてリップマンは，婦人参政権が確実に消費者の実力を強化するであろうことを確信する。なんとなれば婦人たちこそ日々マーケットに出かけ，買い物を行う主体であるからである。彼女たちが家計のやりくりをするのであり，卑劣さとペテンと高価格を直接実感しているのである。「人々（パブリック）は政府を突き動かして，ビジネスに最高の品質と最低のコストの実現を要求している。公益事業については既に政府による価格の決定が実施されている。こうした方法がいずれは寡占状態にある産業部門にも導入されるものと確信している。さらに，多くの商品に検査義務が課されるようになったこ

とはよく知られた事実であろう」[24]。

　以上のようにパブリック・インタレストとは，リップマンにとり，直截に消費者の利害を意味していた。そして消費者の利害こそ労資の階級的利害に優越するものであり，今や政府は消費者の利害を尊重して多くの規制をビジネスに課すようになった。またビジネスも消費者の監視の目に曝されていることを意識して，商品の品質や安全性ばかりかコストの削減と価格の引き下げにも腐心しなければならなくなっている。その傾向は正しいと述べるのである。

　労働運動について，彼は次のように述べている。まず労働運動は民主主義の実現のために不可欠であると主張する。アメリカに，固定的な隷属的階級を生み出さないようにするためには，労働者を組合に組織化することが必要であるが，この試みほど，頑強な抵抗に以前遭遇し，今でも遭遇している例は他にない。

> （だが）労働者が組織化されて十分に強くならなければ，彼らは社会的に尊敬されることはない。労働組合がなければ産業民主主義はおよそ不可能である。産業組織内部に民主主義がなければ，それこそ現在最も関心を集めているのであるが，アメリカには民主主義は存在しないことになる。なぜならば，労働組合を介してこそ労働者は産業統治に参加することができ，自治に必要な規律を獲得することができるからである。それゆえ，労働運動に反対する人々は産業組織の民主化に反対しているのだということを，自覚しなければならない[25]。

　現在労働者の圧倒的多数は，なお生活するに十分な賃金を得られず，雇用の保障もなく，また政府から十分な配慮を受けていない。彼らは自らの労働条件についての決定過程に参加する権利も認められていない。こうした状態を放置したままで産業の平和や紛争処理の機構について語ることは，およそ不可能である。ところが，労働運動が頑強な抵抗に遭遇するのは労働者の側に問題があるからだ，との主張をたびたび耳にする。労働者が能率問題にまったく無関心であることが理由であるというのだ。しかしそれは，もともと雇用主が，経営問題に彼らが口出しするのを決して許さないことが原因なのだ。労働者は，無視された状態に置かれたアウトサイダーにすぎないのであるから，能率問題に無関心であるのは当り前である。自尊心を無視された者

が自発的に協力することは決してあろう筈はないのだから。それゆえ「科学的管理法は人間化されなければならない」[26]。

　労働組合はまた，より公平な富の分配に資する。現在のアメリカは，先に引用したパーシモン家のような，所有の上にあぐらをかく所有経営者家族により多くの富が集中し，実際に役に立つ仕事をしている階級である経営管理者や労働者は不十分な収入しか得ていないのが実状である。こうした富の不公平な分配が社会の生産能率を阻害している。社会が進歩するためには，経営管理者や労働者により多くの富が分配される仕組みを作ることが重要となる。リップマンに従えば，「働かざる者食うべからず」の原則は所有経営者あるいは無機能資本家である大株主に向けられるべきであるというのである。

　そのような観点に立つとき，労働組合の存在は，労働者により多くの富をもたらす組織として，きわめて重要な意義を有しているといえる。

　　（なぜならば，）労働者は優秀な消費者でもあるからだ。彼らは食料品，衣料品，住居そしてレクリエーションに金を使い，所有経営者のように奢侈品を購入したりして浪費することはない。労働者のこうした健全な消費は，国民的産業の健全な発展を促す。それゆえに労働運動の圧力はより賢い富の使用を促す力となるのだ。もし雇用主が現状では賃金の引き上げは不可能であると判断するならば，彼がなさなければならないのは労働者に敵対することではなく，生産能率の向上でなければならない。生産能率を向上すれば賃金の引き上げは可能となるはずである。さらに彼は，これを契機として，利益を蚕食する銀行や中間業者との関係を見直し，さらに伯父や甥などに提供していた金喰いの閑職を削減しなければならないことを学ぶであろう[27]。

　要するに，労働運動と消費者運動が産業企業にかけつつある強大な圧力に応えるためには能率の向上が不可避なのであり，しかもそのためにはより賢明な経営管理を必要としている，というのがリップマンの結論であった。

　　現在労働者たちは科学的管理法に反対しているが，その原因は，たとえ生産性がそれによって増加しても，労働者は現状では少しもその分け前に与れないからに他ならない。労働運動と消費者運動が共に強力になり，労働者は高賃金という分け前を，消費者は低価格という分け前を得られ

るようになれば，両者は所有の上にあぐらをかく寄生者を根絶やしにし，無駄を省くために積極的に関与するようになる。商業的冒険家は能率について本物の関心を持ってはいない。彼にとって，役に立つサービスとある種異常な気紛れのどちらを選ぶかを決定するのは，どちらが儲けが多いかという観点だけである。しかし消費者と勤労者は直接的な関心を持って，産業に対しできるだけ少ないコストで最大の量と最高の品質の物財を製造することを働きかける。…彼らは無駄，寄生(的生活)，非能率のすべての代償を支払うからである。それゆえに，産業の真の発展は彼らの諸要求にかかっているのである。彼らの圧力が増せば増すだけ事態は良くなるのだ。もちろんそのことが経営者をいかに深刻に悩ませるか，想像に難くない。しかし必要は発明の母である。彼が一方で労働運動に直面し，他方で組織的な消費者運動に直面し，さらに州政府の課税権力に直面していることを自覚し，しかも無駄を賃金の引き下げあるいは製品価格の引き上げによって帳消しにすることは最早不可能であることを悟れば，否応なく，従来にもまして一層真剣に産業経営の管理に取り組まなくてはならなくなるであろう。彼は販売コストを削減し，借り入れコストを抑え，水膨れの株式を絞り出し，無駄な（閑職を占める重役への）給料を圧縮し，副業のいくつかから足を洗い，株の売買にうつつを抜かす時間を切りつめること等を断行しなければなるまい。そしてどうしたら（労使の）協働体制を樹立できるかについて真剣に思いを巡らせるに違いない[28]。

　以上，われわれはブランダイスとリップマンを通して社会改革派の所有経営者批判＝専門的経営者論を眺めてきた。一方でブランダイスは反独占の急先鋒であり，革新的所有経営者こそ改革の担い手と考えているのに対し，他方でリップマンは企業集中を必然と見なし，俸給経営者を担い手とする改革を追求していた。二人の国民経済論的立場は相反するが，両者ともにアメリカ資本主義の改革には利潤動機からサービス動機への理念転換が必要であるとの認識では一致していた。ブランダイスは変革の主体としての所有経営者を重視し，より積極的に明日の企業経営に必要な新たな理念そのものについて熱心に語るのである。それが彼の専門的経営者論であった。だがリップマンもまた，専門的経営者の理念を支持することにかけては，ブランダイスに決して後れを取ってはいない。彼は，所有経営者から俸給経営者への権力の

交替が必要であり、そのためには労働運動と消費者運動の圧力が重要であること、しかし、現代の思想傾向を見ると私的所有権意識あるいはそれに基づく利潤動機は次第に時代後れとなっており、とりわけ巨大独占企業の俸給経営者に顕著なように、新しいサービス動機が経営理念として定着しつつあること、それゆえそうした権力の移行は既に始まっていると、主張するのである。

　リップマンもブランダイスも共に、企業をパブリック・インタレスト（換言すれば消費者と労働者の利益）のための経営へと転換するには新たな理念を持った専門的経営者の育成が急務である、との主張では一致していた。彼らは、営利の自由よりもパブリック・インタレストを優先することこそ改革の大前提になければならないとの立場であった。それゆえ、ここで言う専門的経営者 professional manager とは、いわゆる所有と経営の分離から発生した俸給経営者 salaried manager とは別個の概念であることに注意したい。むしろそれは、経営者としての行動を支える理念＝サービス動機から定義づけられた概念である。

　実はこうした社会改革派に鋭敏に反応した集団こそ科学的管理運動のあるグループであった。だがわれわれは、行論の関係上、直ちに専門的経営者論の思想的展開に焦点を当てることをしない。むしろ迂回路を取るべきであると考えている。その迂回路とは、これに関連してはいるが、科学的管理運動それ自体の政策転換についての分析である。専門的経営者論の思想的展開を明らかにするためには、それが必要不可欠な経過点であると考えるからに他ならない。既に指摘したことであるが、科学的管理運動は社会改革派の人びとから非常な期待をかけられていた。たとえば、リップマンが労働組合の経営参加と科学的管理法の導入を労使関係改革の切り札と考えていたように。しかし彼は科学的管理運動もまた変わらなければならないとも述べていた。つまり科学的管理運動は、経営の政策決定に労働組合も参加する必要性を理解しなければならなかったのである。だが、科学的管理運動と労働運動との合意形成は、テイラーを乗り越えなければならない辛い課題でもあった。

2. ヴァレンタインと科学的管理運動修正派

　社会改革派の人びとは、改革プログラム実現のために、科学的管理運動と労働運動双方に、敵対から協調へと路線を転換するよう働きかけていた。ブ

ランダイスは労働者に対し，科学的管理運動との協調が必要であることを次のように熱心に説いた。高賃金，労働時間の短縮，および労働環境の整備，これらを実現することこそ民主主義国家アメリカに必要なことなのだ。なぜならばそれによって，生命，健康，市民的義務の履行にとって不可欠な高い生活水準を，労働者に保障することができるからである。それは社会の義務であり倫理でもある。これを実現するためには生産性の向上が果たされなければならない。科学的管理法は，まさにそうした理想を実現するために有効な手段である。「労働者が正当な分け前を獲得して，より高い賃金，より短い労働時間，より改善された労働環境を実現するためには，賃金，労働時間，ならびに労働諸条件の決定過程に参画し，さらに科学的管理の諸原則導入に参画しなければならない」。しかも現在の状況は，労使関係改革に追い風が吹いている。多くの市民が労働者の地位向上に道徳的義務を見いだしているのであるから，市民を味方にできる今こそ科学的管理運動に闇雲に敵対するのではなく，それの本来の目的を実現するために協力すべきである，と[29]。

　科学的管理運動グループの中で，社会改革派からの働きかけに真っ先に応えたのがロバート・ヴァレンタインであった。彼は，1910年のニューヨーク被服製造業における労使紛争解決に尽力するブランダイスを助け，労働組合の承認に基づく団体交渉と科学的管理法を接木することを初めて試みている。この試みは，残念ながら経営者団体の反対に遭遇したため，成果を上げることはできなかった[30]。だが，ヴァレンタインは，1914年のプリムトン印刷会社 Plimpton Press では実験を成功させている。科学的管理運動指導者の一人でもある友人ヘンリ・ケンダル (Henry Kendall) の要請に基づき，労働組合の承認とそれに基づく労働協約体制を導入することにより，科学的管理法に対する労働者の態度を一変させ，科学的管理法に基づく能率向上と産業民主主義が両立可能であることを実証したのであった[31]。

　科学的管理運動の側について見れば，運動創設者であるテイラー自身が最大の障害となっていた。もともと科学的管理運動が（現実主義的）経営者批判という側面を有していたにせよ，テイラーは強固な反労働組合的立場に固執していた。ナードヴォーニーの研究によれば，テイラーは労働組合との連携に反対し，そのための画策を行っていた[32]。ヴァレンタインこそ，科学的管理運動の内部にあって，しかもテイラーの反対に直面しながらも社会改革派と共鳴し合い，科学的管理法と労働協約体制を接合するという困難な仕事に挑戦した人物であった。彼の存在によって，科学的管理運動は労働組合と

の対話に乗り出すことができたのである。

1）ヴァレンタインの「同意と能率」論

　ヴァレンタインは，一方で機械化が手工業的熟練を解体し，次第に脱熟練化したスペシャリスト中心の労働力編成を促進すること，他方で能率的生産のためには生産計画と各工程部門の調整が必要不可欠となり，計画立案部門 the planning room（工場管理スタッフ部門）の重要性が増すことを指摘する[33]。要するに，一方で科学的管理法の導入は不可避であること，他方で手工業的熟練に基礎を置く職能別労働組合は最早時代遅れであることを，彼は科学的管理運動の仲間と共に承認しているのである。

　しかしながら彼は，科学的管理法がともすれば雇用主による専制的支配を強化しかねない諸刃の剣であることを十分に認識していたのであり，その限りにおいて労働組合からの批判を理解することができた。とりわけホクシー委員会の調査に参加することにより，科学的管理法を（労使双方の利益という）本来の目的に合致させるためには労働者の同意，とりわけ労働組合の同意が必要不可欠であることを痛感し，科学的管理運動の仲間に説得することが彼の義務と考えるようになった[34]。

　そればかりかヴァレンタインは労働組合の役割を積極的に評価しようとしていたのである。科学的管理運動のメンバーたちは労働組合に敵対的であるか，もしくは冷淡な態度をとっていた。ヴァレンタインの目から見ても，労働組合には多くの難点，愚劣な点が存在した。だがそうした多くの欠点を含みながらも，労働組合は確かに肯定すべき点を有していることも事実であった。とりわけ社会改革にとって不可欠な推進力を提供する可能性を有していた。ヴァレンタインはそれを消費者組織としての機能に見たのであり，この点を積極的に評価することによって科学的管理運動の仲間に労働組合の存在意義を売り込もうとしたのであった。以下「労働者の同意の必要性」，「労働組合論」，「労使関係改革案」について，それぞれ検討する。

［労働者の同意の必要性］

　まず，科学的管理法導入には労働者の同意が必要であることについて，ヴァレンタインは次のように述べている。心理学の発展が人間的要素の重要性を人びとに気づかせた。その結果，今や「強制の時代，すなわち同意なき奉仕の時代は既に終わった」という新しい認識が形成されつつある。「労働者は，

個人としてだけではなく組織化された集団としても，新しい生産方法や生産装置の導入の可否について，および導入する場合の条件についての決定に参加する権利を有しているということを確信している」。重要な労働条件が変更されるにも拘わらず労働者を部外者とする従来の方法は，労働者の権利を侵害していると見なされる時代が到来したのであり，労働者との軋轢を生ずることなく科学的管理法を成功裏に導入するためには，労働者の同意を得ることが必要不可欠となったというわけである[35]。

では労働者の同意とは何か。ヴァレンタインによれば「労働者の職業生活という視点から見て，同意には個人の同意と集団の同意の二種類があり，さらに集団の同意には個別企業の従業員集団としての同意と社会的広がりのある職業集団（つまり労働組合：引用者）としての同意がある」。集団的同意とは単に従業員としての集団性ばかりではなく労働組合員としての集団性でもあるのだから，その両方を尊重しなければならない，というのがヴァレンタインの基本スタンスであった。それゆえ彼は，集団的同意の重要性を承認しつつも，それを専ら個別企業の従業員集団としてしか理解しようとしないロックフェラー・プランにはきわめて批判的であった。「最近の研究によれば，労働者の集団的同意はますます広い社会性を獲得しつつあるという。それゆえに，この同意原則の社会性を認識し得ないことがコロラドにおけるロックフェラー・プランを社会政策上のジョークにしてしまっているし，将来それが社会政策上の悲劇になる運命を免れ得ない原因でもある」。このように，ヴァレンタインは労働者集団を個別企業内部に限定して考えるいわゆる従業員代表制を批判し，真の同意原則を実現するためには労働組合の承認が必要不可欠であることを主張していたのである[36]。

科学的管理運動はこれまで，労働者個人の同意についても，労働者集団の同意についても，その必要性を十分認識してこなかった。要するに「自由な人間，同意する人間こそ（強制に服す不自由な人間よりも：引用者）より一層望ましい労働者であるということ」を等閑視していた。それゆえに「個人的同意とともに，組織化された集団の同意があってはじめて，労働者集団はより能率的になるという事実を認識できなかった」。

また民主主義についても，「集団的自己訓練によって初めて，より巧妙な統治機構の構築や理性的統治能力の涵養」が可能となることに思い及ばなかった。しかし現代の課題とはまさしく「生産能率向上に関する最新の（管理技術上の）発展と民主的統治の科学と技法 the science and art of democracy の最

新の発展とを，どちらか一方を優先したりあるいは対抗的に並列したりするのではなく，真に建設的な方法で統合化すること」なのであるから，科学的管理運動は一方の当事者として責任ある対応を迫られている。そして科学的管理運動がそうした期待に応えるためには，以下の課題を果たさなければならない。

> 第一に科学的管理技師は社会心理学者と協力して，個別具体的企業における能率と同意の関係について解決策を模索すること。第二に集団的同意の究極の理想（能率的生産諸条件の構築と民主的統治能力の涵養）を実現できるのは社会的広がりのある労働者集団（労働組合のこと：引用者）であるということを認識すること。つまり，産業組織は同時に市民的統治能力のための学校とならなければならないということである。教育問題とは政治家的資質の育成問題に他ならない。そうした政治家的資質の育成のためには，最低限産業自身が市民を育成するための学校とならなければならない[37]。

要するに，科学的管理技師は社会心理学者と協力し，産業組織をより能率的にすると同時に，労働者の民主的統治能力育成のための学校となすために働かなければならないし，そうすることが科学的管理運動の社会的責任であるとヴァレンタインは主張するのである。とりわけヴァレンタインが労働者の市民的統治能力，すなわち労働者の誇り（名誉）の問題に並々ならぬ関心を払っていたことに注意しておきたい。彼は明らかに社会改革派と深く共鳴しあっていたのである。

［労働組合論］
　ヴァレンタインは労働組合論のポジティヴな側面とネガティヴな側面をそれぞれ次のように把握していた。ポジティヴな側面についていえば，リップマン同様，労働組合が消費者組織であることを高く評価する。

> 一般的には，財を消費することは二義的なことであり，その機能は単に生産の機会を提供しているにすぎないと見なされている。だが事実は逆であり，生産こそ二義的な意味しかもたないのである。生産とは消費，すなわち福祉に必要なものを充足するために果たされる行為なのだ。労

働者は単なる生産のための道具，目的のための手段であるだけではない。経営者も労働者も，生産者としては目的のための手段にすぎない。目的は消費者としての労働者と経営者の福祉の向上である。生産組織（たる企業）は消費者の代理人 a consumer's agent でもある。消費者としての労働者と経営者の能率こそ基軸的重要性を有しており，生産者の能率はその関数にすぎない[38]。

　ヴァレンタインは経営者と同時に労働者も消費者として重視している。つまり労働者も豊かな消費者となるべきであると言うのである。労働組合の機能はそこにある。ここで言う消費者の能率とは何であろうか。これについてヴァレンタインはまとまった説明を残していない。だが彼の「賃金論」からおおよその中身を推測することは可能である。彼の賃金論は当時労働組合が主張していた生活賃金論と瓜二つであった。労使関係安定化のためには労働者に十分な賃金を支払うことが重要であるとする。いったい十分な賃金とは何を意味するのか。それに対して彼はこう答える。賃金とは「生活力の源泉である。彼らにとってこれはきわめて切実な問題である。なぜならばここから彼らは購買，貯蓄，疾病・事故・失業・老齢や死亡のための保険，住居，保健衛生，教育・レクリエーションにどう割り振るかを考えなければならないからである」[39]。それゆえ，アメリカ市民に相応しい健康で文化的な消費生活や子弟の教育の保障ばかりか，将来の不安に対する備えにも十分割り振ることができる賃金であること，これが十分な賃金の中身ということになる。そうであれば，能率的な消費者とは現在の生活に満足すると同時に将来の備えにも配慮できる消費者であり，そうすることに十分な賃金の額と各費目への最適な割り振りのできる能力がある消費者ということになるであろう。現在並びに将来の彼と彼の家族の生活に不安を抱くことがない消費者となったとき，そのときこそ彼は労働者として最大の能率を発揮することができる，これが「消費者の能率」の意味であったのではないか。少なくともそう解釈することができるように思う。

　そうした観点から現行の労使関係を眺めてみると，労使間には明らかに齟齬が存在する。「労働組合が消費者の能率という観点から物事を考えているのに対して，経営者は専ら生産者の能率という観点から物事を考えている。それゆえ両者の議論は決してかみ合わない。労働問題とは生産の問題であるよりはむしろ主として消費の問題，分配の問題なのである。経営者たちがあ

まりにも頻繁に労働問題を生産問題と考えてしまう」ことが最大の問題なのである。そのため雇用主や管理者はいたずらに彼らと敵対し，労働組織の潜在的能力を引き出すことに失敗してしまうのである。

　これこそ彼らのしでかす最大の不能率であると，ヴァレンタインは断言する。「実際現在機能している労働協約体制の殆どの事例は雇用主から専ら賃金交渉手段と理解され，必要悪と見なされているに過ぎない」。消費者としての彼らの利害をすすんで理解すれば，労働協約体制はむしろ生産過程の合理化すなわち能率向上のための手段として，労働者から同意を引き出す民主主義的プロセスとして機能させることができるのである。それによって労働者は経営管理者と共に財（社会的サービス）を提供する生産者として覚醒し，より良質でより安価な商品の提供に努力するにちがいない。ヴァレンタインは被服製造業における労働協約体制を，そうした能率向上に向けた合意形成の可能性を持つ成功例として高く評価している[40]。

　しかし現在の労働組合には重大な欠陥があり，それが労働者＝消費者組織として最大の実力を発揮することを妨げている。その欠陥とは，労働組合が依然として手工業的熟練＝職能に基づく組織であるため，多くの労働者を未組織のまま放置していることである。大量の未組織労働者が存在しているにも拘わらず，労働組合は彼らを組織化する努力を怠っている。「多くの経営管理者もまた，組織化されていないがゆえに彼らの存在を無視している。だが彼らの権利，夢，意見なども決して無視できないのであり，彼らの存在を全体との関連性で理解できないばかりに散発的な騒擾の発生を止められないのである」。経営管理者はこうした現状にただ手をこまぬいているわけにはいかない。「賢明な経営管理者であれば彼らの存在を正当に認め，彼らを組織化する努力をすべきである。企業組織の中に協働のための機構を作り，その中に彼らを取り込まなければならない」。

　ロックフェラー・プランを社会政策上のジョークとまで批判するヴァレンタインが，ここでは一転して従業員代表制と「労使合同委員会」の導入を主張している。アメリカの労働組合は職能別組織であるがゆえに，今や基幹的労働力となった機械的修練労働者の大半を組織化できずに放置したままであった。あるいはまた同一の企業であっても，職能ごとに複数の労働組合が存在していた。ヴァレンタインは労働者の集団的同意を，企業単位の従業員集団の同意と，企業を越えた社会的組織すなわち労働組合の同意の二種類に分けて考慮する必要があると論じていた。ところが，現行の労働組合は狭い職

能に基礎を置くために，企業単位の従業員組織としては必ずしも有効ではなかったのである[41]。

[労使関係管理改革案]
　ヴァレンタインはまず，労使関係「問題」が社会的関心事となったことに注意を促す。たとえばある企業が増資を計画している場合，従来は財務状況に関する情報および生産管理に関する情報が専ら人びとの関心事であった。だが，今や労使関係に関する情報もそれらと並んで重要となっている。「なぜならば，財務ならびに生産管理について健全であるとのお墨付きを得て新株を発行しても，それから6ヶ月後にストライキが発生すれば，株式は紙屑同然となってしまうからである」。労使関係の状況について調査し必要な改善を勧告する独立の専門家，すなわち労使関係カウンセラー industrial counselor への需要がますます増大しつつある。そしてヴァレンタインは，自らをそうした労使関係カウンセラーであると任じていた[42]。
　労使関係カウンセラーの立場から健全な労使関係の条件とは何かを考えた場合，労使関係管理改革には二本の柱が必要である，というのがヴァレンタインの主張であった。すなわち独立の機能部門としての人事管理部門と従業員の自治組織の導入がそれである。彼のこうした提案は，確かに人事管理運動と密接な関連性を有していたことを窺わせる。だが，ヴァレンタインは決して人事管理運動を鵜呑みにしていたわけではない。むしろ人事管理部門だけでは決して健全なる労使関係を構築することはできないと見ていた。その場合彼が重視していたのは市民的統治能力育成のための学校という側面であった。彼は次のように述べている。「人事部単独では，思うに，決して問題の核心に迫ることはできない。それでは専制的支配と大して変わらない。従業員の自治組織こそ新しい本質的な民主主義を導入するのだ」[43]。
　人事管理部門についてのヴァレンタインの説明は，当時の人事管理運動の主張とさほど変わりはない。彼もまた独立の機能部門としての人事管理部が必要であると主張する。「人事管理部門をある機能部門の従属的地位から，製造，販売，財務などの主要部門と同等の地位に格上げし，人事部長はパートナーもしくは上級管理者とする必要がある」[44]。そして人事管理部門の役割についても以下三つの領域に関わる業務を想定しており，ほぼ人事管理運動指導者と一致した見解を述べている[45]。
　第一に人事問題への正しい配慮がなされなければならない。その際とりわ

け重要なのは，固有の人材養成制度を確立し，空きポストについてはできる限り内部昇進の方法によって充足することである。そのために必要なことは，職長やスーパーインテンデントをボスではなく教師として位置づけ直すこと，および科学的な職務分析と適材適所の原則に基づく人材の選抜である。また労使間における協働的精神の高揚と人事問題についての不平不満解決についても人事部門が中心的役割を果たさなければならない。

　第二に賃金問題への正しい配慮がなされなければならない。その際ヴァレンタインが利益分配計画を導入することによって賃金制度の修正を提起している点に注意したい。彼の場合専らそれによって管理者がやる気を起こし，労働者が能率的な労働者となるかどうかに関心があった。そうした立場に立つとき，所有経営者が避けなければならないのは所有の上にあぐらをかく態度であり，能率向上によって生じた利益の最大の分け前を自らの家族のために独占すること，であった[46]。

　第三に労働組織，労働立法，労使関係についての世論の要求への配慮が必要である。このことに関連して，ヴァレンタインがとりわけ安全管理問題と離職率の高さに関心を示していたことだけを指摘しておこう。

　彼の労使関係管理改革案において評価されるべきは，従業員の自治組織を重視し，それを組織の中に組み込んだ点にある。先に触れたように，彼は管理職を除くすべての従業員を対象にした従業員の自治組織，「協働協会」the cooperative association の設立を提唱している。「同意と能率」の関係を組織的に実現するためには，労働組合と並んでこの「協働協会」が重要な役割を果たすことになる。この協働協会が一方で企業組織の一部を構成し，他方で労働組合，および社会と接続していることに注意を促しておきたい。

　ヴァレンタインは組織チャートを作成し，それに即して説明しているのでそれを踏襲しよう。ヴァレンタインの作成した組織チャートを図4-1として掲げておいた。以下図4-1に即して，企業組織内部における「同意と能率」の関係に関わる部分，企業組織と労働組合との関係をめぐる部分，の二つの領域に分けて彼の主張を説明する。

　まず企業組織内部における「同意と能率」の関係は人事部と協働協会双方の協力によって維持される。具体的には人事部の研究担当係と，労使の協議機関である労働条件決定評議会（複数）および賃金決定評議会（複数）の関係の中で実現される。彼によれば研究担当係は組織の諸計画を立案し作業分析を実施する。職務分析と賃率について必要な科学的データは当該部門で収

図4−1　同意と能率のための組織チャート

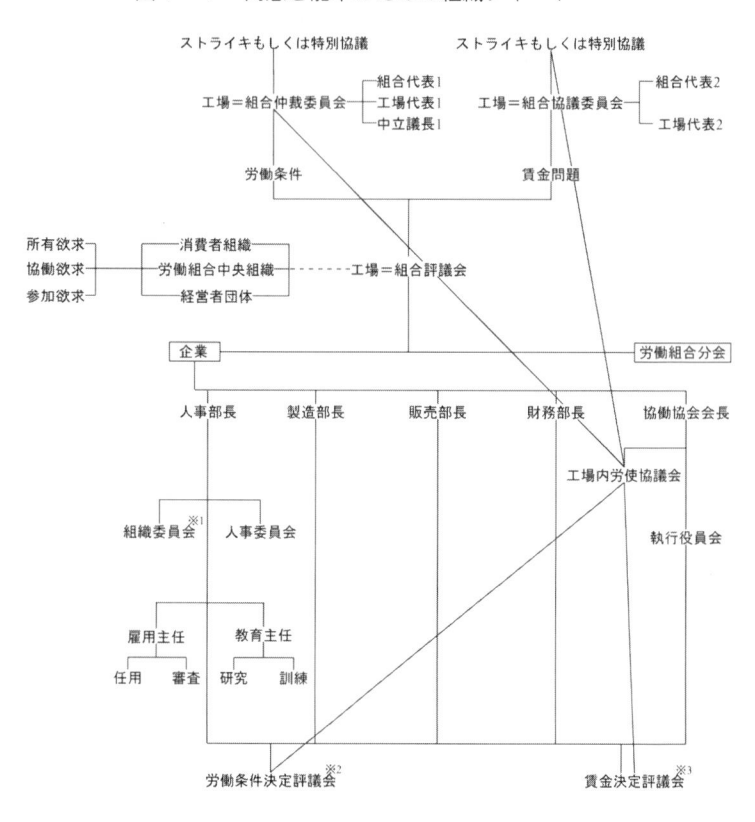

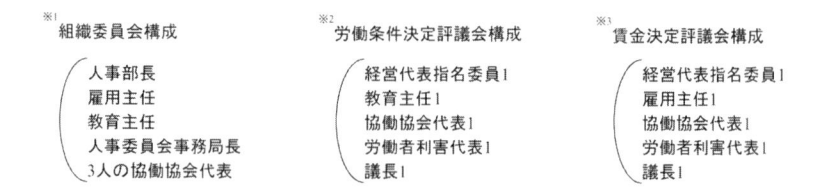

出典：Robert G. Valentine, *Progressive Relation*, 233.

集され，分析を施される。労使双方の代表者，具体的に言えば，投資家代表である経営者，管理統制と産出高に対する責任を有する管理者，全体としての従業員集団，検討対象となっている部署の労働者集団のそれぞれの代表者

からなる労働条件決定評議会と賃金決定評議会は研究担当係から提供された科学的データに基づき，関係当事者の諸利害を調整して最終的決定を下す[47]。

また，企業と労働組合との関係については，ヴァレンタインは次のように述べている。「検討対象となっている職務に従事する労働者の間に職能別組合が存在する場合，彼ら（の利害）を代表して，当該労働組合は，あるいは調停もしくは協議のプロセスに参加することになるかもしれない。これらの直接的かつ平和的な合意がなされなかった場合，労働組合はストライキを実施する組織となる。これと同様に，工場全体の労働者を包摂する産業別組織の場合は，合意がなされないときは，全工場を巻き込んだストライキとなる」[48]。

「直接的かつ平和的な合意」のプロセスとしての工場＝組合評議会に関連して注目すべきは，ヴァレンタインがアメリカ資本主義の危機を次のように説明していることである。彼によれば，アメリカ資本主義の危機は次の三つの力に由来する。私的所有の欲望，国家社会主義 state socialism を指向する動き，換言すれば政府に経済への介入を求める動き，そして生産と分配の決定権を握ろうとするサンディカリズムの動きである。それぞれの力は，所有欲求，協働欲求，参加欲求という人間が本来的に具備する欲求から発しているので，全否定することは不可能である。むしろそれらの欲求をより健全でまともなものへと変えるために，どう統御するかが重要である。

ナショナルユニオンとしての労働組合，雇用主団体，消費者団体の結成はそうした努力の一環として尊重されなければならない，というのがヴァレンタインの主張である。（プロフェッショナリズムもそうした組織化を促す理念としてヴァレンタインは高く評価している）。つまり過度の所有欲求を抑え込むと同時に，社会を破壊するサンディカリズム運動を阻止することが，産業の平和にとって最も重要であるということに他ならない。こうしたヴァレンタインの社会認識は，明らかな社会改革派の知識人からの影響を窺わせる。

組織チャートでは，破線によって間接的な関係であることを示しているが，工場＝組合評議会もこれらの組織と無関係ではなく，そうした組織と連動して働く機構であることが示唆されている。さらに，工場＝組合評議会に関してヴァレンタインは，事実に即して平和的に問題解決を図るべきであり，重視すべきは能率と民主主義の両立でなければならない，という説明を補足している[49]。

工場＝組合評議会は企業組織内部における労働条件決定評議会あるいは賃金決定評議会で合意できず，工場内労使協議会に上訴された案件が決着を見ない場合に限り開催されることになる。その際，扱う事案に応じて，あるいは仲裁 arbitration のための評議会が，あるいは協議 conciliation のための評議会が開催されることになる。「労働条件についていえば，現在までの経験に基づく限り，これに関するすべての問題は仲裁可能である。すなわち中立的な第三者が提出された事実に基づき決定を下すことができる。これに対して賃金問題は科学的基礎的データが欠如していることもあり，仲裁よりもむしろ両当事者間の協議で解決されなければならない」[50]。

能率の向上は，当然のことながら，生産高制限問題の解決なくしては達成し得ない。実際，ヴァレンタインはこのことを十分に理解していた。死後に発表された論文において生産高制限について明確に言及し，彼の提起した労使関係管理改革案は生産高制限問題に対する解決策でもあったことを認めていた。最後にこのことについて簡単に触れておきたい。ヴァレンタインによれば，利害当事者間での話し合いによって労働条件と賃率が決定されるということは，実は労働者の利害を保護することを意味している。

> 長期的に見て，この保護は他者によっては完遂されない。労働者の利益は彼ら自身もしくは彼らに承認された代表者によってしか，永続的かつ満足できる仕方で守ることはできない。こうした自己防衛が存在しないとすれば，早晩問題が発生することは明らかである。全く保護されない労働者，あるいは雇用主によって保護されている労働者が，あるいは反抗に駆り立てられるか，あるいはエネルギー，活力，自尊心を喪失させられるかするのは時間の問題である[51]。

つまり労働者を反抗に駆り立てないようにするには，あるいはより直截に，生産高制限に走らせないようにするには，労働者の利益を労働者自身の手で守らせるようにすればよい。こうして労働時間と作業速度をはじめ重要な労働条件が労働者（とその集団）を含めた利害関係者によって合意されることこそ，生産高制限問題に対する有効な処方箋となるのだ。「ひとたび一日の労働時間および安全な作業スピードが合意されるならば，全ての利害関係者である労働者，雇用主および消費者にとって，一日当りの仕事量が完遂され，等しく利益をもたらすことは当然自明である。この点において，関係者全て

の利害は一致する」。逆に，労働条件と賃率について合意が得られたにも拘わらず生産高制限が蔓延するとすれば，それは道徳的にも社会的にも許されない行為であり非難されて然るべきであった。

> 肉体的精神的に限界を超えることなく，より早い作業スピードで働くことができるのにそうしない。ぞんざいでだらしない，あるいは怠惰な仕事ぶりに耽ることは，低い生産高のゆえに賃金が減ることは言うに及ばず，自らの技能と自尊心からしても彼自身の利益に反していることは明らかである。こうした貧弱な仕事ぶりはまた，コストの観点から見て，製造業者の利益に反する。個人の人格および生産物の経済コストから見て，社会全体の利益にも反している[52]。

ヴァレンタインの労使関係管理改革案は，労働者の集団性を承認することによって生産高制限問題を解決するという方法であり，それはコモンズの戦略を継承するものであったと言える。そればかりか，生産高制限は道徳的にも社会的にも決して許してはならない行為であるとの認識もまたコモンズと全く同じであった。

　以上がヴァレンタインの「能率と同意」論とそれに基づく労使関係管理改革案であった。ヴァレンタインの戦略は，生産性向上のための諸手段，具体的には科学的管理法と新型機械の導入のために必要な同意を，一方では最新の人事管理改革によって得ようとした。だが他方で人事管理改革だけでは専制的支配からの自由という点で，すなわち市民的統治能力の育成，換言すれば人間の尊厳の尊重という点で不十分であるとも主張し，そこに人事管理の限界をはっきりと認めていたのである。ヴァレンタインは，賃率をはじめとする労働条件については労働者集団との合意を尊重すべきであり，そのためにも労働組合と労働者の自治組織が必要であると主張した。

　しかも「団体」交渉によって労働協約を締結できるようになれば，それによって生産高制限問題を解決できるがゆえに生産性の向上を期待できた。加えて，労働組合には民主主義のために必要不可欠な市民的統治能力の育成を期待できるとも述べている。これに関しては人事管理部門もそれをサポートすべきであった。人事管理部門は労働組合との連携により，労働者の間に市民的統治能力を高める機能を果たさなければならないのである。ヴァレンタインが最も重視したのは労働者の政治家的資質であった。ともあれ確かなこ

とは，市民的自治能力の育成にとり仲間集団の役割こそ重要であるとの共和主義的伝統にヴァレンタインもまた立脚していたということである。この点において同じく従業員代表制であっても，彼のそれはロックフェラー・プランと本質的に異なっていたのである。

2）科学的管理運動修正派と労働組合の連携

科学的管理運動と労働組合の連携論は，ヴァレンタインによって，確かな理論的支柱を与えられた。しかし，彼の連携論に対し，肝心の科学的管理運動のメンバーは当初，冷笑を浴びせたり無視したりすることはあっても，真摯に受け入れようとはしなかった。変化の兆しが現れたのは，「科学的管理法と労働者の関係について」調査を行ったホクシー委員会が上院労使関係調査委員会に報告書を提出してからのことであった。

ホクシー報告書は，科学的管理法を導入している事例の多くは経営者が専ら収益の拡大という即効性を期待していたにすぎず，そこには何ら統一的規準が存在しないという事実を明らかにしていた。とりわけその傾向は作業研究と課業設定において強かった。それゆえ労働者との関係についても，民主主義的であるとの（テイラーの）主張からはほど遠く，むしろ公平性は雇用主によって専ら判断されているがゆえに専制的になり得る危険性が高い，と結論づけていた。ホクシー報告書は科学的管理運動に対してきわめて厳しい内容であったこともあり，ほとんどの運動指導者は激しく反発し，レポートを非難した。

しかし，少数の指導者たちはそうではなかった。むしろ科学的管理法万能論を再考するようになったのである。ナードヴォーニーによれば，ホクシー報告書が契機となってヴァレンタインの連携論は次第に理解されるようになり，「漸く両グループが対話と連携を真剣に考慮するようになった」のである[53]。

科学的管理運動と労働組合の連携が実現したのは第一次大戦後のことであった。1920年9月に公刊された『アメリカ政治・社会科学アカデミー年報』（以下『アカデミー年報』と略記）は両者の連携を象徴するものであった。『労働，管理そして生産』と題されたこの特集号は「テイラーの若き門弟」モリス・クック（Morris L. Cooke），クックの親友であるASME会長フレッド・ミラ（Fred J. Miller），そしてAFL議長サミュエル・ゴンパズ（Samuel Gompers）の三人によって編集されたものである。この三人が編集者となっ

た事実に象徴されるように，この『アカデミー年報』特集号こそ管理技師 management engineer と組織労働者とが漸く共通の基盤を見いだし，合意を形成するに至ったことを明らかにしている決定的証拠であった。クックはそのことを次のように説明している。

　　それは実際何年にも及ぶ骨折りと無私の働きなくしては到底不可能なことであった。両者の連携に尽力した人々はサービスの精神を深く心に宿す人々であり，彼らこそ日々骨の折れる労働をする者たちが自尊心をもって生活を送れるようにしたいとの思いを，有用な商品を生産するには管理技術の知識がきわめて重要な役割を果たさなければならないという認識と結びつけた人々であった。彼らはまた産業組織内における人間的自由を愛し，科学は労働者を労働者は科学を理解するようにさせた。そうした人々の中にあって，故ロバート・G・ヴァレンタインこそ傑出したリーダーであった。私はアメリカ産業社会が彼の共感と構想に多くを負うていることに鑑み，心からの感謝を表したく思う[54]。

ナードヴォーニーによれば，これこそ科学的管理運動指導者が初めて認めたテイラーに対するヴァレンタインの勝利の瞬間であった[55]。以下この特集号を呼び水として，両グループの合意基盤がどのように形成されたのかを検討する。
　ここで管理技師という耳慣れぬ用語を使った。この言葉の意味はやがて明らかになるが，さしあたり独立性の強いコンサルタント技師 engineering consultant を指向する専門家的技師 professional engineer のことであると理解していただきたい。科学的管理運動のメンバーには経営者グループも存在していたが，この経営者グループと峻別するために管理技師グループという用語を使うことにした。この点については行論の中でさらに言及する。
　先ず，両者の連携についてゴンパズは次のように述べている。「産業労働者と産業の偉大なる工学的知性の人は，人生における最も偉大なるインスピレーションを共有している。すなわち人類への奉仕（サービス）である。既にこれら二つの創造的な勢力の間には強固な紐帯が存在する」[56]。またクックは，同じことを別の表現を使って，次のように述べている。「管理技師にしても，労働者にしても，仕事が人生のすべてであるとは思わない。双方とも生活するために働くのであって，決して働くために生きているのではない。

労働運動指導者と科学的管理技師が連携して産業のために働こうとするのは，尊敬に値する人生，気高い人生を送りたいと思うからなのである。この点については両者の間に何の留保も妥協もなく一致している。この目的のために，アメリカの管理技師は直ちに持てる力と情熱を駆使して努力しなければならない」[57]。つまり労働組合と科学的管理運動は一致した目的のために連携することができると述べている。

では一致した目的とは何か。それはアメリカ国民の物質的ならびに文化的生活水準の向上に他ならない。しかし現行の産業システムを指揮する経営者たちはこうした崇高な目標を一顧だにせず，依然として利潤動機に基づく間違った行動様式を改めようとはしない。「経営者とその代理人」は国民経済全体の合理的運営を考えず，専ら個人的利益の追求に血眼になっている。そのことが，人的並びに物的資源の浪費を生み出すと同時に労働問題の原因にもなっていると言うのである。ゴンパズは次のように述べる。

> 労働者の心と頭脳にとり，サービスへの情熱にとり，工場での能率にとり，（その活動と発展を妨げる）究極の抵抗となっているものは専ら利潤のために生産をするという抜きがたい理念である。今日この世代が進歩に対して貢献し得る唯一最大の成果とは，この利潤のための生産という理念を，使用のため，すなわちサービスのための生産という理念に転換することである。利潤動機は管理者と労働者双方の創造的能力を制限してしまうのだ[58]。

クックも次のように主張してゴンパズに同意する。「現在の労使紛争を不可避なものと見なす考え方」は，「急進主義的あるいは時としてボルシェビスト」と呼ばれる労働者と同様「超保守主義的あるいは時として反動的とさえ言える」雇用主の態度であり，「われわれはこのような立場を取らない」。われわれが目指すのは「資本，労働，管理，そしてパブリックが一体となり，現在アメリカ産業の至る所に巣くう非能率と無駄に対して総攻撃を加えることである」。そうした立場から見ると，「利潤動機は，人的ならびに機械的エネルギーの保全よりもむしろその浪費を促進する」[59]。サービス動機こそ，資本，労働，管理，そしてパブリックを統合化する究極の力となる。

二人は明らかに社会改革派と問題意識を共有していた。その解決策としては，経営者の意識変革にまず期待をかけるのではなく，むしろ労働組合と管

理技師の連携によって改革の目的を達成しようとするのである。クックはこれを次のように説明する。

> （改革に必要なのは）第一に労働者の側における集団的行動，労働組合の用語を使えば団体交渉であり，第二に科学（的管理法）である。労働者は集団で行動する，すなわち団体で交渉する機会を保障されなければならない。それも彼ら自身が選んだ代表者を通して交渉する機会でなければならない。こうした原則を承認することこそ，アメリカの政治機構において既に数世代も前に導入された民主主義が，産業においても発展を開始したことを示す指標となるのだ[60]。

労働組合は実力によって，まず経営側に組合を認めさせなければならない。その後,「団体交渉」と科学的管理法を導入して能率の向上と労働条件の改善を図る。そして，更なる労使関係改革のため「雇用部門」の導入を迫るという戦略である。科学的管理法の導入と近代的人事部門の導入は否応なく専門的管理者の登用に道を開き，経営者の意識改革さえも導く。また労働協約体制は経営の合意形成プロセスへの参加を労働者に保障するがゆえに生産能率の向上にもつながり，一層効果的である。これが彼らの主張する産業民主主義であった。

クックが述べているように，管理技師と組織労働者が共同でこのような論文集を編むことなど戦前ではおよそ想像することすらできなかった。既に述べたように，テイラー自身が労働組合を不要と考えていたし，労働組合もまた科学的管理法を心底から憎悪していたからである。いわば仇敵同士の両者が連携することになったのはなぜか。彼ら管理技師が組織労働者と連携して産業民主化に取り組むプランを抱くことになった第一の契機は，現行の産業体制が管理技師の能力を十分に発揮できるようになっていないという現状への不満に求めることができる。そうした不満は何よりもクック自身のものであった[61]。

クックは1911年から1915年の間フィラデルフィア市当局の公共事業局局長であったが，その時パブリックの利益よりも既得権益を優先する経営者とコンサルタント技師の厚い壁に阻まれるという苦い経験を味わっていた。とりわけ公益事業会社の経営者と彼らをクライアントとするコンサルタント技師は，既得権益という甘い汁を決して手放そうとしなかった。レイタン（Edwin Layton）によれば，両者は理念において対立したのであった。

　1915年クックはASMEの副会長に選出されるが，ASMEがビッグ・ビジネス（の利害）によって牛耳られている実態を目の当たりにする。そしてクックは確信する。専門職の中で技師の社会的地位が低いのは利己的な私企業の利害が技師の専門家団体を汚染しているからである，と。古い技師の専門職倫理は何よりもクライアントの利益を最優先すること，すなわち明らかに社会に損害を及ぼすと分かっていてもなお私企業の利益を擁護すべきことを教えていた。だがクックは，技師が名誉ある専門職たらんとするのであれば，こうした古い倫理観を捨て去り，パブリックの利益を何よりも優先するという新しい倫理を高く掲げるべきことを主張したのであった。クックはテイラー協会の綱領を引き合いに出しながら次のように述べる。専門的技師の新しい倫理綱領が目指すべきは「良き技師とはパブリック・インタレストのために働くことができる技師であり，反社会的な技師はいかなる存在であれ悪い技師であるとの断固とした宣言である」[62]。

　この新旧の理念闘争は，第一次大戦期という時代背景もあり，反逆者グループの勝利に帰した。1919年，フレッド・ミラがASME会長に選出されたという事実こそ，彼らの勝利を象徴するものであった。いずれにせよ技師たち，とりわけ管理技師たちは，古い理念を捨て去り，今やパブリックへのサービスを最優先するプロフェッショナリズムを掲げて，専門の技師職グループの責任と利害を語り始めようとしていた。そしてこの新しい理念は，経営者の私的利害を社会との関係から問い直す契機ともなったのである。また科学的管理運動に対しては，科学的管理法の現実的意味を労使関係の在り方と関連させて再考することを促すことになった。管理技師グループにおけるこの内面的意識変革，すなわちプロフェッショナリズムへの理念転換こそ，ホクシー報告書と真摯に向き合うことを可能にし，ヴァレンタインの連携論を容認させた深部の力であった。

　改革派の管理技師たちの中で，ガントほど影響力を持った者は他にいない。ガントこそアメリカ産業体制批判の急先鋒であった。クックもガントに強く惹かれ，彼の影響を大いに受けたのである。ガントは伝統的な管理手法を厳しく批判する。ガントが問題にしたのは，通例経営者が考える能率とは会計上の観点から考えられた能率であって，能率の物質的側面についてではない，ということであった。科学の価値こそ原価計算に優越すべきだ，というのがガントの基本認識であった。だが現実はどうか。そもそも（管理技師をコン

サルタントとして雇い）科学的管理法を体系として受容しようとする経営者は少数にすぎなかった。多くの場合，管理補助として能率技師を雇う程度であり，専ら賃率引き下げのための道具にされるのが落ちだった。

　しかもこの中間管理職としてのどっちつかずの立場が，労働者ばかりか経営者からも怒りを買う原因となっている。「能率技師は，それを自覚するしないに関わらず，労働者を搾取することによって現行の経営システムに奉仕している。その結果彼は労働者から当然のように悪意を持って見られることになる。それだけではすまない。彼は後に経営者からも悪意を持って見られるようになるのだ。なぜならば経営者は，もっと厳しく労働者を搾取すればより多くの富を得ることができたことを知るからである」。公正に職務を果たそうとすればするほど，専門的管理技師はそうしたディレンマに囚われてしまうことになる。利潤の極大化に固執する既存の経営者や管理者は逆に科学的管理法に不信の目を向ける。彼らの頑なさはガントをして「非能率を打倒する最善の方法は労働者の作業方法（の改善）にあるのではなく，管理の方法（の改革）にあるということを確信するに至った」と言わしめるほどであった。

　ガントは続けて「富を所有する人間，それゆえ権力を有する人間が即リーダーシップを備えているとは言えない」。むしろ富の所有者にリーダーシップを委ねている社会では，真の産業リーダーすなわち訓練を経た専門家が産業の支配権を獲得しようとする試みを挫いてしまい，産業はいつまでも非能率のままであり，社会へのサービスも向上しないと批判する。ガントは，産業経営の変革のためには，専門的科学知識によって武装した専門的管理技師が経営者や有閑階級の代理人から経営権を奪い取らなければならないと結論づけるのである。「われわれが主張したいのは，アメリカ国民がその中で生き運動する商工業のプロセスは今日あまりにも複雑なものとなってしまった。有閑階級の代理人として管理職のポストに就いている（会計士など）単なる事務屋が経営することは最早不可能であるということである」。ガントのこの主張は，クックのような独立の産業コンサルタント（管理技師）ばかりではなく，経営組織の階梯を必死で昇進しようと努力しても，依然として「有閑階級の代理人」にその道を阻止され続けている多くのエンジニアの心を強く打ったに違いない。彼らは，有閑階級の代理人となって単なる営利のために働くことを，「自分たちにはふさわしくない」と考えていた。彼らは名誉ある地位を求めた。こうした革新的な管理技師やエンジニアを糾合して，ガン

トの理念を実現しようとした組織こそ「ニュー・マシン　New Machine」であったのである[63]。

そうした彼らに，第一次大戦期の戦時動員体制は格好の活躍場所を提供することになった。とりわけ多数のテイラー主義者が連邦政府の戦時経済統制機関に参画した。たとえばモリス・クックは「緊急船舶公社」に席を占めたし，ガントもまた陸軍省に勤務したことがあった。彼らには連邦政府との協調に何のわだかまりも感じてはいない。むしろ連邦政府主導の労働政策は，経営者に対する彼らの地位を強化する上で絶好の追い風であった。多くの経営者が，たとえば労働省に対する態度に典型的なように，連邦政府の私的経済活動への介入を好ましくないと考えていたのとは対照的である。戦時経済体制に伴う各種経済統制機関への動員こそ，管理技師に，労働組合の再評価と彼らとの連携を決断させるチャンスをもたらしたのである。このことをクックは次のように述べている。「両者のこの関係は勤勉で利己心を忘れた（第一次大戦期の）数年間の奮闘の結果であった。彼らこそ，心に抱く（国民への）サービス精神を，額に汗して働く人々にもっと崇高な生活を保障したいとの構想に結びつけた人々であった」[64]。

管理技師たちが第一に理解したことは，労働者たちが正当な取り扱いを受けていないということであった。たとえばフレッド・ミラは，徴兵検査の結果が明らかにしたように，労働者階級に属する驚くべき大きな割合の人々が栄養不良であり，過労傾向が顕著であったと指摘している。すなわち「労働者はその提供するサービスに比較して分け前が少なすぎ」たことは明らかであった[65]。しかし，管理技師が組織労働者との連携を求めた理由は「憐憫の情」ばかりではなかった。より積極的な理由があったのである。

周知のようにテイラー主義者は，労働組合に対して「利己的で欲深である」という先入観を持ち，敵愾心を燃やしていた。やがて組織労働者と協力するうちに，彼ら自身のそうした先入観は次第に氷解していったのである。なぜかと言えば，労使関係について次のようなきわめて対照的な現象を目の当たりにし，労働組合の統制力に能率問題解決の鍵を見いだしたからであった。

一方には，敵対的な労使関係と駆り立て方式の職場管理が横行する経営が存在していた。こうした経営にあっては，戦争特需によって経済が活況を呈すると共に労働者はより高い賃金を求めて頻繁に転職を繰り返すようになった。さらに，労働者たちはこのチャンスを労働条件の改善に利用した。生産高制限を実行することによって雇用を長期化しようと試みたのである。その

結果，こうした産業経営にあっては生産能率の著しい低下を引き起こし，増産計画は不可能となったのである。

他方，軍需産業にあっては事態は全く別であった。そこでは連邦政府当局の指導により，全国一律の賃金並びに労働条件が設定されていた。しかも労働組合との団体交渉に基づく労働協約体制が確立しており，労働者は安定した雇用を保障されていた。労働組合は労働者たちの能率に責任を負い，生産高制限を組織の責任において止めさせた。長期の安定的雇用と高い賃金を保障されていたこともあり，労働者はきわめて高い能率を発揮したのである。この時期同じく労働組合との団体交渉に基づく労働協約体制下にあったストーブ製造業や印刷業，石炭鉱業などの産業にあっても，労働組合の統制により労働者の間から生産高制限が消滅し高い能率が達成されていたことが経営者自身によって証言されている。さらに，たとえばやはり労働協約体制下にあったロチェスターの被服製造業へのプレス機械の導入の事例が示すように，技術革新についても労働者たちは必ずしも常に反対していたわけではなく，多くの場合，労働組合の説得によりこれを受け入れるに躊躇しなかった。その際，労働組合が要求したのは技術革新による能率の向上が労働者の健康と福祉の増進を妨げることのないように配慮せよということであった。そしてそうするためにも労働組合の指導者と産業技師（管理技師）は互いに協力し合うことが必要であると主張していた。

このように，労働組合との団体交渉に基づく労働協約体制によってこそ，生産高制限問題（能率問題）に対して労働者から協力を取り付けられるばかりか，技術革新についても労働者の同意を得ることができた。この事実がテイラー主義者をして従来の作業手順の最善の方法と最適な賃金体系こそ労働問題解決の唯一の道であるとの態度を再考させ，工場内部の人間関係（すなわち産業民主主義的手続きの尊重）も合理的産業組織のためにはきわめて重要な要素であることを認識させたのである。クックについていえば，彼が労働者に団体交渉権を承認したのも労働者の階級的覚醒に着目したからであった。戦争の体験は確実にアメリカの労働者に階級的成熟を促したとクックは理解している。そして労働者のこの階級的成熟を無視すれば，生産性の向上に敵対する生産高制限を再び実行するであろうとの危機感があった。

因みにクックは労働者の生産高制限の原因として次の四つを挙げている。「第一に失業の恐れ，第二に雇用主が自らのために無制限の利益追求に走ることへの従業員の嫌悪感，第三に統制（管理）に参加できないことに起因す

る無関心,第四に管理と従業員双方における不能率」である。この『アカデミー年報』特集号が編まれたのもそれらの根本的問題への配慮からであったと指摘し,生産高制限問題への根本的解決策として団体交渉に基づく労働協約体制が有効であることを証拠立てることに意を用いたとはっきりと記述しているのである66。第一次大戦期までに,科学的管理運動と労働組合の連携はここまで深化したのである。

　科学的管理運動修正派が隊列に参加することにより社会改革派の改革論はより現実味を帯びたものとなった。とりわけ第一次大戦期の動員体制が一つの到達点となった。多くの管理技師が戦時経済の運営に参画し,その中でヴァレンタインの正しさを身をもって実証することになった。それが戦後の労働組合との連携に結実した。しかし彼らの「成功」の陰には世論の支持があったことを忘れてはなるまい。愛国心の高揚がパブリック・インタレストを「利用して」社会改革を推進する社会改革派には絶好の追い風になっていたのである。

　だが世論,すなわちパブリック・インタレストは移ろいやすい。社会的サービスを私的利害よりも優先し,しかも労働者の福祉と社会的地位の向上を手助けすることを義務と見なしていた市民は,戦争が終結し,ロシアに社会主義革命が勃発すると,手のひらを返すように態度を一変させたのである。彼らは社会的サービスよりも私的利益の追求を最優先するようになった。労働運動に対する共感も失せ,むしろそれに敵対するようにすらなった。こうして社会改革の熱情は急速に冷却化し,推進力も萎えていったのである。科学的管理運動修正派は世論の潮流のこのような変化に抗してなお私的利害よりも社会的サービスを優先すべきことを主張し,エンジニア＝プロフェッショナル論を高く掲げた。すなわちエンジニアとしての管理技師は専ら所有者や経営者の利益のために働くべきではなく,労使双方の利益のために,コミュニティの利益のために働くべきであると主張し続けたのであった。科学的管理運動と労働組合の連携は一層の進化を遂げ,1920年代を通じて労使関係のあり方の一つのモデルを作り上げていったのである67。

　管理技師のプロフェッショナリズムこそ,経営プロフェッショナリズムの母胎となった。社会改革派の「専門的経営者論」は管理技師のプロフェッショナリズムとして科学的管理運動の経営者グループに継承され,経営プロフェッショナリズムとして花開くことになる。しかしその道は決して平坦では

なかった。彼らには克服しなければならない高い障害があった。経営者として生きる彼らの場合，労働組合との連携は容易ではなかったのである。具体的な工場管理，もしくは経営管理を想定する場合，直ちに連携を具体化することはあまりにもリスクが大きく，困難であった。なぜならば彼らにとって労働組合はあまりにも闘争的あるいは戦闘的であったからである。彼らがどのようにしてそうした障害を克服し，管理技師のプロフェッショナリズムを継承することができたのかについては次章で述べる。

第5章
経営プロフェッショナリズムの誕生

　前章で指摘したように，1920年9月に公刊された『アカデミー年報』は科学的管理運動修正派と労働組合の連携を象徴するものであった。この連携はさし当り，管理技師 management engineer グループと組織労働者との間に成立した。しかし，この連携はやがて経営者グループにも大きな影響を与え，新たな理念を誕生させる。それが経営プロフェッショナリズムであった。本章では，経営プロフェッショナリズムの誕生を，最も重要な産婆役を果たしたヘンリ・デニスン（Henry S. Dennison）とハーロウ・パースンを通して明らかにする。

　科学的管理運動修正派における専門的経営者論の思想的深化を考えようとするとき，まず依拠すべきはハーバーの研究であろう。彼によれば，科学的管理運動修正派は第一次大戦期に「管理技師＝アドミニストレーター engineer-administrator」という新しい専門職を誕生させた。ここで言うアドミニストレーターは専門的経営者を意味していると考えて差し支えない。つまりハーバーは，経営者としての機能を果たす管理技師が出現しつつある事実に注目しているのである。彼はまた，このようなタイプのアドミニストレーターの出現と関連させて，パースンが科学的管理運動の中で最も熱心に専門的経営者論を展開した人物であるという重要な事実を教えている。他方で，パースンの専門的経営者論を1920年代の科学的管理運動の世俗化に結びつけてしまったため，経営プロフェッショナリズムという新しい経営理念に結びつく革新性を看過してしまった。この点についてはもう少し詳しい説明が必要である。

　顧客である経営者の利害よりも社会的サービスを優先するエンジニア＝プロフェッショナル論については前章で説明したが，そのエンジニア＝プロフ

ェッショナル論を高く掲げた管理技師の組織として,「技師連合協会 Federated Engineering Societies」があった。世俗化とはエンジニア＝プロフェッショナル論の衰退を意味するが,世俗化はこの技師連合協会を侵食する。1921年に,有名な『産業の無駄 Waste in Industry』が技師連合協会の無駄検証委員会によって公刊されたが,そこには無駄の大半は労働者の責任よりも経営者の責任に多く起因するとの結論が述べられていた。エンジニア＝プロフェッショナル論に立てば十分に納得できる結論であったにも拘らず,技師連合協会は,顧客である経営者に遠慮してこのレポートを拒否してしまう。ハーバーは,この拒否にこそ,エンジニア＝プロフェッショナル論の衰退と利潤動機への屈服が象徴的に表れていると見なす。ハーバーによれば,1920年代が進むとともに,テイラー協会にも世俗化の波が押し寄せ,技師連合協会と同じ運命を辿るというのである。その際,その契機となったのがパースンの専門的経営者論であったというのである[1]。

しかし次章で述べるように,パースンその人について言えば,1920年代においてもなお科学的管理運動の理念を堅持し,利潤動機の経営者を批判する姿勢を変えることはなかった。さらにパースンはデニスンとともに人事管理運動にも積極的に関与していたのであり,彼の専門的経営者論は人事管理運動の理念と関連づけて検証されるべき内容を有している。ここに経営プロフェッショナリズムを構想するヒントがある。すなわち,人事管理運動に積極的な経営者グループが,管理技師グループと労働組合の連携に触発されて生み出した理念こそ,経営プロフェッショナリズムであったと考えられるのである。

科学的管理運動の中で,人事管理運動に積極的な経営者といえば,デニスンこそ最右翼に位置づけられるべき人物であった。ハーバーによれば,科学的管理運動に参加する経営者グループは,技術的問題と同じくらい社会問題に一家言をもつ経営者たちであり,普通の経営者とは異なって,理想主義的性向が強かったという。そしてごく簡単にではあるが,デニスンを人事管理運動の新たな理念に高い関心を寄せる経営者として紹介している[2]。ただしハーバーは人事管理運動については殆ど言及していない。周知のように,人事管理史研究においてはデニスンは著名な指導者の一人と見なされている。たとえばジャコービィ (Sanford M. Jacoby) は『雇用官僚制 Employing Bureaucracy』においてヘンリ・デニスンとデニスン社について,かなりの紙幅を割いている[3]。ここに,パースンと共にデニスンを産婆役と見なす根拠がある。

換言すると，科学的管理運動と人事管理運動の両方に軸足を置くヘンリ・デニスンとハーロウ・パースンの思想的成長を跡づけることによって，経営プロフェッショナリズムの誕生を明らかにできる。

　デニスンとパースンはともに，科学的管理運動の中心的指導者であった。デニスンは1919年から21年までテイラー協会の会長を務めた人物である。デニスンが会長に就任した背景には，テイラー協会と労働組合との連携があったことは間違いない。デニスンが労働組合指導者たちから大きな信頼を寄せられていたことが彼を会長職に押し上げたといえる[4]。このことは，後に見るように，彼が実践した労使関係改革の性格を物語っている。パースンはデニスン以上に科学的管理運動の発展に深く関わっていた。エイモス・タク経営大学院 Amos Tuck School of Administration and Finance 院長時代に，科学的管理法に関する最初のコンファレンスをクックと共に開催したが（1911年），そこには管理技師とともに少なからぬ経営者も参加していた[5]。つまり両者が一堂に会することによって，経営者に科学的管理法を受容するための「意識改革」を促そうとの試みであった。また1914年には2代目会長に就任し，その後長く科学的管理運動を牽引した。エイモス・タク退職後もテイラー協会専務理事として長くその活動を支えたのである。二人とも社会改革派と緊密な交流をもち，労働運動に対しても比較的リベラルな態度を取っていた。二人は科学的管理運動と労働組合の連携論に強い影響を受け，経営者としての立場から労使関係問題への解決策を模索していた。まずヘンリ・デニスンから考察を始める。

1．ヘンリ・デニスンの労使関係改革論

　ヘンリ・デニスンはハーヴァード大学を卒業後，一族の経営するデニスン社 Dennison Manufacturing Company に入社し，数年間訓練と修養のため低位の職務で働いた後，1906年に生産担当マネージャ Works Manager に就任し経営陣の一翼に加わった。その時から改革者として辣腕を揮うが，彼は改革を実践する中で己の思想を鍛え上げて行ったのである[6]。デニスンは確かに科学的管理運動修正派の一翼を担っていた。そして，多くの科学的管理運動修正派と同様第一次大戦の動員体制を経験する中で根本的な意識改革を遂げたのである。われわれはデニスンの改革を戦前と戦後の二期に分けて検討する。それによって彼の思想的成長を描き出したいと考えている。まずは戦前にデ

ニスンが取り組んだ改革について眺めることにする。彼がこの時期取り組んだのは主として人事管理改革と組織改革であった。

1）人事管理改革と組織改革

デニスン社は紙加工業の大手であり，主として鉄道会社を顧客とする出荷用タグ tags や荷物預かり札 baggage checks の他，クリスマスカードなどのカード類，あるいは宝石用の箱ものなど，1万種類に上る商品を製造販売していた。同社は販売部門優位の経営を行っていたが，1906年デニスンが生産担当マネージャに就任するのに伴い生産部門優位の経営に転換した。デニスンは工場管理改革に着手し，計画立案部門の設立，財の流れと情報の流れを統制するための会計技法の導入など，科学的管理法を積極的に導入すると共に，逸速く従業員福祉の充実にも努めた。1909年には看護師が常駐するクリニックの他，食堂，レクリエーション施設とクラブ，休憩室，回読文庫 circulating library，貯蓄基金（社内預金制度）を次々に導入している。

1914年1月には人事管理部を創設したが，デニスンが人事管理に接近するのは友人のマグナス・アリクサンダー（Magnus Alexander）に負うところが大きい。アリクサンダーは，周知のように，離職問題 problem of labor-turnover に対して最初に科学のメスを入れた人物であった。彼は，機械的修練労働者グループが，熟練労働者や不熟練労働者のグループに比較して，よりコストがかかることを明らかにし，彼らを勤勉かつ長期に就労させるための体系的な人事政策の必要性を訴えたのである[7]。

デニスン社の労働力構成を見ると，約2,300人の労働者のうち熟練労働者の比率は僅かに10％であり，残りの大部分は機械的修練労働者であった。しかしながら機械的修練労働職種とはいっても約150もの職種があり，それぞれの職種に応じた特別な訓練とかなり長期の習熟期間を必要とした。それにも拘らず離職率は高かった。1911年と12年の離職率は60％を超えていた。人事管理部導入直前の1913年でも52％であった。つまりデニスン社もまた，経営に最も重い負担となる機械的修練労働者グループの高い離職率に頭を悩ませていたのである。（因みにデニスン社は離職コストを一人当り50ドルと推計している。）機械的修練労働職種に適合的な労働者をいかに選別し，どのように長期の就労に結びつけるかということこそ，中心的雇用問題であった。

人事管理部創設の目的は「人間関係 human relationships の改善と離職問題解決を，(a)それぞれの職種に必要な要件を注意深く研究することによって

(職務分析)，(b)そうした要件に適合する人材を選び出し適切な訓練を施すことによって，(c)能力があるにも拘わらず職種に不適合な従業員の人事異動を可能にすることによって，(d)自発的退職者に辞める理由を尋ね，人事管理上の問題を発見することによって，果たそうとする」ことにある，とデニスン社は説明している。

　デニスン社人事管理の特徴は二つある。まず解雇権を人事管理者ではなく，生産担当責任者の手に委ねていることである。人事管理者は生産担当責任者の部下としての位置づけであった。一見すると，生産，販売，財務などの主要機能部門と同格の社長直属の人事管理部というアリクサンダー構想から後退しているように見えるが，決してそうではなく，むしろ人事管理の理念を実践するためには生産担当責任者の強力なリーダーシップを発揮することが必要であるとの認識に基づいての措置であった。もう一つの特徴は，配置転換をうまく利用してできるだけ解雇者を出さないようにすると同時に，内部昇進を実質化していることである。(雇用保障の優位！)配置転換については，たとえばボックスメーカーのような職種に典型的なように(「良いボックスメーカーを育成するためには最低3年かかる」ので)，人材を温存しておくための配置転換はどうしても必要であった。季節的変動に対応するために通例の方法に従ってレイオフしてしまうと，いざ回復期に直ちに人材を手当てすることがきわめて困難となってしまうからである[8]。

　配置転換と内部昇進の人事異動制度が機械的修練労働者の長期就労を目的としていたことはいうまでもない。デニスン社では約150あまりある機械的修練労働職種を，獲得可能な賃率によって高い方から順にA，B，Cの三つの階層に分類した。とりわけ重要な職種が集中するA階層は専ら内部昇進によって補充される仕組みであった。1915年における人事異動記録によれば，異動者は219名，全従業員数の約10％にも及んでいた。その内訳を見ると，昇進のため他部門への異動が40％，繁忙期の仕事が終了したための配置転換が29％，最初の職務に不適合なための異動は18％であった。こうした人事異動制度や訓練部門 Training Department が功を奏して，デニスン社の離職率は1914年37％，1915年28％と着実に縮小していった。

　その結果職場内の人間関係にも一定の効果が見られたという。デニスン社は，職長の専制的支配も影を潜め，良好な人間関係が職場内に構築されるようになったと自画自賛している。1916年デニスン社人事管理部は福祉活動についても一括管理する権限を持つことになった。こうした事実を踏まえ，人

事管理運動の父，マイヤー・ブルームフィールドはデニスン社の人事管理部をアメリカで最もよく知られた成功例として高く評価したのである9。

科学的管理と人事管理を成功裏に接合させたデニスンは人事管理運動でも重要な人物となった。彼は人事管理改革の本質を人間の精神的豊かさを問題にする社会工学にあると見なし，人事管理の新たな理念を打ち出している。「機械工学エンジニア mechanical engineer の仕事は，生存に必要な物財を超える豊かさを実現することによって，社会工学エンジニア social engineer のための道を準備することである」。つまり人事管理者は単に物質的豊かさだけではなく，社会工学エンジニアとして，知的・精神的成長を従業員に促し，保障する機能を果たさなければならないと主張する。人事管理者の仕事がルーティンワークとしての人事管理を超える何物かでなければならないとすれば，構想（ビジョン）が必要である。

> その具体的方法はまだ誰も知らないが，失われた創造する喜び joy of craftsmanship を回復することが第一のビジョンである。われわれは人間の本能，すなわち製作者本能 instinct of workmanship もしくは職人気質 instinct of craftsmanship から生まれる働く喜びを取り戻す義務がある。第二にわれわれは，時間をかけて，民主主義の精神 spirit of democracy を構築しなければならない。われわれは民主主義の精神を産業（つまり企業経営）の内部に導入する義務を負うのだ10。

第一のビジョンについてはなお方法論を模索する段階であり，容易に実現することはないであろう。これに較べれば第二のビジョンは実現可能性が高いと考えられ，現在大いに関心を集めている。実際，この時期，ライチ計画やロックフェラー計画（従業員代表制）など，いわゆる産業民主主義を標榜する計画はいくつも登場していた。しかしそれにも拘わらずデニスンは「産業民主主義のための計画が現在存在するのかと問われれば，私は否と答える。それが実現するとすれば，まずはその精神が誕生し，その中から制度が生まれるべきである。決して形や制度を優先してはならない。」と述べ，既存の諸計画に対して批判的である。

では民主主義の精神とは何か。「重視すべき要素は二つある。一つは誰もがその能力に応じて昇進を遂げられる機会均等 open and equal opportunity が約束される組織であること，二つは経営者がリーダーの責任を自覚している

ことである。リーダーの責任とは従業員の感情，思考，精神について鋭敏な嗅覚を働かせ，それらを熟知しなければならないことである」。デニスンはこの時期，民主主義を専ら社会工学的観点から眺めていたに過ぎず，主要論点は組織における昇進の機会均等にあったことは間違いない。そして支配もしくは管理の契機として重視したのは従業員の服従意欲であった。労働者の階級性や交渉能力を考慮に入れた政治的資質の開拓というヴァレンタインの「同意」論とは依然かけ離れていたと言わなければならないであろう。一つだけ付け加えておけば，デニスン社でも，後述する1911年組織改革以来，労働者の声を管理に反映する方法について社内での検討が開始されてはいた。しかし，当時は具体的政策を打ち出すまでには至らなかった。なお従業員を統治の客体と見なす発想から自由ではなかったと言える[11]。

　人事管理改革と密接に関連する改革がコーポレット・ガバナンスもしくは組織の改革であった。1911年にデニスンが断行した大胆な組織改革「管理者産業パートナー」計画 "Management Industrial Partner" program は一種の利益配分計画と見なすことができる。この計画には二つの目的があった。一つは無機能資本家である大株主の影響を排除すること，もう一つは管理者を一つの集団にまとめ上げ，彼らの手に企業の所有権と経営権を集中させることであった。つまり「集団的に企業を所有し，無借金経営を行う専門的管理チーム」を組織しようとするものであった。

　従兄弟のチャールズと共にデニスンが組織改革を不可避と判断したのは，強力な株主の存在であった。「欲深な不在所有者 greedy absentee owners」たちはできる限り大きな利益部分を配当として搾り取ろうとしたため，必要な内部留保さえ確保するのが困難となりつつあったからである。仮に内部留保資金積み立て方式による企業拡大や製品開発・技術革新の追求が不可能となれば，必然的に銀行からの借入金に頼らざるを得なくなり，その結果は銀行支配に屈する危険性が増すことを意味した。こうした事態の到来を恐れた二人は，改革の第一段階として，発行済みの普通株すべてを，株主の猛反対を押し切って，8％の固定配当を約束する（議決権のない）第一優先株に切り替えた。これにより株主たちは最早株主総会において経営者の提案を承認したり否決したりすることができなくなった。もちろん優先株は約束された配当を受けられない場合，普通株へ転換する権利を保持していた。それゆえデニスン社の経営陣はいよいよ工場管理改革・組織改革を加速させ，しかもより多くの儲けを稼ぎ出す経営を目指す必要があった。

この優先株への切り替えによって株主（不在所有者）の経営への介入を排除した後，いよいよ経営管理者チームによる支配体制構築を目指す第二段階の改革に着手した。第一段階の改革によって株主への配当額が固定化できたため，配当部分と必要な内部留保を確保した残りの利益部分を使い，いわゆる議決権付き普通株である産業パートナー株を発行して，企業に貢献する基幹従業員 principal employee に配分したのである。基幹従業員とは「5年以上の勤続年数があり，しかも管理能力及び製造とマーケティングに関する専門的能力を必要とする職位に就いている者，具体的には重役陣，部門長，基幹職長，事務主任 chief clerk，営業所長 branch manager，基幹セールスマンなどであり，高度な構想力と経営判断を求められる職責を果たす者」である。曰く，「我が社の利益創出はひとえに彼らの能力の賜である」。

　議決権付き普通株は，拡散を防ぐために譲渡することは禁止され，死亡もしくは退職時には7％の固定配当付き第二優先株と等価交換されるか，現金化されることになっていた。1911年時には，175名の従業員が有資格者として産業パートナーになり，株式発行高450万ドルのうち，最初の産業パートナー株，額面にして15万1,000ドル相当分を，年間給与支払額に応じた比率で配分を受けた。監督職レベル以下の労働者についていえば，彼らの企業利益への貢献はきわめて限られていることを理由に見送られた。それに代えて1916年に全米で最初となる雇用主が創設した失業保険制度を導入している。ここでもデニスンは労働者を管理の客体と捉えているにすぎず，支配者として彼らの福祉を保護しようとするパターナリズムの色調さえも漂わせていたことを否定できない[12]。

　1911年の組織改革によって，デニスン社は専門的経営者支配の体制を構築することに成功した。取締役会のメンバーはすべて管理者を兼任しており，デニスン社の従業員でもあった。1917年デニスンが社長に就任したとき，彼はトレジャラーも兼務したが，その職責は製造，在庫管理，発送の各部門の監督を含むものであった。さらに副社長が小売商店の全般的監督を受け持っていたし，その他の平取締役も，それぞれ，輸出担当，購買・販売担当，セールスマン人事を担当していた。重要なことは取締役会メンバー5人のうち，デニスンを含む3人が工場管理部門出身者で占められていたことである[13]。それは生産部門優位の経営が確立していたことの明白な証拠であった。しかも本社は工場の所在地と同じフレイミンガムに置かれていた。デニスン社の人事管理改革が成功したのも，こうした組織改革があったからに他ならない。

もしこれが不在所有制の支配を許し、しかも重役陣が現場を知悉しない人びとであったとしたら、おそらく成功はおぼつかなかったであろう。

　デニスンもまたそのことを十分に理解していた。彼は、人事管理改革にとって最大の障害は不在所有制と不在管理制 absentee management であると明白に指摘しているのが、何よりもそのことを証明する。「誰にでも分かる道理であるが、工場から遠く離れた場所で執務する経営陣（取締役 directors）は、工場管理に直接接触してそれを熟知することは不可能である。また企業が、工場を一度も訪れたことがなく、その所在地さえ知らない株主によって所有されるとすれば、そうした株主が究極の所有権をもち究極の統制権をもつのであるから、いわゆる『会社を所有する』集団と労働者集団との懸隔は拡大するばかりであろう」。その結果、経営陣は専ら財務的関心、利潤動機に基づく経営を追求するようになり、労働者を消耗品としか見なさなくなる。株主も専ら配当に関心を抱き、企業がどれだけ儲けたかは問うても、労働者に対しては一顧だにしない。デニスンは次のように述べる。

　　（従来の経営では）所有権に基づく統制こそ内部統制ということであった。不幸なことに、能率的経営にとり内部からの統制ということは業務執行の観点から見た能率の追求ではなく財務的視点から見た能率の追求を意味していた。かつて内部統制とは財務的な利益捻出を意味していたのであり、業務能率重視の経営を意味してはいなかった。実際に生産に携わる人間ならば、収支決算を見栄え良くすることができる管理者を雇用することこそ能率的方法を導入するための最良の方法であるなどとは考えない。さらに言えば、取締役たちが株主の立場から専ら株価の変動にのみ関心を奪われている企業では、産業能率的視点、換言すればすべての人間的要素や長期的価値を考慮する視点は自動的に期待できるなどと考えることはできない[14]。

　それゆえ、アメリカ資本主義が利潤動機からサービス動機へと価値転換を遂げることにより改革されなければならないとすれば、企業のコーポレット・ガバナンスは財務主導から人事管理主導の経営モデルに転換されなければならないのである。「実際私は人事管理者の多くが経営者となる日が到来することを切に期待する。冷たい機械工学的側面に携わる部門（生産部門）や、もっと冷酷な財務的側面に携わる部門を昇進してきた人間ではなく、人間的

側面に携わる部門（人事管理部門）を昇進してきた人間が経営のリーダーとなるのである」。こうしたビジネスモデルの転換がなされなければ，アメリカ資本主義の改革は決して実現しないであろう。これがデニスンの改革構想であった。こうして，科学的管理と人事管理の接合をリードしたヘンリ・デニスンは，社会工学的人事管理手法と科学的管理法を両輪とする人事管理優位のビジネスモデルを構想して見せたのであった。これが第一次大戦以前のデニスンの経営哲学の水準であった[15]。

2）労使関係改革

　従業員を専ら管理の対象として，もしくは保護すべき客体として取り扱う，その限りでは社会工学的アプローチが優越していたデニスンが，彼らを階級性を帯びた交渉相手として，換言すれば一定の政治的力量を備えた「対等な人格」として経営政策決定プロセスへの参加を承認するに至ったのは，やはり第一次大戦における動員体制の体験が影響している。そのことを明瞭に伝えるのは1920年4月の『テイラー協会雑誌』に掲載されたデニスンとアイダ・ターベル（Ida Tarbell）の連名による報告論文である。1919年10月，ウイルソン大統領は，労使紛争が風雲急を告げる中，産業の平和実現のため，雇用主代表，労働者代表，そして公益代表を招集して，大規模な産業会議 The President's Industrial Conference（以下「大統領諮問産業会議」と略記）を開催した。ヘンリ・デニスンは公益代表としてこの会議に参加した。この会議は，労使が団体交渉の方式を巡って対立し，結局合意を得ることなく失敗に終わる。これを受けて彼は，同じく公益代表であったアイダ・ターベルとともに，テイラー協会員に対して大統領諮問産業会議についての報告を行ったのである。

　この報告論文においてデニスンは，会議が失敗した原因は雇用主団体の頑なさにあったと断じる。彼によれば，雇用主団体は管理を代表するというよりもむしろ遙かに資本を代表していた。

> （雇用主グループの）代表者の多くは，あるいは銀行家のオフィス，あるいは顧問弁護士のオフィスで訓練を積んだ人びとが圧倒的であり，生産問題と直接格闘したことのある部門の出身者は殆どいなかった。もし労使関係問題解決に向かって本気で歩を進めようとするなら，現場で解決策を考えなければならない。工場の現場で管理に携わる人々によって解

決されるべきである。工場から遠く離れたところで執務する重役陣では解決できない。ましてや経営に圧倒的影響力を有する財務管理者の立場からでは全くお話にもならない。しかしアメリカの企業経営の現状は財務優位の管理が優勢を占めているのである[16]。

事実，会議を分裂に導いた団体交渉問題について，雇用主側は従業員代表制を唯一の正しい団体交渉の制度として，労働組合を容認しようとはしなかった。「雇用主団体は，自分たちの従業員ではない労働者代表と交渉する必要性を認めないという立場を強硬に主張し，固執した。交渉してもよいが拒絶する権利を認めろと言って譲らなかったのである。敢えて言えば，彼らのこうした頑な態度は明らかに間違っていたと言わなければならない」。これに対して労働側は「確かに労働組合主義を熱心に主張したが，決して従業員代表制に強硬に反対しなかったし，そうすることもできなかった」。労務管理コンサルタント，ジーン・ホスキンズ（Jean Hoskins）によれば，興味深いことに，公益代表に名を連ねている者たちの中には，デニスンの他にも「自ら企業を所有し経営を行っている雇用主たち」が少なからず存在しており，しかも彼らは「労働組合との団体交渉を是認し，議論の中で公然とそれを支持した。しかも雇用主グループが非協力的であること，産業が直面している深刻な事態に対する理解が不足していることを非難し」ていたのである[17]。

少数ではあれ，労働組合を容認する所有経営者グループが存在したことは注目に値する。デニスンが決して例外的存在ではなかったことをしっかりと記憶しておきたい。しかし「労働組合容認論」を唱える「真の雇用主」たちは雇用主グループではなく，公益代表のグループに所属していた。科学的管理運動にとって深刻であったのは，その公益代表グループが統一性を欠き議論をリードできなかったことであった。

このことについて，二人の報告を聞いたロバート・ブリューエア（Robert W. Bruere）は，管理技師グループに焦点を当て，次のようにコメントしている。報告の中で二人が強調したことは「管理技師が大統領諮問産業会議から認知されなかったという事実である」。公益代表の意見が統一されなかったのもそこに原因がある。つまり科学的管理運動はパブリックのためにサービス動機の重要性を訴え，能率の向上と無駄の排除こそ豊かさを実現するために不可欠であると主張してきた。だがその声が，ほとんど国民には届いていなかったのである。ブリューエアは，管理技師の果たすべき課題について次

のように主張する。

> （管理技師は）一致してパブリックの意志を果たすべく，産業への科学的管理の導入に全力で取り組むべきであり，そのための組織化を急ぐべきである。彼らはこれまで産業内部のただ一つの集団としか関係してこなかった。それは管理者集団である。彼らは彼らの技術的知識や技能を産業の二つの階級と一般市民が自由に利用できるように自らを組織することを怠った。そのために彼らの意志は産業における科学の問題に対するパブリックの意志として認知されることはなかったし，大統領諮問産業会議においても認知されなかった。今日，管理技師も管理者も自由な人間ではない。どうやったら彼らは自由な人間になれるのか。結局彼らの科学と技能を，産業の二つの階級の強制的意志から自由になって恰も行政官のような立場で発揮できるように，組織化を図るしかないのではないか？ 18

ブリューエアは既に見たクックやガントの主張の延長線上に位置していることは明らかであろう。そしてこうした管理技師の改革意志こそ「ニュー・マシン」を組織し，「技師連合協会」の結成を促したのであった。

戦時動員体制を経たヘンリ・デニスンは管理技師の立場に急速に接近していく。ただし彼自身は管理技師ではなく，むしろブランダイスや労務コンサルタント，ジーン・ホスキンズが期待をかける革新的所有経営者であった。労使関係改革を経営者として断固追求しようとしていたのである。そのことは彼の労働組合と従業員代表制理解によく表れている。彼は次のように述べる。現在の危機的な労使紛争の背景には雇用主と労働者との交渉権の不平等性があることをまずもって認識しなければならない，これがデニスンの基本的立場であった。その観点から見るといかなる形であれ労働者を集団に組織化しなければならないことは誰しも認める。問題は労働組合方式と従業員代表制方式のどちらを選ぶか，ということである。デニスンは，この二つにはそれぞれ一長一短があることを指摘する。

> 一方で工場従業員代表制（shop union）は協働，進歩，改善，良好な労使関係の発展という点で最大の優位性をもつ。しかしそれは根本的な弱点を有する。当該組織だけである場合，労働者たちはあまりにも容易に

雇用主の権力に取り込まれてしまう。実際のところ，全国的・国際的企業競争に容易に曝されてしまうであろう。そうなると労働者組織そのものの存続はほとんど不可能となる。(他方) 労働組合は従業員代表制では不可能な労働者の利益を擁護することができる。しかし，それは従業員代表制が可能にする労使協調の可能性，グッドウィルと有効なパートナーシップを発展させる可能性をほとんど消滅させてしまうと思う。…確かに雇用主と緊密に連携する労働組合の事例も存在してはいる。疑いなくそれらの事例はかつては考えられないほど親密な協働の可能性を労働組合が有していることを示している。しかしあまりにも事例が少ないため，現段階では正当な評価を下すことができない[19]。

　要するに「私に取って明瞭なことは，従業員代表制から労働者たちは十分な（交渉）力を期待することはできない，他方労働組合から雇用主は十分な協調を期待することはできないということである」。重要なのはデニスンが社会工学的立場を修正していることである。従来の社会工学的アプローチにこだわったとすれば，協調を重視して，雇用主グループと共に従業員代表制を支持したであろう。これは人事管理の保守主義モデルを宣教するクラレンス・ヒックス（Clarence J. Hicks）と，労働組合に対抗するために従業員代表制導入を推進する大企業グループの立脚点であった[20]。しかし，彼はそうした立場を取らなかった。彼は団体交渉の方式を決定する権利を有するのは雇用主ではなく従業員でなければならない，そしてそうした従業員の権利を雇用主は侵害してはならないと言うのである。「重要なのはそのどちらを選ぶかは従業員の権利であるということである」。たとえ労働組合代表者との交渉が不毛であったとしても，それを理由に従業員にそれを否定するように強制すべきではない。

　　もし雇用主が，交渉代表者を選出する従業員の権利を，いかなる形であれ制限しようとするならば，従業員には選挙の自由はないということになる。そしてもし雇用主が団体交渉を余儀なくされるとすれば，そこには代表者を選ぶ自由が従業員に保障されなければならないことが絶対的原則である。…私が意見陳述の中で表明したことは，要するに，労使関係の最善の発展のためには従業員もしくはその中の一部が選出する代表者がいかなる人物であっても，その人物との交渉を拒絶する権利を雇用

主に認めてはならないということであった。交渉は不本意なものになるかもしれないし，不首尾に終わることも多いであろう。しかし従業員を代表して交渉のテーブルに着く人物を予断をもって評価する権利は雇用主にはないのである[21]。

民主主義を標榜する以上，従業員である労働者の代表選出権について，雇用主は無条件にこれを容認しなければならない，というのがデニスンの立場であった。産業民主主義の枠組みとして従業員代表制しか認めない雇用主グループの立場は，デニスンの目から見れば，著しく「非民主的」であることは否定できなかった。労働者と労働者集団の「民主主義」学習能力，あるいはヴァレンタインに即して言えば試行錯誤を容認し，労働組合の「教育力」を信じることこそ真の産業民主主義の発展には必要であることを，デニスンははっきりと承認していたのである。デニスンの民主主義理解は戦前期に比べ確かに著しい進化を見せたと言える。

しかしだからといって，デニスンが労働組合との労働協約体制を究極の目標としたかといえば，そうではなかった。むしろ「両者とも存在することが社会組織上必要なのではないか」というのが彼の判断であった。企業経営体は，さしあたり，従業員の意向を受けて，労働組合とも，また従業員代表制とも交渉することができなければならない。従業員組織が協調と交渉を具有する方向，すなわち収斂化に向かうのか，それとも協調と交渉は水と油の関係のまま従業員組織の二類型として独自性を維持したままで終るのか，それは誰にも分からない。少なくとも現段階では協調重視の従業員代表制と交渉重視の労働組合を，どちらも否定することなく許容するべきである，と。ともかくもデニスンは産業民主主義が帯びる協調と交渉のヤヌス的両面を共に尊重すべき局面として，矛盾を孕んだまま，そのまま受け入れようとしていた[22]。

デニスンはこの基本スタンスに従い，デニスン社の労使関係改革に着手する。これについて，デニスン社には若干の注目すべき前史があった。まず1903年には，ストライキを契機として，最も熟練度の高い仕事に従事する労働者を代表する七つの労働組合との間に友好的関係を構築していた。つまり熟練労働者との間では既に，労働組合を容認し合意プロセスを確立していたのである。またその経験が1911年の組織改革時に，全労働者の経営参加プロセスの検討を行う契機となったであろうことは想像に難くない。

次に第一次大戦期にはデニスン社も他の多くの製造企業と同様，戦時動員体制構築のために政府が主導した工場委員会を義務的に受け入れた。デニスン社における1919年労使関係改革は，直接には，この工場委員会制度を母胎としている。戦後多くの企業が平時経済への復帰と共に，直ちに工場委員会を廃止したのに対して，デニスン社では工場委員会を平時でも維持することを決定した[23]。デニスン社の場合，熟練労働者の占める割合はわずかに1割程度であり，労働組合が全従業員を代表する交渉団体とはなりえない。それゆえ計画は労働組合を内包するシステムとならざるを得なかったのである。60名の部門代表者から構成される工場委員会 a general works committee と，工場委員会が選出する12の部門代表者からなる中央委員会 central committee が従業員代表組織の両輪であり，経営サイドとの協議は中央委員会が担当する。労働者との合意形成は経営リスクに直接関わらない労働条件に限られた。「殆どの労働者は企業経営全体またはその一部の統制に参加したいなどとは考えていない。彼らは企業活動の中から賃金，労働時間，直接労働と仕事に関る労働条件などの事項に限って，統制に参加したいと考えている」。

工場委員会と労働組合との関係は不明であるが，賃金などの基本的労働条件については熟練労働者と機械的修練労働者との間には相当の乖離が存在する以上，熟練労働者については労働組合の関与するチャンスは大きかったように思われる。実際デニスン自身が「複数の労働組合を通じて，しかし中心的チャンネルとしては工場委員会制度を通じて，労働者は正当な統制領域 the field of control を，彼らが希望する水準で保障され，効果的に問題を取り扱うことができる」ようになったと述べているところを見ると，ヴァレンタイン方式あるいはアメリカ連邦兵器廠のロック・アイランド方式 Rock Island に類似した制度，もしくは労働組合と工場委員会の二つのチャンネルを使い分けていたことが窺える。従業員として，共通の課題については，工場委員会が一元的に検討を加え，経営管理者と協議を行っていた。そして工場委員会を通した労働者の管理参加の典型的な事例が従業員産業パートナーシップ計画および労働者保障制度の導入であった[24]。

既述したようにデニスン社では管理者層を主体とする基幹従業員を対象にした管理者産業パートナー制度を導入済みであった。デニスンは労働者に管理参加を認める以上は，ジュニアパートナーとして，彼らにもデニスン社の株主になってもらい，会社との関係をより強固にする必要があると考えた。それが「従業員産業パートナーシップ計画」"Employees Industrial Partnership

Plan" であった。具体的には次のような内容であった。利益から株式配当分（優先株と普通株）を差し引き，残りの三分の一を従業員産業パートナーシップ計画に，三分の二を管理者産業パートナーシップ計画に配分する。従業員産業パートナーシップ計画は，譲渡を禁止され，議決権もない「デニスン社従業員産業パートナーシップ株」（額面10ドル）と名付けられた株式を有資格者に配分する方式であった。有資格者は監督職以下の全従業員のうち，2年以上の勤続経験を有するものとなっている。工場委員会はこの具体策の作成を委ねられたのである。しかし工場委員会はあくまでも諮問機関との位置づけであり，決定権は経営が握っていた。経営は，さしあたり5年という期間を限った試行として導入を決定した。

　同様のことは労働者保障制度についても言える。デニスン社は「従業員の解雇，補償法に該当する工場災害，失業保険基金，及び団体年金などの非公式な年金計画，の各事項についての労使協議」のための労使合同の協議機関，従業員委員会 Employees' Committee を設置した。この従業員委員会で工場委員会幹部が経営管理者と協議するのである。デニスン社失業保険制度が1916年に導入されたことは既に述べた。しかしそれはあくまでもそのための基金設立が決められたのであって，具体的運用方針についてはなお検討課題として残されていたのである。労働者集団は工場委員会を通して当該問題に関する議論に参加することができた。そして工場委員会幹部はそこでの議論を踏まえて従業員委員会に臨み，経営管理者と共に具体案を練ったのである。

　こうしてできあがったものが以下の内容を持つ失業保険制度の実施要項であった。それによれば，レイオフを余儀なくされたデニスン社従業員は，家族持ちの場合は賃金の8割を，また独身者の場合は6割を，失業期間を通して基金から支払われることになった。もちろん，経営管理者は，雇用部を中心として，できる限りレイオフを回避して，配置転換でしのぐためのあらゆる努力を尽くさなければならないことは当然であった。そして配置転換の場合でも，それによって賃金の低下が見込まれる時には，失業基金によって元の賃金の9割を保障されることになった。こうした制度が労働者に就労を保障し，離職問題への強力な処方箋となったことは間違いない。

　しかし，デニスンにとっては，こうした労使合同の協議機関を通して，労働者の中にある管理能力を発見したことが一層重要であった。従業員代表制は，労働者の中に眠っている管理能力を覚醒させることができ，それによって彼らに満足感を与えられるので，職場での自己実現を達成できるというこ

とを確信したのである。彼は次のように述べる。労使合同の委員会によって「従業員との協議を促進し，彼らの利害を知り，労働を通して自己実現を図りたい（workmanship）との本能を表現するチャンスを彼らに与え，自尊心を発展させるチャンスを彼らに与えることができる」。まさにこの時こそ，人事管理の究極の課題としてデニスンが挙げた「労働者の人間的成長を促す」ための二つのビジョン，すなわち創造の喜びの回復と民主主義を実現する手段として，工場委員会あるいは労使合同委員会がもつ可能性に彼が覚醒した決定的瞬間であった[25]。

　以上われわれは，専門的経営者ヘンリ・デニスンの，戦争を挟んだ二つの時期に跨る経営管理改革を辿ってきた。彼は専門的経営者とは何かとの問いに対する答えを，実践を通して教えている。行論を通して理解できたのは，専門的経営者としてデニスンは優れた経営政策の立案者であったということ，これであった。そしてそうした経営政策を実践するためには専門的管理技法その他の専門的知識と訓練を必要とすること，しかし何よりも重要なのは私的利益の追求とは別の何かを経営目標として掲げるという能力であった。つまり経営政策立案者としての経営者にとって最も重要なのはいかなる理念を掲げることができるかということをデニスンは学んだのであった。
　現在では企業倫理あるいは社会的責任など手あかにまみれた用語によって語られる内容であるが，少なくともデニスンにとっては，ある時代ある国に生きる市民として，とりわけリーダーとして，自らに課した倫理と責任の自覚であった。企業経営体は決して閉じられたシステムではない。好むと好まざるとに関わらず，企業は社会と開かれた関係を保持している。そして経営者とは社会との関係を具体的な経営政策を通じて接合しようとする主体なのである。それゆえその関係性の構築には自らの思想とともに経営者自身の社会認識が決定的に重要となる。労使関係改革についていえば，デニスンは一方で社会工学的「管理」と協調を重視するが，他方で民主主義的原理と「交渉」もそれに劣らず尊重しようとしていた。こうした政策を決定するためには，社会科学者や労働組合指導者との対話による社会認識の深化があり，それが科学的管理運動修正派の労使関係改革論の受容に繋がったことは見たとおりである。そこが有象無象の「経営者」とは異なるところであった。そうした意味で，ヘンリ・デニスンこそ経営プロフェッショナリズムの理念を実践した専門的経営者の典型であったといえるのである。

2. ハーロウ・パースンの「経営者」論

　ヘンリ・デニスンが専門的経営者として組織ならびに労使関係の改革と格闘し、その中から経営プロフェッショナリズムの理念を鍛え上げていったとすれば、ハーロウ・パースンは経営者教育の専門家として、「専門的経営者とは何者でなければならないか」という課題を真摯に問い続ける中で経営プロフェッショナリズムの理念を練り上げていったといえる。換言すれば、ヘンリ・デニスンの体験的「専門的経営者論」を、より精緻化、理論化したのが知識人ハーロウ・パースンであった。

　既に指摘したように、彼は創成期以来の科学的管理運動の指導者の一人であったが、同時に経営者養成機関エイモス・タク経営大学院の責任者として人事管理運動にも積極的に関与し、人事管理者養成のための具体的構想を提示した人物でもあった。注目すべきは、彼が経営者の経営政策決定機能 business administration に着目していたことである。まず彼は、有能な経営政策立案者 administrator となるためには、企業全ての主要機能部門に関わる日常的管理の方法と原理を熟知していなければならないと主張する。人事管理担当者は経営委員会のメンバーとして、他の主要機能部門の責任者とともに政策決定に参加することになるのであるから、企業全体を見通すと同時に各主要機能部門についてもそれなりに精通していなければならないことは当然であった。また、人事管理に関わる改革提案を売り込むためにも、人事管理に精通するばかりでは決して相手を説得することはできないであろう。相互理解に基づくトップマネージャー層の合議は何よりも経営統合のために必要不可欠であった。

　彼は経営政策立案者たる者、企業組織と社会の関係に人一倍強い関心を有すべきことを熱心に説いていた。そのことは、彼がエイモス・タク経営大学院のカリキュラムに、将来の専門的経営者が身につけるべき知識として、歴史、政治学、社会学、経済学、哲学および心理学などのリベラル・アーツ科目を組み込んでいたことからも知ることができる。彼の意図は、「リベラル・アーツの伝統と企業経営の（私的利益の追求よりも）広い目標と社会に対する責任」を経営者に自覚させることを経営者教育の重要な柱にすることであった。他の経営大学院が産業ごとに特化したコースや、専門的機能に特化した授業を提供することに専ら関心を集中していたのに較べると、リベラル・

アーツ重視のエイモス・タク経営大学院はきわめて異色であり，明らかに突出していた。しかし，第一次大戦後に設立された多くの経営大学院はエイモス・タク経営大学院を一つの優れたモデルとして模倣するようになる。「タク・モデル」"Tuck Pattern" こそ，他の経営大学院に優越する存在であったのである26。

　経営者の役割を単なる私的利益の追求ではなく，より高い目的と社会的責任を果たすことに求める，これが経営プロフェッショナリズムの中核的信条であるが，その信条をパースンは専門的経営者論として理論化を試みた。彼が思想的に大きく飛躍したのは，ホクシー報告書による科学的管理法批判に直面したときであった。労働組合からの強い非難を後押しする「科学的管理法は産業民主主義とは相容れない」という社会科学者の批判には，科学的管理運動指導者として当然反論すべきであった。

　彼はこう述べる。批判それ自体は都合の良い事実しか取り上げていないという点で首肯できない。しかもホクシー報告書は「科学的管理法を，全体として，産業社会の進歩のための第一歩として，あるいは現行の管理慣行からの合理的かつ実践可能な改革として，さらには現行の産業体制に導入するべき原則とメカニズムの体系として評価判断してはいない。科学的管理法は他の管理技法と比較考察されているわけでもない。そうではなく，それは産業民主主義が現在よりもさらに完全に発展を遂げた産業体制の下でしか可能ではない管理方式と比較されているのである」。パースンはこれを別の言葉で次のようにも表現している。「手段である管理技法に直接関連する事柄を議論するのではなく，手段を統制する経営政策についての議論に終始している」。

　しかしながらパースンは科学的管理運動の立場を絶対化する愚を犯さなかった。彼は科学的管理法批判の奥に鈍く輝く「社会的含意」social implications を見逃さなかった。「その報告書が将来に実現するであろう産業体制との関連において科学的管理法の在り方を問うている点において，それは偉大な報告書であると言える」。パースンは産業社会の将来像を民主主義と共存するものでなければならないと考えている。そして科学的管理法はそうした将来の産業社会のためにこそ活かされなければならないのであった。さらに言えば，ホクシー報告書はより民主化された産業体制の中で「科学的管理メカニズムが有効に作用するためには，とりわけ，政策立案者，管理者（執行者），作業従事者の三者の間に心からの協力関係が必要であること，そして反社会

的経営政策の下では科学的管理法の発展と技術的有効性は期待できない」ということにも気付かせてくれたのである。つまり科学的管理法を活かすも殺すも，経営政策立案者次第であるということ，これが重要であった。パースンは専門家としての固有の倫理と誇り（プロフェッショナリズム！）を有する科学的管理法の専門家＝管理技師の立場から，経営者＝経営政策立案者を批判的に眺めようとしていた。今や「われわれ経営者は，経営者の視点とともに，…労働者的視点と社会科学者的視点という二つの視点が」必要となった，つまり彼らとの協力が必要になったとの主張にそのことが明瞭に表れている[27]。

　パースンに従えば，当時の経営者は経営政策立案者としてはあまりにも視野が狭い。社会認識が欠如している。第一に「経営者の関心は変動する経営の諸要素に集中してしまうという事実。これが社会変化や産業的変革の事象を眺めるチャンスを奪ってしまう。管理者が社会のために行うサービスに関する新しい思想の誕生すら看過してしまうかもしれない」。第二に「果たすべき責任の本質からして，収益性の観点からすべてを見ようとする。ほとんどの場合，企業のメカニズム，過程および政策を評価する別の方法が存在すること，現在まさにその別の方法による評価を求められているという事実を知覚できないのだ」。第三に現在次第に深刻の度合いを増している労働問題については，労働者を自分たちと同じ人間として見るという契機がない。なぜならば彼らは「すべての要素を過度に単純化，標準化してしまう」傾向があるからなのだ。「たしかに機械や原料などは標準化可能であり，そうすることが良い結果をもたらす。しかし，需要の量と質，あるいは生産における人間的要素などはモノと同じようには標準化できない。ところが管理者は人との相違をあまりにもしばしば無視し，同じように標準化して考えてしまう」。第四に「彼が指揮する全ての経営要素を消耗品と見なす危険性，あるいは精神的要素が絡んでいるという事実を認識できないという危険性に抗えない」。とりわけ労働者については，「単なる肉体的運動としての労働と，知性・感情・希望および意見が凝集する固有の労働とを分かつことができないという事実をあまりにもしばしば忘却してしまう。精神的力としての労働は，生産を通してサービスを提供するために管理者が組み合わせる要素すべての中で最も巧妙で最も変わりやすい」にもかかわらず，そうなのである。それこそ現下の労働問題を一層深刻化させている[28]。

　ではこうした狭隘なる視野しか持たない経営者に必要とされる労働者的視

点，社会科学者的視点とは何か。労働者的視点についてパースンは次のように述べている。

> 労働者は労働（力）を売ろうとするとき，単に身体的エネルギーばかりではなく，それと結びつく技能と呼ばれる精神的，手工的器用さも共に提供している。このことはよく知られている。しかし，それにも拘わらず，労働者が，その取引において，消耗品を販売することのほかにも関心を有するのだということに，これまで経営者は気づかなかった。最近になって漸く，従来とは異なる認識が発展を遂げてきた。そうした新しい認識は労働者ばかりではなく，多くの社会科学者，そしてはっきりと感知できる程度には開明的経営者によっても，既に共有されるようになった[29]。

つまり労働者は，消耗品としての自己の労働力をより高い値段で売り込みたいと願うだけではなく，もっと他の，たとえばヴェブレンに即して言えば製作者職能，あるいは人事管理者であれば「人間的生き甲斐」を求めるようになった。経営者はそのことに気づくべきである，と言うのである。

それを実現する方法として労働者の経営参加が提唱されつつあった。しかしながら，「労働者は確かに労働者に対する管理者の裁量について検討し判断を下す権限を有するというのが原則論であるが，現実の問題として見れば，そうした検討や判断を下すための管理者的経験を（労働者は）したことがないのだから，それは無理な話である」，そう考えて実験に踏み出そうとはしないのが普通であろう。重要なのは，産業民主主義の実験に踏み出すべきであるとする少数派の考え方である。「労働者は，たといいかに稚拙であろうとも，原則に基づき行動を起こす権利を有する。労働者は経験を積み責任を自覚することにより，管理的事項に対してより優れた判断を下すことができるように学ぶであろう。社会は，たとえ暫くは稚拙な管理のための代償を支払うことになったとしても，労働者たちが管理責任を学ぶために必要な訓練期間のコスト負担に耐えるべきである」。この少数派はまた次のようにも主張する。

> 人びとの暮らしは産業や企業経営よりも大切である。幸福は利益よりも大切である。そして幸福はただ，すべての人びとが持てる関心のすべて

を発揮し，もてる能力の全てを伸ばすためのチャンスを得られてはじめて保障される。…労働者がこうした機能（能力）を発揮して実現される技術的生産性の増大は，労使の協働の結果として間接的にもたらされる生産性の伸びとともに，労働者の管理責任を学習する習熟期間の判断ミスからもたらされる損失を補ってあまりあるであろう。われわれの民主主義社会は選挙を基礎に組織される政府を有しているのであるから，階級意識をもち，組織化され，数の上でも強力な労働者が存在する以上，労働者の経営参加の実験は当然実施されるべきである。そのことを経営者は覚悟しなければならない。そしてその実験に臨んでは，経営者は恐れることなく誠実に労働者に協力すべきである[30]。

パースンはこの少数派の意見を支持する（既に見たように，ヘンリ・デニスンはその少数派の典型であった）。確かに多数派の言うように労働者的視点には大きな限界がある。第一に労働者個人の心的態度は著しく狭隘である。彼らの多くが初等教育すら満足に修了していない。日々の仕事は単調で，反復作業に過ぎない。仕事を終えて帰宅しても，疲労のあまり食事もそこそこに睡眠を貪るしかなく，教養や社交と名のつくものとは無縁である。こうした彼らに果たして管理能力を期待できるのだろうか，そう考えるのは蓋し当然であろう。

それだけではない。労働組織の心的態度が戦闘的であるというもう一つの限界もある。労働組合の指導者層を見る限り，彼らは非常に有能であり，産業機構の複雑精妙さを把握するだけの認識力も経営者への共感もある。そして経営者と協力する必要性を一般組合員に教育する能力もある。しかしながら現在までのところ，彼らの指導力と教育力によってもなお，労働組合員の集団的戦闘性を軽減することには成功していない。依然として「彼らの集団的思考行動はただ一つの目的によって動機づけられている。すなわち産業装置の私的所有，管理統制，生産的活動（＝労働）の剰余を分配する取引，これらの特徴を有する体制のただ中にあって階級的連帯と階級的豊かさを達成するということである。これを実現するための手段として専ら戦闘的行為に訴えてしまうのである」。このことが急進派の跋扈を許している。多くの科学的管理運動指導者が労働運動に危惧を抱く所以である。

パースンはそうした限界を十分認識しながらもなお，産業民主主義の実験に乗り出すことが必要であるとの立場を堅く持する。なぜならば，彼らには

固有の優位性があり，それが彼らの限界を差し引いて余りあるからだ。「集団としての労働者は産業社会そのものであると言える。なぜならば，一方で彼らが産業活動を労働現場で支えているのであるし，他方で産業活動は（消費者としての）彼らの利益のために行われているからである」。その彼らが階級的に覚醒した以上，彼らの協力なくしては産業的発展はおぼつかない状況にあるという現実を重く受け止めるべきである，と言うのである。

しかも「彼らは集団として，労働現場で作業を行っている。労働過程で管理者にもその他誰にもできないような経験を積む。そして管理者もその他の誰も持ち得ない直感的能力を発達させる」。そうした直感的能力があるいは生産高制限のさまざまな技法を考案させることもあれば，あるいは管理技師が教え込むよりもはるかに能率的な作業方法の発見に繋がったりもする。それゆえ，いかにして生産高制限をうまくやりおおせるかと彼らに考えさせるよりも，彼らとの協力によって能率の向上と無駄の排除を協働して追求するべきではないだろうか，というのがパースンの考え方であると言ってよいであろう[31]。

次に社会科学者的視点についてであるが，ともすると経営者は彼らの主張を「空理空論」の類とみなし，実践可能性を優先する自分たちとは到底相容れないと考えてしまいがちである。しかし，経営者と社会科学者の相違は実践的か理論的かにあるのではない。そうではなく「表面的な実践可能性と根本的実践可能性，あるいは直近の実践と将来の実践のための原理」との間にあるのである。外部から，距離を置いて産業の現状を眺めるからこそ，社会科学者はより広い視野とより広範な関係性を認識できる。経営者に必要なのは，まさにそうした広い視野と広範な関係性を認識する力なのである。経営者は決して彼らを現実離れした夢想家と見なしたり，経営の細部を知らない空論家と言って排除するような愚かな真似をしてはならない。取締役会からすれば管理技師もまた外部の人間であるはずである。もし管理技師を必要とするならば，なぜ社会科学者を排除する必要があるのだろうか。社会科学者は，ちょうど管理技師と同じほど，企業経営にとって有用なのである[32]。

以上のようにパースンは，経営者は労働者や社会科学者との真摯な対話と協力によって，私的利益を超えた目的と社会的責任を自覚した長期的視野に立った経営政策を立案することができるようになるし，そのことを心がけるべきであると主張するのである。アドミニストレーターとしての経営者は，最も重視すべき生産能率のためにも，（労働者として）階級性を獲得しつつあ

る従業員との人間関係を考慮すべきであった。コミュニティや国民経済との関係を考慮するためには短期的な視野だけではなく中長期的視野も必要であり，そのためには企業批判を展開する社会科学者とも進んで対話すべきであった。これがパースンが到達した経営プロフェッショナリズムの基本スタンスであると言ってよいであろう。

　彼のこの理念は第一次大戦後の労働組合との連携段階でも基本的には変わらずに堅持される。いや経営プロフェッショナリズムを実践するための環境が整備された結果，ますますその輝きを増したといえよう。パースンが例の『アカデミー年報』特集号に寄稿した「経営者に生産の重要性を売り込む」"Selling Production to the Management" と題された論文を見るとそのことがよく分かる。この論文は経営プロフェッショナリズムの理念を手際よく纏めているので，以下にその要約を紹介することにする[33]。

　パースンは経営者が生産に対する責任を自覚しなければならないことを最重要課題と位置づける。つまり利潤の追求はあくまでも「生産のための合理的経営」という基盤の上に成立し，生産機能こそが企業の核心であり本質であることを経営者は肝に銘じなければならない。それゆえ，そうした生産的責任を職長や工場長に転嫁してはならず，経営者こそが究極の責任を負わなければならないと言う。因みに彼はそのような管理を革新的管理 Progressive Management と命名している。

　では，革新的管理を追求するためには，経営者は具体的に何をなすべきなのか。第一次大戦後の「現在」において，生産に対する究極の責任を自覚するということを実践するために必要な管理について，彼は次のように説明する。

　　未曾有の危機に直面すると人は馬鹿力を発揮できる。このことを先の戦争は確かに証明した。実際この方法が戦時下にあっては生産を確実にした。しかしこのことは逆に未曾有の危機だけがこのような努力へと人を駆り立てることができることを証明してもいる。それが過去の物となった今，労働者に同じ努力を期待できるか否かは管理者の腕次第であると，多くの労働者は考えるようになった。つまり最大の努力を喜んで発揮したいと労働者一人一人に思わせるように，諸要素を調整し管理することこそ経営管理機能であると考えるようになったからだ[34]。

つまりパースンは，労働者は今や人間的にも成熟し，階級的にも覚醒しつつあり，従来のような駆り立て方式は最早通用しなくなりつつある。こうした労働者の物質的ならびに身分的利害を満足させ，彼らの自発的生産意欲を刺激することを真剣に考えることこそ経営者の仕事であると言うのである。

そのような革新的管理を実現するためには具体的に何をすればよいのか。パースンは三点の行動指針を挙げる。第一に長期的視野に立った堅実な経営政策の採用，第二に技術的に優越した生産方式の開発，第三に健全なる労働関係の確立である。これらはそれぞれ密接に関連しているので，一括して追求されなければならない。二番目の優越した生産方式の開発は，科学的管理運動の理念そのものであり，当然自明であるといえる。経営者（アドミニストレーター）の機能と労使関係管理の改革に焦点を当てるべきであろう。

最初の長期的視野に立った堅実な経営政策の採用についてパースンは，それは単なる執行のための細々とした政策の寄せ集めではなく，経営の基本原則でなければならないと述べる。「（基本原則としての）経営政策は取締役と，社長もしくはゼネラルマネージャーによって決定される。その経営政策は十分に長期的な視野と業界に止まらず産業社会全体を見通すだけの広い視野からの決定がなされなければならない」。もちろんそうした政策においては，「事業の目標と限界を定める必要があるが，それと同時に企業経営の理念が表明されるべきである」。つまり一方では何をどれだけ製造し，いくらで販売するか，あるいは製造方法や販売方法についての決断，市場の変化に対応して製造量の調整，価格の調整をどのように行うかについての判断，あるいは景気が下降局面に入ったときの対応方針，等が定められなければならないが，それと同時に，労働者にどう対応するか，それには単に賃金や労働条件ばかりではなく，集団での交渉を要求する彼らの名誉意識や経営政策や管理の決定に参加することで自己を表現したいという心理的欲求にどう応えるかという問題にも配慮しなければならない。あるいはコミュニティ，政府，および産業社会との関係をどうするか等，総じて企業経営の社会目的に直接関わる政策的判断が含まれなければならない。「これらの基本原則が明白に定められなければ，経営的成功はおぼつかない。なぜなら，その原則こそ，経営管理が何をどれほど達成できたのかを測る尺度となるからである。換言すれば，原則があって初めて良い経営管理と効果的な生産を促進することができる。経営管理は経営政策の決定に際して，調査と研究の機構を整えることにより，これを支援する義務を果たさなければならない」。

第三の健全な労使関係の構築に関しては従来の人事管理では最早対応不可能であり，経営政策の諸原則に関わらせる必要があると述べる。

> 健全な労使関係の構築は通例の意味での人事管理には手に余る課題である。人事管理者は労働問題を専ら科学的人選，人事記録，集権化された採用と解雇，「福祉計画」，離職者の削減等の概念で把握するに留まり，ここ3～4年の間に生じた労働問題深刻化の本当の重要性を把握できないでいる。労働を消耗品と見なすことは最早できなくなったにも拘わらず，人事管理者の機能は労働＝消耗品理論が支配的であった時代に構想されたものだからだ。古いタイプの人事管理者の，どちらかと言えば反復的な機能は，今後も必要であり続けるであろうが，雇用主と労働者の関係についての新しい包括的な考え方が人事管理を導いていくことになろう。
>
> 未来の経営管理の成否は，換言すれば生産的な経営管理の実現は，労働者を代替の効く消耗品ではなく，働く人間として，すなわち活用されるべき技術的知識，表現のチャンスを与えられるべき自己表現本能，発展のチャンスを与えられるべき知性，正当に評価されるべき生産の目的，政策，手段についての関心，大切に育まれるべき自己と家族の将来の夢，尊重されるべき集団的行動に示威される実力，これらを備えた個人として把握するかどうかにかかっている。経営者は経営原則と政策を立案実行する際に，この労働する20世紀の人間の諸特徴を十分に考慮に入れなければならず，労働者一人一人に対してこれら全てを経営組織の内部で実現することを促すためにリーダーシップを発揮しなければならない。これが実現したとき初めて技術的に優越した最善の生産方式の能力を幾重にも増大させることができるようになるのだ[35]。

理念的深化と共に，パースンは経営プロフェッショナリズムの現実的「担い手」問題についても思いを巡らせる。とりわけ第一次大戦における動員体制を経験することによって，次第に急進的傾向を強めていくことになる。最初に注目すべきは，彼が経営者を類型的に把握するようになったことである。これについてはヴェブレンからの決定的影響があった。彼は反貨殖者的態度，経済の倫理性を重視して，次のように述べる。

依然としてアメリカの経営者の大半は，有用な物財の創出もしくは有用なサービスの提供により利益を得ようとのまともな生産的動機に基づいて行動していると信じる。しかしながら，他方で彼らは，専ら致富衝動によって動機づけられた経営者たちの政策と方法に対して，あるいは積極的にこれを支持し，あるいは賞賛し，あるいは無関心を決め込んできたために，貧しい市民たち，とりわけ労働者たちからは，（金融業者のような）価値の操作者と同類であると見なされてしまった。

　現在の危機的労使関係は誤解に基づくが，その誤解の少なからぬ部分は生産的動機に基づく経営者と致富衝動に基づく経営者を，労働者たちが区別できないことに由来している。正当な生産的事業に従事する経営者たちは，今こそ知識人の力を借りて，共に連携し，己の事業の正当性を訴えると共に，自分たちが誰の味方であるのかを明らかにする教育キャンペーンに乗り出すべきである[36]。

パースンの主張は明快であった。要するに経営者たちは，利潤動機や致富衝動を憎悪し，真の生産的動機もしくはサービス動機に立ち返るべきである，との立場であった。そこから再出発すべきだというのであった。そして彼らの利害は決して労働者たちと相矛盾することはなく，能率の向上と無駄の排除のために共に協力することができるはずである，と主張するのである。

しかし，生産的動機に堅く立てとの檄文を作成しただけでは物事は解決しない。理念も大切であるが，それを実践する手段もしくは具体的担い手の実力もまた等閑に付すことはできない問題であった。パースンはそのことを戦時動員体制の下で思い知る。第一次大戦は多くの財界の大物，それぞれの産業で成功を収めた実力ある経営者たちをワシントンに蝟集させた。多くの国民が彼ら経営者の手腕に期待したのは当然であった。だが現実には，国家による戦時経済の運営にとって，彼らの多くは殆ど役に立たなかったのである。「現在の経営者たちは個別具体的な産業分野で成功したに過ぎず，その能力を他分野で活かすことはできない。そのことをわれわれは戦時動員体制を経験することで理解した。彼らには二つの事柄が欠如していたからである。第一に健全かつ普遍的に適応可能な管理原則の欠如，第二に管理職務に適切な人材を識別する能力の欠如，である」。

換言すれば，こうした経営者の成功は専ら財務的成功によって達成されたに過ぎず，生産的経営を成功裏に運営した経験を有してはいなかったのであ

る。専ら詐欺瞞着の類の商才に長けているのみであり，生産的経営を管理するために必要な専門的知識も経験も，ましてや人間関係についての心理学的知識も人事管理の経験も有してはいなかった。さらに重要なのは彼らの人材育成の不適切さであった。彼らは結局自分たちと同類の商才を持ち，財務的成功を重視するタイプの管理者を後継者に指名するしか能がなかった。それゆえ明日の経営者の育成には殆ど役に立たないのである。

　求められている人材は産業ならびに公行政のための真のリーダー集団であった。彼らは次の条件を満たすべきであった。「持って生まれた才能と訓練されたリベラルな心情を結合している者。事業という海は海図を描くことが可能であり，いつまでも価値を失うことのない原理と外交的人間的方法の精巧なる技法を借りて航海することができると信じる者。自らの人間的向上と同時に管理というアートをさらに高尚なるものにせんとする情熱を有する者」[37]。

　幸運にもアメリカはそうした真のリーダーとなる可能性を秘めた人材を擁していた。それこそがテイラー協会に蝟集する人たちであった。パーソンは，誇らしげに，いかにテイラー協会のメンバーたちが戦時動員体制の下で科学的管理法の有効性を実証し，目覚ましい活躍をしたかを，次のように述べている。「およそテイラー協会員の40％，中核的会員についていえばさらに大きな割合の人びとが直接戦時業務に従事した。間接的な従事者を加えれば，おそらくその割合は70％近くになるであろう」。これは「普遍的かつ適応力に富む管理の諸原理を身につけた熟達した管理者が必要とされている」ことを明らかにしている。彼らは，必要ならばいかなる緊急時でも，経営体（連邦政府，州政府，都市政府そして民間企業）を組織し指揮する能力と自由を有する[38]。

　企業経営体についていえば，法人化が進むに従って次第に所有と経営の分離がもたらされ，専門的経営者の需要が拡大した。「その結果，巨大企業には三つの利害関係集団が存在するようになった。すなわち，株式を所有する投資家集団，日常業務を遂行する従業員集団，両者の間に存在する経営管理者集団である」。科学的管理法を熟知する管理技師はそうした専門的経営者 administrator としても有能であった。科学的管理運動の中に今や「新しい専門職が発展しつつある。それは自由に移動するアドミニストレーターという職業であり，管理の普遍的かつ柔軟な諸原理を武器に仕事をする」。彼らは当初「組織と日常業務に関するコンサルタント活動に従事するが，次第により

広範な経営政策に関連するコンサルタント業務も依頼されるようになった」。
　こうした事例の典型がジョージ・バブコク（George D. Babcock）でありガントであった。とりわけバブコクは『フランクリン社の経営管理における科学的管理法 The Taylor System in Franklin Management』を自ら著し，「生産の日常活動と管理方法，販売政策とその技法，並びに車種の決定さえ，経営過程として一体のものであり，それぞれの段階であるにすぎないということを明らかにしている。フランクリン社の発展とともに，管理技師バブコクは管理者となり遂には執行役員として政策決定に参加するようになったのである」。実際，技師（コンサルタント）と経営管理者を往還するバブコクのようなテイラー協会メンバーは決して少なくなかった。彼らはいかなる企業体にもいかなる場所にでも適応可能な普遍的かつ最適な経営の諸原則を身につけていた。確かにこの時期にはパーソンをはじめとする科学的管理運動指導者は未来をバラ色に描くことができた。経営プロフェッショナリズムにとっても，こうした専門的アドミニストレーターの出現と台頭は願ってもないことであった[39]。

　社会改革派によって提唱された専門的経営者論は多分にアメリカ資本主義批判としての性格を帯びたものである。しかし出自がどうであれ，専門的経営者論はやがて，労働組合連携と共に科学的管理運動にしっかりと受容された。そして科学的管理運動は管理技師を主たる担い手として，経営プロフェッショナリズムを誕生させたのであった。経営プロフェッショナリズムは科学的管理運動の経営者グループによって実践的理念に鍛え上げられ，明日の経営者のための「専門的経営者論」となった。こうしてミドルマネジメントとしての工場管理改革から出発した科学的管理運動は，トップマネジメントのための理念，すなわち経営プロフェッショナリズム（専門的経営者論）の揺籃を見守ったのである。
　経営プロフェッショナリズムは社会との関係を重視し，一種の公器としての機能を企業に要求する，換言すればアドミニストレーターは営利衝動を抑止し，生産的動機（サービス動機）を優先しなければならないとの立場である。これが科学的管理法と並ぶ，経営プロフェッショナリズムの根本原則であった。あるいはまた，経営プロフェッショナリズムとは科学的管理法とサービス動機の二つを基本原則とする経営理念である，と言い換えることもできる。

第一次大戦期，経営プロフェッショナリズムは労使関係を主戦場とした。1910年代はアメリカ資本主義批判の大合唱が響いた時代であり，その合唱に参加した主人公の一人が労働組合であった。労働組合が闘争的，戦闘的になったために労使関係は著しく不安定化し，能率に悪しき影響を与える危険性が増大したのである。労働組合の組織率が相対的に高かったのが機械工業，被服製造業，製靴業，ストーブ製造業，印刷業などであり，中規模の製造企業であった。こうした中規模企業は熟練労働者を比較的多く抱え込んでいるがゆえに，相対的に労働組合の影響を強く受けたのである。

　注目すべきは，それらの中規模企業の経営者やトップマネージャーたちが多く科学的管理運動に参加していたことである。そしてコンサルタント技師が接触を持ったのもこうした企業の経営者や管理者である。そのことはテイラー協会の会員名簿を見れば明らかである[40]。彼らこそ経営プロフェッショナリズムを受容した中心的グループであった。中小規模の企業経営者は決して労働組合に敵対するオープン・ショップ運動支持者ばかりであったわけではなかった。科学的管理運動に参加する中規模企業経営者や管理者はむしろ労働組合との平和的協調を望んでいた。ストライキや生産高制限を回避し，労使関係を平和化することは，能率の向上と無駄の排除とともに，まさしく彼らが最も希求するところのものであった。

　そうであるがゆえに，彼らは労働組合が要求する交渉権問題に真摯に向き合おうとしたのであった。だが，協働を促進する交渉組織として，従業員代表制のほうが経営者には都合がよいことは明らかであった。しかし，交渉権が民主主義原則の問題である以上，そのどちらを選択するかの権限はあくまでも労働者にあるのであり，経営者にはない。つまり労働組合を選択肢から排除してはならないというのが遵守すべき第一の指針となったのである。

　交渉権問題と並んで，あるいはこれと密接に関連して，労働者の人間問題も重要な課題であった。労働者の人間問題をどう扱うかはかなり微妙な問題（福祉と労働，あるいは私生活と職場のどちらを重視するか）を孕む。当初は人事管理問題と見なし，専ら社会工学的にアプローチしようとしていた。しかし，次第に人間的同格性を積極的に承認し，経営への同意もしくは参加の契機を重視するようになった。労働者の経営への同意もしくは参加を承認すること，これが経営者の果たすべき課題，あるいは第二の指針であった（福祉から労働へ，あるいは私生活から職場への重心移動）。

　以上のように，経営プロフェッショナリズムは労使関係改革を指向し，人

事管理政策の抜本的転換を促すことになった。すなわち，労働組合を排除しない形での団体交渉の容認，そして労働者集団の経営参加を具体的成果として期待したのであった。

既に幾度も述べたように，第一次大戦期は労働運動が高揚し，しかも市民たちがそれを支持した時代であった。こうした時代状況にあっては，政治的要求，とりわけ民主主義の原則が産業においても適用されるべきことが強く求められた。その結果，労使関係管理は経営参加よりも団体交渉権容認を重視する傾向を持つことになる。科学的管理運動と労働組合の連携はまさしくそのことを実証していた。しかしそれは科学的管理運動の全メンバーが労働組合との連携を支持したということを意味してはいない。労働組合の戦闘性，闘争性に不信の目を向けるメンバーも少なからず存在していたのである。そのことを但し書として付け加えておかなければならない。さらに，経営プロフェッショナリズムが要求する経営参加については，なお理論的に未成熟であった。この理論的発展は20年代を待たなければならなかったのである。

もう一つ。具体的労使関係について見れば，団体交渉と経営参加は密接に関連すると同時に，相互に対立する契機をも孕む。つまり経営が優位に立つ場合，団体交渉は従業員代表制を採用する傾向が強く，対等な交渉に較べ経営参加あるいは協働をより重視することになる。これに対して労働組合が強力な場合，経営参加や協働の契機は弱くなり，対等な団体交渉がより重視されることになる。だが，実はもう一つの可能性もある。労働組合が団体交渉を重視すると共に経営参加に積極的に関わる場合である。ただし，第一次大戦期にはこの最後の可能性を示す具体的事例はごくわずかであったため，有効な選択肢として前面に表れることはなかった。

いずれにせよ専門的経営者論は，経営プロフェッショナリズムとして科学的管理運動の中にその担い手を発見した。そのことによって，経営プロフェッショナリズムは，アメリカ資本主義に別の選択肢を提供する改革のためのエートスとして，一定の歴史的影響力をもつことになるのである。ただし，そうした理念の抱懐者たちがすんなりと経営者集団に受容され，さらには彼らが経営者の主流派を形成したかといえば，そうではなかった。とりわけ株式会社の場合，真のリーダーたる素質を有する専門的経営者は，取締役会や社長などの最高経営責任者によって採用もしくは後継者指名されなければ存在を許されない。そうした真のリーダーを選別する眼力が最高経営責任者に備わっていない場合，あるいは相変わらず別個の原則によって次世代の経営

者を指名しているとすれば，事態は何も変わらないからである。

　換言すれば，時代精神が労働運動に敵対し，営利衝動を容認するようになれば，経営プロフェッショナリズムは急進的すぎると見なされ，その理念を信奉する人材を経営者として迎え入れる可能性は低まることになってしまうであろう。「ニュー・マシン」や「技師連合協会」が敗北を喫したのも，それが理由であった。危機の時代が遠のくと共に，繁栄の20年代は経営者が尊敬を持って見られるようになる。だが反動の時代が到来したにも拘わらず，経営プロフェッショナリズムは「改革の思想」，別の選択肢としてしぶとく生き残り，新たな地平において更なる展開を見るのである。

第6章

余暇・消費問題と労使関係の新たな「精神」の誕生

1. 問題の設定

　20世紀の最初の20年間に労働時間は急速に短縮に向かい，週60時間から50時間を少し下回る水準にまで達した。この傾向は1920年代前半期まで続いた。たとえば，1909年にはわずかに12人に1人，1914年でもなお8人に1人の割合でしかなかった一日8時間労働（週48時間労働）制は，早くも1919年には2人に1人にまで普及した。定着傾向が最も顕著な産業は，自動車，靴，パン，鉄道車輛，電気器具，紙，タイヤ，造船，精肉加工などであった。1923年には，12時間労働制を頑なに維持し続けていたUSスティール社をはじめとする製鉄企業各社さえも8時間労働制を採用し，それへの移行を最終的に完了した。建設業と印刷業の労働組合は労働時間短縮をさらに推し進め，週44時間労働をほぼ実現させてもいた[1]。この建設業や印刷業での成功をきっかけとして，労働組合の組織化が進んだ業界では週44時間労働制の採択を目指す運動が着々と進行しつつあった。時代はまさに「より少ない労働時間とより多くの余暇時間」の実現を課題としていた。

　労働者も余暇を楽しむ時代が到来しつつあったのである。そしてAFLも，さらなる労働時間の短縮運動に積極的に取り組もうとしていた。それが週5日（週40時間）労働制要求運動であった。週5日労働制要求運動は一方では失業問題への処方箋として企てられたものであったが，むしろ余暇運動と密接に関連する労働時間短縮要求であった点が注目される。余暇運動は1920年代において最も関心を集めた社会運動であり，国民運動とも言い得るほどに広範な社会層から支持された。しかもこの余暇運動は，「遊びこそ人間の尊厳の源泉である」との教義を掲げ，伝統的労働倫理に真っ向から挑戦してい

た。われわれは余暇運動のこの教義を「新余暇倫理」論と呼ぶことにするが，AFL がこうした教義を掲げる余暇運動に接近したことは当然のことながら雇用主層の間に大きな波紋を投じた。

　1920年代の労使関係は，基本的には，経営者＝雇用主優位のうちにあった。しかも社会もまた労使関係の在り方を1910年代とは全く異なる態度で眺めていた。第一次大戦以前（および戦時中）には，トラスト批判，富の公平な分配，さらには労働協約や労使紛争調停制度などがマスメディアの関心の的になっていたことに象徴されるように，国民は労働組合に対して比較的好意的な態度を示し，労使関係への政府の介入をも支持していた。だが1920年代になると社会の態度は一変する。有名な『最近の社会の諸傾向に関する報告書 Recent Social Trends in the United States』(1933) の中で，執筆者の一人ハート（Hornell Hart）はこの点を次のように述べている。戦後ヨーロッパでは，政府が富裕層に高率の税を課し，それを財源として社会保障制度を拡充する一方，労働者保護立法により労働時間の短縮など労働者の社会的・文化的地位向上に努力する方法を採用した。これに対し1920年代アメリカでは，世論は富のより公平な再分配を強制する政策を斥け，むしろ「産業の将帥の指揮の下，科学的諸方法を利用することによって国民所得の総計を大きくするという政策」を支持した。つまり，国民は経営者主導による経済運営を喜んで認め，彼らに自らの運命を委ねたのであり，経営者を「尊敬の念を持って見る」ようになったのである[2]。

　しかしながら，経営者優位とは言っても労使関係は決して一様であったわけではなかった。オープン・ショップ運動を積極的に推進する全米製造業者協会（以下 NAM と略記）も存在すれば，高賃金論を推進するフォーディズムの提唱者も存在し，さらに労使合同委員会方式による労働者の管理参加に積極的な管理改革推進者も存在した。これらを考慮に入れれば，1920年代のアメリカ労使関係は経営者優位という基本的構図はあったにしても，その枠の中でかなり多彩な諸傾向，とりわけ新たな時代の労使関係構築を模索する胎動のあったことに注目せざるを得ない。

　そうした新たな胎動が発生した原因を問おうとするとき，従来注目されることのほとんどなかった AFL の週5日労働制要求運動に目を向けなければならなくなる。なぜならば，AFL の週5日労働制要求は，1920年代の雇用主が労使関係をどのように理解し，いかなる将来像を描こうとしたのかを判定する，格好のリトマス試験紙となっていたからである。つまり，AFL が週5

日労働制を要求し新余暇倫理論に接近したことをどう解釈し，いかなる反応を示したかということと，労使関係の型の選択，すなわち反動的な労使関係の型を選ぶのか，あるいは新たな精神の下で労使関係を再構築しようとする革新的労使関係の型を選ぶのかということとは密接に関連していたからである。いったいいかなる理念の持ち主が，余暇・消費問題の中にいかなる労働問題を発見し，どのような勢力を敵と見なしたのか，またそうした勢力に対抗するためにどのような戦略を練り，どのように労使関係の再構築を行おうとしたのか，これらについて検討することが本章の課題である。

検証に先立つ予備的作業として経営者を類型化しておかなければならない。類型化にはいくつかの方法が考えられるが，われわれはAFLとの関係から雇用主を類型化することにしたい。AFLは経営者優位の時代を生き抜くために経営者たちの誰を敵とし，誰を味方にするかを見定め，それに応じた戦略を採用したので，雇用主を類型化するにはうってつけであるからである。

1）AFL の戦略転換と雇用主類型

AFLが週5日労働制要求を掲げたのは1924年頃のことであり，当初失業問題解決策としてそれを考慮していた。労働時間を短縮することによって労働供給量を制限できれば，賃金引き上げと同時に失業問題も解決できるという目論見であった。1926年夏に至ってもなお，AFL議長グリーン（William Green）は，ホワイトハウスの昼食会に招かれた際に，クーリッジ大統領に対し「過剰生産という現下の状況に対処するために，われわれ労働者は労働時間の短縮という戦略を採用するしかない」と述べている。このことからも分かるように，AFLは1920年代中葉に至ってもなお，アメリカ経済への悲観的見方を捨てきれずにいた[3]。1920年から21年にかけてアメリカ経済を襲った不況からの回復は遅々として進まず，物価は下落傾向にあったにせよ，賃金水準の回復はなかなか思うに任せない状況にあったからに他ならない。そればかりか，「過剰生産」という言葉には，アメリカ経済は成熟段階に達し，最早経済成長は見込めないという悲観的見方が込められていた。過剰生産が常態化するならば労働者は失業と賃金引き下げの圧力に常に曝されることになり，AFLは雇用主への対抗手段を考え，労働者の生活を守るために自己防衛的戦略に訴えなければならなかったからである。

1923年頃を境としてようやく賃金低下に歯止めがかかったとはいえ，景気回復は斑模様であり，一方で活況を呈し経済の牽引役を務める新興分野もあ

れば，他方で衰退傾向を示す分野，不振の分野もあった。アメリカ経済は，1920年代全体を通じて，黄金の時代としてその繁栄ぶりが喧伝されているが，その内実は，産業間の不均等が著しく，失業率も高かった[4]。

衰退傾向にある産業における労働組合からの切実な要求にAFLは応えなければならなかった。さらに，労働市場における雇用主＝買い手優位を利用して，労働組合そのものを否定しようとする保守的経営者は，強力なオープン・ショップ運動を展開していた。1926年8月，AFL機関誌『アメリカン・フェデレーショニスト　American Federationist』誌上に掲載された「労働と生産」と題する論文は，多くの労働組合が失業と賃金の引き下げやオープン・ショップ運動に対抗するために生産高制限に走らざるを得ない窮状を，正直に告白していた[5]。1926年夏のグリーンの発言は，そうした「敵の大攻勢」の前に立たされているAFL傘下労働組合の悲惨な窮状を踏まえてのものであった。AFLが敵と見なす保守的経営者を，われわれは「伝統的保守派」と呼ぶことにする。

だが，その同じAFLが，既に1925年の第45回アトランティック・シティ総会においてそうした伝統的立場から脱却し，生産性向上のために労使の協調が必要であることを決議していた。大会決議は，持続的経済成長のために労働者に購買力を保障すべきこと（具体的には賃金の引き上げと同時に物価の引き下げの実現を意味する），そのためには労使が協調関係を構築する必要があること，とりわけ労働組合は経営管理者と協力して無駄の排除と能率の向上に努力しなければならないことを宣言し，最後に「労働者の実質賃金，換言すれば賃金の購買力が人的生産能力の向上に比例して増加することがなければ，社会的不平等，産業の不安定と不公正は増大する」との総括で締め括られている[6]。

既に第一次大戦期から科学的管理運動修正派との連携を模索する中で，AFLは科学的管理法を受容して能率向上に協力する見返りとして，団体交渉を通じてその果実を賃金上昇として確保するという「賃金の生産性理論」"productivity theory of wages" を主張していた。その点では，幾分戦線を後退させてはいるが，この大会決議はその延長線上にあったと言える。この大会決議を受け，AFLは直ちに，労使協調路線を一般組合員の間に認知させるため，『アメリカン・フェデレーショニスト』による啓蒙活動を展開した。1925年12月の同誌に掲載された「賃金論：昨日と今日」論文がその嚆矢であった。翌1926年の『アメリカン・フェデレーショニスト』には，立て続けに高賃金

のための労使協調論が掲載されていた。それらはほぼすべて同趣旨の議論であった。すなわち，経済成長のためには労働者に（豊かな消費者としての）購買力を保障すると同時にそれを利用するだけの余暇時間を保障するべきことが主張されており，週5日労働制を「消費」のための労働時間短縮要求を具体化するものと位置づけ，「賃金と労働時間短縮の生産性理論」をそれを実現するための手段とする運動論を展開していた[7]。

高賃金と労働時間短縮が消費拡大を促す，との説明に着目しなければならない。

> 高賃金と短い労働時間の国には，共産主義やその他の危険思想は育たない。…この機械時代に，消費者創造問題解決策として，労働者に高賃金とより短縮された労働時間を保証することを措いて，他に解決策を見いだすことはできない。アメリカの労働者は，最初から最後まで，つねにアメリカ市民である。彼の希望は家族をもち，子供を育て，その子らを正直な男と女に，つまり良きアメリカ市民にすることである。その目的のために，彼は良い賃金と短い労働時間を要求し続ける。この組み合わせこそ繁栄を意味したのであるし，これからも変わることはない[8]。

ここに見られるのは，単なる消費の豊かさを問題にしようとしているのではなく，生活者として「清潔で高尚な家庭の建設」という伝統的価値を，あるいはそう言ってよければアメリカ市民としてのより有意義な余暇を重視しようとする姿勢であった。そのことは十分押さえておかなければならないとしても，この消費拡大論がリベラルな経営者の「高賃金の経済論」と共鳴したことは間違いのないところであった。

ここでいう高賃金の経済論とは，労働者を豊かな消費者に育成することこそ市場拡大には必要不可欠であり，そのためには彼らにそれに見合うだけの高賃金を支払わなければならない，というものであった。なぜならばアメリカ経済の現状は「消費者のストライキ」もしくは「過剰生産」が常態化する成熟段階に達していたからであり，しかも消費者は専ら日常的必需品を購入するのみで，生活を豊かにするための商品やサービスについては極力節約をしていた。こうした成熟した経済を持続的な成長軌道に乗せるためには，生活必需品以外の商品やサービス，つまり選択的消費 optional consumption を増加できるかどうかにかかっているのであり，その意味で選択的消費を可能に

するだけの可処分所得と同時にそれを消費するに十分な余暇時間を保障する必要があるとの認識であった[9]。

われわれはこうした高賃金論者を「消費の福音派」と呼ぶことにしたい。AFLにとって重要なのは，労働者を豊かな消費者に育成することこそ経済成長に欠かせないと主張する「消費の福音派」が存在し，しかもそれが単なるリップサービスではなく，一定の実践を伴って次第に影響力を増していたということであった。たとえば次の事実がそれを物語っていた。経営・産業関連専門誌の掲載論文をテーマ別に分類してその趨勢を見ると，1921年には賃金引き下げの具体的方法やどこまで引き下げが可能かといったテーマに関連する論文が他を圧倒し300本以上発表されていたが，翌年になるとこの種の論文は全くと言ってよいほど姿を消し，代わって能率向上のための刺激賃金制度に関する論文が多数を占めるようになった，という事実である。1923年には，相場より低い賃金しか払えないということは管理が劣悪である証拠であり恥ずべきことであるとの指摘が現れるようになり，やがて指導的な経営者の口から「高賃金の経済論」が熱心に語られるようになったのである[10]。AFLにしてみれば，彼らとの連携が実現すれば，高賃金と同時に週5日労働制をも一挙に実現する可能性が生まれるというわけであった。こうした政策的判断がAFLをして戦略転換に踏み切らせた第一の原因であった。

「賃金と労働時間短縮のための生産性理論」について見よう。これには，次のような説明が付されていた。

> 生産性向上のための労使協調路線を拓いたのは複数の強力な被服製造業の労働組合であった。これらの組合は，雇用主との間でそれぞれの代表者からなる「産業委員会」trade boardsと「仲裁委員会」boards of arbitrationという協議機関を創設し，高い水準の生産性を維持するために多大な努力を払ってきた。その後同様の生産性向上運動が鉄道産業においても実現した。鉄道関係の複数の職能別組合が，1922年のストライキを経て，ボルティモア・オハイオ鉄道 Baltimore & Ohio Railroadとの間で労働協約を締結した結果であるが，（互いを責任あるパートナーとして承認した）この協定は鉄道産業における従来の労使関係を覆す画期的なものであった[11]。

被服製造業や鉄道産業における労働組合と経営管理の協調計画の成功が，

AFLをして，階級闘争路線から生産性向上のための労使協調路線への戦略転換を促したことは間違いなかった。

さらに重要なのは労使合同の協議機関設置によって，労働組合は，産業全体を管理する責任ある一方の当事者として，他方の当事者である雇用主と産業に関わる諸問題を解決するために協議することができるようになったということである。つまり「生産性向上だけでなく，失業者を出さないように産業を安定化することやそれに類似の問題についても，労使双方は責任を持って解決策を模索するように」なった[12]。かつて週5日労働制により解決しようとした失業問題についても，今や労使間協議によって解決できる可能性が切り開かれた。

そして，AFLの労使協調路線は，これもリベラルな経営者の一部にあった工場管理・組織改革推進論と共鳴した。たとえば，そうしたリベラルな改革派経営者の理論的支柱であった経営学者フォレットは，ボルティモア・オハイオ鉄道の労使協調計画 union-management cooperation に並々ならぬ関心と好意を示すと同時に，1925年のAFL全国大会における労使協調宣言を高く評価した。彼女はAFL議長グリーンのテイラー協会における講演を取り上げて，彼が「戦いの効能については何も言わないで，産業に繋がっている生産的なすべてを動員し，産業の発展，その成果の公正な配分を促すという価値について語った」と絶賛した[13]。AFLの労使協調路線を積極的に支持するか，もしくは消極的にではあれ容認する改革派経営者たちを，「経営プロフェッショナリズム派」と呼ぶことにする。

以上われわれは，AFLとの関係に基づき，労働運動に敵対する「伝統的保守派」，高賃金論を唱える「消費の福音派」，AFL労使協調路線を支持もしくは容認する「経営プロフェッショナリズム派」，の三類型を析出した。この三類型に基づいて研究を進めることにしよう。

本章の課題を改めて提示すると，経営者＝雇用主の三類型それぞれに即して週5日労働制要求運動に対する態度を検証し，彼らが大衆消費社会の中で経済の持続的成長を維持するために，どのような労使関係を構築すべきと考えていたのかを解明するということになる。そうすることによって1920年代アメリカ労使関係の精神構造理解を果たしたい。それは，この年代に出現した労使関係の新たな精神が，古い労働倫理や消費主義との闘争の果てに，現代の経営哲学に繋がる新たな地平を開拓したことを明らかにすることに他ならない。

結論を先取りして言うならば、労使関係の新たな精神は、「経営プロフェッショナリズム派」が余暇・消費論争の中で AFL との真摯な対話から誕生させたものである。そして、彼らの前に立ち塞がったのが伝統的保守派の「復活した」労働倫理論と消費の福音派の個人主義的消費主義であった。確かに、消費の福音派は AFL の消費論と一部共鳴しあってはいた。だが、彼らの唱える労使関係論はむしろ保守的な個人主義的立身出世主義に依拠した伝統的なものであった。

われわれは、一方で、伝統的保守派の労働倫理論や消費の福音派の個人主義的消費主義との比較から経営プロフェッショナリズム派の新たな労使関係論の特徴を解明しなければならない。だが他方で、AFL と経営プロフェッショナリズム派を労使関係改革論をめぐり対話させることも試みなければなるまい。そうすることによって初めて、1920年代アメリカ労使関係の精神構造を十全に解明したことになる。

2) 1920年代の経営プロフェッショナリズム

前章で見たように、経営プロフェッショナリズムは決して1920年代になって初めて出現したものではなかった[14]。その起源は1910年代初頭にまで遡ることができた。簡単に要約すればこうである。1910年代における経営プロフェッショナリズムは社会改革派知識人の専門的経営者論を母胎とし、その後科学的管理運動を担い手として、専門的経営者の実践的理念となった。換言すれば、アメリカ資本主義の体制的危機を克服するための処方箋の根幹をなす経営者論（エートス論）であった。1910年代は労働運動と消費者運動という二つの社会運動が高揚した時代であり、いわばアメリカ資本主義の危機の時代であった。科学的管理運動に参加した経営者の多くは、管理技師と共に熱烈な改革指向を有し、能率向上のための組織改革や管理改革に真摯な態度で取り組み、労働者との協調 cooperation を構想し、実践したのである。

経営プロフェッショナリズムは1920年代に入り、とりわけ1920・21年不況を境として、全く対照的な社会的背景の下で、装いも新たにさらなる展開を遂げることになる。1920年代は世論が経営者に味方し、経営者が尊敬の念を持って見られるようになった時代であった。経営者たちはしかし、専ら「どれだけ多くの利益を上げたか」、あるいは「どれだけ多くの資産を保有しているか」といった類の数字のロマンティシズムゆえに尊敬されていたわけではなかった。経営者自らが尊敬に値する経営者たらんと努力していたのである。

つまり，彼らの多くが伝統的な職業義務の思想を再び行動規範とするようになった。企業倫理論 business ethics の熱狂的流行がそのことをよく証している。経営的成功のためには社会的サービスが必要不可欠であるという認識が，経営者の間に共有されつつあったのである。

　企業倫理論の口火を切ったのはロータリー・クラブやライオンズ・クラブであったが，1920年代に入ると多くの経営者団体や業界団体も先を争って倫理綱領を作成するようになった。1924年には全米商工会議所が倫理綱領を公表したり，商務長官フーバーさえも経営行動原理を説くまでになり，企業倫理（＝企業の社会的責任）論は一種の流行現象としてそのピークを迎えた観があった。実際，この頃には企業倫理に関する図書の出版が相次ぎ，多くの読者を獲得している[15]。

　注目すべきは，こうした企業倫理論はその根底で宗教と密接に結びついていたということである。それを示す顕著な事例を，当時の広告業界の指導者であるブルース・バートン（Bruce Barton）が執筆した『イエスの広告術 The Man Nobody Knows』に見ることができる。この『イエスの広告術』は1925年，1926年と2年続けてベストセラーになっている。バートンによれば，イエスは「近代経営の創始者」であるという。なぜならば，イエスは現代経営が必要とするサービス精神の原理を誰よりも良く知悉していたからである。たとえば，「ヤコブとヨハネが偉くなりたいと言ってきたとき」，イエスは「お前たちのうちで偉くなりたい者は，かえってみんなの下僕となり，またお前たちのうちで頭になりたい者は，みんなの奴隷となりなさい」と答える。「たしかに理想だが，それはできない相談だ。本気にするような話ではない，と人々は長い間思っていた。ところが今になって突然ビジネスが偉大な発見をしたのである。その発見は，販売員の志気を鼓舞する大会などで何か新しいもののように言われたり，雑誌の広告欄を賑わせたりしている」[16]。

　「発見」という言葉に注意したい。1920年代において，社会的サービスこそ経営的成功のためには必要不可欠であることが「発見」されたというのである。だが，この精神はベンジャミン・フランクリンの「精神」でもあったことを，われわれは知っている。「隣人愛の実践」が20世紀に「社会的サービス」と翻訳されて復活を遂げたのである。それゆえむしろ再発見と言うべきであろう。それよりもアメリカの経営者が再発見ではなく発見と理解した点に，彼らが長い間この伝統的精神を無視あるいは忘れ去り，成功のためには手段を選ばぬ商略にうつつを抜かしていたことが，あるいは精神を忘れた禁

欲的行動による財務的成功のみが幅をきかせていたという事実がはしなくも表明されていた。今や，多くの企業が消費者へのサービスを公言して憚らなかった。

作ることよりも売ることが難しい時代が到来しつつあった。多くの企業が消費者に向かって，たとえばある大手自動車会社は，次のように経営理念を説明する。「あなたの車の下にいくらでももぐります。他社より背中を汚す覚悟です。私たちの工場に何でもお申しつけ下さい。喜んでいたします。私たちはサービスをします」と。靴のメーカーも同じように訴えている。「あなたの足もとで働きます。ご要望にはすべて応じます」。建築資材，布，食品の生産者，鉄道や汽船会社の社長，銀行の頭取，誰も彼もが異口同音に「サービス」を口にする。彼らはそれを「現代ビジネスの精神」と呼んでいる[17]。つまり，1920年代には多くの経営者が，単なる私的利益の追求ではなく，社会へのサービス public service の提供を経営の目標として掲げるようになったのである。

理性的な経営プロフェッショナリズム運動は，アレンによって「感傷的な経営意識」business sentimentality と皮肉られる企業倫理（論）の流行に隠れてしまっているが，実はそれよりも遙かに重要である。そうした運動の中心的存在として注目すべきは，リベラルな企業経営者として夙に有名なデニスン，経営学者のフォレット，メトカーフ（Henry C. Metcalf），さらにテイラー協会専務理事である産業コンサルタント，パースンらである。

彼らは，1923年から1927年にかけて，人事管理協会 Bureau of Personnel Management を推進機関として経営管理者を対象とした一連の研究講演会を，「経営管理者のための夕べのコース」"Evening Course for Executives" と銘打って主催し，経営プロフェッショナリズムの理念を熱心に売り込んだ[18]。その際，「人事管理協会」という名称が象徴しているように，彼らの関心は消費者ばかりではなく，否それ以上に依然として労使関係，あるいはそう言ってよければ労働者の人間問題に向けられていたことに注意したい。

さらに，専門的経営者養成を喫緊の課題として理解した高等教育機関もまた，前章で述べたエイモス・タク経営大学院をモデルとして多くの経営大学院が創設されていたし，既存の経営大学院にしても，たとえばハーヴァード経営大学院のように，経営政策，企業倫理あるいは経営史などを導入して専門的経営者養成に相応しいカリキュラム改革を断行していた[19]。ハーヴァード経営大学院は，1924年に刊行したパンフレット『専門職としての経営 *Busi-*

ness a Profession』の中で次のように述べ，経営プロフェッショナリズムの理念に基づく専門的経営者養成をはっきりと打ち出していた。

> 我が国の学校や大学の持続的成長，科学の発達，国民生活水準の改善，芸術やその他人生をより豊かにするすべてのものの質的向上のためには経営と産業（の発展）が必要不可欠である。それゆえ企業経営を指揮することは，（医師や弁護士のような）承認された専門職と同等の尊敬と誇りに値する。（それゆえに）経営者教育と訓練もまた高等教育機関が担うに相応しいものであると言える。…現代の大学はその学部教育においては，学生に人生とその環境を眺める正しい見方を可能とするような十分に多様な教育が施されなければならない。大学院においては，その（学部教育の）上に，生涯にわたって具体的領域で最大のサービスを社会に提供することを可能にするヴィジョンと潜在的能力を付与するための具体的訓練が施されることになる[20]。

1920年代の経営プロフェッショナリズム派は少数派にすぎないが，しかし大学院レベルでの経営者養成にも圧倒的な影響力を有したことから見て，彼らの重要性を不当に低く見積もらないように注意すべきであろう。

さらに経営管理論の発展から見ても，経営プロフェッショナリズムは重要な意義を持つ。1910年代の経営プロフェッショナリズムにおいては経営者の役割（もしくは機能）はより安価で良質な商品をより多くの消費者に提供すること，労働者に高賃金を提供すること，彼らの発言権を保障すること，の三点が考慮されていた。これに対し1920年代の経営プロフェッショナリズムは，これらの機能に加え，従業員を「教育」するという新たな役割，すなわち組織工学的役割を自らに課した。ただし従業員を教育するということを狭義の従業員教育と捉えてはならない。むしろそれは現代の経営哲学が重視する「人と仕事のマネジメント」として理解されなければならない[21]。

1920年代アメリカの労務管理・労使関係を研究する場合，ジャコービィの『雇用官僚制』は避けて通れない通過点となっている。内部労働市場の生成を歴史的に辿った彼は，1920年代を（1910年代や1930年代と較べて）「異相」different の時代と特徴づける。なぜならば，1920年代にあっては，買い手市場へと大きく振れていた労働市場や労働組合の衰退が人事部を有する企業を激減させたからであり，また人事部を維持していた企業でも保守主義モデル

が支配的となり，リベラルなモデルはごく一部の企業に例外的に残されるにすぎなかったからであった。

ジャコービィは，第一に人事業務を独立した専門職と見るかあるいは事業内部の地位と見るかによって，第二に親労働組合的立場を取るかあるいは反労働組合的立場を取るかによって，人事管理モデルを類型化した。その基準に基づき，彼は，人事業務を独立した専門職とみなし労働組合との団体交渉とも共存可能である類型をリベラル・モデルと呼び，人事業務をあくまでも企業組織内部の地位と見なし労働組合に対抗するための手段として従業員代表制を重要な柱とする類型を保守主義モデルと呼んだのである。ジャコービィは，この二つの人事管理モデルを相互に浸透し得ない対抗的なモデルとして類型化し，その上で，合理的雇用政策を不要と考える保守主義者＝支配勢力（われわれの語法に従えば伝統的保守派）に対抗して影響力を保持し得たのは保守主義モデルであり，この事態は歴史的に見れば明らかに後退を示していると見なした。これが1920年代を「異相」と形容した所以であった[22]。

ジャコービィの研究はその後の1920年代労務管理・労使関係研究に大きな影響を与えた。そして，後続の研究者がとりわけ関心を抱いて取り組んだ課題は従業員代表制についてであったと言ってよいであろう。そうした傾向を示す最近の研究に，アメリカ労務管理史研究会による『アメリカ大企業と労働者：1920年代労務管理史研究』がある。「SCC加盟企業を中心に多数の大企業の労務管理・労使関係の実態分析」を行い，「1920年代アメリカ労務管理・労使関係の全体像把握」に迫ろうとする試みであると謳っている[23]。だが，この研究は具体性を解明することを重視するあまり多様性が目立ち，全体を統合化する努力が後景に退いてしまった感が否めない。

日本における従業員代表制研究をリードしてきた上野継義は書評の中で，この点を次のように明快に批判した。確かにこの本が言うように，1920年代の従業員代表制はその運用面や労務政策全体に占める位置づけは多様であり，無視できない差異が存在する。だが，そこに特筆すべき共通性が存在することにこそ注目すべきではないか，と。それこそが「合同委員会型」従業員代表制であった。そして，ジャコービィとは異なり，上野はむしろ（歴史的異相ではなく）1910年代との歴史的連続性を主張したのであった。上野は，1920年代に合同委員会型従業員代表制が支配的になった原因を問わなければならないと断った上で，その起源を解明することに研究の重点を置き，その原型を1910年代の安全管理運動と合同安全委員会にあることを実証し「能率

のための労働者参加」の連続性を「発見」したのである24。

われわれの研究は，当然にもこの上野の提起した問題，すなわちなぜ1920年代に合同委員会型従業員代表制が支配的になったのかという残された問題に答えるものでなければならない。つまり再び20年代の特殊性に焦点を当て直すことになる。だがそれは決してジャコウィへの回帰を意味しない。われわれは従業員代表制のみを対象とするのではなく，もう少し広く対象を見ようとしている。なぜならば，経営プロフェッショナリズムの推進者たちは合同委員会を従業員代表制に限定して考えてはおらず，より広く労働組合との団体交渉の下で成立する労使合同協議会をも含めてその積極的意義を主張していたからである。

たとえば，『最近の経済的変化に関する報告書 Recent Economic Changes in the United States』（以下『最近の経済的変化』と略記）の中で工場管理の章を執筆したデニスンは，従業員代表制と，労働組合との労働協約に基づく労使合同協議会の両方を工場内労使合同関係 Joint Relations 改革の中に位置づけ，後者を未だ試行錯誤の段階にあるとしながらも，両者を共に積極的に評価していた。デニスンによれば，調査対象企業のうち，何らかの労使合同協議会を組織していたのは36％であり，その内訳は公式に従業員代表制を採用しそれを積極的に活用している企業が全体の約20％，臨時に設置する特別委員会を利用する企業が10％，そして労働組合との労働協約に基づく労使合同協議会を利用する企業が6％であった25。

つまり，1920年代経営プロフェッショナリズムが「合同委員会型従業員代表制」だけではなく団体交渉型労働協約体制において生まれた労使合同協議会をともに管理改革の切り札としたのはなぜかと問うことで，残された課題にも答えることができると考える。その際われわれは，これを余暇運動によって突きつけられた労働問題と関連づけて，接近したい。

ようやく準備作業が終了した。まずはAFLの余暇運動への接近について叙述を開始したい。

2．余暇運動とAFL

1）AFLとPRAAの連携

AFLが余暇運動の中核的母胎である「公共運動施設の普及と余暇活動促進

のための協会　Playground and Recreation Association of America」（後に全米余暇協会と改称。以下 PRAA と略記）の運動を支持し，これと連携したのは1923年であった。同年のポートランド総会で採択された決議によれば，AFL は PRAA のコミュニティ・サービス部門の活動，具体的には学校教育カリキュラムに体育を導入する運動，公園や体育施設の整備並びにレクリエーション・プログラムのために地方公共団体の財政と組織を動員させる運動，近隣社交活動のためのコミュニティ・センターの設置と市民教育プログラムの拡充を地方公共団体に求める運動を支持した。そして決議は次の文章で締め括られた。「これらの手段を通じて実現されるべきは，現代生活が強いる緊張とスピードを軽減し，国民の健康の維持と健全な市民の育成を図ると同時に，現代の高度に機械化された産業の悪しき影響を克服して，より幸福で豊かなコミュニティ生活を実現することである」[26]。

　AFL と PRAA を連携させたのは，表面的には，余暇活動の現状に対する不満，否危機感であった。たとえば AFL の副議長ウォル（Matthew Woll）は，現在の余暇の使い方が友愛的精神 fraternal spirit を，換言すれば人間の社会性を発達させるために役立ってはいない，と述べていた[27]。また PRAA のライズ（Eugene T. Lies）も同じ趣旨を次のように述べる。

　　神経をすり減らす現代にあっては，できるだけ心理的抵抗の少ない方向での余暇を求めようとする傾向がある。その結果商業化された娯楽施設へと（人気が）集中することになる。確かにそれらは魅力的ではある。だが，長期的に見れば明らかに個人にとってあまり有益ではない。現代に必要な余暇活動とは，（観客としての）疑似体験型ではなく積極参加型の余暇活動でなければならない。誰かの打つホームランを観客席から眺めるのは興奮することかもしれない。しかし観客である限り，われわれ自身の大きな筋肉をどれ一つ動かしてはいないのだ[28]。

　1921年から23年に国際労働機関（以下 ILO と略記）ワシントン支部が実施した都市労働者の余暇活動に関するアンケート調査でも，既に商業的娯楽施設が労働者とその家族の娯楽を圧倒的に支配し，彼らが支出する娯楽費の最大部分を獲得していることを指摘し，次のように述べている。「娯楽への需要の大半は，そこにビジネスチャンスを見いだそうとする商業的関心によって満たされている。劇場，映画，ダンスホールが依然として都市労働者の圧

倒的多数を惹きつけている」。中でも映画館の隆盛ぶりは突出しており，「全米人口の5人に1人が毎日映画館に行き，5人に3人が定期的に映画館を訪れる」[29]。1920年代はまた，プロ野球やプロ・フットボールなどのプロ・スポーツが発展を遂げ，多くの観客を集めてもいた。映画とプロ・スポーツ観戦は，他のいかなる社会集団よりも，とりわけ労働者階級の人々にとって最も重要な余暇活動であった。

　他の社会集団，とりわけ専門職者や経営者などのミドルクラスの人々の余暇活動は，クラブやアソシエーションという乗り物を通して発展を遂げていた。たとえばスポーツについても，カントリー・クラブやその他のアスレティック・クラブのメンバーとなることにより，積極的なレクリエーションへの参加が可能であったし，社交クラブについてもロータリー・クラブ Rotary clubs やキワニス・クラブ Kiwanis clubs，ライオンズ・クラブ Lions clubs などのいわゆるランチョン・クラブに参加することができた。これらはかつてのコミュニティを支えたフラターナル・オーダーやアソシエーションとは異なり，きわめて閉鎖的な身分制クラブであった。

　当然のことながら，労働者とその家族はこうした特権的クラブやアソシエーションからは排除されていた。かつて彼らも参加することを許されていたフラターナル・オーダーやアソシエーション（さらには労働組合分会）を基盤とした社交も，映画やスポーツ観戦などの個人主義的商業娯楽の圧倒的影響の前に衰退を余儀なくされていた。最早，労働者とその家族にとり，フラターナル・オーダーでの社交の意義は減少する一方であった[30]。まさしくウォルが言うとおり，労働者とその家族は友愛的精神を発達させるチャンスを喪失しつつあった。またスポーツへの積極的参加についても，高価な会費を支払わなければスポーツ・クラブの施設は使うことができなかった状況を考えれば，殆どそのチャンスはなかったと言って良かった。余暇活動と従業員クラブに熱心な工場の従業員でもない限り，野球も水泳もスケートもバスケットも簡単に楽しむことはできなかった[31]。彼らが楽しめたのは，商業的娯楽施設が提供するビリヤードとボウリング，そして幾分いかがわしい雰囲気の中でのダンスばかりであった。

　PRAAが改善しようとしたのはまさにこうした状況であった。PRAAの目的は，参加型余暇活動のための計画を専門家的立場で支援し，公的財政支出による施設造りを推進することによって，スポーツからも健全な社交からも疎外されつつある労働者とその家族により良い余暇を保証し，参加型余暇活

動を通じてコミュニティ＝隣人団体の社交を復活させることにあった。こうしたPRAAの運動が一定の成果を上げ，1920年代を通じて公立の図書館，コミュニティ・センター，公園，野球，テニス，ゴルフなどの運動施設を持たない自治体は存在しないほどとなり，余暇活動の民主化は進展を遂げた。さらにコミュニティの社交についても，学校の施設を成人教育の拠点として開放し，多くの教育プログラムを提供するに及び，充実を見せたのである。

以上のようにAFLとPRAAの連携が余暇活動の現状批判から生まれたとしても，その根本にあったのは大量生産体制下での仕事に対する労働者の心理的疎外感であった。より長い余暇時間の要求は裏を返せばより短い労働時間の要求ということであり，なぜ余暇の豊かさを求めなければならないのかという問題は労働をどう考えるのかという問題と表裏一体の関係にあった。余暇時間を市民の肉体的・社会的・文化的発展のために賢明に知的に活用すること，これについては誰も異論を差し挟まなかった。当然のことながら，当時の経営者の多くも余暇活動それ自体を否定したわけではなかった。だが，AFLが余暇のために週5日労働制を要求したとなると，雇用主は鷹揚に構えてはいられなかった。

既に述べたように，一日8時間労働制については雇用主もその必要性を容認した。だが，専ら余暇のためという理由でさらなる労働時間の短縮をAFLが要求したとなると，話は違ってこざるを得なかった。いったい労働者たちは職業労働をどう考えているのか，彼らの労働倫理はどこへ行ってしまったのか，あるいはそれほどではなくとも，彼らは職場と労働への関心を喪失してしまったのではないか，そう疑わざるを得なかったのである。

実際1920年代の余暇運動は，それを支える理念から見て，それまでの運動とは明らかに質的に異なったものとなっていた。とりわけ雇用主にとって重大であったのは，余暇運動の理念が伝統的な労働倫理を真っ向から否定した点にあった。

2）余暇運動と新余暇倫理論

労働倫理や余暇の研究者たちによれば，余暇運動＝労働時間の短縮運動は1920年代に入るとともに著しい変貌を遂げたという。従来の運動は「労働のための余暇」という考え方に基づくものであった。より能率的な仕事，より完全な仕事を遂行するためにはそれに見合う余暇時間と余暇活動が必要不可欠であるという考え方であった[32]。つまり，余暇は職業労働による肉体的精

神的疲労からの回復に必要な生活の構成要素として理解されており，その意味で労働倫理とは相補的関係にあった（職業を中心に統合化，あるいはそう言って良ければ組織化されたライフスタイル！）。

たとえば，余暇運動がアメリカナイゼーション運動や禁酒運動と密接な関連性を有したところにそのことが端的に表現されている。すなわち，酒場を拠点とする移民文化を労働倫理と相容れない悪しき文化として排除し，それに代わるべき健全な娯楽としての余暇活動を移民とその家族に提供するために運動施設やコミュニティ・センターの整備を求めたのであった[33]。

だが1920年代に入ると，「労働のための余暇」とは異なる新しい教義（新余暇倫理論）が余暇運動と労働時間短縮運動を突き動かすことになった。新余暇倫理論は自由時間それ自体への関心，あるいは余暇活動それ自体に価値を見いだそうとした。20世紀初頭の北部プロテスタントのモラリストたちに起源を発するこの新余暇倫理論は，人間精神の神髄は自己規律の中に現れるのではなく自由で無意識な遊びの中に現れると主張した[34]。つまり，労働ではなく遊びこそ価値ある行為である，との主張であった。多くのモラリストや改革派の人々は「意味喪失の時代」状況を深く憂慮した。「意味喪失の時代をいかに生きるべきか」というテーマを重く受け止めた余暇運動がその処方箋もしくは教義として受容したものこそ，当時脚光を浴びつつあった「遊びの心理学」，「感情の浄化理論」theory of emotional catharism であった[35]。

余暇研究者ハニカット（Benjamin K. Hunnicutt）は，当時余暇運動に最も強い影響力を有した遊びの心理学者としてパトリック（G. T. W. Patrick）とホール（G. Stanley Hall），それにカッテン（George Cutten）を挙げている。彼によれば，一方のパトリックやホールは「遊びと余暇によるリラクゼーションと代償効果」を主張し，他方カッテンは「遊びと余暇による創造性の回復」を重視していた。ハニカットに倣い，この二つの理論に従って簡単に「遊びの心理学」を要約しておきたい。

「リラクゼーションと代償効果」の理論

現代人は，なぜ労働ではなく遊び中心の生活に転換しなければならないのか。確かに，人間社会と人類の進歩のためには人間の獣的本能を（厳格な規律に基づく労働によって）抑制する必要がある。だが，最近の傾向は，産業からの要求によって，この抑制が抑圧にまで急速に高まってしまった。そしてこの抑圧のシステムは異常なほどの水準にまで達し，危機的状況を作り出

している。労働の細分化，単調な職務，職人的熟練や創造性の喪失が，アメリカの労働者の間に精神異常や神経症的行動，慢性且つ重大な疲労の症状を増大させている。

　こうした状況を改善するためには，経済的社会的進歩との間に生じた精神的肉体的乖離を，知性や筋肉を使う遊びによるリラクゼーションで埋め合わせなければならない。とりわけ現在の労働があまり大きな筋肉を使うことがない，どちらかといえば動かないという特徴を持っているので（その結果たとえば心臓病などの疾病が多くの労働者を苦しめているので），レクリエーションによってそうした筋肉を動かせば非常に大きなリラクゼーション効果があり，心身の健康に有効である。換言するならば，遊びこそ工場内の抑圧的労働から「逃避」する手段として有効であり，本来の人間性を回復することができる[36]。

「創造性の回復」理論

　より積極的な遊びの意味はそこに唯一「創造性」を発見できるからである。今や創造性は労働から失われてしまった。そもそも人間が活動的且つ創造的個人となることができるのは，性衝動を昇華できるからである。しかし逆に，そうした性衝動に気兼ねなく己の身を委ねてしまうこともできる。だが，これは個人としては限りなく獣的存在へ近づくことを意味するであろうし，社会的にも病理現象や無秩序をもたらすことになる。それゆえ，社会の秩序と進歩は性衝動のエネルギーをある種の創造的行為のためのエネルギーへと昇華させることができるか否かにかかっている。

　かつては性衝動の抑制と昇華（禁欲）によって蓄積されたエネルギーは職業労働というチャンネルを通して発現され，家族と社会の欲求を充足するという意味で，それは大きな価値をもたらした。個人もまた，職業（仕事）という創造的方法により，自己表現のチャンスを得ることができた。そうした果実こそ職人的熟練，芸術，あるいは文化創造そのものであったと言ってよい。

　しかし工場と組み立て工程が主導する現代の生産システムは，伝統的に仕事と結びついていたその創造的果実を奪い去ってしまった。最早仕事の中に創造的表現手段を見いだせない以上，社会は別の方法，別のチャンスを個人に提供する義務を負うことになる。人間の性衝動を再び創造的形態の中に流し込む新たな実践的方法こそ，余暇活動に他ならない[37]。

労働現場の抑圧あるいは意味喪失による心身の「凝り」を余暇活動によってリラックスさせるという「代償効果」理論にせよ，あるいは創造性を余暇活動によって回復するという「創造性の回復」理論にせよ，いずれも労働者の生活は分裂させられることになった。一方が労働からの逃避という消極的分裂，他方が労働を生活手段を得るための必要悪と見なす積極的分裂という違いはあるにせよ，ともに労働現場あるいは職業労働が生活の暗黒面であるのに対し，余暇あるいは余暇活動こそが生活の光明面であるという理解であった。要するに，生活もしくは人生の喜びは余暇にある，というわけである。それゆえ余暇運動は，能率向上の果実は労働時間短縮に向けられるべきでありいずれは労働は絶滅されなければならないとの立場を理解し，支持したのである。まさしくそれは伝統的労働倫理の全面否定を意味した。

さらに重要なのは，伝統的労働倫理を否定する新余暇倫理と労働時間短縮要求がアメリカ文化の舞台中央から（さしあたりは知識人やモラリストからではあったが）大きな声となって発せられたことであった。しかもユダヤ教徒の安息日のための労働時間短縮運動やカトリック教会の反プロテスタント的宗教復興のための労働時間短縮運動などのような，どちらかといえば周縁部から発せられた声すら余暇運動は自らの中に取り込み，強力な力の源泉として利用したのであった[38]。

余暇運動はまさしく国民運動となりつつあった。そしてAFLは，余暇運動が国民運動へと成長を遂げつつある事態を利用して，さらなる労働時間短縮の要求を雇用主に突きつけるという戦略に打って出たのである。それこそがAFLのPRAAとの連携の含意であった。

3）AFLと（初期）労働者教育運動

AFLはPRAAと連携することにより「遊びの心理学」の教義に鋭敏に反応した。AFLのメンバーたちは，熟練労働者として，大量生産体制が支配的になるのに応じて職場からは意味が喪失し労働条件も悪化しつつあることを切実に体験していたのであるから，それは当然であった。AFL副議長ウォルは「余暇と労働者」と題する論文の中で，余暇時間の増大と余暇時間の適切且つ知的な使い方の必要性について次のように説明している。

われわれが産業の内部で耳にすることは，専ら生産についての関心であ

り，より多くの生産，恒常的な生産の拡大ということだけである。産業の人間的要素は，人間的要素それ自体としては決して取り上げられない。それは電気や蒸気と同等な自然的力と見なされ，売買される商品としてしか理解されない。生活のよりすばらしい要素やより優れた人間的資質は，我が国の産業と商業生活においては一顧だにされない。そして，この理由，および機械技術の急速な進展と（蒸気や電気などの）エネルギーの巨大な供給が可能になったことが労働それ自体の自動化を促進した。…（そのため）かつては喜びであった仕事も，今では単調でほとんど悲劇的なまでに人間性を欠如してしまっている。人間は機械のために労働しているにすぎず，労働からは個性が失われてしまった。だからこそ，余暇時間の適切且つ知的な利用と余暇時間の増大がとりわけ強く求められるのである[39]。

ウォルによるこの余暇論が「遊びの心理学」の教義と共鳴していることは明らかである。このことは，AFL が PRAA の活動を支持する理由を 9 点に要約した彼の説明を読めばさらに明瞭になる。ウォルが列挙した PRAA を支持する理由は以下の通りである。

1. PRAA はその根底に人間的生活 human life およびその維持・増進・完成・強化への関心を有すること
2. PRAA は人間的幸福への関心を有すること
3. PRAA は良き市民 good citizenship への関心を有すること
4. PRAA は青少年の福祉について関心を有し，正しい種類の遊びが彼らの肉体的，精神的，性格的成長を促進することを知悉していること
5. 労働条件は大きく改善されたとはいえ，労働者がほとんど動くことを必要としない自動機械と労働者から創造的満足を奪い去る細分化された作業工程によって作業現場は特徴づけられている。現在増加している疾病の多くは座って過ごすため大きな筋肉を使わない生活，それを原因とする心肺機能の低下と神経症に起因している。この状況は遊び，活気と満足感と喜びをもたらす遊びによって解決することができる
6. 内面の深部からわき出る精神的飢餓感を満足させるためには労働者に自己表現のチャンスを与えることが必要である。運動，社交そして審美的な種類の創造的レクリエーションがその手段を提供する

7．労働運動は労働時間短縮の戦いを通してより大きな余暇を獲得してきた。今ようやく生活の全面を質量ともに充実させるチャンスを得たのである
8．アメリカは現在世界の工場と見なされている。もしわれわれ国民が（人間であることを止め）機械化されることを望まないのであれば，われわれ自身のレクリエーション・センターと社交的影響力を同じように強化しなければならない。そしてアメリカを世界の遊び場 playground としなければならない
9．アメリカは「働くために生活する」という現在の秩序を「生活するために働く」というより人間的な哲学へと反転させなければならない[40]。

「働くために生きる」のではなく「生きるために働く」というウォルの言葉にすべては集約されていた。しかし「生きるために働く」という生き方とは，いったい，具体的にはいかなる生活を意味したのであろうか。たとえば，われわれはその典型的事例を19世紀後半期の労働運動に参加した熟練労働者たちの生活に見いだせる。この時期における労働運動指導者の一人，鋳物工組合の偉大なる指導者であるウィリアム・シルヴィスは「生きるために働く」ことの意味を，物質的消費生活と教養生活の両面からみて，市民に相応しい生活を送ることであると説明していた。確かに，シルヴィスはとりわけ市民的教養を重視し，労働運動は同時に知的教養を高めるための教育運動でなければならないことを力説してもいた。

彼の時代，労働者の生活は専門的職業人として組織化され統合されていたし，彼らのパーソナリティも分裂するようなことはなかった。職場は労働者統制の下にあり，彼らの余暇活動も，職場の仲間を主要メンバーとする労働組合分会活動が家庭生活とともに重要な構成要素となっていた。彼らは職場にも労働にも十分な関心を持っていた。彼らは雇用主やコミュニティのメンバーとも対等な人格を前提にした社交を行っていた。そうした職業的関心や市民的社交が彼らの知的教養を強化する推進力となっていたのである。

だが，大量生産体制の下で職長の帝国もしくはより合理的な工場管理が成立し，さらに機械化が労働から意味を奪い取ってしまった以上，労働者の間から職場や労働への関心が次第に失せ，それに比例して職場の階級的連帯感情も薄れてゆくのは自然の流れであった。生き甲斐を専ら余暇時間に求めるとしても，そこに職場の仲間の姿を見いだすことは希であろう。職場の仲間

よりも隣人集団との社交が重要となった。既に見たように，AFLはこうした状況を改善するためにPRAAの活動を支援し，そのメンバーに対してもコミュニティ活動としての余暇活動計画へ積極的に関わることを促した。それだけではない。AFLは，労働者の知的審美的生活向上のため，自ら労働者教育運動を強力に推進したのである。

　AFLの労働者教育運動については，先に触れたILOワシントン支部の調査報告書においても次のようにその概略を紹介されている。「労働者学校はAFL傘下の労働組合や支部組織の支援を受けて組織され，運営基金は労働組合員からの出資によって賄われている。参加者の圧倒的多数は労働組合のメンバーであり，年齢も30歳以上が多数を占めている。クラスは平日の夕方，あるいは土曜日と日曜日に開かれている。1921年の記録によれば全米に21の労働者学校があり，クラスへの参加登録者数は4,670人であった」[41]。1923年4月に開催された労働者教育運動事務局会議 Workers' Education Bureau Convention でこの数値を見せられたゴンパズは次のように述べている。「たしかにこの数値は十分というにはほど遠い。しかしまだ始まったばかりなのだ。それが堅実なスタートを切ったのであれば，われわれは十分それに誇りを持ってよいであろうし，将来についても自信と希望を抱くことを許されるであろう」[42]。

　こうして，ささやかな規模で開始された労働者教育運動であったが，われわれとしては，その小規模さに目を眩まされることなく，そこに示された理念が現実の中で生み出す結果に注目したい。

　「労働者は，清潔で市民に相応しい家庭と，それを維持するだけの賃金，十分な余暇時間を与えられれば，物質的豊かさよりも心の豊かさを望む」。労働者教育運動はこの原則的生き方を確信するところから出発していた。確かに労働者教育は，その目標を労働運動の持続的成長に置き，そのために一般組合員の知性，具体的には社会認識を高めることが必要であるとして，産業と労働運動の関係，現代社会の構造，労働運動の精神について学習しなければならないと表明していた。カリキュラムもそれを具体化するものであった。すなわち，一方で史的唯物論の初歩的概説書やマルクス主義的立場から解釈された経済学などの社会諸科学を教えるクラス，他方で多岐にわたる文化教養コース，たとえば散文学，韻文学，戯曲，哲学などを教えるクラスから成り立っていた[43]。

　こうしたカリキュラムを見ると，AFLの労働者教育の中身はラディカルな

労働運動のそれと大差なかったといえる。アメリカの労働者教育運動は社会主義やラディカルな政治運動の組織にその起源を有していたので，カリキュラム等についてもそうした社会主義的労働者教育から少なからぬ影響を受けていたことは十分にあり得た。当時自動車産業で働く研磨工マーカート（Frank Marquart）は，当時のラディカルな労働者の一部にあった教養主義 intellectualism を次のように紹介していた。「教養ある労働者」が愛読したのはジャック・ロンドン（特に『変節者 The Apostate』や『マーティン・イーデン Martin Eden』など），カール・マルクス，デ・レオン（Daniel De Leon），およびスペンサー（H. Spencer）などの著作であり，時折催されたクラブのピクニックにおいてさえ昼食は彼らについての議論の場となったという[44]。

また彼らが労働者学校における優れた教師となり，多くの小集会を組織した。こうした労働者教育は人間を大きく変えることになった。かつて土曜日ごとに仲間と連れだって酒場に入り浸り，賭ビリヤードを楽しんだ後はいかがわしいダンス・ホールで踊り，最後は決まって赤線地帯で街娼を買っていた件の男，その彼が今や文学書（彼はジャック・ロンドンを愛読した）や哲学書，さらにはマルクスやエンゲルスの作品を購入し，余暇時間を読書とクラスの下準備のための勉強に充てるようになった。つきあう仲間もそうしたタイプの労働者であり，自由な時間は行きつけのレストランのラウンジでお茶を飲みながらのディスカッションであった[45]。

彼はできるだけ自由な時間を確保するため工場を転々としながら熟練を掠め取り，とうとう工具金型部門で働く熟練工 tool grinder となった。だが彼は有能ではあっても決して仕事熱心な労働者ではなかった。モデル・チェンジのための切り替え時，つまり工具金型部門が最も繁忙を極める時期に，何かと理由をつけては欠勤したことを，時には週のうち3日しか出勤しなかったことを，誇らしげに述懐していた。職長は憎々しげに彼を見やるばかりであり，それでも（有能な職人であるために）決して彼を解雇することはなかった[46]。マーカートはまさしく「余暇を楽しむために労働する」ことを実践したのであった。

AFL がアメリカ社会（民主）主義運動と袂を分かち，社会民主主義からの影響を薄めていったにせよ，依然として社会民主主義的教養主義は労働組合員の間に一定の共鳴板を有していたであろうことは想像に難くない。もちろん，ここで注意すべきは社会民主主義思想というより，むしろ件の労働者が生きる暮らし方 way of life であった。誤解を恐れずに言えば，彼の生き方こ

そ，AFL の労働者教育運動が意図せざる結果として育成した「労働者」類型そのものであったと，かなりの確かさをもっていうことができる。もちろん良き隣人として生きるべきことを付け加えなければならないとしても。

このことは，AFL の初期労働者教育運動にきわめて批判的であった同時代人カレン（Horace M. Kallen）の次の指摘が逆に裏付けている。

> 労働者が（労働者教育が提供するクラスで）最も期待し熱心な科目は，非人間的機械の非人間的操作や機械体系に寄り沿うように形成される非人間的社会組織という職場環境では決して得られない，真の人間的共感，人間としての尊厳，あるいはそうしたことを実感できる自由な遊びを得られるような授業科目であった。具体的には散文学，戯曲，ディベート，議会の規則，心理学，哲学，修辞学などが人気科目であり，それらは明らかに自己のパーソナリティをもっとよく表現するために必要な議論や行為のための技芸に関連するものばかりである。…（そうしたことを職場の中で実現するために本来なら）産業を統制する方向に労働者教育は向かわなければならないのに，結局その役割と機能は産業から逃避するためのチャンネルでしかない[47]。

労働運動を促進するためのクラスも多数あったが，受講生が好んで選択したのが文化教養クラスであったというのは象徴的である。労働者の多く，とりわけ内面性豊かな知的関心の高い有能な労働者たちに限って，職場の労働よりも個人主義的な趣味に関心を抱き，自己表現のためのチャンスを得たいと考えていた。彼らにとっては，労働は砂を嚙むほど味気なく無意味であり，専ら余暇のための必要悪にすぎなかった。彼らのライフスタイルは件の社会民主主義者マーカートのライフスタイルであり，それこそカレンが批判したものであった。

AFL は余暇運動と連携した結果，いつの間にか余暇活動に生き甲斐を見いだし，労働を忌避するタイプの労働者を大量生産することに力を貸していたのである。カレンは，こうしたタイプの労働者は決して労働運動の発展をもたらさない，と批判した。そして雇用主にとっても，職場と労働に生き甲斐を見いだし得ず退社時間をいつも気にするようなタイプの労働者が大量に出現する事態は，なんとしても避けなければならなかった。AFL の週 5 日労働制要求は，このような等閑に付すことのできぬ重大な問題を一層悪化させか

ねない危険性を孕んでいた。

　他方で，余暇時間の拡大は高賃金と共に労働者を豊かな消費者とするために有効な手段でもあった。大衆消費社会の下，大量生産体制の持続的発展のために労働者の運命をいかに定めるべきかという問題に，雇用主は否が応でも直面せざるを得なかったのである。では，伝統的保守主義派，消費の福音派，経営プロフェッショナリズム派の雇用主たちはそれぞれ，週5日労働制要求をどう理解し，いかなる態度を取ったのか，また大衆消費社会の下での労働者の運命をどう見定めようとしたのであろうか。これが次節の課題である。

　その前に，カレンが新たな労使関係構築にとって重要なヒントを指摘していたことに言及しておきたい。それは次の二点であった。第一は，労働者が何らの発言権も持たない工場管理の現状を放置したままで労働運動の持続的発展を教育目標として掲げても，労働者が好むのは専ら余暇活動に焦点を当てた文化教養系のクラスであり，それはますます職場や労働への関心を喪失させるだけで，結局労働運動を衰退させる結果に終わってしまうということである。第二は，労働者の職業生活の中で労働と余暇を分裂から統合へと転換させるためには，まずもって工場管理に対して労働組合が何らかの発言権を持つような機構を構築しなければならないということである。それが実現したとき初めて，労働者教育は本来の目的を達成するチャンスが生まれる。いずれにせよ，大量生産体制の下で再び職場と労働に関心を抱かせるためには，工場管理に対して何らかの発言権を確保するのがきわめて重要だということである。それは企業経営にとっても，労働者の生き甲斐を再び職場と労働に取り戻すためにも考慮しなければならない重要な示唆でもあった。

3. 余暇・消費論争に表れた雇用主たちの主張

　デニスンは，『最近の経済的変化』の中で，経営管理改革を推進する経営プロフェッショナリズムの立場から，1920年代の雇用主たちを次のように類型化していた。第一に大勢を占めるのはいかなる改革にも背を向ける経営者たちがいた。デニスンは彼らを「バビット的存在」と揶揄し，失望感を露わにしていた。「彼らは専ら安全を優先し，既に多くの人によって実践済みであり確実な成功を約束されていることを知った上でないと，いかなる改革にも決して手を出さない。それゆえに，管理技法として未だ定着を見ない諸改革

には無関心である」。彼らは，われわれが伝統的保守派と名付けた類型にほぼ一致する。

第二に，改革派についても，その大勢は消費者への関心に留まっていると批判する。「改革派の経営者たちはある種の社会的責任を果たそうと努力したがゆえに改革を断行したし，現にしてもいる。だがしかし，彼らが重視する社会的責任の対象は，組織と株主を除けば，主として消費者に対してであり，労働者に対する社会的責任の自覚は薄弱であった」[48]。彼らは，われわれが消費の福音派と名付けたグループにほぼ等しい存在であった。

デニスンによれば，第三に労働者に対する社会的責任を自覚する経営者はごく少数に過ぎず，彼とその仲間が調査した改革派のわずか20％が労働者の技能と勤労意欲の改善に取り組んでいるに過ぎなかった。「（工場管理の）人間問題についての科学的分析は未だ緒に就いたばかりである」。デニスンはこの少数派に関して，さらに重要な指摘をしている。それは，結局改革に取り組むか否かは「規模や業種などとは無関係であり，専ら経営思想の変革に起因している」と断言していること，これである[49]。われわれはその新たな経営思想を経営プロフェッショナリズムと呼んだのであった。

つまり，われわれの三類型はそれほど突拍子もない代物というわけではなく，デニスンのような慧眼な同時代人からいわばお墨付きを得ることができるような，かなり精度の高い分析装置であると確信できるのである。もう一つ，雇用主の三類型の間に大きな勢力格差が存在したことは重要である。とりわけ，伝統的保守派が圧倒的多数派を占め，経営プロフェッショナリズム派は圧倒的少数派に留まったことをしっかりと記憶にとどめておきたい。押さえておかなければならない点はもう一つある。それは，経営プロフェッショナリズムの改革派にとって伝統的保守派が最大の障害もしくは敵となっており，経営プロフェッショナリズム派は彼らに対する戦略を考慮しなければならなかったということである。その戦略についてもわれわれは考究しなければならない。

この三点を押さえながら，以下において，雇用主のそれぞれの類型が，豊かな消費社会の下，大量生産体制の持続的成長のために労使関係をどのように定義すべきと考えていたのかを，週5日労働制に対する彼らの態度を問うことによって解明したい。まずはデニスンからバビット的存在と揶揄された伝統的保守派を俎上に載せる。

1）伝統的保守派の労働倫理論

　AFLの週5日労働制要求に真っ向から反対したのはNAMであった。NAMは週5日労働制について32人の著名な経営指導者たちに意見を聞き，30人がそれに反対していることを確認した。この結果を得てNAMは1926年10月に *Pocket Manual* を発行し，強硬な反対論を展開する50)。AFL議長グリーンはその2ヶ月後『ノース・アメリカン・レビュー North American Review』誌に「週5日労働制」と題するかなり長文の論文を投稿し，この *Pocket Manual* を槍玉に挙げて興味深い反論をしているので，われわれはこれを手がかりにして伝統的保守派の反対論に接近したい。グリーンによれば，NAMの主張する反対論の根拠は次の8点に要約できるという。

1. それは生活費を急騰させる
2. それは賃金を平均15％以上引き上げ，生産性を低下させる
3. 全産業にこれを適用することは実際的ではない
4. それは追加的（余暇）時間をつぶすために追加的奢侈への欲求を高める
5. それは見世物にうつつを抜かす傾向を強めてしまう。ローマはその結果滅びた
6. それは働くことで自己の成長を望む人たちの最善の利益と対立する
7. それは緊急避難的な売り上げ増には効果があるかもしれないが，長続きしない
8. それは一所懸命働いてアメリカに追いつこうとしているヨーロッパとの競争に不利に働く51)

　われわれの立場からすれば，これらの主張はさらに三つのグループに分けて考えることができるように思う。まず「失業問題解決策としての週5日労働制」批判（1．2．および3．），次が「労働倫理の立場からする新余暇倫理論」批判（4．5．6．および7．），最後に国際競争力の視点から見ての批判（8．）である。グリーンは失業問題解決策への批判に対する反論に最も紙幅を費やしているが，その際彼が持ち出した論拠は，例の「賃金と労働時間短縮のための生産性理論」であった。ここには失業対策の手段ということを隠し，むしろ労使協調路線を前面に押し出すというグリーンの戦略的配慮が見て取れる。これに対して新余暇倫理論批判への反論は素っ気なく，「国家と社会の

進歩という視点から見て労働時間の短縮は望むべき目標である」[52]とにべもなく切って捨てる。要するに，価値観（世界観）の相違であり，この問題については戦略的配慮も何もなく労働運動の原則的立場を貫く姿勢である。最後の国際競争力的視点からの批判については何も反論していないが，ためにする批判として一蹴したと受け取るべきであろう。

われわれが関心を持つのは，グリーンが原則的立場から労働運動とは相容れないと切って捨てた，伝統的保守派の世界観である。NAM も明らかにしているように，アメリカの指導的経営者の多くが伝統的保守派と世界観を共有していた。換言すれば，AFL の週 5 日労働制の要求は，彼らの世界観を揺るがす問題として大きな危機感を持って受け取られた，ということができるのである。以下順を追ってみてゆくことにしたい。

［それは追加的余暇時間をつぶすために追加的奢侈への欲求を高める］
　　労働者，とりわけ外国生まれの労働者は，この国へ来たおかげで，部分的ではあるが熟練を身につけることができたのだ。それにも拘わらず彼らは（週 5 日労働制が実現すれば得られるであろう）追加的余暇時間をきっと悪用するに決まっている。彼らは，悪徳とは言わないまでも，不必要な喜びにそれを無駄使いしてしまう。それはエネルギーの浪費を意味するであろうし，ぶらぶら過ごす性向を強め，単に不必要であるばかりか，それを購入することで分割払いを余儀なくされて債務を負うという意味では，重荷にさえなる多くの物財を買いたい衝動に駆られる[53]。

上に引用したのは企業経営者マリケン（A. H. Mulliken）の主張である。一読すると，余分な余暇が浪費癖を生みだし，しかもそれに見合う質と量の労働をしないのだから，負わずもがなの債務を負う羽目になってしまう，だから余暇の延長は社会にとって害毒であると言っているかのようである。実際，分割払いは労働者家族にも大いに利用されていた。

AFL も分割払いの危険性について，「信用で物を買うことに不慣れなため，また予算計画を立てることを学んでこなかったために過大な債務を負う危険性がある」と指摘し，伝統的保守派の主張に同意している。労働者は広告をはじめとする「巧妙なマーチャンダイジングに曝されることに抵抗できない。体面を保つために購入される自家用車や高級家具のために，多くの労働者は食費や衣服費を削らなければならなくなる」。分割払いを選んだ消費者に関

するある調査によれば,「約7割が負債に陥りやすいと感じており,倹約を促すと答えたのは約4割に留まっている(両方にイエスと答えた回答者が1割存在している)」。

ところがその同じ調査は,この分割払いが急伸した同時期(1920年〜1925年)に,普通預金額と保険購入額およびそれらの口座数と契約者数も,著しく伸びた事実も指摘している。しかも「銀行に新たに口座を開設した人たちは比較的低所得者層(つまり労働者階級)の人であり,分割購入の影響を最も受けやすい人たちであった」。これらのことから当該調査は,「貯蓄の伸びも分割購入の普及も,すべては賃金と所得の伸びがあったからこそ可能となった」と思われるので,労働者階級の家計内容は,通例言われていることとは逆に,健全性を維持していると結論づけていた。換言すれば,分割払いがもたらす否定的要素については心配する必要はないと一蹴しているのである。その上で,分割払い購入制度は,労働者に消費者としての豊かさをもたらし,生活者としてもより良い余暇生活を保証する,これによって労働者は自尊心を高めることができる,と積極的に評価しているのである[54]。

伝統的保守派マリケンが真に問題視したのは,まさにこの消費生活による自尊心の獲得ということであった。彼が言う「不必要な物財」とはつまるところ,車や高級な家具など労働者にとっては分不相応な物財を持つことを含意していたのであり,これこそが浪費であった。そしてそれ自体を彼ら労働者には不遜なこと,不道徳なこととして批判したのである。消費問題は労働倫理の根幹に関わることであり,労働によって己の何たるかを証明できない者がその地位以上の消費生活を望むことは罪なのである。

[それは見世物にうつつを抜かす傾向を強めてしまう。ローマはその結果滅びた]

> 私はレクリエーション運動のなかに,見世物にうつつを抜かす傾向を見てしまう。ローマはその結果滅びた。働く人々のほとんどは専ら手と足で働き,口以外頭を使わないので,働く喜びを感じられない。…その結果,この国の男たちは弱虫で軟弱な種族になりつつある。今こそそれに待ったをかけ,まっとうな男らしい男を育成すべきだ。温情主義的な市,州,連邦の法律が多すぎる。週40時間を要求する者は誰でも,この偉大な国の市民であると主張することを恥ずべきだ。週40時間労働制運動は滅びに向かう道だ[55]。

こう述べているのはフィラデルフィア・ギア製造所会長マークランド（George L. Markland, Jr.）である。マークランドにとって，レクリエーションが怠惰を意味するからこそ週5日労働制は滅びに向かう道なのである。仕事に喜びを感じて勤勉に労働する男こそ偉大なアメリカの市民に相応しい。マークランドも他の伝統的保守派と同様，余暇が文化を生むことを承認はする。だが，労働者にはその能力も資質も認めないのである。彼に従えば，労働者は余暇の誘惑に耐え得ない，と言うべきであろうか。

　確かに労働者の本質は健全で勤勉さを有している。そうであるがゆえに，「平均的労働者が必要以上に長い余暇時間を持とうと考えているとは信じ難い。彼にとっては，ぶらぶらするより仕事をし金を稼ぐことの方が，より幸せでありより満足である」はずだ（G・F・レイノルズ George F. Reynolds）。しかし，労働者は簡単に誘惑されてしまうという弱点を持つ。より多くの余暇を持とうという活動が開始されるや，彼の健全な性格は恐るべき早さで破壊されてしまう。その結果，彼らは急進主義思想にうつつを抜かすばかりか，犯罪にさえ手を染めてしまう，というわけである[56]。

　NAMの会長エジャートン（John E. Edgerton）はその関連を次のように直截に述べている。

　　労働は呪うべきもので，われわれの理想はできる限り速やかにそれを廃棄することである，という考えは首肯しかねる。余暇が文化と密接に関連しているのと同じように，余暇は犯罪とも密接な関連があるということを想起すべきである。…事実が示すように，賃金水準が上昇し労働時間が短縮するのに応じて文化よりも犯罪の方が著しく伸び，今や我が国はかつて世界が知っているどの国よりも犯罪大国となってしまった。より多くの余暇はより悪い余暇となるがゆえに，余暇よりもむしろ労働こそ重視されなければならないのではないだろうか。なぜならば，より多くの労働こそより良い労働なのだから[57]。

エジャートンには，労働の意味喪失状況を文化史的に理解しようという気は毛頭ない。彼によれば，いかなる労働も「必要であり，尊厳があり，（それによって）社会に貢献することができるという喜びを」得られるので，とりわけ思考力のない労働者大衆には労働こそが最高善であった。これは古プロテ

スタント的労働観そのものであった。

　事実，1920年代アメリカの経営理念を研究したプロウスロ（James W. Prothro）は，余暇がもたらす災いについての伝統的保守派の主張は17世紀ピューリタンたちのそれと瓜二つであり，まさしく古プロテスタンティズムの復活であると見なしている。

　　余暇に耽ることは天恵というより災いである。これがこの国で17世紀に聞くことができたピューリタンの教義の鸚鵡返しであるように，余暇がもたらす災いについての説明は，ジョン・コットンの説教の中に説かれていることと瓜二つである。彼は次のように説いていた。余暇は断じて慎まなければならない。なぜならばそれは，まず不幸（災難）をもたらす，次に自然に反する目的に囚われてしまうことにより自己の能力の完全なる発達を妨げられてしまう，そして贅沢と有害な娯楽を熱望するようになるとともに，犯罪に手を染めたり急進主義思想を信奉するようになり，最後は完全な破滅に至る[58]。

［それは働くことで自己の成長を望む人たちの最善の利益に反する］
　「アメリカの民主主義がアメリカ市民に保障する最も崇高な権利と特権は，どこでも好きなところで，何の恐れも妨害もなく働くことのできる権利，そして自己の労働の生産物もしくは自己の労働を，完全な自由競争が保証された市場で販売し購買できる権利である」。これはいわゆる「労働の自由」論に属する主張である。だがそれは，単に仕事をする自由が重要である，と言っているのではない。そうではなく，むしろ仕事を選ぶ自由こそ労働者大衆には最も重要である，と主張しているのである。これは次の事実から帰結する。不適者（＝労働者）の最高善とは仕事にあるが，それは決して労働それ自体の中にあるのではなく，より高いレベルの仕事に昇進するというプロセスにある。最底辺の仕事であっても，それを完全に達成することは不可能である。与えられた地位における達成ではなく，終わることのない地位の上昇から最高善は得られる[59]。これこそが伝統的保守派の労働倫理論であった。しかもそれは消費時代に相応しい，次のような消費論によって武装を施されていた。
　労働倫理から派生する伝統的保守派の「消費論」は，たとえば以下のようなミューラー（Adolph Mueller）の主張が典型である。

仮に，ある従業員が彼の努力と自らに備わった能力とによって一歩一歩確実にその地位を昇り，給料を増やし，より高い権威ある地位へと昇ることができるならば，彼が贅沢を望むことは，彼が秀でた人格の持ち主であることを示すのであるから（当然のことであり容認できる。）

（つまり）権威あるより高い地位に昇るに従って，より大きな自由を得られてしかるべきなのである。ヘンリ・フォードが，工場で働く労働者がそうするように，タイムレコーダーを使うべきであるとは（誰も）考えない。従業員の誰かをより高い職務に昇進させるならば，それに相応しい権威と行動の自由を与えるべきである。そして，もし彼が1ドルの葉巻，あるいは1ドル50セントの葉巻を吸いたいのなら，あるいは自家用車に乗りたいのなら，それを購入するに相応しい所得があり，しかも最底辺から昇進した結果その地位と所得を得たのであれば，神が祝福しているというべきであり，そうする資格はある，と言いたい[60]。

消費にはその地位に相応しい豊かさというものがある。労働者には労働者に相応しい消費が，経営者には経営者に相応しい消費が，経営のエリートにはそれに相応しい消費が許される。だから，より上位の社会層に相応しい消費を求めるのであれば，勤勉に働くことにより，自らがその地位に相応しい能力と人格の持ち主であることを証明することが必要である。アメリカにはそのチャンスが至る所に転がっている。これこそアメリカ的立身出世主義であり，アメリカン・ドリームであった。それゆえ消費（＝地位）のために勤勉に働くことは許される，許されるどころかむしろ称揚されてもいるのである。

このアメリカ的立身出世主義は，広告を味方につけることにより強力な伝播力を持った。大衆消費社会の成立を広告と広告業から分析したマーチャンド（Roland Marchand）によれば，1920年代中葉に広告技法は，ハード・セルからサイド・バイ・サイド・アプローチ side by side approach（もしくは「現実を劇化する技法」dramatic realism）へと画期的な変化を遂げた。この新しい広告技法は，大規模組織の中で進む専門化と相互依存化の荒波に乗り遅れまいとする人々の不安に目を付け，そこに商品を売り込むチャンスを見いだそうとする広告技法であった。その背景には次の発見があったという。広告業界は，多くの読者を獲得している大衆紙の人生相談や結婚相談から，昇進と社会的威信を得ることによって「自己実現」を図りたいと考える数多くの

人々が存在し，しかも彼らは刻々と変化するライフスタイルやモードに関する規範を知らないため，平準化が進めば進むほど目立たぬ存在＝無能の烙印を押される存在になってしまうことを恐れている，という驚くべき事実の発見である。

彼らは，他人との競争に打ち勝ち，大衆的規範によって下される無責任な他者の評価 impersonal judgment に合格するためにはどうしたらよいか，良き人間関係を作り維持するためには何をすべきなのか，これらを教えるコーチ役あるいは親友を切望していた。ならば，そうした状況を劇場空間として設定し主人公を通して感情移入可能な広告を読者に提供すればどうであろうか，構想力豊かな広告クリエーターやコピーライターであれば，比較的容易に思いつくことであった。その結果，広告は「その人の歯，息，腸内活性，浴室の備品，銀器あるいは車の色が（世間の）評価に耐え得るかどうか」を人々に教えはじめると同時に，商品の売れ行きを急伸させたのであった[61]。

サイド・バイ・サイド・アプローチは，ともすれば立身出世のためには中身よりも見てくれが大事である，という間違った認識を与える危険があったにせよ，仲間との連帯よりも立身出世の意欲を強烈に刺激したことは間違いない。「より高い生活水準への熱望を刺激することにより，広告代理店は人びと（の心）にもっと勤勉に働くべきことを吹き込む。勤勉な労働はより高い能率を生み，より大きな生産をもたらす。すると，広告代理店は再びその新たな水準の生産に相応しい購買者を発見するために，もう一段高い消費者の欲求を刺激することになる」[62]。広告が消費を刺激し，消費が人々の胸に眠る勤労意欲を刺激し，より高次な生産性を達成する。こうして，アメリカ経済は安定的な持続的成長を確実なものにすることができる，というわけである。

［週5日労働制は，緊急避難的な売り上げ増には効果があるかもしれないが，長続きしない］という批判の含意はここにあった。実際，広告という社会的タブローに描かれる人物は，ほぼ例外なくミドルクラスに属し，しかも殆どの場合ビジネスマンとして描かれる。年長者であれば副社長，若年者であればセールスマンもしくは販売部長であり，工場労働者であることはまずない。ある雑誌は，典型的アメリカの家庭をおよそ次のように描いて見せた。

ブラウン家と名付けられたその家族は，インディアナポリスの高級住宅街に，8部屋からなる木造家屋を構えて住む。モダーンな浴室があり，蒸気式暖房設備，電気掃除機，洗濯機，アイロン，電気冷蔵庫，電話そしてラジオ

と，ミドルクラスに相応しい備品はすべて保有している。たぶんメードを雇い，2台目の車を所有する。この家の主人であるブラウン氏は大手企業の販売部長であり，年収は約5,000ドルと「中位の所得」を得ている。彼の余暇活動はゴルフとテニスであり，有名なカントリークラブのメンバーでもある[63]。これこそ，広告が描いて見せたアメリカの豊かさであり，大衆にとっては文字通り「福音書」（＝希望の書）となったのである。

　繁栄の1920年代末であっても，5,000ドルの年収があるブラウン家は所得階層の上位12％に入り，明らかに中流上層に属していた。だが，そのブラウン家の生活を典型的アメリカ市民の生活として描くことによって，広告は，まさにそうした消費生活を送らなければ一廉の人物とは見なされないとのメッセージを，受け手である読者に伝えていたのである。AFLは，既に見たように，労働者の地位にあっても労働組合の力によって労働者階級全体に高賃金と余暇を保証できれば，倹約と分割払いを賢く利用して（多少野暮ったくはあっても）ミドルクラス並みの消費生活を送ることは可能であり，それが市場の拡大につながる，との主張を展開していたのである。

　これに対して伝統的保守派は，ミドルクラスの生活をしたければ勤労によって自らの能力を立証し，ミドルクラスに相応しい職階の地位に昇進することが前提である，と主張するのである。そこには生産力上昇を労働者大衆の生活の向上のために，たとえば高賃金を支払うことにより，あるいは労働時間を短縮することにより，その果実の一部を彼らのために提供しようなどという発想は微塵もない。むしろ，消費欲求が個人主義的勤労意欲を刺激するのであるから，労働組合の存在しない大衆消費社会こそ願ってもない状況なのである。そうであるからこそ彼らは，労働の意味喪失状況に関しても，いかなる労働でも社会に貢献することができるし，そのように考えさえすれば労働に喜びを見いだすことはできるはずだと，ひたすら陳腐な倫理を繰り返していればよかったのであり，組織改革であれ工場改革であれ何かしら改革を主体的に担おうという発想とは無縁であった。

　彼らの思考の中には，労働者を自分たちより劣る第二級の市民と見なす抜きがたい差別意識が存在していた。まさしく彼らは伝統的保守派と命名するに相応しい存在であったといえる。アメリカ資本主義発展にとって，労働者の運命をどうすべきかという問題は決定的な重要性を有していたにも拘わらず，伝統的保守派はひたすら伝統的労働倫理を声高に叫ぶのみであった。こうした態度が雇用主の大勢を占めていたことを，忘れないでおきたい。

2）消費の福音派の個人主義的消費主義論

　消費の福音派は週5日労働制を支持した。たとえば，労働組合を憎悪するヘンリ・フォードでさえ逸速く週5日労働制導入を決め，労働時間のさらなる短縮の有効性を認めていた。フォードは，「余暇（の重要性）は冷厳なる経営上の事実である」と断言する。すなわち，「人々がより少なく働けば，彼らはより多くを購入するからである」。なぜならば，「企業経営とは商品の交換を意味する。そして商品は欲求を満たすから購入される。欲求は商品が使われてはじめて充足される。そして，商品が利用されるのは殆どの場合余暇時間においてである」[64]。要するに，専ら消費を拡大するという功利的理由からの賛成論であった。

　既に述べたように，1920・21年不況が過剰生産もしくは消費の飽和化に起因する以上，新市場の開拓こそ喫緊の課題であった。しかも，そうした新市場は疲弊したヨーロッパ市場にではなく，国内市場に求めざるを得なかった。国内市場の中で未開拓のまま残されている市場とは，それまで見向きもされなかった大衆消費市場であった。

　大衆消費市場をマーチャンダイジングの対象とするということは，まずそうした市場開拓を政策化する経営者あるいは販売部門の上級管理者が，いわゆる消費の民主主義を信奉していなければならない。消費の民主主義とは，要するに1ドルの葉巻を購入することができるのは1ドルを実際に支払うことができる者である，換言すれば，労働者であろうと経営エリートであろうと1ドルを葉巻に支払う用意があれば平等の権利を有する，という原則を認めることであり，その意味ではドルの民主主義ともいえる[65]。

　消費の民主主義は1920年代に急速に浸透したが，これもまた消費の福音派の貢献であるといってよいであろう。このことはまた，たとえば婦人服にみられるように，模倣のプロセスを経て大衆へと伝播する流行のスピードが格段に速くなるという現象を伴った。「15年前であれば，ニューヨーク5番街のブティックに最先端として紹介されたモードは，模倣されその普及品が製作されるまでに1年程度の猶予があった。だが，今や57番街や5番街の高級ブティックのウインドウに飾られたモードがわずか1週間経つか経たないかのうちに模倣され，14番街のセルフ・サービスの量販店で6.95ドルや3.95ドルといった値段で売られているのを見ることも珍しくはない」[66]。ここにこそ企業成功のための鍵があった。モードばかりではなく，新製品やモデル・チ

ェンジもまた大衆の間に逸速く認知されるようにすること，すなわちマーチャンダイジングが重要となったのである。そして，そうしたマーチャンダイジングがモードの陳腐化を促してもいたのである。

　企業の経営戦略は，消費の民主主義をどこまで適用するのか，消費行動を投票行動になぞらえればいったいどこまでの社会層に投票権を与えればよいのかということを，当然のことながら考慮しなければならなかった。「大衆消費者とはいったい誰か」，この問題に真正面から取り組んだのがマーチャンダイジング活動の最前線に立つ広告代理店であった。なぜならば，広告はメッセージを伝えるべき読者層をはっきりと掴んでおかない限り，読者＝潜在的消費者の心を掴むことはできないからであった。マーチャンドは，1920年代中頃以降，アメリカ広告業界が大衆消費者＝（地方の農民家族と並んで）大都市に居住する熟練労働者家族という理解に基づいて広告を作成しつつあったことを明らかにしている。そのことはまず，告白雑誌やタブロイド紙が広告媒体として利用されるようになった事実から明らかである。

　信用ある広告代理店は，従来専ら，たとえば『マッコールズ McCall's』，『レディーズ・ホーム・ジャーナル Ladies' Home Journal』などに代表される，ミドルクラスの婦人を購読者とする高級誌を広告媒体として利用していた。広告主も広告代理店も，高級紙・誌を利用する限りは，彼らがターゲットとした消費者も自ずから資産も教養もある上位5％のエリート階級とそれに連なるミドルクラスに限られていた。そして広告の内容も，説得に重点を置くいわゆるハード・セルであり，コピーも内容も高尚な言語表現と文体を利用したものであった。

　それが1920年代後半期になると，主として熟練労働者の夫人や年頃の娘をターゲットとして発刊された『トゥルー・ストーリィ True Story』などの告白雑誌や，これもまた熟練労働者層を読者とする『デイリー・ニューズ Daily News』などのタブロイド紙を宣伝媒体として利用するようになったのである。それに応じて広告スタイルも，これまでのものとは異なる，より大衆に理解され易いスタイル，たとえば「できるだけ簡単な単語と短い文章を使う」こと，センセーショナルなタイトルを付すこと，写真やイラストを多用する，などの工夫が凝らされるようになったのである[67]。

　大衆消費者を意識した広告戦略への転換を示すいま一つの証拠は，映画手法の導入に見ることができる。告白雑誌やタブロイド新聞同様，映画もまた「無教養な大衆の偏愛する娯楽」であった。都会の単調な職業生活を余儀なく

される労働者大衆は，単調な現実から逃避するために，幻想とロマンスを求めて映画館に通い詰める。そして「広告業者たちは，映画の粗野な感情への訴えかけや現実逃避の幻想が購買衝動を刺激する可能性を見逃さなかった。映画の様式である三つのL『贅沢・使用人・恋』"Luxury, Lackeys, and Love"に基づいて訴えかければ，広告主の製品に大衆の注目を集められるのではないか」，と彼らは確信したのである。実際，1920年代の広告には，排他性の強いカントリークラブや豪華な劇場，あるいは超モダーンな大邸宅を背景とする作品が少なくない。そしてそれらの広告は熟練労働者家族の心を捉えずにはおかなかったのである[68]。

1920年代中葉以降における広告技法の革新が大衆消費市場開拓の本格化を告げるものであったとすれば，1929年に公刊された有名な報告書『最近の経済的変化』は，大衆消費市場の開拓が成功を収め，アメリカ経済は持続的成長軌道に乗ったことを宣言するものであった。それはまた同時に消費の福音派の勝利宣言でもあった。そこには労働時間短縮論（＝週5日労働制）支持が堂々と表明されていた。「余暇を（経済行為としての）消費として理解する思考が経営的に実を結ぶことを，1920年代は大規模に実証した。余暇は消費行動を促進するというだけではなく，余暇活動（としての娯楽）を消費する（楽しむ）ためには，それに伴って物財とサービスを消費しなければならないことが理解されるようになった。つまり，余暇は新しい需要を生みだし，新たなそして広範な市場を生み出したといえる」[69]。その結果，次のようなサービスが関心を集め，産業として勃興した。「芸術や科学への関心の増大，書籍や雑誌の売り上げの増大，海外旅行の増加，あらゆる種類のスポーツへの関心の増大と参加の拡大，国内2,000ヶ所以上のオートキャンプ地を利用する4,000万自家用自動車ツーリストの出現，高等学校および大学への入学者の急伸，映画館とラジオの普及と繁栄，これらすべては余暇の増加が引き起こしたことである。これら新サービス産業（大衆のための量産型サービス業 mass services）の発展が多くの追加的雇用を生みだしたのだから，技術的失業問題は危機的水準にまで悪化するのを免れた」とさえ述べている[70]。

それだけではない。われわれは，これら新サービス産業の発展が，物財を消費するという点からみても，有効な選択的消費を促したことにも注目したい。要するに，芸術や科学への関心は，博物館や美術館へ行ったりクラシック音楽を楽しむ人口を増加させたことのみを含意しているのではない。科学は具体的な家庭電気製品や化学製品を通して消費者の関心を集めたので，そ

うした関心が広告を通じて具体的な需要を喚起したことのほうが経済的にはより重要であった。美術への関心もまた産業デザインを生み，それが商品の表層（＝「みてくれ」）を飾る美と色彩を重視したモダーンな商品の生産とそのモデル・チェンジを容易にさせたからこそ重要なのである[71]。そして，雑誌を購入した消費者は単に記事ばかりではなく広告をも読み，今年の新モデルや流行の色・モードの情報を入手する。まさしく，高賃金と並んで余暇時間の延長が，大衆消費者の選択的消費を拡大させ物欲を掻き立てたといえる。

しかもそうした欲求は流行を生み，流行は絶えず更新される。その結果，消費者の欲求はいつまでも充足されることはなく，常に欲求不満の状態に置かれることになる。だが，この恒常的欲求不満状態こそ，経済の持続的成長の源泉なのであった。当該報告書も，このことを次のように直截に承認している。

　本報告書は，理論的には真実として早くから唱えられてきたこと，すなわち人間の欲求は殆ど飽和することはないということ，一つの欲求が満たされると別の新たな欲求が生まれてくるということを最終的に立証した。つまり結論はこうである。経済的には，われわれの前に限りない沃野が広がっている。絶えず新たな欲求が生まれ，それが充足されるやいなや直ちにさらに新しい欲求がそれに取って代わり，終わりがないということ，これである[72]。

消費の福音派は，確かに，高賃金と共に余暇も重視していた。だがそれは，繰り返しになるが，消費の拡大につながるからという功利的な，あるいは経営的な理由に基づいてのことであった。それでは彼らは新余暇倫理を是認していたのかと問えば，ごく少数の例外を除いてそうではなかったと答えなければならない。消費の福音派の大勢は週5日（40時間）労働制までは許容するとしても，底なしの労働時間短縮に繋がるような更なる労働時間の短縮は容認しなかった。そのことは，彼らが大量生産体制下での労働者の運命をどう考えていたかを見ればわかることである。AFLと新余暇倫理論者は，労働から意味や創造性が喪失してしまっているがゆえに，生き甲斐を別の場所，具体的には余暇活動に求めるチャンスを保証すべきだと主張していた。これに対して，消費の福音派では，たとえばヘンリ・フォードの次の主張が一つの典型になる。「機械は骨の折れる作業を専ら担当し，より高貴な仕事のみ

を労働者に委ねる。そうすることによって，労働者はより生産的になり，熟練を身につけることができる。場合によっては，(機械は) 労働者を経営者や企業家に昇格させうるのだ」[73]。フォードは機械を諸悪の根元とは見なさず，むしろ労働を人間化する推進力として，換言すれば，労働を人間的進歩のための新たな道に再定置する力として歓迎しているのである。

　フォード社では，1919年に，勤労意欲を従来以上に刺激することを目的とした内部昇進重視の賃金制度への変更が行われていた[74]。このことを考慮すれば，大量生産体制もしくは機械は，熟練職種から現場監督者さらには管理者へと昇進したり，手工業的熟練を身につけて，やがては発明を契機とした企業家へと経上がる千載一遇のチャンスをもたらすというヘンリ・フォードの説明は，とりわけ能力の優れた（熟練）労働者たちにとって，それなりの説得力を持ったにちがいない。そのチャンスが果たしてどの程度実現可能なのかについては甚だ疑問が残るとしても，それが個人主義的立身出世指向を大いに刺激したであろうことは疑いのないところである。その点では，フォードの思想は伝統的保守派の労働倫理論と通底しているが，高賃金や労働時間の短縮を目的とした改革への指向を全く示さない伝統的保守派よりも，遙かに真摯な態度で労働者の運命を考慮していたことは強調しておかなければならない。

　もう一つ，これとは別な機械擁護論もある。フォードが昇進のチャンスを拡大するところに機械の意義を見いだしたのに対し，テイラー協会の有力メンバーであるケンダルは，機械操作そのものが多くの労働者にとって意味を持つ行為であると主張した。

> 機械は労働者の道徳的・文化的本性を死滅させる，という主張がまかり通っている。しかし，思うに，こうした主張をする人々は，実際に自分が機械を操作することになったらいったいどういうことになるだろうかと推測することから，間違った思いこみをしてしまっている。たしかに，いくつかの機械は間違いなく不快感を催す。だが，殆どの機械は，操作するのが楽しく，刺激的で，エキサイティングでさえある。労働者たちは，しばしば巨大な機械を操作する仲間を畏敬の念をもって眺め，尊敬している。これこそ，労働者自身が機械操作をどう見ているかを，余すところなく明らかにしている[75]。

ケンダルにとって，労働の尊厳を否定するような劣悪な作業環境は問題外であり，新鮮な空気を作業場内部に取り入れること，埃や有害物質を除去すること，作業環境を清潔に保つことは，安全管理の徹底と共に，管理者が配慮しなければならない基本的義務であった[76]。そうした労働環境への配慮が管理者によって十分になされてさえいれば，労働は機械操作の地位に留まる労働者の「道徳的・文化的本性を死滅させる」ことはない。これがケンダルの主張であった。なぜならば，単調な機械操作に不満足であればいずれはそこを辞め，もっと興味がある職種に就こうとするはずであるし，逆に「楽しく，刺激的で，エキサイティングでさえある」と感じられる人だけがその仕事に留まろうとするのだから。

ではいったい，そうした単調な労働に喜んで従事しようとする労働者の文化水準を，ケンダルはどう理解していたのであろう。彼はただこう述べるばかりであった。「労働者たちは現在，他のいかなる時代よりも，物質的ばかりではなく文化的にも恵まれた状態にある。今や，国民の大多数は，雑誌，書籍，ラジオや蓄音機から流れる音楽，映画，などの娯楽を手にすることができる」[77]。

既に示唆しておいたように，多くの熟練労働者家族は三つのLが充満する映画や猥雑さが売り物のきわどい告白雑誌を偏愛していた。彼らの読む新聞と言えば，紙面の大半を写真が占めごく短いセンセーショナルな記事がその狭間に申し訳程度に存在するタブロイド紙であった。彼らが享受可能なこのような文化内容から判断すれば，彼らが「文化的に恵まれた」状況にあるとは到底言えまい。AFLもPRAAも，まさにそうした労働者の文化問題を余暇問題の中核として理解し，それへの解決策を模索したのではなかったか。労働者の文化水準に関するケンダルの無知は，そうした問題に彼が全くの無関心であったことを端的に表現していたと言わなければならないのである。そうした態度は，ケンダル一人であったわけではなく，消費の福音派の多数に共通する態度であった。

消費の福音派の中で，AFLの労使協調戦略と彼らの文化闘争を理解していた経営者は，管見する限り，唯一エドワード・フィリーンだけであった。彼が消費の福音派に属していたことは次の言説から明らかである。

　　消費者がより多くの物財を欲求できることが，(持続的経済成長のためには) 必要である。もし労働者大衆が一日16時間働かなければならない

としたら，彼らは決して豊かな消費者にはなれない。なぜなら，残りの8時間を睡眠に充てねばならず，睡眠中は買い物には行けないからである。もし彼らが車を購入できるとしても，彼らにそれを乗り回すに十分な時間がなければ意味がない。同じように，もし彼らがラジオを購入できるとしても，それを聴く時間がなければ意味がない。生活に必要な衣食住を超えた選択的消費を望むのならば，彼らは余暇を持たなければならないのだ。新しい資本主義は余暇の拡大を要求する。それこそ一日8時間労働の，週5日労働制の，そして科学的に管理された企業において漸進的に進む労働時間短縮の意味なのである。この余暇拡大こそ，現在消費者大衆が単に実用性のある物財ばかりではなく，審美的な物財を欲求するようになった原因でもある。これこそT型フォードがA型フォードに道を譲った原因である[78]。

フィリーンは熱心なフォーディズムの伝道者として有名な人物であり，ヘンリ・フォードに勝るとも劣らぬ熱心さで，消費の福音を宣べ伝えていた[79]。その彼が，ヘンリ・フォードとは対極的に，労働組合を支持する側に回った。彼は，AFLアトランティック・シティ年次総会（1925年）における労使協調への戦略転換を高く評価し，次のように述べる。

　　幸運にも，今や労働組合の支持を取り付けることができた。新労働組合主義は，生産性の向上と，需要を充足するための流通プロセスにおける経済性が実現されて初めて，価格引き上げを伴わない真の意味での賃金の上昇が可能になる，ということを理解するに至った。時代に即した組合指導者は，経営管理と協力して無駄を省くことの方が，階級闘争論に基づく仲間の労働者との連帯によって雇用主からより多くの利益を奪い取る方法より，より多くの成果を得ることができることを知っている。
　　組織労働者は，当然のことながら，決して警戒心をゆるめない。彼らは自己防衛の権利を有している。彼らに組織防衛の放棄を求める正当な理由など存在しない。なぜならば，古い資本主義が押しつける非人間的条件から労働者を守るために，彼らは困難を克服し大きな代償を払って組織化したのだから。確かに，新しい資本主義は勃興しつつある。しかし，それはなお多くの古い資本主義の思考と混在したままである。新しい資本主義の進歩のためには，労働組合は経営に圧力をかけ続けること

が必要である。労働組合の側圧を受けて初めて，経営は，全体として，賃金を引き上げ，労働時間を短縮し，失業問題を解決するために自覚的な組織化の努力を払おうとするであろう[80]。

フィリーンが批判の矛先を向けている「古い資本主義の思考」とは，われわれの用語で言えば，伝統的保守派のそれを意味することは明らかであろう。その伝統的保守派が大勢を占める現状において，彼らの古い資本主義を打破するためには，今や十分に信頼できる存在となった労働組合との連携こそ必要である，と主張する。そして彼は，労働組合の指導者と口をそろえて，高賃金とさらなる労働時間短縮こそ進歩であると，何のためらいもなく言ってのけたのである。

一方で彼は，大量生産・大量消費のシステムに対して，多くの批判があることも熟知していた。

> 今やあらゆる物財が機械によって製造されるようになり，工芸は失われつつある。最早労働者たちは，自己の労働に精魂を傾けることはない。創造する喜びは手工業熟練とともに失われた。ある機械操作者と他の操作者の相違とは，機械を動かすのに必要な動作の違いだけである。それゆえ，そのように作られる製品に対して，機械操作者は誰も人間的関心を抱いたりしない。第一，それを購入する人も，それを欲しいから買うのではなく，『ジョーンズ一家に負けるな』が今や支配的な観念となっているから買うにすぎない。…そしてローマの教訓が復活する。ローマは贅沢によって衰退し滅びた，と。それゆえ，現代の機械文明は，最も粗野な空想家でさえ，以前には決して夢想することができないほどの規模で，大衆のために贅沢品を生み出しているのであるから，滅びざるを得ない[81]。

容易に理解できるように，前半が新余暇倫理論からの批判であり，後半は伝統的保守派からの批判である。フィリーンは，これら二つの批判に次のように反論している。

> 大量生産は醜い世界を作り出しているわけではない。大量生産は人をロボットに作り替えているわけでもないし，人間の生活を規格化している

わけでもない。さらに言えば，大量生産は人間精神を物質的事柄に縛り付けるわけでもない。「いやそうなる」と主張する人は間違っている。私たちはそのことを証明できる。大量生産は美しい世界を創造するばかりではなく，大衆を解放し，そうした美を鑑賞できるようにする。大量生産はまた，生存のための浅ましい闘争から大衆を解放し，さらに大衆的貧困が絶えず人間生活に押しつける規格化からも解放する。それは新しい教育，新しい文化，新しい人間関係理解とそれに伴う人間的責任の必要性を，人々に自覚させる[82]。

　大量生産により大衆は貧困から解放され，さらに余暇の拡大により，彼らには手の届かなかった教育や文化を享受できるようになる。そうすれば大衆は，市民として，専門職の人々や経営者とも対等な人格として社交が可能となり，そこには従来考えられなかった新しい人間関係が形成されるであろう。彼らは，組織と社会の責任ある構成員として，より自覚的に参加を果たすようになるであろう。これがフィリーンの大量生産体制理解であった。つまり彼の場合，究極の目標は労働者のアメリカ市民としての政治的・社会的・文化的成熟なのであり，解決の方向は明らかに余暇活動を目指していた。大量生産現場の非人間的労働や意味喪失状況そのものに切り込もうとする姿勢ではない。その点に関して彼は，労働者の多くが機械操作者の地位に不満を抱いているわけではないし，第一「労働者の多くは必ずしも創造的精神を有しているわけではない」[83]と明言しており，明らかにケンダルと同じ立場をとっていた。彼の関心は余暇の利用法に向いていた。

　彼は，大衆の余暇利用法については多くの問題があることを熟知していた。そして，その解決のためには最も広い意味での「消費者教育」を必要とすることも理解していた。しかし，心配は無用でありやがて時が解決する，ときわめて楽観的見通しを述べている。

　　歴史的にみて，いかなる余暇階級であれはじめから高い文化水準を有していたわけではない。芸術や文化は余暇の中から発展を遂げた。偉大なる文学が出現したのは，生存のための闘争から脱却し，文学を発展させるチャンスを得たときだけである。歴史上初めて，余暇と贅沢を大衆が享受できる時代が訪れ，人類史上初めて大衆文化（の発展）が目の前に迫っているのである[84]。

これを素朴な楽観論であるとして断罪することは容易であろう。だが，われわれはそこに，フィリーンがフォーディズムを手段として，高賃金と労働時間の短縮を追求すると同時に労働者の文化問題と真摯に向き合い，彼らに新しい文化創造の期待を託し得たところに，当時のアメリカ資本主義の健全さと真摯さ，若々しさを感じるのである。

3）経営プロフェッショナリズム派の「労働生活の再統合化論」

　フィリーンとは別の形で労働者の文化問題に真摯に向き合ったのが，経営プロフェッショナリズム派であった。経営プロフェッショナリズムを信奉する改革派は，しかし，決して余暇に生き甲斐を求める方法を解決策として認めない。むしろ伝統的保守派と同じく労働倫理を重視するのではあるが，伝統的労働倫理に固執して「足れり」とするのではない。大量生産体制下の機械操作に典型的なように，多くの労働者の仕事から意味が失われているという事実，それが労働者の人間的尊厳を台無しにしているという事実を重く受け止める。だが，仕事に人間的尊厳を見いだせない限り，余暇活動を創造的で意味のあるものとすることは不可能である。なぜならば，労働も余暇も労働者の生活を構成する要素であるからだ。それゆえ，労働者の文化問題を解決するためには，労働者の職業生活を全体として理解し，解決の糸口をまずもって職業労働そのものに求めなければならない，との立場をとる。週5日労働制導入については反対の態度を表明するのである。

　1926年から1927年にかけて，経営プロフェッショナリズム運動の推進母体である人事管理協会は，これが4度目となる「経営管理者のための夕べのコース」を「経営管理の心理学的基礎」と題して開催した。1927年には早くもH.C.メトカーフ編集による同名の論文集を公にしている。(以下『心理学的基礎』と略記)。これを注意深く読むと，余暇問題が隅の礎石というべきほどの重要性を与えられ，議論全体を覆っていたことが分かる。より想像を逞しくすることを許されるならば，むしろ余暇問題に触発されてこの研究講演会は組織され，論考が編まれたのではないかとさえ考えられるのである。以下『心理学的基礎』の主要論者について，余暇問題を中心に彼らの主張を紹介したい。

　巻頭に登場するデニスンは，産業心理学は管理と労働双方の利益にかなう貢献をなすことができると主張するが，その核心部分において労働と余暇の

関係に言及して次のように述べている。

> 労働（者）にとって応用心理学の重要性は明らかである。なぜならば，それによってわれわれ（経営管理者）は彼（労働者）から最善を引き出すことができるからである。その最善は，彼の気質に適合した仕事，彼と気の合う仕事仲間と監督者を，彼のために選ぶことができたとき，初めて達成できるものである。気の合う仲間とともに性分にあった仕事でベストを尽くすことができる，人生においてこれ以上の満足を得ることが他にあるだろうか。これ以上に人間を没頭させるものなど決して他にはない。そして，その人間がどのような仕事をしているのかがその人間の余暇の形を決めている，ということを私は確信する。仕事での不満足は，いかなる余暇の楽しみをもってしても決して埋め合わせることはできない。彼の余暇活動は，彼の職業労働と同じほど，愚劣な特徴を帯びる他ないのである。われわれの希望は，産業心理学者が人間，仕事，仲間，そして監督（者）の相互の関係をより良く調整して，労働者それぞれの仕事に対する態度をより勤勉な方向に強化してもらいたいということである[85]。

　デニスンは翌年11月，『マガジン・オブ・ビジネス *Mgazine of Business*』誌上に「週5日労働制は失業を減らすことができるか」と題する論文を発表し，週5日労働制導入問題に対して反対論を展開しているが，その核心となる論点は『心理学的基礎』での主張と一致している。デニスンは，伝統的保守派と同様，週5日労働制を失業問題解決策として導入しようとすることに反対する。技術的失業問題を解決する方法は別の方途を考えるべきであり，具体的には，失業者の再就職をどのように可能にし，その間の生活を保障するかを考慮すべきであると述べ，釘を刺す。そして「技術進歩があってこそ，あるいはより多くの余暇を，あるいはより多くの物質的豊かさを社会は享受できるのであり，そのどちらを選ぶかは社会が決めることである」と主張した上で，現在，社会は週5日労働制を求めているのだろうか，と問う。
　「週48時間へと労働時間を短縮するまで，余暇を求める声は相当強かった。しかしそれを達成した今，より多くの余暇を求める声はかえって弱まっている。週5日労働制を求める声は決して大きな声になっていない」。まず，労働者が追加的余暇を欲しているようには思えない。「土曜日の出勤率は決し

て低くはない。むしろ月曜日の欠勤率の方が高い。私の工場の記録によれば，土曜日午前中の能率は週の最高値を記録した。月曜日の能率は平均以下であり，2日続けての休日の後はとりわけ低下した」。以上の点から見て，労働者の多くは，土曜日の午前中に余暇としての価値をあまり見いだしていないといえる。さらに消費の拡大についても，「週5日労働制はより大きな消費拡大のチャンスをもたらすかのようにいわれているが，週5日労働制が直接消費の拡大につながるとはいかなる意味においても真実とは思われない」と述べ，消費の福音派を一蹴する[86]。

終わりに，余暇時間の延長が市民としての成熟をもたらすとの主張に対してもこれを批判し，真の市民的成熟をもたらすためには余暇の延長ではなく，労働現場を自尊心を育てるのに相応しい場所に作り替えることこそが重要であると主張するのである。

> 余暇をどのように使うかはその人間が労働に対していかなる態度を取っているのかということの関数である，というのが最もあり得ることである。品位を汚し，意味のない仕事をしている人間が，余暇時間に（行う活動によって）その埋め合わせをするようなことはない。むしろ，そのような仕事を行った後の余暇時間に行う活動は，自らの品位を一層傷つける類の（余暇）活動を選択するのが普通である。
> 　社会にとって最も重要なのは，仕事に対する労働者の態度であり，労働現場が自尊心を育てるに相応しい場所となっているか否かである。まさにこれこそが，現下の喫緊の課題として，社会の主要な関心事とならなければならない。さらに，科学的進歩がもたらす果実を最も賢くまた最も長期的視野に立って配分できるように，ありとあらゆる可能な影響力を行使するべきである[87]。

ミシガン大学経営大学院で人事管理を教える産業心理学者ヨウカム（C. S. Yoakum）は，最多である5章分を担当している。彼は，最近の心理学の発展傾向を紹介しつつ，経営プロフェッショナリズムの心理学的基礎を次のように説明している。

> 最近の心理学の関心は人間的本性の感情的・情緒的位相に集中している。従来は，理性や知性こそ人間的行為における善であると見なされて

いた。感情や性癖，衝動は，常に抑制しなければならないものと考えられていた。感情的な人間は不安定であり，情動的人間は危険であるとされ，こうした性癖に支配された者は指導力や創造力に欠けている者であると受け取られていた。…（その結果）われわれは，労働者に勤勉な性向，つまり常にまたいかなる時でも，冷静かつ勤勉であるような態度を身につけさせるべきであるとの考えに囚われていた。（しかし，最近の心理学が）動機や衝動を本能の基礎的傾向から分析し，説明するようになったため，（最近では）労働者の本能を正確に把握し，そうした本能を刺激し満足させる物を提示することができさえすれば，労働紛争や能率問題は直ちに解決可能であると考えられるようになった[88]。

前者が伝統的な労働倫理の説明であることは容易に理解できる。ヨウカムはこれを批判しつつ，返す刀で，労働者の本能的衝動を満足させることこそ重要であるとする新しい心理学的手法をも断罪する。「状況が変化しても，あるいは新しい状況が生じても，決して変化することのない人間の本能的衝動から議論を開始しなければならないとは，われわれは考えない。労働者の不満や不平の具体的原因を究明するためには，われわれは，労働者が仕事をし生活をするその全体状況を分析することのほうがより有効であると考えている」[89]。彼は，新しい心理学的アプローチが伝統的な労働倫理を見直す契機となったことについては高く評価している。だが，それはまた専ら本能的衝動からすべてを説明し尽くそうとするあまり，たとえば慣習，しかもダイナミックに変化する習慣の作用を見落とすことになってしまっていると批判するのである。

こうした批判の矛先には確かに「遊びの心理学」があった。このことは彼の何気ない次の指摘から類推することができる。「もしわれわれが，仕事を遊びとは別個のものと考える立場を堅持するならば，週5日労働制が労働者の不平をなだめる手段となることは決してないであろう」[90]。つまり，人間の行動は，（たとえば労働倫理のように），非常に固定的な伝統的行動様式やあるいは本能的衝動によって規定されているのではない。むしろ重要なのはダイナミックに変化する慣習の力なのだ。つまり人間の統合的なパーソナリティこそが重視されなければならない。

そこから経営管理の新たな役割が見えてくる。つまり新しい慣習を労働者に植え付けるということ，これである。ヨウカムは次のように説明している。

「人間を管理する方法はいくらでも精緻化することが可能かもしれない。しかし，経営管理の目的が狭義なものに留まる限り，それらが改革できることはごく限られている。経営管理は，より偉大な人間を生み出すという機能をも（新たに）持たなければならないのだ」[91]。

ヨウカムに次いで多い4章分を担当したフォレットもまた，何げない例示の中にではあるが，余暇と労働の相互連関性に着目した発言を行っている。まず，「統制と心理」と題する章の冒頭で，経営も人間と同様有機的統一体と見なさなければならないこと，つまり構成要素それ自体ばかりではなく要素相互の関係を重視しなければならないことを説明する箇所に，次の指摘がある。労働者の生活全体に関連する欲求体系としての身分（的利害）を説明する部分である。

> 欲求体系 want-system が一般的に理解されるようになれば，不必要な議論の多くが省略できるようになる，と私は思う。イギリスにおける最も有能な労働組合指導者の一人であるアーサー・ピューは——最高の有能者であると考えている人々もいる——昨年の夏，私に次のように語った。「労働者達が通常求めているのは，賃上げではない。身分の向上である」。私としては，彼が自分の言ったことをそのままの意味で取ってもらいたがっているとは思えない。つまり，彼は，身分というものが重要な役割を占めているような欲求体系を強調するつもりであった，と私は想像する。われわれは労働者は非常に多くのことをほしがっていることを知っている。仕事の保証，興味のもてる仕事，気のあった仲間，彼の持つ特別の能力を認めること，無理のない程度によい労働条件などである。ところが，これらいくつかの欲求は相互にある程度の関係をもっている。つまり，われわれが用いている言葉で表現すると，それらの欲求が構造，類型，全体，統一体を形成している。

それを受けて彼女は，ソーシャルワーカーの例を引いて，生活を構成する要素と生活全体との関係性を把握することが問題解決に役立つと説明する。次の箇所に注意したい。

> ソーシャルワーカーの例を取ってみよう。社会福祉を担当している女性が，難しい気性の少女を取り扱っている。この少女は口やかましい継母

をもち自分に適していない仕事に就き，最も健全なタイプとは言えない夕方の娯楽をもっている。最も優れたソーシャルワーカーは，ただ単にこれらを一つ一つ別々に取り扱う者ではなく，それらの相互の関係を見るのである。最も適当な仕事に就けば他のすべてが変わり，そして，全体が変わるかも知れないのである（傍点引用者）[92]。

フォレットもまた，労働者の生活を職業を起点とする全体として把握することの重要性を，余暇問題に絡めてはっきりと指摘していたと言うべきであろう。

もう一つ，「リーダーと専門家」と題する章において，職長の機能について説明する部分に次の指摘がある。

> 私は，もし工場の中の一般従業員が何のために働いているのか，それは具体的にはどういうことなのかについて多少なりとも分かっていると，彼らの作業の成果が非常に増大するものであるという点については十分確信をもっているし，私がこの点についていかに強く感じているかを表現することができないくらいである。…作業員たちは今日，巨大な機械の単なる部品にすぎないと思っているが，そのように考える必要はない。彼ら個人の価値，彼ら自身の意志，および目的を，彼らが働いている会社の目的の中に包含することができるはずである。そう私は確信している[93]。

この章でフォレットは，経営管理者はリーダーでなければならないと述べているが，その意味するところは具体的目標に対してグループのメンバーのモティベーションを高める能力を有しなければならない，ということである。この経営管理者機能が先の引用と繋がる。「巨大な機械の単なる部品」という労働者の思いは，他人が決定した命令を唯々諾々と受容することからくる無関心，受動性，無価値などの否定的な心的態度に由来する。逆に高い関心，能動性，自尊心を労働者が再び獲得するためには，彼らが潜在的に有する組織への参加能力に注目することが必要である。フォレットが言う「個人の価値，意志，目的を会社の目的の中に包含する」とは，従業員に潜む管理能力を引き出すことを意味していた。そしてこれこそが労働者の新たな自尊心の源泉となるというのであった。従業員の参加意識を引き出すという経営管理

者の新たな機能（＝教育機能）について，われわれは後に改めて物語る。

テイラー協会の専務理事でもあるパースンは3章分を担当する。「機械操作と労働条件への労働者の反応」と題する章において，それまでの論者とは異なる視点から消費問題を取り上げて，労働者の生活に潜む疲労問題の存在を指摘する。彼の議論はこうである。感情的疲労の原因の中には，現代文明の本質に絡む事柄も少なからず存在する。だが，それは決して機械それ自体や具体的労働環境に対する反作用ということではなく，まだ人間が十分に適応し切れていない機械文明に対する反作用という意味なのだ。

> （つまり）機械操作が原因であると見なされているが，その実われわれの文明の一般的な影響，換言すれば機械の生産性から生み出された（高度な）生活水準に原因を求めるべき多くの疲労が存在すると思う。われわれは余りにも生産性が高く，余りにも物質的に豊かであるがゆえに，（際限のない）物質的欲求への刺激をいかにして統御したらよいのかを理解していないのである。…飲みかつ食らい楽しめという（消費の）教義に宗旨替えした結果，われわれは心の平安を失い，恒常的不満を生む物欲への刺激に抵抗する能力を失ってしまったのではないのだろうか。いずれにせよ，機械操作に起因すると考えられていた殆どの退屈感ennui，感情的疲労が，実は，機械制生産の生産能力を有効利用するその方法に起因していた，とするこの仮説はきわめて挑発的である。だが，もしそれが事実であるとすれば，感情的疲労からの解放は，合理的で清潔な厳しい労働を捨て去ることではなく，いかに良く生きるべきかを知ることの中にこそ存在するのである（傍点引用者）[94]。

以上のように，彼は感情的疲労（現代的表現で言えば心理的疲労であろう）の原因を，機械操作そのものにではなく消費生活の在り方に求める。パースンは，一方でデニスンやフォレットとともに，労働者の経営参加を前提に科学的管理法を導入した合理的工場でありさえすれば，労働者は働く喜びを実感できるはずだと主張する。つまり工場労働そのものが肉体疲労や精神的疲労の原因とはならない，との立場を取る。だが，他方で彼は，精神的疲労問題の核心に固有の消費問題が存在することを見抜いていた。そこがデニスンやフォレットたちと異なるところである。その結果，パースンは限りなくフィリーンに近づく。

実際彼は，これより少し後に書いた別の論文で，「いかに良く生きるべきか」を余暇問題と消費問題とに的確に関連づけて，次のように述べている。「異常な熱気に包まれた（ジャズのような）消費に具体化する現在の文化問題とは，余暇の使い方の問題であり，それはまた教育の問題でもある。われわれは余暇時間をより良く使う方法を，すなわち根本的かつ永続的な人生の満足感を味わい得る自己表現のために使う方法を発見しなければならない。それによって，均衡のとれた産業社会の基盤となる安定的需要をもたらす要素の確立を促進しなければならない」[95]。

　パースンは，フィリーン同様に，消費問題を労働の尊厳の回復問題とは独立した別個の問題と見なしていた。固有の消費問題が存在するとの立場は，現代消費論（や消費社会学）にきわめて接近した考え方である。それは，経営プロフェッショナリズムの，労働の尊厳さえ回復すれば消費や余暇の問題は自動的に解決するという楽観論に対する根元的な批判となっている。だが，1920年代においては，そうした分裂は生じなかった。パースンの主張はむしろ，心理的疲労の責任を機械操作に負わせる新余暇倫理論を批判したものとして，専らその点においてのみ経営プロフェッショナリズムからは評価されたのではないだろうか。われわれも，そうした立場から，彼を経営プロフェッショナリズムのグループに包含させたのではあるが。

　いずれにせよわれわれは，経営プロフェッショナリズムは労働と余暇を統合化した職業生活全体から問題を見渡す必要があるとの立場をとり，そうした全体を労働を起点として概念化し，いかにして労働の尊厳を回復するかという問題こそが喫緊の課題であると理解したこと，そのためには職場における人間関係と労働者の管理能力が解決の鍵となると主張していたこと，これらを理解したのである。

4．労使関係改革と新たな精神の誕生

　前節で見たように，アメリカの雇用主たちはそれぞれの理論的立場で，余暇運動と新余暇倫理論に労働を忌避する危険な傾向を読みとった。すなわち，伝統的保守派は伝統的労働倫理に依拠して週5日労働制を批判し，消費の福音派は個人主義的消費主義の立場から週5日労働制を支持していたが，新余暇倫理論には批判的であった。そして経営プロフェッショナリズム派は週5日労働制には懐疑的であり，真の解決策はむしろ職場における人間性の回復

でなければならないと主張したのであった。

　資本主義の健全な発展のためには，労働者の勤労意欲は必要不可欠である。勤労意欲はまた，産業システムに対する揺るぎない信頼を労働者が持ったときにのみ，彼らから引き出すことが可能であることはいうまでもない。因みに，同時代人はこの信頼をgoodwillと呼んでいた[96]。

　伝統的保守派の雇用主たちは労働倫理の復活こそが重要であり，労働者の信頼goodwillについては一顧だにしなかった。

　消費の福音派は，労働者の信頼goodwillを得るためには消費の豊かさこそが重要であると考えていた。だが，彼らの多くは消費を，その質的側面からあるいは文化の問題として理解しようとはしなかった。彼らにとっては，持続的経済成長に資するのであれば，いかなる財貨・サービスであろうが了とし，労働者はあくまでも受動的消費者として意味を有したにすぎなかった。

　これと対極をなすのがフィリーンとパースンである。この二人は，消費の豊かさを重視する点で誰にも引けを取らない。だが，両者はそれ以上に消費の質を問題とし，労働者の消費・余暇を文化の問題として把握することの重要性を理解したのである。要するに，労働者が市民として政治，社会，文化のそれぞれの領域に主体性をもって参加できることを保証することこそ，彼らの信頼を勝ち取る最善の方途である，との立場であった。それが実現して初めて，「ジョーンズ一家に負けるな」的消費行動から自由になり，真の豊かさを実現することができる，と主張したのであった。

　経営プロフェッショナリズムはこれらとは全く異なり，職業労働そのものを「心理的」に満足を実感できるものに変革しようとした。いわば労働者の信頼を職場内部で得ようとの企てであり，それがこれから物語ろうとする労使関係改革である。経営プロフェッショナリズムの労使関係改革は当時の雇用主からは殆ど賛同を得られなかったが，AFLの内部には共鳴板を見いだすことができた。まずAFLに路線転換を促したボルティモア・オハイオ鉄道の労使協調計画について，次にそれと対比しながら経営プロフェッショナリズムの労使関係改革について眺めることにしたい[97]。

1）ボルティモア・オハイオ鉄道における労使協調計画と
　　AFL労働者教育の転換

　1927年4月の『アメリカン・フェデレーショニスト』誌の「論説」には，AFLの新議長グリーンの手になる二つの注目すべき記事が掲載されている。

そもそもこの号には労働者教育特集と副題が付けられ，当該テーマに関わる多くの論考が掲載されており，この時期にAFLの労働者教育政策が大きく転換しつつあったことを示唆している。それらの記事や論考を踏まえて，グリーンは，一つは労働者教育について，もう一つは労使協調について論評したのである。彼は，労働者教育の最新動向について次のように述べている。

> いくつかのレポートが明らかにしているように，労働者教育は，余暇活動としての教育への配慮を次第に減少させ，職場と仕事に関する諸問題をより良く統制するための手段としての配慮を次第に強化させつつある。とはいえ，これは決して労働者が余暇の文化を忘却してしまった，ということを意味しない。むしろ，仕事の文化こそ，人間の生活と精神を理解する上でより重要な源泉であると見なすようになった，ということなのである。もし覚醒している時間の大半を占める職業callingを，人間的成長と社会的サービスのための能力を高める手段とすることができさえすれば，余暇を文化的に利用する可能性はより大きくなる[98]。

既述したようにわずか2年前（1925年），『プレイグラウンド』誌上に発表した「余暇と労働者」の中で，AFL副議長ウォルは正反対のことを主張していた。彼は，産業内部では人間的要素は一顧だにされず，労働過程の自動化が仕事から意味を喪失させてしまっており，それゆえ人間性の回復は余暇の中でしか望めないと主張し，新余暇倫理論を支持したのであった。さらに言えば，新余暇倫理論は必然的に労働者の生活を余暇と仕事に分裂させ，その結果彼のパーソナリティをも分裂させてしまう傾向を有し，そうであるがゆえにより多くの余暇とより少ない労働を要求する推進力を生み出すはずであった。

だがグリーンは，「仕事の文化」こそ重要であること，また「職業callingを人間的成長と社会的サービスのための能力を高める手段とする」ことができさえすれば，労働者の生活を再統合することは可能であり，「余暇を文化的に利用する可能性はより大きくなる」と主張しているのである。その主張は，表面的に見れば，経営プロフェッショナリズムの，職業を起点とする労働生活の再統合化論と同じであった。明らかに，AFLは経営プロフェッショナリズムにすり寄ったといえる。いったいどこまですり寄ったといえるのか，何がそうさせたのであろうか。それに答えるための鍵は，工場労働を「人間的

成長と社会的サービスのための能力を高めるための手段」にする方法にあった。

　第二の労使協調に関するグリーンの論評は直接この問題に答えているわけではないが、それについてきわめて示唆に富む内容を含んでいた。グリーンは「産業の責任」という副題を付し、直接にはGE社の社長スウォプ（Gerard Swope）のインタビュー記事を論評する。その中で彼は、スウォプを新しい経営哲学を実践しようとしている数少ない傑出した経営者であると高く評価する。とりわけ、消費者大衆への責任を果たすために、利益よりもサービスを優先しようとする姿勢、従業員への責任を果たすために従業員の福祉と生活を保障しようとする態度に好感を示す。ただし、従業員に対する「教育」を重視しているにも拘わらず、それを安全管理や保険サービス情報の提供など、きわめて限定的にしか利用していない点に苦言を呈し、「教育」を労働関係全体に拡充すべきことが必要であると主張する。

> 産業（＝労働と経営管理）は、労使関係の精神と労働過程について、明瞭な合同の責任を有している。経営管理は、従業員たちを、自分たちの利害と根本的に矛盾する利害を有する集団と理解するかもしれない。または、要求した仕事を果たすだけの人間機械にすぎないと見なすかもしれない。あるいは、生産計画を遂行するのを助けてもらうために雇った人たちであり、一日の仕事を構成する生産計画を策定するために、彼らの経験を活かすことができると理解するかもしれない。この最後の考え方こそ、生産に対して労働者と経営管理者双方が共同の利害と責任を有する、という認識から生まれるものである。さらに、この考え方こそ労使合同の協議機関と教育（複数であることに注意：引用者）を制度化し、その結果、労使それぞれに最善を尽そうとする精神が生まれる[99]。

　まず考慮すべきは、なぜこの時期にグリーンはこのような発言を行ったのか、ということである。AFLには労使協調の用意があるとのグリーンの主張の背景には、実はボルチモア・オハイオ鉄道（以下B&O鉄道と略記）における労使協調計画の成功があった。AFL執行部は当時、会社組合 company union（われわれの表現に従えば従業員代表制）を最大の敵と見なすようになっていた。この頃から、従業員代表制は、雇用主によって、労働組合潰しのための有力な武器として最大限利用されるようになったからである。劣勢に

立されたAFLは組織防衛のためにもこれに対抗しなければならず,団体交渉型労使合同協議会モデルの有効性を広くアピールするチャンスを狙っていたのである。

　B&O鉄道の成功はその絶好のチャンスを提供することになった。これによって,「団体交渉権を承認してくれさえすれば,労働組合は経営側と協力して建設的な使命を果たす用意がある」というのは決して空手形ではないことが証明された。AFLは,これこそ従業員代表制に対抗する切り札であるとして,B&O鉄道の労使協調計画に熱い視線を向けるようになった。とりわけ1925年以降,時の経過と共にB&O鉄道の労使協調計画 "union-management cooperation" plan（以下 UMC 計画と略記）はAFL執行部の中で重みを増して行く。そしてAFLは労使協調計画を最大のセールスポイントとしてビジネス・ユニオニズムの売り込みをはかるようになったというわけである[100]。グリーンの発言はそうしたAFLの戦略を踏まえてのことであり,従業員代表制への対抗を強く意識したものであったことは間違いない。

　しかしわれわれが最も注目するのはそのことではない。グリーンの主張を要約すれば,第一に,労使は産業についての対等のパートナーであり,消費者大衆に対してより良いサービスを提供するという共同の責任を有すること,第二に,この共同責任を労使関係の新しい精神として労使双方が承認し行動するならば,工場労働を「人間的成長と社会的サービスのための能力を高めるための手段」とするのが可能であること,第三に,そのための具体的手段として労使合同の協議機関と仕事の文化のための労働者教育が必要であること,の三点にまとめられる。これが1920年代の労使協調路線を構成する三要素であったとすれば,グリーンが生き甲斐論を下敷きにして工場労働を再評価すると同時に,そのことと密接に関連させて労働者教育を重視している点にこそ注目すべきである。B&O鉄道のUMC計画を組織防衛のための戦略論として重視しているだけではなく,労働者の生き甲斐の問題,あるいは働く意味の問題とも関連づけようとしているグリーンの立場に着目し,そこに表れている「余暇から仕事への再転換」を深く掘り下げたいと思う。

　以下,グリーンに従い,労使合同の協議機関と労働者教育を密接に関連づける立場から,AFLに労働者教育の路線転換を促したB&O鉄道会社のUMC計画を眺めることにする[101]。

[UMC 計画に至る道]

UMC 計画の前提となる，鉄道会社・車輌修理工場部門における労使「協調」の構図は，1919年に，連邦政府が後押しする中で，六つの労働組合からなる職能別組合連合 federated shop crafts と全米すべての鉄道会社との間で締結された全国労働協約によって既に描かれていたといえる[102]。

同時代の労働組合に関する鋭敏な観察者カレンによれば，労働協約締結以前の車両修理工場での労使関係は相互を敵と見なす不信感に彩られており，その精神は「闘争」の精神であった。労働者について言えば，熟練労働者（機械工組合）たちの雇用は不安定かつ短期的であり，労働者心理からできるだけ就労期間を延ばそうと生産高制限に走ることが多かった。これに対抗する形で管理者サイドも，ドラスティックで頻繁な一時帰休やレイオフを断行する一方，出来高賃率やボーナス制度を導入してコスト削減を図るとともに彼らの階級的連帯を解体することを試みていた。工場レベルの管理者や現場監督者の専制的支配も目に余るものがあったという。工場閉鎖もしばしばだった。賃率も，繁忙期には上昇するが暇になると引き下げられるのが常であった。離職率も異常に高かった。工場が再開されても，生産が軌道に乗るまでに 3 ないし 4 ヶ月を必要とするのが通例であった[103]。

この経営側優位の労使関係は全国労働協約によって一度は否定された。労働組合側は，鉄道経営側と対等な交渉力を手に入れたのである。ただし，労働者にも管理者にも，「闘争」の精神がなお維持されていたであろうことは容易に想像できる。しかも戦時動員体制に伴う鉄道国有化という事態の下で実現されたものである以上，平時への復帰と共に鉄道が民有化されれば，労使関係は再び逆転する危険性を帯びていた。国際機械工組合（以下 IAM と略記）議長ウィリアム・ジョンストン（William Johnston）は，全国労働協約締結以前から，労働組合の組織防衛のためには団体交渉型の労使協調をより堅固なものにする必要があることを確信していた。ジョンストンはその方法を模索するために，1918年11月にテイラー協会会員である技師オットー・ベイヤー（Otto Beyer, Jr.）に援助を求めた。この時，なお厳格な反テイラー主義が支配的であった IAM であったにも拘わらず，ジョンストンはテイラー協会メンバーであるベイヤーと産業民主主義の具体化について話し合い，互いにその実現に向け連携することに合意した。これによって科学的管理運動と労働組合との連携論がもう一段の進化を遂げることになったのである。科学的管理法と産業民主主義の連携というヴァレンタインの理念が UMC 計画へと結実する努力の第一歩であった[104]。

第一次大戦が終結して経済再建が開始されるということは，労使関係にとって戦前への復帰を意味した。鉄道事業各社は全力を挙げて労働組合優位の労使関係を覆しにかかったのである。鉄道会社は戦時下の政府統制から解放され，民営に復帰すると同時に，国有化の下で確立された労使関係の諸規制についてもこれを廃止しようとした。1920年運輸法 Transportation Act of 1920によって鉄道事業における労使紛争を調停する権限をもつ鉄道労働評議会 Railroad Labor Board が創設されたが，この評議会こそ鉄道会社から提出された1919年全国労働協約の破棄の請願を承認し，経営側優位の労使関係への復帰を促進する役割を担ったのである。鉄道会社の多くは労働者組織を解体することに熱心であった。それに続くストライキ（1922年）において，経営側はすべての政府機関を味方に付けた。その結果，経営側は「勝利した」が，この勝利はコストの削減も，サービスの向上も，何ももたらさなかった。かえって，職場の労使関係に，従来よりも遙かに厳しい緊張と敵対をもたらしただけであった[105]。

　ただし，鉄道会社全てが反労組的立場であったわけではない。少数派ではあれ，親労組的立場を堅持する鉄道会社も存在したのである。ダニエル・ウィラード（Daniel Willard）が率いる B&O 鉄道は，そうした数少ない親労組的立場の鉄道会社であった。1922年の車輛修理工場部門のストライキが勃発したとき，ウィラードは，対労組強硬派の急先鋒であるペンシルヴァニア鉄道のように，スト破りの労働者を雇い入れて正常運行の回復を目指すことをせずに，労働組合連合との協議を強く望んでいた。そしてストライキが労働組合の敗北に終わる直前，労働組合連合との交渉を開始し，ボルティモア協定を締結した。われわれにとって興味深いのは，最も強硬な反労働組合の立場をとったペンシルヴァニア鉄道が，労働組合を屈服させた直後，従業員代表制を導入したことであろう。ペンシルヴァニア鉄道が従業員代表制を導入したことは，B&O 鉄道が UMC 計画を立案するときに，それとの対抗を強く意識していたことは間違いないからである[106]。

　ウィラードは，B&O 鉄道の UMC 計画にとって不可欠な，ジョンストン，ベイヤーと並ぶ第三の主役であった。ウィラードには，1919年全国労働協約以前における B&O 鉄道の労使関係は，他の鉄道会社とは異なり，良好であったとの自負があった。従業員の福利厚生にも力を入れており，しかも安全運動など労使合同の協議機関もうまく機能していたのであるから，ペンシルヴァニア鉄道のようなことにはなるまいと確信していた。従業員の多くは必ず

やストライキに反対票を投じてくれるものと信じていた。しかし，その確信は現実によって簡単に裏切られてしまう。ウィラードはストライキを総括する中で，これまでのB&O鉄道における労使関係に欠陥があったことを自覚せざるをえなかった。労働組合との関係についてとりわけ，これまでの「寛容」という態度を改め，「協働を目指さなければ」ならないことを悟ったのである。この「回心」が彼をしてUMC計画を受け入れさせたといえる[107]。ウィラードは次のように述べている。

> 過去15年間，B&O鉄道は25万ドルに近い額の投資をして設備の改善を行ってきた。しかるに，突然1万6千人もの労働者が働く意志を捨て，ストライキに走った。その時私はストに参加していない従業員たちは私の味方であると信じていた。だがそうではなかった。B&O鉄道はストライキの間に，いったいどれだけのトラブルに見舞われたことか，実際ふだんでは決して考えられないような事態が次々と発生したのだ。これはB&O鉄道で働く全ての労働者がストライキ参加者に味方していることの証拠以外のなにものでもない。資金を集め施設を改善することが良いことであるとしても，もし従業員が能率的に働かないとしたら，いったい何になろう？ 1万6千人の従業員がストライキに参加し，残りの従業員たちが彼らに味方するような事態をもたらすB&O鉄道の経営管理にはいったいどこに欠陥があったのだろうか？ [108]

UMC計画実現のためには，労働組合も変わらなければならなかったが，ウィラード自身も自己変革を遂げなければならなかったのである。

[UMC計画]
　この計画の核心は，何よりも，労使関係の精神を闘争から協調へと転換することにあった。カレンは次のように説明していた。

> IAMによって作成された鉄道事業のための協調計画の核心は，第一に，工場で働く熟練労働者の心理を永遠に変えてしまうこと，具体的には彼らの仕事の質と量についての（生産高制限に訴えるような）考え方を永遠に放棄させることであった。そのためには生産に対する集団的責任の意識を育てる必要があった。その処方箋として，就労の安定と継続を保

証して身分的尊厳を保証すること，無駄を排除することによって得られる果実を原資とする賃金の引き上げを保証するべきことが提案された。第二に，鉄道経営管理者の心理もまた永遠に変えてしまうこと，具体的には仕事の量と質に関する従来の（より安価により多くの労働を引き出すことが良いことであるとする）彼らの認識を永遠に放棄させることであった。そのためには従業員との関係において，敵対を信頼に，専制的支配を合理的な労使の合意に，レイオフと一時解雇を継続性のある雇用に転換するべきことが提案されていた。つまり民主主義原則の適用範囲を拡大し，能率の向上とコストの削減を実現することにより，産業全体（労使関係）の精神を永遠に転換しようとするものであった[109]。

当時（1925年頃），AFL 鉄道従業員部門 Railway Employees Department のコンサルティング・エンジニアという肩書きを得ていたベイヤーは，UMC 計画を次の七つの原則に要約している。彼の説明から，われわれは労使関係の精神を変革する具体的原則を知ることができる。

1．経営管理者は鉄道従業員を代表する正当な機関として労働組合を完全にまた誠実に承認する
2．経営管理者は鉄道事業運営にあたって必要かつ建設的な協力者として労働組合を受け入れる
3．賃金，労働条件および労使間の紛争（苦情）を直ちにかつ正当な手続きを経て調整する機構について（労使は）文書による合意を形成する
4．労働組合と経営管理者は鉄道事業のサービス向上と無駄の排除のために体系的な協調体制を構築する
5．雇用の安定をはかる
6．労使協調の成果を測定し，明確化し，公平に分配する
7．労使の協調関係を促進するための労使合同の協議機関を組織する[110]

ベイヤーによれば1～3までの原則は労使協調のための前提条件であった。まず労働者の組織が必要であった。団体交渉による合意に基づき，労使は苦情処理や労使紛争の調整のための協議機関を備える。「労使協調のための機構は苦情と賃金問題を調整するための機構を拡充したものであり，決してそれを置き換えたものではない」。それゆえに従業員代表制では十分な機能を

果たし得ない。

　　（なぜなら，従業員代表制のような）経営主導で組織された従業員団体は，障害を乗り越える術を殆どあるいは全く持ち合わせていないし，他産業における労働者や労働組合からの支持を当てにすることもできない。それゆえこうした組織では，経営管理との有効な協力のために労働者集団を動員する能力，経験，規律，リーダーシップ，イニシアティヴが育たない。経営から独立した組織を作り，それを経営者に承認させる意思も能力も欠如しているという事実こそ，労使協調の基盤を構築するという能力が（従業員代表制には）ないことを物語っている。さらに，独立した固有のリーダーシップもなく，またメンバーに労使協調の果実の分け前を保証する防衛組織としての機能もないのであるから，従業員たちは従業員代表制に信頼を寄せることができない。彼らを労使協調計画に喜んで参加するという気にさせることはできない[111]。

つまりベイヤーは，従業員代表制では経営管理組織と対等なリーダーシップを育成することができないから真の労使協調は確立できない，これに対して，労働組合は経営側と対等に渡り合える真のリーダーシップを育成でき，しかもその果実に対しても正当な分け前を権利として要求できるから真の労使協調が実現できる，と主張しているのである。重要なのは能力のある指導者の存在であった。

　次の4～6までの原則は労使協調の具体的目標についてであった。労使の協調は共通の目標を持つところから始まる。

　　その（目標の）第一は鉄道サービスの向上，無駄の排除，そして能率的運営のための協働である。この目標は，鉄道会社と鉄道利用者（パブリック）に労働組合を鉄道事業発展のために必要な構成的要素として認めさせ，実際に活用してもらうための根拠となる。他方，労働条件の改善，雇用の安定，協調の果実の分け前を保証すること，の三点は，従業員と彼らの労働組合に対して労使協調計画に参加する経済的正当性を与える。たとえ労使協調によって，鉄道会社が利用者により良いサービスを提供し，経営管理により満足できる運営を保証したとしても，従業員がこの労使協調計画からはっきりと目に見える形で利益を得られるのでなけれ

ば，この計画への従業員の関心は決して長続きしないであろう[112]。

　つまり消費者大衆への良質かつ安価な輸送サービスを提供するという目標によって労使は協力することができ，しかも労使双方とも利益を得ることができれば信頼も生まれるというわけである。労使合同協議会はそのための機関へと変貌を遂げた。当初労使間の苦情処理機関として出発したが，労使双方が一般消費者大衆のためのサービスを向上させるという相互に了解可能な目標を掲げることによって，労使関係の精神を協働へと根本から変革するための協議機関となったのである。まずはコストの削減と職場環境の改善に取り組んだ労使合同協議会は，やがてその機能を拡張し，職務分析，作業計画とその工程の設定，新人の採用，工具や装置の改善などについても協議するようになったのであった[113]。

　ともあれこうした項目について協議が可能となったにしても，実際に従業員である一般組合員が労働組合代表者を信頼し彼らに協力しない限り，計画は「絵に描いた餅」になりかねない。改革は労働組合を通した労働者からの提案が発端となるからであった。B&O鉄道の場合，1923年春の計画導入以来工場レベルの労使合同協議会は全社で合計2,180回開催され，14,000件以上の提案が協議された。そのうち11,300件，率にして81％が承認され具体化された。

　提案制度の成功例として，労働環境の改善を挙げることができる。以前の修理工場はきわめて劣悪な労働環境にあり，そのことが労使関係を悪化させていた。だが今や組合の代表者たちは，従来のようにただ管理に反対しているだけでは責任を果たしているとは言えなくなった。労働環境改善のために，管理に対して積極的にアドバイスし，協議し，協力することが彼らの果たさなければならない機能となった。不衛生な環境や照明の不備の改善，あるいはより安全で満足できる作業現場改善のために，彼らはまず労働者の声を積極的にすくい上げる。次に職場レベル，分会レベルでの討論を経て具体案に練り上げ，それを労使合同協議会に提案する。管理代表者との真摯な議論を通じて政策化し，最後にそれを実行に移す。これら一連の過程を，彼らはリーダーシップを持って遂行することを求められるようになったのである。

　こうした経験は，従業員の意識を変革するに十分であった，とベイヤーは言う。「従業員は組合の職場委員会や工場分会などで建設的役割を果たすようになった。すなわち，彼らはこうした労働環境の改善に取り組むとき，従

来のように単に不平を述べることしか許されなかった時よりも遙かに高い責任を喜んで負おうとするからである」。良好,安全,衛生的な労働環境は労働者の働きぶりにも影響を及ぼす。より信頼度の高い,より能率的な労働を可能にしたばかりか,仕事に対する満足感と幸福感を達成することをも可能にした。B&O鉄道は東部地区において,労使協調計画導入以来,鉄道輸送量の増加率についても粗利益増加率についても同業他社を圧倒し,当該計画から大きな利益を得ることができた[114]。

最後の7は労使の協働を具体化するための労使合同協議会についてであった。協働のための合同協議会は,各工場レベルの合同地区会議 regular joint local meetings と全社レベルの合同システム協調協議会 joint system cooperative conferences の二層構造になっていた。前者は2週間に1回程度の頻度で開催され,後者は定期的に3ヶ月ごとに開催されるが,緊急の際にも開催された。これらの労使合同協議会と労働組合組織との関係を車両修理工場部門を例に取って示せば,以下の通りである。

各修理工場は手工業的熟練に基づく伝統的な労働力編成を作業単位としていた。機械工をはじめとする7種類の熟練職能ごとに作業単位と職場単位が編成されており,それが管理単位にもなっていた。熟練労働者は国際機械工組合のほか,七つの職能ごとに組織された労働組合のメンバーであり,しかもそれら七つの労働組合はすべて AFL に加盟していた[115]。また AFL は鉄道関係労働組合を束ねる鉄道従業員部門を組織した。労働組合は工場ごとに地区分会 local lodge があり,これが職場委員会 shop committee を組織した。七つの労働組合は工場ごとに地区組合連合 local shop federation を組織した。この連合体は工場レベルの労使合同協議会である合同地区会議の労働組合側代表組織として各労働組合の地区分会長をメンバーとする地区連合工場委員会 local federated shop committee を組織した。労働組合は全社レベルの組織としてシステムを組織した。(ただし労働組合により呼称は異なる。たとえば district, system craft council, joint protective board など) システム議長 chairman of the district は専従となり組合から給料を支払われた。工場レベルと同様全社レベルでも七つの労働組合はシステム連合 system federation of all the crafts を組織した。この連合体は各労働組合システム議長からなる執行役員会を組織し,全社レベルでの労使合同協議会である合同システム協調協議会の労働組合側代表者となった[116]。

この労使協働のための組織は1923年に作られたものではない。実は1919年

の全国労働協約から生まれた苦情処理・紛争解決のための組織から発展したものであった。職場委員会は苦情処理委員会としての機能を果たしていたので，必要に応じて工場レベルの管理職，たとえば総職長，マスター・メキャニック，あるいは工場長のところに苦情を持ち込み，それを処理していた。AFL 鉄道従業員部門は早くも1909年に鉄道関係労働組合を束ねる組織として誕生していた。地区組合連合は，鉄道従業員部門の工場レベルの下部組織として存在していた。そして各組合分会長によって構成される地区連合工場委員会が，合同の関心事や苦情を処理するために，工場レベルの管理職と交渉した。また会社単位に編制したシステム system も，会社に関する統計や財務記録に精通すること，および分会全体を代表させることを目的としてこの時に組織されたものである。B&O 鉄道の機械工組合は第 29 地域分会 district lodge 29 を組織した。この時からシステム議長は専従となり，組合から給料を支払われている。システム連合は全社レベルでの紛争を処理する機能を果たしていた。B&O 鉄道の場合，第30システム連合 system federation No. 30 が存在している。このシステム連合の議決機関として，各分会の代表者が一堂に集うシステム連合総会があり，その総会でシステム連合議長，副議長，財務局長 secretary-treasurer が選出された。それぞれの労働組合システム議長からなる執行役員会がシステム評議会 conference committee を構成し，紛争処理のため鉄道会社経営陣との間で協議を行っていたのである[117]。

[AFL における組合官僚の類型移行と労働者教育の転換]
　労働組合側の基本構成単位は地区分会であった。地区分会長やその他の役員は，職場仲間の相談役，団体交渉上の苦情処理の機能，労使協調の機能という，少なくとも三つの役割を果たした。それゆえ，彼ら分会役員が有能でなければ労使協調のシステムはうまく機能しない。これについてベイヤーは次のように説明している。

> （このようなわけで）地区分会内部で最も活動的で能力のある人間が，組合のメンバーであると同時に工場の従業員でもある一般構成員の諸問題に関して責任を有する地位に抜擢される。当然のことながら，はじめはより単純なリーダーシップの特性が具体的な個人をその地位に就けることになるが，経験と経営管理者との接触を通して，次第に彼らが代弁する一般構成員にとって価値ある存在となる。工場における組合員の福祉

を維持するための指導者の能力についての信頼が一般労働者の間に増大してくる。労働組合が存在しかつ実際に機能しているところでは，また労働組合と経営管理の協調計画の下その存在が必要不可欠であると認められているところでは，労働組合分会の代表者は工場内部の全般的モラールが問題となる場合とりわけ重要な地位を占める[118]。

注目すべきは，工場部門の従業員をメンバーとするこれらの自発的労働組織の全体が，有能な組合官僚を育成するシステムになっていたことである。まず分会の平役員から始まり，次に分会長，そしてシステム議長，システム連合代議員，システム連合評議員，システム連合会議長，副議長，および財務局長，最後がAFLの鉄道従業員部門会長職で終わる職階が成立していた。労働組合官僚として，当初は妥協と調整の能力という比較的単純な能力が重視されるが，しかし労使合同協議会を通じて経営管理者層と接触する中で，彼らは経営管理上の問題や産業問題に熟知する必要に迫られ，それに関する専門的知識や管理能力さえも必要であることを自覚するようになる[119]。

労使協調のさらなる発展のためには，組合官僚の人材養成が喫緊の課題であることは明らかであった。これこそが労働者教育の革新を導いた原因であった。AFL鉄道従業員部門会長ジョエル（Bert M. Jewell）は，B&O鉄道のUMC計画のために組合幹部夏期学校を設置したことを明らかにしていた。

　　ニューヨーク州カトナーにある労働者学校ブルックウッドBrookwoodと共同で，工場委員，システム代表および組合役員を対象に公民，鉄道産業の歴史と経済について教育する夏期学校コースを開設した。当該コースでは，これらの基礎課程の上に，鉄道産業に果たす組織労働者の建設的役割について，管理の責任とその地位について，労使協調の技法について，鉄道産業とその労働者が直面する多くの問題の本質について，正しい理解を得るための上級クラスが設けられた。

　　さらにわれわれは現在，当該クラスで利用できまた一般組合員も読めるような，鉄道産業をあらゆる角度から網羅した一連の教科書を，アメリカ労働者教育機構（WEBA）と共同で準備中である。そうしたテキストの一冊は，労使協働の鉄道運営についてのものになるはずである。労働者教育，とりわけ労働者に自分が働く産業を理解させることを主眼においた教育は，現在急速に普及拡大している。この事実こそ，産業にお

ける階級的連帯に関する新しい概念が労働者の間に発展しつつあることを示す，もう一つの兆候である[120]。

　なぜ一般組合員に対する教育が必要なのか。さしあたりそれは，労働組合の民主的意思決定プロセスでは一般組合員の同意を得る必要があるからだ，と答えることができる。労使協調体制にあってはこの同意はとりわけ重要であった。なぜならば同意から組合幹部への信頼が生まれ，協力が具体化するからである。それだけではない。「同意を得ることは政治的プロセスであるがゆえに時間，エネルギー，貨幣の出費を伴う」。そうであるからこそ労働者教育が必要となった。なぜならば，「(同意のための) 出費は一般組合員への教育，職場の中での意見交換，組合分会での職場問題についての議論，組合幹部に対する適切な教育によって驚くほど減らすことができる」からであった。そして労働者教育の目的もまたそれに相応しいものとならなければならない。その目的は「第一に社会関係，労働者相互の関係，そして労使関係についての理解を深め，それらの関係を産業における労働者の自由と連帯を保証するような関係に変えて行くことでなければならない」のであった[121]。

　以上ベイヤーに即してB&O鉄道におけるUMC計画について眺めてきた。その結果われわれは，UMC計画が労働組合指導者を闘争型から専門職型への類型移行（もしくは発展）を促したこと，産業と労使関係に主眼をおいた労働者教育を必要欠くべからざるものとしたことを理解することができた。かつて労働組合は闘争のための組織として，また監視のための警察組織としての機能を有するにすぎなかった。今や労働組合は，対内的には議会的機能を，対外的には管理参加機能を果たすことを期待される存在となった。とはいえ，この管理参加を，狭義の個別具体的会社経営のための管理参加と理解してはならない。むしろカレンが指摘するように，産業全体を統制することを目的とした管理参加を意図していた。すなわち，経営者が専ら個別具体的な企業経営の維持存続に腐心するとすれば，組合官僚は産業全体の維持存続とその発展のために個別経営の意志決定にさえ関与することが将来の目標として想定されているのであった。

　ともあれ，経営者が専門家類型へと発展を遂げるために経営大学院が誕生したように，労働組合の官僚育成についてもそれに見合う専門家養成のための機関を必要とするようになると主張するカレンの意図は，そこにあったといってよいであろう[122]。こうした有能な指導者を擁する労働組合は残念

がら未だ存在しなかった。しかし，専門家類型の指導者が指揮をする労働組合が明日の労働組合の姿として構想されていたことを，われわれは十分に注意しなければならない。

次に，カレンに即して，一般組合員に対する労働者教育についても言及しておかなければならない。なぜならば，労働組合の新たな役割は一般組合員の意識改革と教育なしには有効に機能しないからである。「一般組合員労働者に必要な知識と情報を提供することによって，労働者教育は組合の官僚組織と産業を助けることができる。メンバーを産業における立法的問題や執行的問題について訓練することは労働組合の官僚機構の一貫した永遠の職責であり，その成否は余りにも大きく，決して状況に委ねたり不測の事態に依存したりするべきではない」123。

そればかりではない。カレンによれば，むしろ暮し（余暇）と仕事を再統合するために労働者教育は必要なのであった。ある労働者の職業生活を想定してみよう。労働者として職場に参加する以前に，彼は，暮し（余暇）の中のさまざまな団体，たとえば家族，教会，社交クラブ，フラターナル・オーダー，同窓会などを媒介として，社会的コミュニケーションを成立させている。彼は，そうした団体での活動を通じて，ある種の価値や伝統，あるいは慣習を身につける。それらは恋愛や結婚観に顕現するだけではなく，娯楽や消費などの性向についても一定の規範意識を植え付る。これに対して，仕事，もしくは職場の社会関係は，今では付け足しもしくは外在的であるにすぎない。つまり，職場での人間関係が彼の価値や伝統，あるいは規範意識に構成的影響を及ぼすことは，最早殆どなくなってしまった。職場の人間関係はあくまでも職場内部に限定されるので，それを越えて彼の暮しにまで浸透することはなかった。とりわけ大量生産体制の確立はこうした分裂を決定的にし，仕事と暮しは最早相互に浸透し得ない，別の領域になってしまったのである124。初期の労働者教育は，既に見たように，この仕事と暮しの分裂をむしろ促進し，固定化する方向に作用するものであった。すなわち，労働を忌避し，それと無関係な余暇にこそ生き甲斐を見いだそうとしたからであった。

だが「生活もしくは余暇において幸福で自由な創造的活動を期待するのであれば，むしろその暮しを成り立たせている仕事こそ重視されてしかるべきであろう」。なぜならば，そうした余暇活動や生活への固有の関心は「職場と仕事からしか生まれないし，仕事こそが固有の関心を育む肥沃な土壌である」からである125。消費を考えてみよう。「ジョーンズ一家に負けるな」の

ような消費は，本当にそれを使いたくて購入するのではなく，むしろ「追いつき追い越せ」の見せびらかし的動機に起因している。だが，職場の仲間との社交が一定の教育効果を生み，彼が産業についての関心を抱くようになればどうであろう。彼は余暇時間を読書や学校のために割き，しかもそれに必要な書籍を購入するためにドルを消費し，映画やいかがわしいサイコロ賭博から足を洗うようになる可能性が高い。まさしく職場を基盤とした労働が固有の関心を育み，真の創造的活動を促すのである。これこそが労働(者)教育の目標なのである。

　UMC計画の成功により，労働者集団は工場管理に対する協議権を獲得した。これによって彼らは再び職場と労働への関心を呼び起こすことができ，労働者教育は本来の目的を実現する方向へと転換し始めたのであった。その結果，職場における仲間集団が再び一義的な重要性を回復し，再び労働組合が脚光を浴びるようになるチャンスが生まれたのであった。こうした事態の中でこそ労働者の余暇活動は真に創造的行為となる，これがカレンの主張であった。

　われわれは，やがてこのカレンの予言がAFL体制を桎梏と化す産業組合主義の勃興とともに皮肉な形で実現されることを知ることになる。ここではさしあたり，労働者教育によって職場集団に再び焦点を当てなければならないこと，職場集団こそ新たな階級的連帯の核となることを，労使協調計画，とりわけUMC計画の成功を通して，AFL指導層がようやく認識したという事実を突き止めたことで，われわれは満足しなければなるまい。

2）フォレットの労使関係改革論とその戦略的立場

　経営プロフェッショナリズム派も，AFLに勝るとも劣らぬ熱心さで労使関係改革に取り組んだ。AFLも経営プロフェッショナリズムも，職業労働を「心理的」に満足できるものに造り替えようと努力する点においては一致していた。その場合，労使の合同協議会方式による労働者の管理参加が鍵になるという点においても，両者は共通であった。ただし，AFLが団体交渉原理に依拠した労使合同協議機関の設置と労働者教育の改革によって具体化しようとしたのに対し，経営プロフェッショナリズム派が考えた仕掛けは，一つが「合同委員会型従業員代表制」であり，もう一つが職場内部の人間関係重視の管理，とりわけ専門的経営者の教育機能であった。

　以下フォレットの論考に基づいて，AFLの労使関係改革と対比しつつ，経

営プロフェッショナリズム派の労使関係改革論を考察することにしたい。フォレットは経営プロフェッショナリズム推進論を展開していると同時に、従業員代表制を彼女の経営学体系にとって重要な構成要素としており、われわれの企図にうってつけなのである。ただし、われわれの関心は経営学説史上のフォレットにあるのではなく、時論家としてのフォレットにある。このことをあらかじめ誤解のないように付言しておきたい。

[合同委員会型従業員代表制と労働組合]

フォレットの労使関係論にとり、合同委員会型従業員代表制は労働者の管理参加を促す機構として、その要の位置に置かれていた。周知のように、フォレットは機能別に部門化された統合組織における機能別部門間、ライン管理者とスタッフの間、各レベルの管理者間、管理者と労働者の間における協調的調整をどのようにして図るか、という機能的統合化問題の解決策として委員会制度を重視した。彼女によれば、委員会制度は、第一に互いの考えを教え知らせ相互に議論する中から考えを深め合う方法として、第二に助言勧告の最も価値ある拠り所として、最後に建設的改革を実現するために必要な協力を得るための手段として、きわめて重要な機能を果たすべきであった[126]。

そして彼女は、従業員代表制にもまた委員会制度と同一の役割を期待できると考えたのであった。従業員代表制を「組織の機能統合のための機構」と見なすこの考え方は1920年代になって漸く出現したものであり、それを組織工学上の構成要素として理論化したのはフォレットが初めてであった。フォレットは次のように述べている。「従業員代表制度運動は、部分的には譲歩として、部分的には物事がもっとなめらかに行くようにするために、また部分的には労働組合に対抗するために始まったのではあるが、今日では多くの人々によって、健全な組織の資産、すなわち不可欠の部分であると見なされ」るようになった、と[127]。

フォレットの従業員代表制度論は、同時代人であるバートン（Ernest R. Burton）の実証的研究に多くを負うていた。そのバートンによれば、従業員代表制が「健全な組織の資産」としての発展を遂げるべく変貌を遂げたのは、1922年から1926年のことであった[128]。彼は、労使関係担当の経営幹部への調査に基づいて、次のように指摘する。労使関係担当重役によれば、その新しい展開とは従業員教育に効果があるということであった。まず一般従業員は、従業員代表制を介して、賃金や労働時間あるいはその他直接に従業員の処遇

に関わる事項の決定に関して，さらには財務，製造，マーケティング，および広報など，より大きな政策を決定する際に，管理者がいかに大きな困難に直面しているのかを理解することができる。他方，管理者は合同委員会に管理代表として出席することによって，より広い管理責任，とりわけ人事関係に影響を与える管理責任を自覚することができる。

とはいえ，このような教育的機能は当初から意図されていたわけではなかった。アメリカン・マルティグラフ社 American Multigraph Company のような先進的事例においては，労使の利害対立が絡まない事柄について，製品改良，品質改良，デザイン改良，不良品削減法，さらに動作研究，機械と道具，誇りと関心などのテーマが合同委員会で協議されたり，それについて情報交換されることを従業員代表制設立の意図の一つとして明記されているが，その他の多くの事例では，当初従業員あるいは合同委員会がこうした製造に関わる諸問題を検討することは意図されていなかった。それにも拘わらず，現在ではそうした諸問題を協議することが従業員代表制の重要な目的であると認識されるようになったのである。バートンによれば協議題は次のように深化していく。

従業員代表制が導入され1～2年が経過すると，労使が対立する事項の取り扱いは次第に減少し，単純なルーティンとなっていく。従業員代表者と幾度か議論するうちに，管理代表者たちは彼らが管理諸問題についてもっとよく知りたいという希望を持っていることを発見する。こうした発見は多くの場合，賃金や労働時間についての議論から得られた副産物であった。なぜならば，管理代表者は，従業員の要求を認めるためには克服しなければならない多くの障害があることを彼らに説明する必要があったからである。こうした経緯をたどって，経営問題，管理問題について従業員に情報を公開し，彼らに納得・理解してもらうことが管理にとっても好都合であることを次第に理解するようになった。「当初，労使担当重役の多くは，従業員代表制に労使の契約関係をめぐる事項の検討以上を期待していなかった。だが現在では，経営問題・管理問題について一般従業員ならびに管理者層を教育する手段として，またモラールを促進する処方箋として，従業員代表制の有効性を喜んで承認している」[129]。

このことと並んでもう一つ，バートンはきわめて注目すべき，次の事実を指摘していた。それは，合同委員会型従業員代表制の（労使関係上の）理念的系譜をたどると，1910年代の団体交渉型同意論に起源を求めなければなら

ないということ、これであった。彼は、ヴァレンタインが「同意と能率」論文において、能率向上のためには従来の労働者を客体化する専門家的アプローチでは不十分であり労働者の集団的同意が重要であることを指摘していた点に着目する。そして、第一次大戦期の経験から、このヴァレンタイン説の正当性を多くの経営者が身をもって体験したことこそ1920年代の合同委員会型従業員代表制のパン種となったと述べた[130]。

フォレットもまた、このバートンの理念的系譜上の起源論に同意する。すなわち、彼女によれば、合同委員会型従業員代表制が普及した背景には、一方で、1910年代に消費者から提起された能率問題（能率向上による価格引き下げと賃金引き上げの同時実現）は労働者の協力なしには解決不可能であるとの認識が（1920年代に至ってようやく）経営者の間に深まりつつあったこと、他方労働者の間では、管理改革や新技術の導入に協力する以上は自分たちもその恩恵に与る権利があるとの主張と、自己決定権を獲得したいという希望の双方が強まったこと、の2点が重要であったからである[131]。

フォレットによれば、この二つが団体交渉を発展させ、その中から「集団原理 group principle」を導いた。すなわち、「団体交渉の下で集団原理の認識」が増大し、その結果、今や「資本と労働の利益 the interests of capital and labor は統合」に向かいつつある（別の表現では「資本と労働との間にコミュニティが形成」されつつある）と言うのである。これに関連してフォレットが「ロバート・ヴァレンタインの仕事の大きな価値は、彼がこの事実を認識していたことにある」と述べていることに注目すべきであろう。

具体的にフォレットが見ていたのは、団体交渉に基づく労働協約の締結と、それに伴って設置された、労使双方の代表からなる、ほぼ常設に近い協議機関であった。とりわけ彼女は、1910年におけるニューヨーク被服製造業におけるブランダイス判事による審判と、ストーブ製造業における IMU と SFNDA の間に維持されている労使合同協議会に注目した。フォレットによればそうした労働協約体制は単に賃金や労働時間だけでなく、工場管理や規律などの問題も協議されるようになり、その結果労働者も雇用主もともに共同管理に必要な知識を得ることができるようになった、このことが決定的に重要なのであった。すなわち、「労働者は、生産原理や輸送コスト、生産の種々の過程の相対的価値、市場状況、競争製品の生産やマーケティングを支配する諸条件等を、知るべきである。雇用主は、真の労働条件と労働者の考え方を知らなければならない」[132]。

だが，他方でフォレットは，団体交渉型同意論のままでは「組織の機能統合のための機構」としては不十分であるとして，その限界を強調してもいた。彼女によれば，「同意」から「参加」への発展が不可欠であった。「団体交渉の基本的な弱点は…労働者に産業の管理に直接的に参加する権利を与えていない」ことにあった[133]。それゆえ，労働者に参加を促すという意味では，団体交渉よりも従業員代表制の方が優れているとの価値判断があった。その背景には，労働組合の防衛的・警察的機能に対する不信があった。とりわけ『経営管理の科学的基礎』の段階では，彼女は執拗に団体交渉を批判していた。

フォレットはまず，経営管理者と労働者が能率向上のために協力すべきであるという主張を取り上げ，次のように述べた。「今日われわれは生産に対する集団的責任ということがさかんに唱道されているのを聞くが，それを論じるためには，相争っている二つの側という考えと統合を指向する二つの側という考えとの相違の重要性を認識することが必要である」。ここでいう「相争う二つの側」という関係は，労働組合と経営の闘争を前提とした団体交渉を意味した。つまり，そうした団体交渉を前提としては，集団的責任を双方が感じ取ることはできないというのであった。その上で，今や重要なのは，企業経営は一つの「統合的単位体」であるという考えを認めることなのだと主張し，「企業において労働者，管理者，所有者が集団的責任を感じ取るようにするには，どのようにしてその企業を組織することができるか」との問いかけこそが重要であると主張した[134]。

フォレットの団体交渉批判の矛先は，労働者集団の企業組織との関係性が双務性概念にあることに向いていた。そのことは，彼女が重視する集団的責任あるいは集団的統制概念が，1910年代に重視された双務性概念とは異なるものである点を説明したところに端的に示されている。フォレットは，1910年代における労使関係論を主導した代表的な三人の論者，コモンズ，ヴァレンタイン，ライサーソン（William M. Leiserson）を，それぞれ次のように批判した。

> コモンズ教授は「忠誠は双務性の期待である」と述べているが，私はそれに賛成しない。われわれの義務，責任，忠誠等は，…われわれを構成部分として包含している機能的統一体に対するものでなければならない。
>
> ロバート・ヴァレンタインは「雇用主たちは，彼らの従業員に対する

忠誠について強く論ずるようになるまでは，従業員の忠誠を同じように要求するのをやめるべきである」と主張していた。確かに，このようにいう価値があったと思う。しかし，もしヴァレンタイン氏が今日まで生存していたとすれば，おそらく彼は次のように言ったと思う。「私の言ったことは，企業統一体をつくり出す過程の一部分としての忠誠という現在の概念と比較してみると，どちらかと言えばかなり幼稚な見方であった」と。

　ライサーソン氏は，次のような質問を出している。「会社は会社の考える公平に従って公平な取り扱いをしたいと思うのか，あるいは従業員が理解する公平に従って雇用主は従業員に対して公平性を行使する用意があるのか」。しかし，ライサーソン氏は，なぜ前者よりも後者の方がよいと思うのだろうか。企業において，統制とか責任とか忠誠とかについてその基準を労使共同で考え出さなければならないのと同じように，企業の行動に対する基準も共同で考え出さなければならないのではないか，というように私には思われる[135]。

　こうした双務性概念に基づく団体交渉型同意論は，1910年代と戦時期には，確かに国民に支持されていた。既に述べたように，その戦略に対する支持基盤を広範な市民層に見いだすことができたからであった。だが多くの市民は，戦争が終結しロシアに社会主義体制が成立すると，手のひらを返したように態度を一変させた。彼らはパブリック・サービスよりも私的利益の追求を優先するようになった。また労働運動に対する共感も失せ，むしろそれに敵対するようにすらなった。経営そのものが新たに尊敬の念を持ってみられる時代が到来したのであった。まさしく「企業統一体を作り出す過程」こそ重視されなければならないというわけであった。これに伴い労使関係へのアプローチも当然変化する。この変化をルイサーン（Sam A. Lewisohn）は次のように要約している。

　　労使協調の問題は，つい先頃まで産業の政治学 Politics of Industry あるいは産業の政治家的能力 Statesmanship of Industry という視点でもって考えられていた。しかし現在ではこの問題へのアプローチは経営者は何ができるか，あるいはいかなる指導力を発揮できるか，という関心に変わっている。換言すれば，経営管理は組織を通じて従業員の信頼を勝ち

取るために，もしくはそれを維持するために，何をなさなければならないか，という問いが重要となったのである[136]。

　フォレットは保守的な改革を目指す経営（学）者ルイサーンと同じ地平に立っていたと言わなければならない。
　やがて彼女は保守的改革派と訣別する。その契機となったのが1925年AFLの労使協調宣言であった。とりわけAFLの週5日労働制要求運動によって，大衆消費社会に生きる労働者の内面的危機の救済が急務であることを痛感したフォレットたち経営プロフェッショナリズム派にとって，このAFLの宣言は一条の光となったであろう。新たな精神を導入して労使関係を作り替えるという経営プロフェッショナリズム派の「革新」を受容したのは，労働者問題にあまりにも鈍感で労使関係改革に背を向けたバビット的経営者たちでも，従業員代表制を労働組合潰しの手段として利用する保守的人事管理改革派でもなかった。経営プロフェッショナリズム派は，戦略的連携相手としてAFLを見いだしたのであった。
　このことは，労使協調宣言以前の『経営管理の科学的基礎』の段階にあっては労働組合と団体交渉を舌鋒鋭く批判していたフォレットが，宣言以降の『専門職としての経営管理』および『経営管理の心理学的基礎』では，依然として従業員代表制の優位性を認めながらも労働組合型労使合同協議会を積極的に評価し，労働組合そのものの存在すら容認していることを見れば，直ちに了解できるであろう。実際フォレットは，協議会方式の発展という視点から見て，1925年AFL全国大会での労使協調宣言を「最も興味深い出来事」として高く評価していた。
　さらに彼女は同年12月にAFL議長グリーンがテイラー協会で講演した内容を紹介し，その意義を次のように述べている。彼は「戦いの効能については何も言わないで，産業に繋がる生産的な力のすべてを動員し，産業の発展，その成果の公正な配分を促すという価値について語っていることである。非常に多くの言葉の中に，グリーン氏は『互いに相手方を疑ったり，反目したり，憎み合ったりすることのない労使間の接触』のことを述べている。生産における無駄の研究において経営者と協力するために，労働者側を代表する委員会が既につくられつつある」[137]。
　フォレットはさらに，労働組合それ自体についてもその存在意義を承認し，次のように述べていた。

団体交渉は，絶えず，資本と労働との間の正しい関係であると主張されている。団体交渉は，これまで必要な手段であったと私は考えるし，確かに今日でもこれまでと同じほど必要ではある。また，私は，雇い主と従業員との間の取り決めが，組合のもつ経済的権力を団体交渉を通じて用いるチャンスを与えなかった場合には，重大な過ちを犯している，と信じる。しかし，それでもなお，団体交渉は力の均衡に依存し妥協に終わっている。私は，やがてわれわれはこの二つから脱することができると思う。事実今日，従業員代表制度のことおよび組合と経営者の間の協力関係が，団体交渉よりも一歩前進した方向へと発展して行くものと考え，それら二つは機能的関係づけの原理に基づいているものと考えている人々が非常に多くいる，と私は考えている138。

労使の力関係の現状を考えればなお団体交渉は必要である，とフォレットは主張する。

だがそれ以上に重要なのは，労働組合も従業員代表制と同様「機能的関係づけの原理」に基づいて労使関係を発展させようとしているから支持する，とするその論旨である。アメリカ資本主義は1920・21年不況の後再び成長軌道に乗ることができた。しかし，それゆえに，大勢を占める伝統的保守派は労働者の信頼 goodwill をいっさい考慮することなく，むしろ伝統的な労働倫理を振りかざして家父長的労使関係への復帰を声高に叫んでいた。こうした事態は決してアメリカ資本主義の安定成長に資することにならない。それどころか妨げかねない。だからこそフォレットは，従業員代表制とともに労使協調戦略へと転換したAFLをも支持し，伝統的保守派に対抗しようとしたのではなかったか。そしてAFLにとっても伝統的保守派は真の敵であった。AFLもまた伝統的保守派と対抗するためには経営プロフェッショナリズムとの連携が不可欠であることを理解していた139。

[専門的経営者の教育機能]

経営プロフェッショナリズム派は確かにAFLとの連携に熱心であった。だが両者は共通の敵に対して連携したにすぎず，互いの思惑は別にあったのであり，決して互いの戦略を完全に一致させたわけではなかった。まさに「同床異夢」の関係であった。両者の相違は，労働者の生き甲斐や自尊心の内

容とそれを教え込む教育機能を誰が果たすべきなのか，という点に端的に表れる。AFL の場合，その目的は産業統制であり，期待される人材も組合官僚としてのそれであった。すなわち，経営管理的資質とともに交渉力と政治家的能力をも併せ持つ人材育成の戦略であり，当然 AFL や労働組合の労働者教育機関によって担われるべきであった。これに対して経営プロフェッショナリズム派の場合は，その担い手は専門的経営者であり，育成すべきは労働者の中に眠っている管理能力であった。

まず専門的経営者の教育機能についてであるが，フォレットは，専門的経営者の労使関係に対する態度は旧来の戦闘的敵対関係ではなく真の友好的関係でなければならないし，労働者に対し組織を通じた真の人間発展というサービスの提供者たらんと努力すべきであること，換言すれば，専門的経営者とは従業員を教育するという崇高な機能を委ねられていることを繰り返し強調した。

> 最も喜ばしいことには，多くの工場では今日そのように働く者を啓発すること，発展させることを産業の目的の一つにする傾向がある。今日，われわれのより立派な社長たちのある者の目指していることは金銭的な利得だけではなく，もっと洗練された欲望を持つ人々の発展である。われわれの現在の粗野な欲望を満足させるという意味でのサービスではなく，もっと洗練された欲望を持つように人間を向上させるという意味でのサービスである。もし弁護士の目的が正義であり，医者の目的が健康であり，建築技師の目的が美であるとすれば，企業はそれと同じように崇高な目的を持つことができることは確実である。今日では，生産の過程がその生産物と同じぐらい社会の福祉にとって重要であることを理解する経営管理者が存在するようになっている。このことから，産業における人事（ないし労務）の仕事が最も興味ある仕事となっているのである（傍点引用者）[140]。

AFL による週 5 日労働制要求運動の高揚とともに労働者の生き甲斐問題に直面したとき，フォレットは再度，しかもより説得的に，その解決のためにも専門的経営者の教育機能が重要であることを主張した。専門的経営者は組織工学上三つの課題を果たさなければならないとして，その教育機能を次のように説明した。

第一に，組織体の各構成員がそれぞれ能力に応じてその能力を最大限に発揮することができるように，各構成員をどのように教育し訓練すべきか，ということである。
第二に，各構成員が貢献できるように，どのようにすれば各構成員に最大の機会を与えることができるか，ということである。
第三に，いかにして，いろいろの貢献を統一化すべきか，すなわち，調整の問題であり，これこそ企業組織の最大の問題である。

この三点について彼女はさらにデニスンの説明を付加している。労働者問題に対する処方箋としてこの引用がすべてを物語っているので煩を厭わず引用したい。

　　第一の点について，彼（デニスン）は次のようにいう。「われわれは，われわれの対象――男女――の最も深い特徴および最も表面的な特徴を発見するために，それらを分析しなければならない。それら男女のありのままをそのまま最大に利用すると同時に，われわれは彼らを発展させて，なおもっと高度のサービスができる単位にする方法を見出すように努めなければならない」。
　　第二の点について，彼は，次のようにいう。「すべての従業員の経営管理的能力は，これまでにまだ用いられていない社会的富の大きな源泉である。なぜなら，これまでのわれわれの組織作りは，命令を与えるといった考え方に基づいており，多数の人間のそれぞれの中に少しではあるが潜んでいる管理するという可能性を無視し，またそれを抑えるように計画されているからである」。
　　第三の点については，彼は，次のようにいう。「エンジニアリング・プロジェクトとしての組織づくりには，その組織の構成員達についての影響力（教育力）を調整して，その組織の構成員の能力のありとあらゆる可能な部分が引き出され，整理されて組織全体の努力と同じ主要な方向へ進められるように計画しなければならない」[141]。

これこそ週5日労働制要求運動が提起した労働者問題に対する経営プロフェッショナリズム派の回答であった。

経営管理者が専一的に従業員教育を担うとき，しかもそれが管理能力の育成であるとき，そうした教育はいったいどのようなタイプの労働者を育成することになるのだろうか。フォレットはいう。経営管理者と労働者の管理能力を一つに結合することが果たされれば，「管理するということ自体，互いに相手方に浸透する過程であって，管理する者とされる者との区別は」次第にぼやけてくる。すなわち「向こう側とこちら側」という互いに相争うという理解は最早陳腐化してしまう。「もし作業員一人一人の仕事が分析され，銘々が管理するためにどのような機会があるかを理解することができれば，そのこと自体が生産に対して直接的・間接的に影響を及ぼすであろう。ここで間接的にと言ったのは，これによって作業員の自尊心と彼の仕事に対する誇りが大きく増大するからである」[142]。

つまり，フォレットに従えば，労働者の管理者化とでも呼び得るような過程が進行し，階級道徳の消滅に結果するであろう。確かに，従業員の連帯性を否定することのできないものとして，フォレットは承認してはいる。だが，そうした連帯性は決して社会的広がりを持つ労働者階級としての仲間への責任意識ではなく，工場という閉じられた空間内における従業員集団として専ら組織に対する貢献とそれに伴う責任の意識こそが価値あるものとして賞揚されていた。フォレットは，共同の責任を果たすことによって労働者は人間としての尊厳を獲得することができる，と述べる。「ある若い組合員がかつて私に次のように言ったことがある。『私が単なる従業員としていったいどれだけの尊厳をもつことができるか』もし彼が会社に対して可能な限り全面的な貢献をなすことが許されるならば，そしてそれに対する責任を明確な形で引き受けることが許されるなら，彼はいくらでも尊厳を持つことができる」[143]。責任を引き受けるということが人間の尊厳にとって重要であること，しかもそうした責任を組織に対する共同責任として専ら管理能力に結びつけるのがフォレットの特徴であった。

この少し後の1930年に，ティード（Ordway Tead）が「産業心理学の諸傾向」"Trends in Industrial Psychology" と題する論文の中で，経営プロフェッショナリズムの労使関係改革論を敷衍して次のように述べた。要約としてこれ以上相応しいものは他にないと思われるので以下に紹介したい。それがフォレットの立論の反復であることを読者は確認して欲しい。

従業員教育の重要性が次第に理解されるようになってきた。しかもそれは狭い職能に関連する単なる技能教育ではなく，全人格教育でもある。「従来

経営による訓練は文化教育とは区別して考えられてきたが，最近より健全な方法でその区別をなくす方向にある。それは経営による訓練が，従業員に自己解放，自己成長，能力に見合った達成を実現したいと思わせるという，より大きくてしかも結局は企業体制を維持することに役立つ目標を，引き受けるようになったからである」。

ではなぜそのような教育機能が必要となったのかと言えば多くの人々が人生の満足は工場の内部，労働時間内では得られないと考え，消費や余暇に血眼になり，働くことを忌避する傾向が目立ってきたからである。だが「人生の満足は労働時間が終了した後（の余暇時間）でしか得られないと考え行動することは馬鹿げたことである。確かに，職場における労働の多くは余暇に逃避したいと思わせる無意味な行為であるかもしれない。しかし，特別な訓練によって，労働時間における活動が自己表現のための手段を提供できるようにしさえすれば，仕事と自己実現のための努力との区別は幸いにも消滅してしまうのである」。それは労働者の中にある管理能力をどう引き出せるか，つまり経営者の教育機能にかかっている。

それを果たすためには，真の会議をあらゆるレベルで保証しなければならない。

> （その点で注目すべきは，）最近数年間に，小集団協議会方式という信頼できる技法が目覚ましく進歩したことである。もともと他の社会領域において，考え方や目標の相違を明らかにしそれを最小限にするため開発された方法であり，集団内の背反する目標を明らかにし，それを大胆にぶつけ合い，納得が行くまで議論し，新たな提案もしくは統合化を導く努力を促すという心理学的に健全なこの方法は，今や経営の領域において最も進化を遂げた。多くの巨大企業で現在この新しい協議会方式によって管理者訓練が行われている。そしてこの方式が，期待通り，取締役会，執行役員会，職長グループ会，従業員代表制において著しい効果を見せている[144]。

従業員代表制が企業組織内部における委員会制度の一翼を担っていることに注意したい。最早労使関係ではなく従業員関係としての自己完結型組織が，あたかも堅い鉄の檻のように，労働者集団を取り囲んでいた。

AFL の週 5 日労働制要求運動は，第一に労働者を豊かな消費者に育成する，第二に労働者の人間的生き甲斐を回復する，という二つの理由を掲げた余暇時間延長の要求であった。アメリカ経済の持続的成長のためには大衆消費市場を開拓しなければならないこと，これについては経営者は等しく同意していた。ただしそのための方法として，週 5 日労働制が有効であるか否かという点では見解が分かれた。
　消費の福音派は消費拡大につながるとして週 5 日労働制の導入に賛成した。だが経営プロフェッショナリズム派は，確かに消費拡大のためには一定の余暇時間が確保されなければならないとしながらも，むしろ一日 8 時間労働制の完成に向けて努力することのほうが有効であり，週 5 日労働制の導入がさらなる消費拡大を促すという見方には懐疑的であった。最後に伝統的保守派は，見せびらかしの消費が昇進意欲を刺激し，結果として労働倫理を強化するのでなければ意味がないとして，週 5 日労働制には反対であった。
　これに対し週 5 日労働制要求の第二の理由である労働者の人間的尊厳の回復を余暇活動に求めるという主張については，若干の例外を除いて，伝統的保守派も，消費の福音派も，経営プロフェッショナリズム派も等しく反対であった。だが，労働者の人間的尊厳，すなわち労働者の「協働本能」が大量生産体制と管理組織によって妨害され，それを自由に発達させられないという事態に気づいたのは経営プロフェッショナリズム派だけであった。伝統的保守派は専ら労働倫理の強化という「精神論」を振りかざし，消費の福音派の一部は作業環境の改善と科学的管理法の徹底，あるいは内部昇進制度によって労働忌避問題は解決できるとの立場であった。彼らには労働現場の人間問題は見えていなかったのである。
　経営プロフェッショナリズム派は専門的経営者論を展開する中で，労使関係の人間的側面を重視すべきこと，すなわち明日の経営者は教育機能を果たさなければならないと主張した。そのための手段として合同委員会型従業員代表制を重視し，労働者の協働本能を管理能力へと翻訳する必要性を確信したのであった。
　一方 AFL もまた，主として B&O 鉄道の UMC 計画成功を拠り所に，「経営者が尊敬の念を持ってみられる時代」の中で，伝統的な闘争路線ではなく無駄の排除や能率の向上に関して経営管理者と協力する労使協調路線を模索するようになった。そのためには団体交渉における交渉能力ばかりではなく，機能統合のために必要な専門的管理能力をも具有する新しいタイプの労働組

合官僚の育成が急務であることを痛感した。

　さらに労働者が職場と仕事への関心を喪失しつつあることが労働運動の衰退に拍車をかける原因の一つであることを，初期の労働者教育運動の教養主義への傾斜から悟り，職場における労働者文化の再建が急務であることを確信したのであった。これが AFL に闘争から労使協調路線への転換の正当性と労働者教育の転換の必然性を確信させた。その結果 AFL はわずか数年の内に余暇の文化重視から仕事の文化重視へと大転換を遂げたのであった。こうして経営プロフェッショナリズム派と AFL は，余暇・消費問題に直面したことにより，労働者の管理参加を促す労使関係の新たな精神を誕生させたのである。

　新たな精神は，1920年代にあってはなお萌芽段階にとどまった。またこの精神はその後の歴史において一定の社会倫理として有効性をもったにせよ，決して労働倫理もしくはその世俗化した個人主義的立身出世主義や，個人主義的消費主義に最終的に勝利したわけではない。むしろ現代ではストックホルダー・モデルの大流行に見るように，個人主義的立身出世主義や個人主義的消費主義が強力になり，今や協働の精神とともにこの新たな労使関係の精神は忘れ去られようとすらしている。

　しかし，少数の勝ち組はともかく，圧倒的多数を占める勤労市民は自分自身が負け組に属することにうすうす気がついている。多くの人びとは生き甲斐や人間的尊厳を実感できない生活に呻吟している。そうした彼らがより頼むのは過度な消費主義か，あるいはそうでなければ似非宗教のカルト団体である。このことはアメリカも日本も大差はない。われわれは資本主義システムという鉄の檻の中でなお生き続けなければならないとすれば，彼らの goodwill をどう取り戻すかという問題に今再び真摯に取り組まなければならないであろう。

　だがそれは単なる勤労意識を遵法意識とともに道徳として教え込むだけの方法では済まない。人間の尊厳を取り戻すために，労使関係あるいは経営組織の変革にまで踏み込む価値転換でなければならないはずだ。その意味で雇用主の倫理的責任，労働組合指導者の倫理的責任がより重く問われているのである。1920年代アメリカの余暇・消費問題が提起することは決して他人事ではなく，現在のわれわれの課題でもあるのだ。

結　語

　「資本主義社会は階級道徳と反権威的な労働組合に対抗して労働意欲のある労働者を保護する」というヴェーバー命題を手がかりに，大量生産体制確立期アメリカの労使関係を眺めてきた。以下，「アメリカ労働組合の変貌」と「経営プロフェッショナリズムの発展」の二つの側面から本研究を総括し，最後に展望として「戦後アメリカ労使関係と経営プロフェッショナリズム」に言及する。

アメリカ労働組合の変貌

　19世紀後半から20世紀初頭にかけてのアメリカでは，ドイツに劣らず，熟練労働者は盛んに生産高制限を実行し，雇用主や職長に対抗していたのであった。この生産高制限は，技能に優れた有能な労働者が個人的利益を抑え込み，仲間全体の利益を尊重する行為であり，そこに働いていたエートスがヴェーバーの言う階級道徳であった。アメリカにおいても確かに，労働組合はそうした階級道徳を基盤に発展を遂げたのであった。本研究では主として「全国鋳物工組合 IMU」を取り上げたが，この組合はウィリアム・シルヴィスという有能な指導者の下，高い理想を掲げた組合活動を展開したのであった。

　この鋳物工組合に典型的なように1860年代から80年代における労働運動は社会改革運動としての性格を有していた。成功はしなかったが，とりわけシルヴィスが熱心であった「生産協同組合」運動は彼らの理想主義的傾向を象徴するものであった。現代の歴史家は彼らの理想を「職人の共和主義」と呼ぶが，それは「生産者として経済的独立を達成すること，市民に相応しい教養とモラルを身につけること，そして自発的な政治参加を果たすこと」，これ

らを実現してコミュニティの他の社会層のメンバーと対等な社交を目指そうというものであったからである。

しかしながら，その後の歴史を見ると，IMU はしだいに保守化していき，それとともにこうした理想主義に背を向ける。鋳物工組合の機関誌に，高賃金を得て消費の豊かさを保証されるならば生涯労働者の境遇に止まる運命であったとしても決して不幸ではない，との資本主義容認論が掲載されたのが1898年であった。およそこの頃を分水嶺としてビジネス・ユニオニズムへの転向が本格化する。IMU は1888年に組合の綱領から「闘争手段としての生産高制限の発動」条項を削除し，1891年には雇用主団体である SFNDA との間に労働協約を締結したことがそのことを証明していた。

こうした事態について IMU は決して例外であったわけではなかった。1898年から1902年の期間が「団体交渉の蜜月時代」と呼び慣わされているように，多くの職能別組合が雇用主団体との間に労働協約体制を構築した。だが，IMU と NFA の，機械化をめぐる団体交渉について見たように，労働協約体制にとって機械化問題が「躓きの石」となった。いずれにせよ，雇用主団体がオープン・ショップ化の戦略に転換したために，多くの労働協約体制は短命に終わった。他方，それが維持された場合，ビジネス・ユニオニズムの「産業の平和」を指向する態度は，その後展開する労働者統合論の片棒を担ぐことになる。実際，経営プロフェッショナリズムの労使関係改革を構想したフォレットは，IMU が果たした労働者統制の機能に着目したのである。

労働組合の保守化とビジネス・ユニオニズムへの転換は階級道徳に著しい影響を与えた。本研究では IMU と SFNDA の労働協約体制が一般組合員に及ぼした影響を検討したが，とりわけ深刻な影響を与えたのは生産高制限の禁止条項であった。これによって IMU は SFNDA のために，組織の責任において生産高制限を中止させなければならなくなった。生産高制限という抵抗の手段を失うことになった結果，階級道徳は衰退せざるを得なかった。一日8ドルから9ドルを稼ぎだす鋳物工が誕生する一方で，落ちぶれてホーボーやトランプに身を落とす鋳物工も数多く出現するという状況が，階級道徳が衰退しつつあることを如実に証明していた。ただし，階級道徳は死滅してしまうことはなかった。実際，ホーボーやトランプとなった仲間に共感を寄せる鋳物工は決して少なくなかったのである。しかし IMU 執行部とビジネス・ユニオニズム支持派はホーボーやトランプとなった仲間を「自己責任論」に依拠して「飲んだくれ」と批判し，組織として取り組んだのはモラル向上運動

であった。IMU機関誌には「鋳物工として成功する方法」と題された投稿記事が掲載されるまでになった。そこには高いモラルをもち雇用主と職長に従順であること，何よりも多くの賃金を目標として勤勉に労働することが熱心に説かれていた。今や立身出世こそが労働組合員の中心的関心事となったのであり，階級道徳を語るものはよほどの変わり者と見なされるようになったのであった。

しかし変わり者は決して少なくなかった。階級道徳の衰退を憂い，ビジネス・ユニオニズムを批判する理想主義者たちは，台頭しつつある社会民主主義に拠り所を見出したのである。社会民主主義は理想主義の地下水脈を形成し，決して枯れることはなかった。本研究で紹介した自動車産業で働く研磨工フランク・マーカートはこの時代の理想主義的労働者の典型であった。そうした理想主義の地下水脈と機械的修練労働者の階級道徳が出合うとき，産業組合主義の理念に基づく，反権威的労働組合に結実する運動への胎動が始まる。しかしそれには大恐慌からニューディールの時代を待たなければならなかった。

経営プロフェッショナリズムの発展

このような階級道徳と労働組合の変貌に対応して，アメリカ資本主義はさまざまな対抗と労働意欲保護の戦略，言うならば労働者統合化戦略を工夫した。その最初の試みはテイラーの科学的管理法とコモンズの労働協約体制論であった。二人は，生産高制限を道徳的に許し難い行為であると見なし，階級道徳を否定していた点ではまったく一致していた。しかし生産高制限問題への処方箋として，労働組合が有効であるか否かという点で見解が分かれたのであった。管理の契機を重視するテイラーが，労働組合が生産高制限を闘争手段としている以上，能率的生産のためには労働組合を排除しなければならないと主張したのに対して，コモンズは賃金交渉権さえ承認すれば，労働組合は生産高制限問題を自らの手で解決しうると反論した。IMUに典型的なように，ビジネス・ユニオニズムを信奉する労働組合は資本主義社会にとって信頼しうるパートナーとなりうる，とのコモンズの主張は，社会民主主義を信奉する労働組合員がなお存在しているという状況に危険を感じていたテイラーの心に強く響くことはなかったのである。

ともあれ，テイラーにしてもコモンズにしても，関心は主として階級道徳と反権威的労働組合の排除にあったのである。テイラーと科学的管理運動の

側が「言うことを聞かぬ」労働組合に反感を抱く以上，他方で労働組合の側も科学的管理法に専制的支配の疑惑を抱く以上，科学的管理運動と労働組合はなおしばらく敵対関係を続けざるを得なかったのである。

「労働意欲のある労働者」を保護する努力は，テイラーの科学的管理法を嚆矢とする。科学的管理法は，労働者個人を孤立化させて管理する方法であったが，やがて個人としてではなく集団として労働者を把握するという方法的立場が提起されるに至る。それは企業と社会の関係を重視する思考方法を特徴としていた。労働者との関係についても，彼らを単なる管理の客体と見なすのではなく，むしろ管理への積極的参加を促そうとする，いわば積極的労働者統合論であった。

その発展の起点となったのは1910年代における社会改革派のアメリカ資本主義批判であった。本研究ではブランダイスとリップマンを取り上げたが，二人はともに利潤追求に汲々とする現実主義者の企業経営者を批判した。アメリカ資本主義を社会と共生する軌道に再定置するために，労働者と消費者の利害を尊重する専門的経営者の出現に期待をかけたのであった。さらに，社会改革のための具体的戦略として，科学的管理運動と労働組合の連携を呼びかけた。両運動は互いに反目しあっていたが，連携の前提条件は次第に整えられつつあった。

労働組合について言えば，AFL は生涯を労働者として生きる運命を受け入れ，市民的同格性を消費者の立場で追求することを運動の核心に据えるようになった。それがアメリカ市民に相応しい賃金，すなわち「生活賃金」の要求であり，十分な余暇を保証する労働時間の短縮要求であった。科学的管理運動における連携論の発展については，ヴァレンタインの貢献が決定的に重要であった。ヴァレンタインの「同意と能率」論を転換点として連携論を支持するグループが結成されたが，これをわれわれは科学的管理運動修正派と名付けた。科学的管理運動修正派と AFL との連携の努力は第一次大戦期における戦時動員体制を契機として結実する。その最初の成果が1920年9月の『アカデミー年報』特集号であった。

特集号に示された連携論に基づく改革案は，第一に科学的管理法の導入，第二に人事管理政策の導入，第三に労働組合の承認を主要な柱としていた。われわれにとって一層重要なのは，「テイラーの若き門弟」クックが生産高制限問題を重視し，その根本的解決策として労働組合が有効であることを認めたことである。なぜならば，この事実こそ，科学的管理運動修正派が「ビジ

ネス・ユニオニズムを信奉する労働組合は資本主義社会にとって信頼しうるパートナーとなりうる」とのコモンズの主張を承認したことを意味しているからである。

科学的管理運動修正派は連携論を基盤として労働者統合論を発展させる。一つはデニスンが担った労使関係（改革）論であり，もう一つはパースンが展開した経営者論であった。デニスンの貢献は，労使合同の協議機関を通して労働者の中に眠っている管理能力を引き出す可能性を発見したことであった。これによって仕事を通して自己実現を図りたいとの労働者の欲求を実現し，自尊心を満足させることができるとの確信を得た。管理参加による労働者統合化戦略の誕生であった。

パースンの貢献は管理技師のプロフェッショナリズムを専門的経営者のプロフェッショナリズムへと転換させたことであった。パースンは，専門的経営者は利潤動機や営利衝動を憎悪し，真の生産的動機もしくはサービス動機に立ち返るべきことを主張したのである。またそれに関連して，能率の向上と無駄の排除のために労働組合と連携することが重要であるとも述べた。こうして，デニスンの労使関係論とパースンの経営者論を両輪とする経営プロフェッショナリズムが誕生したのである。

経営プロフェッショナリズムの労働者統合論は，1920年代にフォレットによって理論的に精緻化され，「組織行動論」として大きく飛躍する。その契機となったのは余暇・消費論争であった。機械化の進展は労働を単調な反復作業にしてしまい，その結果労働の喜びを奪い去ってしまった。そうした事態が労働者から人間的尊厳を奪い去り，いわば意味喪失状況の下で生きることを余儀なくさせている。これが労働者が直面する運命であるとすれば，その解決策は労働ではなく余暇活動に求めなければならない，と主張するのが余暇運動であった。

余暇運動論者が労働時間短縮を目標に掲げる以上，彼らの運動は社会民主主義的理想と接点を持つことになる。「労働者インテリ」としての生活を追求するあの研磨工マーカートに典型的なように，理想主義的性向の強い労働者ほど，仕事よりも余暇を重視する生活様式を選択したのであった。AFL も余暇運動の国民的広がりを受けて余暇運動組織 PRAA と連携する。AFL もまた社会民主主義者と同様に余暇活動に人間的尊厳を回復するチャンスを見いだそうとした。しかしやがて AFL は社会民主主義者と袂を分つ。

1925年，AFL は闘争から協調へと路線を転換する。それは，単に交渉機関

としてばかりではなく，むしろ積極的に経営に参加し，経営の良きパートナーとなる努力を惜しまないとの態度表明であった。さらに1927年４月には，議長グリーンが，仕事を人間的成長と社会的サービスのための能力を高める手段とする必要があるとの意見を表明した。つまり意味喪失の時代に生きる運命から労働者を解放する方法は余暇活動にあるのではなく，仕事そのものの意味を回復することなしにはあり得ないと主張したのである。グリーンの政策転換が労働時間短縮運動から推進力を奪ったことは否定できない。

グリーンのこの主張は経営プロフェッショナリズムの主張でもあった。いやむしろ AFL が経営プロフェッショナリズムにすり寄ったのである。デニスンは，余暇は仕事の関数であって，仕事に意味を見いだし得なければ余暇もまた決して意味あるものとはならない，と主張していた。それゆえ真の解決策は労働を起点として職業生活を再統合する以外にはない。そのための解決策として，彼の労使関係改革論，つまり「労働者の管理者化」が有効であると提案したのである。フォレットはデニスンの労使関係改革論を継承して労働者統合論を精緻化する。その際，フォレットが特に強調したのが経営者の教育機能であった。つまり労働者の協働本能を管理能力に転換させる教育機能こそすべての問題を解く鍵であり，そうした崇高な使命を果たすことこそ，経営者に医師や弁護士と同じくプロフェッショナルとしての威信を与えるというのである。

フォレットはまた，経営プロフェッショナリズムと労働組合の連携の可能性を視野に入れていた。対等な交渉力が保証されない状況にある以上，労働組合の存在意義は否定できないというのが彼女の立場である。また AFL も労使協調と経営参加の路線を歩もうとしていた。AFL の路線転換についてフォレットは高く評価した。だが，ボルティモア・オハイオ鉄道の事例などごく少数の成功例が存在するのみであり，なお具体性に欠けるところがあった。しかも，労働者に対する教育機能を誰が担うのかについては両者は必ずしも一致しなかった。とはいえ教育機能について労働組合も一定のコミットをすることが必要不可欠となるのではないかということは予想できる。なぜならば，教育機能を経営者が専一的に担うような場合，ある種の独裁が出現する危険性があるからである。それはともかく，経営プロフェッショナリズムが労働組合との連携を前提にして労働者の管理者化を打ち出していたことには十分注意を払うべきである。この立場こそ経営プロフェッショナリズムが立ちえた労働者統合論の理論的到達点であった。こうして階級道徳は最も

手強い労働者統合論と対決することを運命づけられることになったのである。

　以上が本研究の総括である。アメリカ資本主義は階級道徳と反権威的な労働組合に対抗して労働意欲のある労働者を保護するために，労働者統合論＝経営学を発展させた。その経営学は，労働組合との関係から概観すれば，「敵対」（テイラー）から「同意」（ヴァレンタイン），最後に「参加」（フォレット）へと進化したのであった。労使関係の新たな精神の誕生である。とりわけフォレットの組織行動論は，労働組合を管理パートナーとして受け入れ，労働者の関心を組織への責任と協働に向かわせる戦略であり，労働者の意識改革を迫るものであった。それだけに階級道徳そのものを否定する性格を秘めていた。フォレットは，人間の尊厳を回復するためには組織に対する責任を果たすことが重要であると教えていたが，そのことは逆に（社会的広がりを有する階級性を帯びた）仲間に対する責任を無視するか邪魔者扱いすることを意味した。

　だが階級道徳の立場から考えた場合，仲間に対する責任をそう簡単に放棄してしまえるものではない。仲間に対する責任意識は，精神の自由というもう一つの市民的権利に触発されて理想主義を生む。しかし組織に対する責任感情は精神の自由とは相容れない。少なくとも過度な官僚制的支配を批判するチャンスは著しく狭まることになるであろう。その意味では「労働者の管理者化」論に対する階級道徳（それゆえまた労働組合）の抵抗力は，資本主義の健全性を測定するリトマス試験紙ともなるのである。

戦後アメリカの労使関係と経営プロフェッショナリズム：展望にかえて
［経営プロフェッショナリズムの継承者たち］

　アメリカ労使関係のその後の歴史をみると，大恐慌とニューディール，そして第二次大戦期における労働運動の高揚を背景にして，1920年代の経営プロフェッショナリズムの理想は新たな装いの下で発展を遂げることができたと言える。マグレガーとドラッカー（およびマズロー）がフォレットの経営思想を継承したからである[1]。

　まず経営プロフェッショナリズムの専門職倫理についてであるが，経営者は真の意味での専門職 professional manager とならなければならないことを，マグレガーは次のように述べている。

経営者（manager）が科学的知識を用いる専門家になればなるほど，倫理的価値を自覚している点でも専門家にならなければならない。経営者は社会一般の価値に関心を払うこともさることながら，自分自身の会社の従業員を統制するという彼の試みに関る人々に対しても配慮しなくてはならない。

アメリカでは，経営者の思いのままになる範囲は，過去1世紀の間に徐々に縮小されてきた。年少労働者，婦人の雇用，労働者の賃金，団体交渉などに関する立法は，経営者の倫理に対し社会が関心をもっている証拠である。こうした問題に対して，経営者に加えられた制約はすべて不当だとして，何が何でもこれに対抗しようというのも一つの態度ではある。一世代前か二世代前の典型的な経営者の態度がまさしくこれであった。もう一つの態度は，人間の価値にもっと目を向けて，積極的に倫理綱領を意識し，自制することである。この後の方の態度が，今日良く耳にする経営者の「社会的責任」の観念なのである[2]。

マグレガーが社会との関係から，専門職の倫理性を重視していたことは明らかである。彼の専門的経営者論が，1910年代の社会改革派の理念に起源を発する経営プロフェッショナリズムを継承していることは容易に理解することができる。まさしくマグレガーは経営プロフェッショナリズムを継承する直系の弟子であった。これに関連してさらに注目すべきは，労働運動が高揚する中で，NAMなどの保守的経営者団体を中心に構成された「経営者に加えられた制約はすべて不当だとして，何が何でもこれに対抗しよう」とする勢力に対して，経営者の社会的責任を重視する立場から，時代遅れの「経営権思想」に拘泥するべきではないと述べている点である[3]。

こうした彼の立場は，とりわけ労働組合に対する態度に顕著に表れる。ドラッカーが消極的容認に止まったのに対して，マグレガーは労働組合を積極的に支持していた。労働組合の経営参加と利益配分計画を組み合せたスキャンロン・プラン Scanlon plan に逸速く注目することにより，マグレガーは労働者の階級道徳と集団性を正しく理解し，嫌々ながらの容認ではなく，彼らを対等なメンバーとしてより積極的に経営に参加させることのメリットを確信したのである。なぜならば，そうすることこそ，彼らの中に眠っていた禁欲と労働意欲を呼び覚ます最良の策であったからである。そして，スキャンロン・プランの成功例からこうした事実を発見したことにより，マグレガー

は「Y理論」を構想することができたのである。

労働者の信頼を勝ち取るためには，経営者自身が彼らの集団性を正しく理解し，個人主義的評価システムを見直すと同時に労働組合を信頼する必要があること，そのためには，会計情報を含むすべての経営情報の全面的提供を伴わなければならないこと，この二点が重要であると指摘していた。そうでなければ業績向上から生じた利益の配分は信頼性，公平性を欠くことになるからである。さらにマグレガーは，最も意義のあることとして，スキャンロン・プランを採用する経営者は経営権思想から自由になることを挙げ，通俗的な経営者の権限に縛られる態度はナンセンスであるとさえ指摘するのである。真の意味での経営参加を従業員に認めるということは，彼らに「ますます広範な意思決定に参加することを促すことになるのは」当然だからである[4]。

しかしながら，戦後アメリカ労使関係という大きな枠組みの中で捉えると，経営プロフェッショナリズムは「代替」あるいは対抗軸とはなりえても，決して経営思想の「本流」にはなりえなかった。経営思想の本流は経営者の支配権を重視する「経営権」思想が占め，一方で労働組合に団体交渉権を認めつつも，依然として階級道徳に敵対し，労働意欲のある者たちを保護するための個人主義的評価システムを重視し続けた[5]。そして労働運動もまた，それに対抗する形で，産業組合主義を発展させたのである。労働は相変わらず物質的生活を支えるための手段に止まり，労働者にとっては必要悪以外の何物でもなかった。

経営プロフェッショナリズムの運命を何よりも象徴的に表現しているのはドラッカーの経営学であろう。ドラッカーは1993年版の『企業とは何か』(ただしEpilogueは1983年に執筆されている)の中で，自らの経営学の運命を次のように説明している。

「今日私は，日本の経済大国への道のりと競争力の向上に多大な貢献があったとされている。日本における私の人気は『企業とは何か：その社会的な使命』のお陰である。この本は出版とほぼ同時に翻訳され，熱心に読まれ，そして経営管理に応用された」[6]。ドラッカー自身の説明によれば，『企業とは何か』はゼネラル・モータース社（GM）に関する入念な調査の結果できあがった。労働意欲に溢れた従業員の大量存在に驚いた彼は，今こそ彼らを積極的に保護すべき時であるとして，「マネジメント的視点に立つ責任ある従業員」を育成すると同時に「自立的工場コミュニティ」を実現すべきであ

るとの提案を行ったのであった。そして彼の提案を具体化するべく，当時の社長チャールズ・E・ウィルソン（Charles E. Wilson）が頭をひねって考案した手段こそ QC サークルの原型であった。

　ウィルソンは GM 社の重役陣の中では型破りの経歴の持ち主であり，全国鋳物工組合（IMU）の活動家としての経歴を有していた。大学を卒業してはいたが，ユージン・デブズに憧れ，その社会民主主義的思想のゆえに技術者としては就職できずに鋳物工になった人物であった[7]。GM のマネージャーの多くが労働者階級の出身者でありながら，立身出世を遂げたがゆえに労働組合とそのメンバーを小馬鹿にし，あからさまな不信感を抱いていたのと異なり[8]，ウィルソンは労働組合のメンバーに共感することができた。彼は社会民主主義に傾倒していたがゆえに，ドラッカーの自立的工場コミュニティの提案に諸手をあげて賛成したのであった。だが，皮肉なことにウィルソン提案の仕事改善プログラムはアルフレッド・スローンをはじめとする GM の経営幹部ばかりではなくウォルター・ルーサー率いる全米自動車労働組合（以下 UAW と略記）にもそっぽを向かれてしまった[9]。

　GM における仕事改善プログラム導入の失敗についてドラッカーは次のように述べている。UAW の眼には，「企業と従業員との協調関係を構築するようないかなる企ても労働組合に対する攻撃と映った。ウィルソンはプログラムでの労働組合の役割まで用意していたが，UAW のルーサー会長は頑としてはねつけた。もし GM がこの計画を推進するというのであれば，GM 全工場でのストライキも辞さない，とルーサーは述べた」[10]。ドラッカーはそうした歴史を振り返りながらこう総括している。「私の考えが GM によって斥けられ，その結果私の国であるアメリカでは殆ど何の影響ももたらさなかったということは，いかにそれが日本で受け入れられたにせよ，私にとって最大且つ最も口惜しい失敗という他ない」[11]。

　ドラッカーを悔しがらせたこの失敗は，つまるところ，UAW が徹底的に反権威的であったことを明らかにしていると言える[12]。ルーサーは1945年11月のストライキに際して，GM の経営情報を UAW に対して全面的に公開することを要求している。これは，ドラッカーも言及しているように，賃金ではなく，「利益計画と価格政策への参画，すなわち労働組合の経営参加の要求」に争点があったのである[13]。つまり，経営サイドが労働者の経営参加を本気で考慮していると言うならば，対等な経営参加でなければならないとの立場の表明であり，まさしくスキャンロン・プランを意識しての主張であったと考

えられる。だが，GMは経営権を盾にしてUAWの要求を拒否した。GMサイドが対等な参加を拒否する以上，UAWにとって，仕事改善プログラムは御為倒しか，もしくは労働組合を子供扱いしているにすぎない計画としか見なしえなかったのは蓋し当然であった。

ドラッカーの提案に対して，雇用主たちもルーサーとUAWに劣らぬほど強い調子で反対した。ドラッカーによれば，「GMだけではなくアメリカの産業界の経営幹部の殆どが，仕事改善プログラムやQCサークルの類を経営陣に対する越権と見ていた」。そして「マネジメントの専門家はわれわれである」，「経験や教育のない者よりも仕事を知っているからマネジメントの任にある。責任はわれわれにある」というのが彼らの口癖であったという[14]。

その結果，『企業とは何か』はGM社内では禁書扱いとなってしまう。代わってもてはやされたのはスローンの『GMとともに』であった。周知のようにスローンは経営権思想を代表する大物経営者の一人である。つまり経営権思想は，労働組合からは自分たちを子供扱いしていると見なされるようなドラッカーの提案さえも，あまりにも「社会主義的」であるとして拒否してしまったのである。その結果，アメリカではドラッカーと彼の経営哲学は文字通り敬遠され，傍流の地位に甘んじることになったのである。

[マネージェリアリズムと経営プロフェッショナリズム]

ところが，1970年代後半以降，とりわけ1980年代に入るとともに，労働者統合論は新たな時代状況の下で俄に注目を集める。経済が大競争時代に突入するとともに，頻繁かつ迅速なイノベーションが死活的重要性を帯びるようになったことが原因であった。これを契機として，企業は再び従業員を最大の資産と見なすようになったのである。「全てのレベルにおける従業員の，組織に対する責任意識と積極的な協働」がなければ迅速なイノベーションは不可能であるとの理解が次第に広まった。組織を根本から作り直すためには従業員の意識「改革」にまで踏み込む必要があった。「企業文化 corporate culture」論の大流行はまさしくこのことを明らかにしてる。こうした組織の作り直しは，当然のことながら，従来の「敵対」に基づく団体交渉型の労使関係にも影響を及ぼすことは必至であった。実際，そうした組織改革は労働組合を排除して進められることが多かったのである。

この組織改革に注目し，その拠って来たる原因を探るとともに，それが労使関係にいかなる影響を与えているかを研究したのが，チャールズ・ヘクシ

ャー（Charles C. Heckscher）であった。ヘクシャーはマネージェリアリズム managerialism という表現を最初に用いた研究者でもあるが，そもそもはこの「上からの組織改革」の動きをマネージェリアリズムと呼び，最近の「資本主義とも社会主義とも異なる新しいシステム」という意味内容と比較すると，きわめて狭い概念として用いていた[15]。経営プロフェッショナリズム研究の立場からすると，この狭義のマネージェリアリズムこそ重要である。

ヘクシャーはマネージェリアリズムを，「全ての従業員に，意思決定に参加し，学習・理解・思考という一連のプロセスを通じて企業目標に貢献するという意味で，管理者となることを求める」動きであると説明している[16]。これは，経営プロフェッショナリズムの「労働者の管理者化」，あるいはドラッカーの「マネジメント的視点に立つ責任ある従業員」の育成と同義であると見て間違いないであろう。しかし，マネージェリアリズムには，経営プロフェッショナリズムが重視していたもう一つの要素，すなわち労働組合との連携，あるいはドラッカーの「自立的工場コミュニティ」という考え方が欠如している。われわれはこの事実に着目する。ヘクシャーの問題意識もそこにあった。

ヘクシャーによれば，マネージェリアリズムは成功しているとは言い難い。なぜならば，こうした上からの改革が従業員の間に不満を鬱積させているからである。いわば「笛吹けど踊らず」の状況にあると言うのである。その証拠に，多くの従業員は仕事にベストを尽くしていない。とりわけ，仕事に対して比較的大きな裁量権をもつ（ホワイトカラーを含む）従業員の間に，そうしようと思えばできるのに，あえて努力することを回避する傾向が顕著であると言うのである。しかも彼らの間には一定の道徳的共感も存在するという[17]。これはわれわれが研究してきた熟練労働者の生産高制限にきわめてよく似た現象であると言えなくもない。

しかしヘクシャーはそうした不満を階級道徳と結びつけることはしない。むしろ逆である。彼は，ブルーカラーの間に存在する伝統的な階級道徳は時代遅れであると考えているようである[18]。彼の場合，不満の原因をダニエル・ヤンケロヴィッチ（Daniel Yankelovich）に倣って「責任意識の乖離」"commitment gap" に求める。要するに，労働者の労働意欲は極めて高いのであるが，マネージェリアリズムが期待するのはそれとは異質な労働意欲であるために乖離が生じてしまい，その結果従業員はそれに応えられない，もしくは応えようとしないのだと言うのである。組織に対する責任感情は，自分の関

心や利益が組織から無視されていることを従業員が感じ取ると,直ちに雲散霧消してしまうものであると言う。改革を目指す経営者たちも,そのことに気づいてはいる。しかし彼らは企業文化論にしがみつくばかりであり,有効な処方箋を見出してはいない。またそうした一種の「精神論」依存が事態を一層悪化させるのである[19]。

ヘクシャーによれば,従業員の意見,従業員の利害を組織のそれらとすりあわせる仕組みを作ることこそが有効な処方箋となり,それを可能にするのは従業員代表組織しかないというのである。

これに関連して,ヘクシャーは現在の産業別労働組合は従業員代表組織としては最早時代遅れであると切って捨てる。なぜならば,労働組合は依然として,工場レベルでの労使協議のためのグループ形成を,新しいものへの挑戦と捉えるよりはむしろ現行システムに対する攻撃と見なしているからである。「殆どの組合はこうした努力に抵抗するか,アンビヴァレントな態度を取っている。そして労働組合代表制を回避する手段と見なしている」。しかも悪いことにそれを裏付けるように,多くの企業がマネージェリアリズムを専ら労働組合潰しのための手段として利用しているのである。労働組合勢力は誰も現状に満足していないが,しかし誰も真の改革のための第一歩を踏みだそうとしない。ヘクシャーの関心は新しい労働組合の理念に向かう。そしてアソシエーション型組合主義 associational unionism を新しい労働組合の在り方として提起するのである[20]。

しかし,一方で彼は,従業員代表組織を欠如したマネージェリアリズムに対して,その戦略を見直すべきことを強く要求している。彼は行き詰まり状態にある労使関係の現状と1920年代の労使関係との類似性を指摘し,社会に開かれた従業員代表組織をもたない「マネージェリアリズム」の未来に警告を発するのである。

> 当時（1920年代）企業経営は政治的に目立つ存在となったが,それは現在とまったく同じである。大企業の多くは労働組合を排除するために戦い,従業員代表制を導入した。そして社会に対して自らを閉ざし企業帝国を作り上げた。だがその結果は悲惨なものであった。企業は大恐慌の責任を負わされる羽目になり,労働組合はその反動から大いに利益を得ることができた。その時国民の心に染みこんだ企業経営に対する憎悪は現在までも尾を引いている[21]。

ヘクシャーによれば，現代のマネージェリアリズムを指向する企業もまた労働組合を排除し，社会との関係を遮断して，孤立的な企業帝国を作ろうとする危険な道に入り込もうとしている。だが，1920年代の歴史は，それが間違った道であることを証明している。真のマネージェリアリズムを指向するのであるならば，企業と社会の関係を重視し，社会に開かれた従業員の代表組織との共生を模索すべきだ，と言うのである[22]。ヘクシャーのこの危機意識は，意味喪失の時代状況を理解できずひたすら勤労倫理を墨守する保守派や労働組合を排除して従業員代表制しか認めない雇用主に対して，経営プロフェッショナリズム派が抱いた危機意識と同じ種類のものである。経営プロフェッショナリズムは，経営側の圧倒的優位という時代状況の下で，組織に対する真の責任意識を育むためには，労働組合を排除すべきではないとの立場を堅持し，保守的雇用主の従業員代表制とは敢えて一線を画したのであった。

ヘクシャーの関心は専ら新しい労働組合の形成に向かっているが，われわれはむしろ改革主体としての経営者に関心をもつ。つまり，マネージェリアリズムのためには，経営者の側に，新たな労使関係を受容する基盤が準備されていなければならないのではないか，ということである。まさしくそれは「パブリックを裏切ってはならない」という専門職倫理に立ち返ることに他ならず，その論理的帰結は経営プロフェッショナリズムの理念の継承でなければならないはずだ。マネージェリアリズムが明日の労使関係にとって不可避であるとすれば，それは経営者の専門職倫理によって裏打ちされなければ，ブルーカラーはおろかホワイトカラーであっても従業員は決して浮かばれないであろう。資本主義を社会と共生可能なものにするという運動の隊列に加わる意思と勇気こそ，明日の経営者に相応しい資質であることを歴史が教えている。マネージェリアリズムの研究ばかりではなくその実践に対しても，本書が少しでも資することを願って筆を擱く。

注

序

1) 大塚久雄「社会科学における人間」『大塚久雄著作集第12巻社会科学とヴェーバー的方法』(岩波書店, 1986年), 170-183頁。
2) マックス・ウェーバー(大塚久雄訳)『プロテスタンティズムの倫理と資本主義の精神』(岩波書店, 1988年), 241頁。
3) グロスマン玲子「ブルーカラーのおかみさん達」『北米毎日新聞』1988年11月19日～1989年7月28日。ここに掲げたトピックスは引用も含めて19回目(1989年3月20日)と20回目(同3月21日)のもの。なお当該連載エッセイ入手に当たっては北米毎日新聞社元編集局長平本敦代氏に一方ならぬお世話になった。記して謝意を表したい。
4) 日本の労働者の間にも、当然のことながら、階級道徳は反権威的な労働組合とともに存在した。そのことを理解したいのであれば、たとえば笹山久三『四万十川第1部～第6部』(河出文庫, 2007年)を読むと良い。自伝的小説だが、主人公山本篤義のエートスはまさしく階級道徳そのものである。
5) 鼓肇雄『マックス・ヴェーバーと労働問題』(御茶の水書房, 1971年), i頁。
6) 「ストライキをどのようにお考えになろうと、いっこうかまいません。多くの場合、それは利害関係をめぐる、賃金をめぐる闘争なのです。けれどもたんに賃金ばかりにとどまらず、観念的な事柄をめぐる闘争である場合も非常に多いのであります。すなわち、名誉をめぐる闘争であって、労働者はいまや名誉というものがいったいどんなものであるかを理解しているのであります。また、名誉ということをどのように考えるべきか、それはまさしく、だれでも知らなければならないことであります。

ある工場とか、同じ支部の仲間の名誉感情や友愛感情は彼らを結束させます。この感情は結局のところ、方向は異なりますが、軍事団体の結束でさえそれに基づいている、そうした感情なのであります。そして、ストライキを根絶やしにする手段などは実際には存在しないのですから、この種の公認された団体および秘密結社のいずれかを選ぶことができるだけであります。」マックス・ヴェーバー(濱島朗訳)『社会主義』(講談社学術文庫, 1984年), 26頁より引用。
7) 鼓『労働問題』81-2頁。
8) 同上書82-3頁。
9) Henry Pelling, *American Labor*, The Chicago History of American Civilization, edited by Daniel J. Boorstin (Chicago & London: University of Chicago Press, 1961), 38-9, 54-5.

10) 鼓『労働問題』85-6頁。
11) デブズ研究者であるサルヴァトア（Nick Salvatore）は，デブズを市民にして社会主義者と呼んでいるが，その意味するところは資本主義の発展が引き起こす社会変革に対して，市民であると同時に働く人間としての権利を守るために発言し行動した人ということであった。デブズが危惧したのは，資本家が主導する工業発展がアメリカの民主主義的伝統を犠牲にしてしまうのではないかということであり，結果としてアメリカの共和主義（American republicanism）が衰退してしまうことであった。一方で彼は社会主義者として，確かに階級の利害対立を不可避なものとして理解し，そのための闘争を是認する。しかしそれは決して彼の民主主義思想を犠牲にするものではなかったのである。共和主義を指向する民主主義の伝統を堅持する社会主義を社会民主主義と呼ぶことにするが，アメリカ社会党はまさしく社会民主主義を政治理念に掲げる政党であった。Nick Salvatore, *Eugene Debs: Citizen and Socialist* (Urbana, Chicago, and London: University of Illinois Press, 1982), xii, 240-2.
12) 大河内暁男はトインビーを引いて，経済学を理解するためには「その時代の経済史的知識，つまり産業および社会状態についての知識に基づいて」解釈する必要があることを主張する。彼はこれを遡及法と名付けている。大河内の場合は経済学と経済史の関係について述べているが，経営学と経営史との関係についても同じことが言えると思う。大河内暁男「遡及法分析の歴史哲学的基礎」『経済論集』（大東文化大学経済学会）86号（2006年3月）：1-15頁。
13) 本書では経営管理者を経営者と管理者の双方を包含する意味で使う。
14) コーポレット・リベラリズムについてはさしあたり以下の3作品を参考にされたい。James Weinstein, *The Corporate Ideal in the Liberal State: 1900-1918* (Boston: Beakon Press, 1968); Gabriel Kolko, *The Triumph of Conservatism: A Reinterpretation of American History, 1900-1916* (New York: Free Press, London: Collier Macmillan Publishers, 1963); Kim McQuaid, "Corporate Liberalism in the American Business Community, 1920-1940," *Business History Review* 52 (1978): 342-368.
15) Weinstein, *Corporate Ideal in the Liberal State*, ix-x.
16) Alfred D. Chandler, Jr., *The Visible Hand: The Managerial Revolution in American Business* (Cambridge, Massachusetts and London, England: Belknap Press of Harvard University Press, 1977), 455-456, 464-8（鳥羽欽一郎・小林袈裟治訳『経営者の時代：アメリカ産業における近代企業の成立』東洋経済新報社，1982年，784-5，795-802頁）。
17) Ibid., chap.4（訳書第四章）。
18) Ibid., 464-6, 473-4（訳書795-9, 809-10頁）。
19) ただしサリヴァンは経営管理者（managers）をいわゆる専門職（professionals）とは別の範疇と見なす。彼は経営管理者を専門職の理念に対立する存在と見なすので，それに対抗してどのように専門職倫理を再構築するのかを自らの実践的課

題としている。行論で明らかにするように,歴史的に見ればサリヴァンのこの見方は正しくない。しかし,それにも拘らずサリヴァンの研究はきわめて重要な問題を提起している。つまり最近のプロフェッショナリズム論はなぜ経営管理者をその範疇から排除するようになったのか,という問題である。すなわち,われわれの提唱する経営プロフェッショナリズムはその後衰退に向かう運命にあるということを示唆しているからである。ただし本書では専ら経営プロフェッショナリズムの出現を問題にする。経営プロフェッショナリズムの衰退過程は今後の課題としたい。William M. Sullivan, *Work and Integrity: The Crisis and Promise of Professionalism*, The Carnegie Foundation for the Advancement of Teaching, 2nd ed. (San Francisco, CA: Jossey-Bass A Wiley Imprint, 2005), 17, 84-6.
20) ロバート・クラーク(工藤秀明訳)『エコロジーの誕生:エレン・スワローの生涯』(新評社,1995年),274, 303 - 4頁。

第1章 19世紀後半期における職場の労使関係と熟練労働者の階級道徳

1) 企業単位に組織された従業員の親睦団体(volunteer corps)はその象徴的存在であろう。労働者が個別企業の従業員としての資格で参加するこの親睦団体は,企業経営者による財政的支援を受けて,年に一度狩猟大会をかねた旅行を催していた。雇用主は金時計,銀製のゴブレット,あるいはスーツなどを賞品として提供し,高級ホテルでの大宴会の費用も負担した。労働者=従業員もまた,返礼として,雇用主や職長に対して,高価な物を贈ったりしていたのである。Brian Greenberg, *Worker and Community 1850-1884: Response to Industrialization in a Nineteenth-Century American City, Albany, New York* (Albany, N.Y.: State University of New York Press, 1985), 30-31.

2) Ibid., 35-40.

3) Daniel Nelson, *Managers and Workers: Origins of the New Factory System in the United States 1880-1920* (Madison, Wisconsin: University of Wisconsin Press, 1975), 34-54; David Montgomery, *Workers' Control in America: Studies in the History of Work, Technology, and Labor Struggles* (Cambridge, London, New York, Melbourne: Cambridge University Press, 1979), 9-31.

4) ネルソン,モントゴメリのほか,テイラーも次のように述べている。「現場監督者,職長やスーパーインテンデントは熟練労働者一人一人と比べると知識についてもまた技能についてもはるかに優れているが,彼らの下で働く労働者全体の結合された知識や機敏さ(the combined knowledge and dexterity of all workmen under them) に比べればはるかに劣る」。Frederick W. Taylor, *The Principles of Scientific Management* (New York: Harper & Row, 1911; repr., Norcross, GA: Engineering & Management Press, a Division of the Institute of Industrial Engineers 1998), 23.

また,製鉄労働者について,ブロディは次のように述べている。「才能に溢れた労働者はいつも昇進意欲まんまんであった。労働組合機関誌の記事にはホレイシ

ョ・アルジャー型の出世物語がよく登場しており，ポピュラーであった。労働組合機関誌（*Amalgamated Journal*）の各分会からの記事には職場の管理職に就任した仲間を祝す報告がしばしば掲載されている。」しかし，労働組合の存在と「労働者の連帯がそうした野望を抑止し」ていたのである。すなわち「組合は昇進の手続きを監視したし，新人の訓練についてもこれを制限した。更に重要なことは，誰を昇進させるかということは，専ら，経験とそれを果たすに必要な技能を身につけているかどうかということに依拠していた。」David Brody, *Steel Workers in America: The Nonunion Era* (Cambridge, Mass.: Harvard UniversityPress 1960), 86. また，Katherine Stone, "The Origins of Job Structures in the Steel Industry," *Review of Radical Political Economics* 6 (1974): 61-97 も併せて参照されたい。

5) Brody, *Steel Workers*, 85-7; Stone, "Origins of Job Structures," 62, 69-75.

6) それとの関連で言うならば，もちろんもう一方の当事者である雇主の人間的要素も無視してはなるまい。たしかに，その中には労働者の階級的連帯を当然の権利として積極的に承認した雇主も存在した。しかし平和共存型の雇主はやはり少数派であった。圧倒的部分は労働運動に対して敵対的であったと言わなければならない。

7) 利用した資料はウイスコンシン歴史協会（State Historical Society of Wisconsin）収蔵の厖大なマコーミック・コレクションの一部であるマコーミック社経営資料 McCormick Company Papers の基幹部分をなすマコーミック，ディアリング両社の賃金表，すなわち ① *McCormick Time and Payroll Book, 1858-1901*; ② *Deering Harvester Company Factory Time and Payroll Books, 1881-1902* である。なお閲覧に当っては同協会付属図書館の archivist ミラー氏（Harry Miller）をはじめとする多くのスタッフ諸氏に一方ならぬお世話になった。記して謝意を表したい。

8) 鋳物部門は他部門に較べ機械化が遥かに遅れていた。19世紀80年代末までは鋳物部門だけは伝統的な手工業的熟練が支配する職場であった。他部門が若干の熟練工メキャニックを保持しながらも圧倒的部分が機械的修械労働者や不熟練労働者によって構成されていたのにくらべ著しい対照をなす。階級的連帯の基礎が手工業的熟練にあった当時の状況に鑑み，熟練メキャニックを大量に抱える唯一の職場であった鋳物部門こそ強力な組合が命脈を保つ可能性を有した理由はここにあった。IMU についてはさしあたり Frank T. Stockton, *The International Molders' Union of North America*, Johns Hopkins University Studies in Historical and Political Science, Series 39 (Baltimore: Johns Hopkins University Press, 1921), を参照されたい。そのほか次の諸文献もある。John R. Commons and Associates, *History of Labour in the United States*, Vol.2 (New York: Macmillan, 1921); Jonathan P. Grossman, *William Sylvis, Pioneer of American Labor: A Study of the Labor Movement During the Era of the Civil War* (Columbia University Press, 1945, Octagon Press, 1973; Sylvis Society, Glass, Pottery, Plastics & Allied Workers International Union, AFL-CIO, CLC, 1986).

9) マコーミック社（およびディアリング社）についての説明は以下の諸文献に依拠した。U.S. Department of Commerce and Labor, Bureau of Corporations, *The International Harvester Co.* (Washington, D.C.: GPO, 1913); Robert Ozanne, *A Century of Labor-Management Relations at McCormick and International Harvester* (Madison, Wisconsin: University of Wisconsin Press, 1967); Do., *Wages in Practice and Theory: McCormick and International Harvester 1860-1960* (Madison, Wisconsin: University of Wisconsin University Press, 1968); 小林袈裟治『インタナショナル・ハーベスター』世界企業シリーズ第八巻（東洋経済新報社，1978年）。

10) David A. Hounshell, *From the American System to Mass Production, 1800-1932* (Baltimore and London: Johns Hopkins University Press, 1984; Johns Hopkins Paperbacks edition, 1985), 178-182（和田一夫・金井光太朗・藤原道夫訳『アメリカン・システムから大量生産へ1800-1932』，名古屋大学出版会，1998年，231-35頁）．

11) "First Quarterly Report," *Iron Molders' International Journal* 5, no.10 (Oct. 1868): 5.

12) Ozanne, *Labor-Management Relations*, 3-28.

13) Ozanne, *Wages in Practice and Theory*, 61.

14) 表1-3および表1-4について若干の説明を必要とする。
［鋳物工の基準について］
　ディアリング社の賃金表にはただ一度，1888年度の賃金表に，鋳物工，ヘルパー，および不熟練労働者の別が明記されている。それを見ると鋳物工はほぼ日払い仕事 day-work の賃率が2.5ドル以上であることが分かった。そこでそうした労働者の区別がなされていない1881年から1885年までについてもこの賃率から鋳物工であるか否かの判断を下すことができる。問題はマコーミック社の場合である。マコーミック社の賃金表にディアリング社のような区別が付されるようになったのは造型機導入以降のことであり，基準とすることができない。とはいえ1879年までは出来高賃金を得ていることをもって鋳物工と判断することができる。だが，それ以降になると出来高賃金を得ているもの全てを鋳物工と判断することができなくなる。すなわち不熟練労働者のなかにも出来高賃金を得る層が出現したためである。その多くは週10ドル未満であった。（ただし中には時折にではあるが，10ドルを超える賃金を得る者もいた。）問題は週の中途で採用されたり解雇や退職する鋳物工の場合である。そうした場合には賃金もかなり低くなるであろうから，彼らと不熟練労働者の区別がつき難くなってしまう。更に数日休暇を取った場合にも同様のことが起こる。そこで週10ドル以上の賃金を得ていることを基準として鋳物工であるか否かの判断を下すことにした。週15ドル（すなわち一日当り2.5ドル）が鋳物工の標準賃金と見なされていたから，これを下回る層はそれほど多くはないと考えられるが，現実には個々の事例を調べると採用初期には少なからぬ事例が15ドル以下の賃金しか得ていなかった。そこで15ドルではなく10ドルを基準に取ることにしたのである。

[作表の方法について]

各年度の4月最後の週の賃金表の数値を集計し，作表した。周知のように，刈り取り機工業は生産の季節変動の激しい部門であった。秋口から翌年のモデルの生産が開始されるが，操業が本格化するのはほぼ春以降のことであった。そして5月から7月にかけて生産は頂点に達する。4月末は平均的操業が行われている時期であり，統計を取るには最も相応しいと判断した。なお，ディアリング社では賃金支払いが2週間毎であった。そこで計算に当たってはその数値に0.5を掛けて週賃金とした。ちなみにオザンヌもマコーミック・コレクションの賃金表を利用して「賃金論」を構築している。これはこれで大変興味深いものであるが，彼はマコーミック社全体を対象にした賃金統計を取っているので，鋳物工の賃金そのものについての分析にはなっていない。それゆえ残念ながら彼の分析に多くを期待することはできなかった。

15) 鋳物工の場合とりわけ季節変動の影響をうけやすく，しかも「年間実働は約40週に過ぎない」。平均週賃金は16ドル前後であることに鑑み，平均年収は「666ドル程度にしかならない」。(Editor), "Intemperance," *I.M.J.* 9, no.2 (Feb. 1873): 8-9.

また1879年1月の *I.M.J.* に掲載された労働統計からもう少し詳しい情報を得ることができる。これはオハイオ州におけるストーブ製造業にかんする調査であり，25の事業所からの回答をもとに作成されている。それによれば，職種ごとの年間就労週と平均賃金および年平均所得は以下の通りである。

鋳造所における職種ごとの賃金

職種	人数	平均週賃金(ドル)	年間平均就労週	平均所得(ドル) 年平均所得	週平均所得
鋳物工	586	14.62	40	584.80	11.24
マウンター	147	12.33	40	493.30	9.48
鍛冶工	11	11.37	44	500.28	9.62
模型工	45	14.50	51	739.50	14.22
大工	20	11.63	37	430.31	8.27
エンジニア	14	10.77	46	495.42	9.52
不熟練労働	165	7.85	43	337.55	6.49

70年代不況の深刻化とともに賃金は長期低落傾向を示していたのである。"Labor Statistics," *I.M.J.* 15, no.1 (Jan. 1879): 73-5.

16) 1885年夏のレイオフを契機にIMUの影響を根こそぎ排除することに成功したマコーミック社が早速この出来高払い仕事と日払い仕事の併用を導入している。このシステムの有効性を象徴している事実として興味深い。マコーミック社の賃金表から一例だけを示す。ここで取り上げるのはティム・ルーイス（Timm Louis）の賃金実績である。彼の週賃金は未だ組合が支配権を維持していたときには週平均25ドル前後であった。彼は1885年8月のレイオフ以降最も早い時期に再雇用さ

れた熟練鋳物工の一人であった。再雇用直後の一時期，日当2.75ドルの日払い労働に従事していたが，同年12月第2週以降週40ドルを稼ぐ最上層の鋳物工に昇進している。その後の彼の賃金実績を見るとほぼ50ドル前後を記録している。だがときとして出来高払い賃金と同時に日払い賃金をも併せて支給され，僅か25ドル前後しか稼得できない週もあった。しかも日払い賃率がなんと1.5ドルでしかなかったのである。最上層の鋳物工の賃金実績がかくも不安定であったところに現場監督者の専制的支配権復活の徴候を看取することができるであろう。

さらに1918年度の *I.M.J.* 誌に掲載されたある漫画が参考になる。*I.M.J.* 51, no.12 (Dec. 1918): 916. その漫画の最後の齣に National Founders' Association（以下 NFAと略記する）なる名称が出てくるが，この組織はオープン・ショップ運動を展開した経営者団体として有名である。NFA とオープン・ショップ運動については Margaret L. Stecker, "The National Founders' Association," in *Trade Unionism and Labor Problems*, ed. John R. Commons (Boston: Ginn, 1921; repr., New York: Aygustus M. Kelley, 1967), 406-432 に詳細に述べられているので，参照されたい。この漫画は労働組合が排除された後の職場の雰囲気がどのようなものとなるのかを諷刺している。1齣から3齣までを見ると，先を争って職場にたどり着こうとする労働者の姿が描かれている。労働者の間にある厳しい競争を象徴しているようである。ここに描かれている鋳物工は景気も良いことだから賃金も増加するだろうと期待しているのだが，現実は職長（とおぼしき人物）から回された仕事が日払い労働の仕事とわかり，失望の色を隠せない（4齣）。厳しい労働をおえて帰って来る彼は，新聞の見出しを読むのが精いっぱい。家族との団欒もない。子供を映画に連れていくこともできない（5，6齣）。そして土曜日の支払日がやって来る。しかしその浮かない顔は期待したほどの賃金を得られず家計の支払いに頭を抱えていることをあますところなく表現している。そこには幾分誇張があることは事実であるとしても，やはり出来高払い仕事と日払い仕事の併用が権威的・専制的職場管理を象徴するものとして労働者に捉えられていたことは紛れもない事実であったのである。

17) 1873年の規約改正にあたり，時の IMU 議長 Saffin は出来高払い仕事に従事する鋳物工は，実際の造型作業に，その賃金の支払いが鋳物工によるか鋳造所経営者によるかを問わず，ヘルパーを使ってはならないことを盛込むことを決意した。承認された規約によれば "skim, shake out and cut sand, but for no other purposes" と明記しており，明白にバックスの利用を禁止している。また雇用主がヘルパー＝バックスを利用することを組合員鋳物工に要求したときにはロックアウトをも辞さぬ強硬な対抗措置に訴えることを決議している。Stockton, *The International Molders' Union*, 179-80, 181-2. なおアメリカの職能別労働組合のヘルパー問題への対応については John H. Ashworth, *The Helper and American Trade Unions*, Johns Hopkins University Studies in Historical and Political Science Series 33 (Baltimore: Johns Hopkins University Press, 1915), を参照されたい。

注16）の漫画 *I.M.J.* Vol.51, 916より転載

18) Grossman, *William Sylvis*, 132-142.
19) 1885年夏，造型機導入のためにレイオフが行われた。その究極の意図はコストの削減よりも鋳物工の強固な階級的連帯を解体することにあった（Ozanne, *Labor-Management Relations*, 26)。鋳物工は全員解雇されたが，真っ先に解雇されたのが1885年春のストライキの指導者であったことにも，このことが端的に表れている。造型機を操作する労働者は不熟練労働者の中から抜擢された。だが，依然として熟練鋳物工を，若干ではあるが，必要とした。スーパーインテンデントならびに職長は（鋳物工をできるだけ少数にとどめておくため）バックス制度を導入することを試みた。そして改めて15名の鋳物工が採用された。そのうち5名は非組合員であった。さらに組合員についても，「経営者に従順でヘルパー・システムに抵抗することの最も少ないタイプが選ばれた」とNo.233分会コレスポンデンスは報告している。Myles McPadden, "Communicated Chicago, March 16, 1886," *I.M.J.* 22, no.4 (April 1886): 2.
20) ヘルパー雇用の具体的数値について知り得る手掛かりとして唯一1888年のディアリング社賃金表がある。この年度の賃金表には例外的にヘルパーと不熟練労働者をそれと判る形で区別して記録してある。それを見ると不熟練労働者数が鋳物工数にほぼ等しく，ヘルパーは鋳物工2人に1人の割合であった（M＝65, L＝60, H＝30）。このときまで造型機の導入はなお本格化していない。それゆえこれ以前についてもヘルパーの雇用にさほど大きな変動があったとは考えにくく，当該期間についてはほぼこの比率であったものと思われる。

1883年7月M・フィッツジェラルド，R・ヘリオットら6人の鋳物工がバックスを利用した廉で組合員資格を剥脱されている。John Maxwell, "Expelled," *I.M.J.* 19, no.8 (August 1883): 23. ちなみに表1－2に掲げた事例3がフィッツジェラルド，事例4がヘリオットの賃金実績を示すものである。彼らは最上層の熟練鋳物工であった。

21) Ozanne, *Labor-Management Relations*, 9-20.
22) Ibid., 20; McPadden, "Communicated Chicago," 1-2.
23) その2名とはLam BarrとFelix Meyerである。両名の当該時期の賃金実績は以の通り（単位はドル）。Barr: 83.43/ 101.52/ 69.12; Meyer: 86.09/ 103.14/ 64.26.
24) 1870年の賃金表を例に取ろう。そこには当時No.23分会の役員を務めていた人物三人John Fitzgerald, Timothy Lynch, Pat Ryanを発見できる。4月期における彼らの賃金実績は以下の通り（単位はドル）。Fitzgerald: 31.91/ 46.22/ 46.03/ 41.53; Lynch: 56.50/ 55.67/ 55.17/ 47.17; Ryan: 78.06/ 72.16/ 76.75/ 70.18. 3名とも40ドル以上の賃金階層に入る有能な熟練鋳物工であった。
25) Max Weber, "Zur Psychophysik der industriellen Arbeit," *Gesammelte Aufsätze zur Soziologie und Sozialpolitik* (Tübingen: Verlag von J.C.B. Mohr (Paul Siebeck), 1924), 160, 162-3（鼓肇雄訳「工業労働の精神物理学について」，『工業労働調査論』日本労働協会，1975年，198, 201－2頁）。

26) Nelson, *Managers and Workers*, 42.
27) テイラーも次のように述べて,そのようなことが起こり得ることを示唆している。「もし筆者(テイラー)が労働者階級に属している人間で,彼らと同じ所に住んでいるとしたら,社会的圧力に耐えきれずに彼らに屈服してしまったであろうということである。すなわち表に出るたびに,『裏切り者』とかそれに類する不名誉な名前で呼ばれ,妻は嫌がらせを受け,子供は石を投げられたであろう」。Taylor, *Principles*, 40-1.
28) 労働組合員として輝かしい経歴の持ち主であったものが職長になった途端「専制君主」に早変わりした例はマコーミック社にもディアリング社にもあった。たとえば,ディアリング社鋳造部門の職長 Hugh Furguson の場合がそうである。彼は工場がプラノにあった時代,IMU の分会の役員をしていた (Ozanne, *Wages in Practice and Theory*, 61)。シカゴへの工場移転とともに職長となったのであるが,彼の存在がディアリング社の専制的労務管理に重要な役割を果たしたことは間違いあるまい。マコーミック社では William H. Ward を挙げることができる。彼は鋳物工としても超一流であり,1870年代前半期には度々週70ドルから100ドルというとてつもなく高い賃金を獲得していた。また労働組合員としても No.233の分会委員長を務めるなど「輝かしい経歴」を残している (Ozanne, *Labor-Management Relations*, 10)。ただし分会委員長時代に「(委員長としての)責任を放棄し,組合の解体を企んだ」廉により(一時的にではあるが)組合員資格を剥奪されている。"Local Correspondence," *I.M.J.* 16, no.11 (Nov. 1880): 23. 具体的に何を企んだのかは不明であるが,志操堅固な労働組合員ではなかったのではないかと疑わせるに十分な事件ではある。果たして,1882年鋳物部門の職長となるやいなやスーパー・インテンデントのアヴェリル G. Averill とともに「労働者を人間ではなくまるで犬のごとくに扱う」専制的支配者となったのである (Ozanne, *Labor-Management Relations*, 10-1)。IMU 機関誌に掲載されたコレスポンデス報告は,ウォードが嫌われ者であり,彼の存在がマコーミック社の労使関係をのっぴきならないほど悪化させた原因の一つだと述べている。"The McCormick Trouble," *I.M.J.* 22, no.3 (March 1886): 12. ただし,マコーミック社の場合,マクパッデンやエンライトを中心とする鋳物工の階級的連帯が専制的支配の貫徹を阻止したのであり,ディアリング社のように易々と屈服することはなかった。1885年春のストライキとは,まさしく一方でアヴェリル・ウォード体制に対する労働者の抵抗という一面を有していたのである。
29) "Local Correspondence," *I.M.J.* 11, no.11 (Nov. 1875): 486.
30) "Foreman," *I.M.J.* 16, no.9 (Sept. 1880): 2.
31) Reinhard Bendix, *Work and Authority in Industry: Ideologies of Management in the Course of Industrialization* (Berkeley, Los Angeles, London: University of California Press, 1974), 254-274 (大東英祐・鈴木良隆訳『産業における労働と権限-工業化過程における経営管理のイデオロギー-』東洋経済新報社,1980年,379-400頁)。

32) とはいえ立身出世を指向する労働者の中にはオポチュニストではなく、正しく一つの類型と見なさなくてはならない層も確かに存在する。たとえば生産高制限に参加を拒否したばかりか労働組合そのものを拒否した、あるプロテスタントの教会信徒である模型工などがその事例として挙げられるであろう。彼らの場合、立身出世を目的として勤勉に労働に励んでいるわけではないであろう。だから厳密には「立身出世指向」ということにはならない。ただ結果としてそのことが雇主の信用を獲ち得るところとなり昇進につながるチャンスが非常に多いのである。U.S. Department of Commerce and Labor, *Eleventh Special Report of the Commission of Labor, Regulation and Restriction of Output* (Washington, D.C.: Government Printing Office, 1904), 188-9.

33) Grossman, *William Sylvis*, 17-21; James C. Sylvis, *The Life, Speeches, Labor and Essays of William H. Sylvis* (Philadelphia: Claxton, Remesen & Haffelfinger, 1872; repr., New York: Augustus M. Kelley, 1968), 19-24.

34) Grossman, *William Sylvis*, 55-7; C. Sylvis, *The Life*, 24-40, 51-63.

35) Ibid., 102-3.

36) Ibid., 100.

37) Ibid., 113.

38) Ibid., 167.

39) Grossman, *William Sylvis*, 129-131.

40) C. Sylvis, *The Life*, 168-9. またシルヴィスの協同組合論についての詳細な分析は Grossman, *William Sylvis*, 189-219 を参照されたい。

41) Lawrence B. Glickman, *A Living Wage: American Workers and the Making of Consumer Society* (Ithaca & London: Cornell University Press, 1997), 11-5.

42) C. Sylvis, *The Life*, 114. IMU は総会で各分会の図書室設置を満場一致で決議している。"Reading Rooms," *I.M.J.* 8, no.10 (Oct. 1872): 10.

43) Gary M. Fink ed., *Biographical Dictionary of American Labor Leaders* (Westport, Connecticut & London, England: Greenwood, 1974), s.v. "English, William." イングリッシュについては以下の 2 文献が詳しい。Edward Pessen, *Most Uncommon Jacksonians: Radical Leaders of the Early Labor Movement* (Albany: State University of New York Press, 1970); Bruce Laurie, *Working People of Philadelphia, 1800-1850* (Philadelphia: Temple University Press, 1980).

44) Glickman, *A Living Wage*, 105-6.

45) Laurie, *Working People*, 70-1.

46) David P. Thelen, *The New Citizenship: Origins of Progressivism in Wisconsin, 1885-1900* (Columbia, Missouri: University of Missouri Press, 1972), 60-71.

47) Laurie, *Working People*, 52, 72, 80.

48) たとえばシカゴ大学の教授を招いて開催された公開講座を見ると「イギリス都市生活の諸段階」、「アメリカの都市の発展」、「我らの祖国」あるいは「社会経済

論」,「労働問題の諸段階」などのテーマが選ばれている。会場はいつも満員であったという。E. F. O'Brien, "Educational Work of the Springfield, Ohio, Trades and Labor Assembly," *I.M.J.* 40, no.12 (December 1904): 893-4. この時代,(熟練)労働者を含めた市民各層の社会科学への関心が非常に高揚した。そして知識人と市民の結び付きも非常に密接なものがあったのである。たとえば,例のコモンズを育んだウイスコンシン州がまたラフォレットを生んだのであるが,その背後にはそうした知識人や政治家を支持する広範な市民が存在していたことを忘れてはならないのである。この点についてはまた注46)に掲げておいたセーレンの研究を是非参照されたい。

49) 引用も含めて E. F. O'Brien, "Why I Am A Trades-Unionist," *I.M.J.* 40, no.6 (June 1904): 399-401.

50) Robert S. Lynd, *Middletown: A Study in Contemporary American Culture*, with a foreward by Clark Wissler (New York: Harcourt, Brace, 1929), 76(中村八朗訳『ミドルタウン』一部抄訳,青木書店,1990年,80頁).引用はO'Brien, "Trades-Unionist," 401.

51) "The Workingmen in America," *I.M.J.* 34, no.5 (May 1898): 227.

第2章 生産高制限「問題」を契機とする労使関係改革と熟練労働者のエートス

1) IMUについて見れば以下の通りである。

IMUにおける組合員数の推移(1870〜1902年)

年	分会数	組合員数(人)	年	分会数	組合員数(人)
1870	103	3,860	1886	136	13,000
1872	107	5,000	1888	171	16,000
1874	127	7,500	1890	235	23,000
1876	94	4,000	1895	231	20,000
1879	83	2,854	1899	260	28,941
1882	151	10,000	1902	383	54,251

出典 Frank T. Stockton, *The International Molders' Union of North America*, 1921, 23.

2) Department of Commerce and Labor, *Regulation and Restriction of Output*, 9.
3) Ibid., 29-30.
4) たとえばあのテイラーの『科学的管理の諸原理』序を見られたい。Taylor, *The Principles*, 5-6.
5) U.S. Congress. Senate, *Final Report of the Commission on Industral Relations: Final Report and Testimony*, 64th Cong., 1st sess., 1916, S. Doc. 415.
6) Jack S. Blocker Jr., *American Temperance Movement: Cycles of Reform* (Boston: Twayne Publishers, A Division of G. K. Hall, 1989), 109-111. なおアメリカの節酒運動を含む禁酒運動については上記文献のほか,さしあたり以下の研究を参照され

たい。Ian Tyrell, *Sobering Up: From Temperance to Prohibition in Antebellum America, 1800-1860*, Contributions in American history, no.82 (Westport, Connecticut: Greenwood Press: 1979); Ronald Benson, "American Workers and Temperance Reform" (PhD diss., University of Notre Dame, 1974).

7) とりわけ重要なのはカリスマ的指導者シルヴィス William H. Sylvis の存在であった。当時の IMU とシルヴィスについてはさしあたり以下の2文献を参照されたい。Commons and Associates, *History of Labour*, Vol.2, Part V, 3-155; Grossman, *William Sylvis*.

8) アメリカ労働運動の変貌を取り扱う研究は決して少なくはない。労働組合の官僚制化に焦点をあてた研究の系列が一方にある。たとえばきわめてユニークなヴァンタインの研究がその典型である。Warren R. Van Tine, *The Making of the Labor Bureaucrat: Union Leadership in the United States 1870-1920* (Amherst, Mass.: University of Massachusetts Press, 1973). さらに理念の転換に焦点を当てた研究系列もある。たとえばグラブの研究がそうである。Gerald N. Grob, *Workers and Utopia: A Study of Ideological Conflict in American Labor Movement 1865-1900* (Evanston: Northwestern University Press, 1961). またこの系列に属する研究として佐々木専三郎「成功倫理とアメリカ労働運動-1860〜1900-（Ⅰ）・（Ⅱ）」『アカデミア』（南山大学）89号（1972年9月）：95-113頁および同90号（1972年12月）：31-52頁がある。本書はどちらかといえば後者の系列に属する研究といえる。だが前者の研究視角もかなり意識していることは行論を見れば分かるであろう。

9) Harlow S. Person, "Basic Principles of Administration and of Management," in *Scientific Foundations of Business Administration*, with an introduction by Henry C. Metcalf, ed. Henry C. Metcalf (Baltimore: Williams & Wilkins, 1926; repr., Easton: Hive, 1977), 200.

10) このことについてはリテラーの詳細な説明をみよ。Joseph A. Litterer, "Systematic Management: The Search for Order and Integration," *Business History Review* 35, no.4 (1961): 461-476; Do., "Systematic Management: Design for Organizational Recoupling in American Manufacturing Firms," *Business History Review* 37, no.4 (1963): 369-391.

11) Person, "Basic Principles of Administration and of Management," 200.

12) Daniel T. Rodgers, *The Work Ethik in Industrial America, 1850-1920* (Chicago and London: University of Chicago Press, 1978), 50-53.

13) Person, "Basic Principles," 212-4; 中川敬一郎「米国における大量生産体制の発展と科学的管理運動の歴史的背景」『ビジネスレヴュー』（一橋大学）11巻3号（1964年1月）：26頁。なお、本書はあくまでも生産高制限問題と関連する限りでテイラーを取り上げるのであり、テイラーの管理論そのものの分析を意図してはいない。念のため。

14) Taylor, *Principles*, 12-4.

15) Ibid., 41-2.
16) Ibid., 14-7, 22-26, 31-2.
17) ホールシやその他の労働刺激策とテイラーのそれとの比較についてはさしあたり Nelson, *Managers and Workers*, 48-54; Daniel A. Wren, *The Evolution of Management Thought*, 3rd ed. (New York, Chichester, Brisbane, Tronto, Singapore: John Willey and Sons, 1987), 108-111 を参看されたい。
18) Department of Commerce and Labor, *Regulation and Restriction of Output*, 124.
19) 上院労使関係委員会において，管理技師が適当と認めた労働量が，労働者にとっては過剰労働となる危険性があるのではないかと問われたとき，テイラーは科学的観察と分析によって最適な労働量を決定できるのであるからそうはならないと答えている。Senate, "Efficiency Systems and Labor," *Final Report*, 801-2.
20) テイラーは科学的管理法に協力的な労働者に対して賃金の(33%から100%の)大幅な引き上げを保障できたと上院労使関係調査委員会で胸を張って述べている。Ibid., 770-1, 776.
21) Ibid., 776, 780, 795.
22) Wren, *Evolution of Management Thought*, 105.
23) たとえば Paul Howard Douglas, *American Apprenticeship and Industrial Education*, Studies in History, Economics and Public Law 115, (New York: Columbia University, Longmans, Green, Agents, 1921): 229-43. および Department of Commerce and Labor, *Regulation and Restriction of Output*, 223-234 を見られたい。
24) Taylor, *Principles*, 40-1.
25) Wren, *Evolution of Management Thought*, 104.
26) Taylor, *Principles*, 14.
27) Ibid., 10.
28) Ibid., 4-5.
29) Ibid., 6-8. たとえば生産高制限を守らない勤労意欲に溢れた労働者に投げつけられた次のような非難の言葉 "hog", "hogger-in", "leader", "rooter", "chaser", "rusher", "runner", "boss's pet", "bell-horse" などには，明らかに倫理違反，反道徳的であるとのニュアンスが込められている。Department of Commerce and Labor, *Regulation and Restriction of Output*, 18.

なおこれに関連してモントゴメリの「自律的職人 autonomous craftsman」なる概念に注意を促しておきたい。彼は熟練労働者には固有の倫理コードがあると述べている。まず，生産高制限の遵守。「雇用主の非難，より高い賃金を獲られるとの餌があったにも拘わらず，堅く生産高制限を守った労働者は自らを冷静な信頼に足るその道の達人であると見なした。無制限な生産は賃率を引き下げ，雇用を不安定にし，酒に溺れ，放蕩に身をやつすことになると主張した。合理的な生産高制限は "非利己的な兄弟愛"，"人間の尊厳"，"精神の修養" の反映である，と主張した」。また，ボスに対する男らしい振舞い。そして最後に仲間の労働者に

対する男らしさ。とりわけ仲間の仕事を奪うような行為は恥ずべき行為とされた点に端的に表現される。以上, Montgomery, *Workers' Control*, 12-14. テイラーが問題にしたのはまさにこうした倫理綱領であったのである。
30) Taylor, *Princples*, 8-9.
31) Ibid., 7-8.
32) Ibid., 9.
33) John R. Commons, "Unions and Efficiency," in *Labor and Administration*, ed. John R. Commons (New York: Sentry Press, 1913; repr., New York: Augusutus M. Kelley, 1964), 135-148.
34) Ibid., 140-142.
35) Ibid., 147.
36) John P. Frey and John R. Commons, "Conciliation in the Stove Industry," *B.B.L.S.* 62 (1906): 123-196. ちなみにフライ Frey とは IMU 機関誌 *International Molders' Journal*（1908年以前は *Iron Molders' Journal*）の当時の編集長であった人物。彼は IMU のオーソドクシーを代表するイデオローグであった点に注意。
37) Grossman, *William Sylvis*, 127, 132.
38) Frey and Commons, "Conciliation," 156.
39) Ibid., 156.
40) Ibid., 157.
41) Ibid., 157-8, 179.
42) Ibid., 177.
43) Ibid., 144-6.
44) 第17条, 1902年協議会決定として盛り込まれている。その内容を以下に訳出しておく。「鋳物工の賃金が出来高賃率に影響を与えない事, 出来高賃率はあくまでも従来の慣例と協議会の協定に基づき同一種類の異なった作業との比較によって決定されるべき事, 以上の点について S.F.N.D.A. 参加企業が同意する限り, 7時間の鋳造作業による鋳物工の賃金に上限を設けることは S.F.N.D.A. 参加企業の職場においては許されない」。Ibid., 193 (Appendix).
45) Ibid., 179-80.
46) Senate, "Trade Agreements in Collective Bargaining," *Final Report*, 519, 524.
47) Department of Commerce and Labor, *Regulation and Restriction of Output*, 183-4.
48) Weber, "Zur Psychophysik," 155-158（訳書192‐195頁）.
49) 鋳物工の生産高制限についてはまた Department of Commerce and Labor, *Regulation and Restriction of Output*, 153, 157-165 を見られたい。中央の意向に反して分会や職場のレベルでは依然として生産高制限が頻繁に行われていたことは明らかである。
50) "Local Correspondence" *I.M.J.* 32, no.6 (June 1896): 232.
51) "A Stove Manufacturer, Comparative Production and Earnings of Molders in the

Stove Industry," *I.M.J.* 42, no.3 (March 1906): 153-154 & no.5 (May 1906): 324-325.
52) 'Molder', "Stove Molding — A Retrospect," *I.M.J.* 37, no.4 (Apr. 1901): 225.
53) Correspondent 'Fox', "One Reason Why So Many Molders Turn Hoboes," *I.M.J.* 37, no.7 (July 1901): 498.
54) (John P. Frey), "Two Wrongs," *I.M.J.* 37, no.8 (Aug. 1901): 481-482.
55) 'Molder', "Stove Molding," 225.
56) 'Barney', "Why Fraternal Orders Succeed," *I.M.J.* 41, no.8 (Aug. 1905): 632-633.
57) W.T. Curry, "Shorter Workday in the Stove Trade," *I.M.J.* 45, no.12 (Dec. 1909): 862-864.
58) この記事は前号に掲載されたホーボーに関する投稿を批判するために書かれたものである。その記事ではもっと IMU のメンバーはホーボーに暖かい手を差し伸べるべきである，同じ仲間であるという意識があればそれほど冷淡ではいられないはずだ，と一般組合員のホーボーを見る態度を批判している。それに対して彼はホーボーに暖かい手を差し伸べても裏切られるだけであり，多くの善良な家庭を大事にする組合員はもはやそうした失望をうんざりするほど味わっているからなのだと反論するのである。こうしたやり取りからわれわれは一般組合員のホーボーを見る目がきわめて厳しいものであったこと，しかもその背後にはモラル問題を重視する態度があったことを教えられる。Jim Gorman, "The Hobo and The Home Guard," *I.M.J.* 38, no.3 (Mar. 1902): 162-163.
59) とりわけ1910年代に入るとともに社会（民主）主義批判は厳しさを増す。たとえば次の記事を参照されたい。Fred M. Young, "Radical Unionism," *I.M.J.* 46, no.5 (May 1910): 365-6; (Editorial), "The Syndicalist Movement in Europe," *I.M.J.* 49, no.7 (Jul. 1913): 585-7; A. J. Portenar, "The Perversion of an Ideal — A Reply to the Doctrine of Syndicalism as Advocated by the I.W.W.," *I.M.J.* 49, no.8 (Aug. 1913): 635-8; (Editorial), "The Syndicalists' Double Standard of Ethics," *I.M.J.* 49, no.9 (Sep. 1913): 749-50.
60) (Frey), "Two Wrongs," 481-482.
61) Editor, "Temperance," *I.M.J.* 9, no.6 (Jun. 1873): 14.
62) B. J. O'Rorke, "How to Become a Successful Molder," *I.M.J.* 44, no.5 (May 1908): 346-349.
63) Editor, "The Scarcity of Good Molder," *I.M.J.* 35, no.7 (Jul. 1899): 357.
64) Knapp Leon, "The Relations Between the Molders and Patternmaker," *I.M.J.* 43, no.1 (Jan. 1907): 12-14.
65) Editor, "Self-Respect," *I.M.J.* 36, no.8 (Aug. 1900): 458. それから18年後，事態は一層悪くなっている。たとえば次のように…。「少し前，私は東部からの二人の友人の訪問を受けた。一人は鋳物工，もう一人は中子工であった。二人とも古くからの友人であり，長年それぞれの職業で立派にやってきた人たちだ。しかし二人とも自分の職業を恥ずかしいと思っているのだ。鋳物工の友人は『私は誰にも

自分が鋳物工であることを話さない。いつも私は模型工か機械工であると自己紹介するようにしている』。また中子工の友人はニヤっと笑いながら『私はいつもセールスマンになることにしている』というのだ」。Fred E. Melville, "Having Pride in Our Craft," *I.M.J.* 51, no.3 (Mar. 1918): 183.

第３章　機械化の進展とアメリカ労働者文化の危機
１) 　Van Tine, *The Making of the Labor Bureaucrat*, 77-8.
２) 　Margaret L. Stecker, "The Founders, the Molders, and the Molding Machine," in *Trade Unionism and Labor Problems*, ed. J.R. Commons (Boston: Ginn & Co., 1921), 437-9.
３) 　"The Machine and the Molder," *I.M.J.* 35, no.8 (Aug. 1899): 395.
４) 　Stecker, "The Founders," 440.
５) 　分会通信 correspondence の欄でこう憤っているのは第４分会のスローンなる人物である。J. W. Sloan, "Correspondence," *I.M.J.* 35, no.8 (Aug. 1899): 412-3.
６) 　"As Other View The Machine Question," *I.M.J.* 35, no.10 (Oct. 1899): 505.
７) 　Litterer, "Systematic Management," 462-3.
８) 　"The Machine Question," *I.M.J.* 35, no.11 (Nov. 1899): 583.
９) 　Stecker, "The Founders," 438.
10) 　Ibid., 442.
11) 　Charles Reitell, "Machinery and Its Effect upon the Workers in the Automotive Industry," in *The Automobile: Its Province and Its Problems*, ed. Clyde L. Kings, *Annals of the American Academy of Political and Social Science* 116 (1924): 39-41.
12) 　ヴェーバー『社会主義』31頁。
13) 　Stecker, "The Founders," 441.
14) 　E.H.Mumford, "The Problem of Machine Molding," *I.M.J.* 36, no.10 (Oct. 1900): 576.
15) 　Stecker, "The Founders," 445-7. IMU 側の交渉態度については次の記事を参照されたい。"Conference with the Administrative Council of the N.F.A.," *I.M.J.* 36, no.7 (Jul. 1900): 383-7.
16) 　E.H.Mumford, "The Relation of the Molding Machine to Foundry Labor," *I.M.J.* 39, no.1 (Jan. 1903): 11-2.
17) 　"Correspondence," *I.M.J.* 40, no.3 (Mar. 1904): 215.
18) 　Mumford, "The Relation," 12.
19) 　"Our Attitude to the Machine," *I.M.J.* 36, no.10 (Oct. 1900): 594-7.
20) 　引用も含めて George Custer, "Take in the Machine Operator," *I.M.J.* 38, no.6 (Jun. 1902): 403-4.
21) 　引用も含めて ibid., 404.
22) 　D. Black, "Our Sphere of Influence-What shall it be ?," *I.M.J.* 38, no.7 (Jul. 1902):

468.
23) "Our Attitude," 597.
24) Black, "Our Sphere of Influence," 468.
25) Stecker, "The Founders," 454-5.
26) Ibid., 453.
27) Department of Commerce and Labor, *Regulation and Restriction of Output*, 167.
28) Horace L. Arnold & Fay L. Faurote, *Ford Methods and Ford Shops* (New York: Engineering Magazine, 1919), 327-357.
29) Stecker, "The Founders," 455-6; "One of Our Problem," *I.M.J.* 64, no.5 (May 1928): 360-1.
30) Stecker, "The Founders," 456-7.
31) だが，オープン・ショップ化がかくも成功したにも拘わらずNFAの参加企業においても依然としてIMUとの労働協約を維持し彼らとの協調関係を尊重していた雇用主が15%存在していたという事実にも注意を払いたい。だが，彼らのように組合を承認し労働協約を尊重する経営者たちの多くはNFAが反IMU路線へと転換したときNFAを退会している。もちろん逆にNFAが反労働組合に戦略転換したがゆえに入会した経営者も存在した。1904年の会員数を，最も多かった1903年と比較すると約80名の減少を見せている。NFAによれば，この減少分は経営の失敗等の個人的理由による退会がほとんどであり，労働協約破棄を展望した路線転換による減少はそれによる増加によって相殺され，その影響は殆どなかったと説明されている。ちなみに，1903年末から1904年にかけての退会者は111名，入会者は30名であった。以上のように1903年の路線転換はNFA内部の労働組合擁護派からオープン・ショップ派への勢力交替を象徴する事件でもあった。Stecker, "National Founders' Association," 413-4, 419, & 423.
32) Senate, "Trade Agreements in Collective Bargaining," Final Report, 474-5, & 530.
33) コモンズの引用も含めて Rodgers, *The Work Ethik*, 168-173.
34) Mumford, "The Relation," 13. たとえば，かのU.S. スティール社のJudge Garyが主張する「労働の自由」論，すなわち労働者は（経営者が専一的に決めた）労働条件を自ら選択する自由を持つという主張も，まさしく有能な労働者を労働組合の横暴から保護するという文脈の中で展開されている。Brody, *Steel Workers*, 175-6.
35) Ibid., 135-6.
36) Whiting Williams, *What's on the Worker's Mind: By One Who Put On Overalls to Find Out* (New York: Charles Scribner's Sons, 1921), 58-9, 62.
37) Ibid., 61-2.
38) Ibid., 62.
39) Max Weber, "Demokratie und Aristokratie im amerikanischen Leben," in Max Weber, *Zur Politik im Weltkrieg: Shriften und Reden 1914-1918*, Max Weber Gesamtaus-

gabe Abteilung 1: Schriften und Reden, Band 15 (Tübingen: J.C.B. Mohr (Paul Siebeck), 1984), 742-3, 748.
40) Brody, *Steel Workers*, chaps.2-4; Stone, "Origins of Job Structure," 64, 69-71.
41) John A. Fitch, *The Steel Workers*, Pittsburgh Series in Social and Labor History (Russell Sage Foundation, 1910; repr., Pittsburgh, Pa.: University of Pittsburgh Press, 1989), 203-4.
42) Ibid., 13-4, 204-5.
43) Ibid., 9-21, 201-3; John W. Anderson, "How I Became Part of the Labor Movement," in *Rank and File: Personal Histories by Working-Class Organizers*, ed. Alice Lynd and Staughton Lynd 31-2. (Princeton, N.J.: Princeton University Press, c1981; New York: Monthly Review Press, 1988); Margaret Byington, *Homestead: The Households of A Mill Town*, with a new introduction by Samuel P. Hays (Russell Sage Foundation, 1910; 2nd ed. and repr., Pittsburgh, Pa.: University Center for International Studies, University of Pittsburgh, 1974), 111-2.
44) Lynd, *Middletown*, 76-82（訳書80－84頁）．
45) Ibid., 272-303; W. Lloyd Waner and J.O. Low, *The Social System of the Modern Factory, the Strike: A Social Analysis*, Yankee City Series Vol.4 (New Haven and London: Yale University, 1965), chap.9, 159-180. また拙稿「アメリカ的大量生産体制下における生産高制限と労働者の自発的小集団―ホーソン実験とヤンキーシティ研究に基づく一試論―」『商学論集』（福島大学）61巻4号（1993年3月）：36－43頁も併せて参照されたい。
46) Byington, *Homestead*, 182-4; Fitch, *Steel Workers*, 12-5.

第4章 社会改革派と科学的管理運動修正派

1) Meyer Bloomfield, *Labor and Compensation*, Factory Management Course and Service, A Series of Interlocking Text Book Written for the Industrial Extention Institute by Factory Managers and Consulting Engineers as Part of the Factory Management Course and Service (New York: Industrial Extention Institute, 1918), 313. フォード社の人事管理改革については Stephan Meyer III, *The Five Dollar Day: Labor Management and Social Control in the Ford Motor Company 1908-1921*. (Albany: State University of New York Press, 1985) の他、拙稿「大量生産体制確立期アメリカにおける労働者統合化の試み：私的福祉資本主義成立前史」『商学論集』（福島大学）67巻1号（1998年7月）：29－58頁を参看されたい。また産業教育・職業指導運動から人事管理運動への展開については Sanford M Jacoby, *Employing Bureaucracy: Managers, Unions, and the Transformation of Work in American Industry, 1900-1945*. (New York: Columbia University Press, 1985)（荒又重雄・木下順・平尾武久・森杲訳『雇用官僚制：アメリカ内部労働市場と"良い仕事"の生成史』北海道図書刊行会，1994年）がある。

2) John R. Commons ed., *Industrial Government* (New York: Macmillan Company, 1921), v, vii.
3) 「経営プロフェッショナリズム」なる用語は M. Heald, *Social Responsibilities of Business: Company and Community, 1900-1960* (Cleveland and London: Press of Case Western Reserve University, 1970), 62-65（企業制度研究会訳『企業の社会的責任：企業とコミュニティ・その歴史』雄松堂書店，1974年，68－72頁）に依拠した。なお企業制度研究会訳では原語 business professionalism をそのまま「ビジネス・プロフェッショナリズム」と表記している。ヘルドは別のところで professional qualities of business leadership と言い換えている。ただしヘルドはこの用語を厳密に定義しているわけではない。本書ではこの経営プロフェッショナリズムが新たな経営哲学を産み落とした点に着目し，それに連なる限りでの理念史を問題にしようとするものである。
4) Milton J. Nadworny, *Scientific Management and the Unions, 1900-1932*, A Publication of the Research Center in Entrepreneurial History (Cambridge, Massachusetts: Harvard University Press, 1955), 112; Samuel Haber, *Efficiency and Uplift; Scientific Management in the Progressive Era, 1890-1920* (Chicago & London: Univ. of Chicago Press, 1964), chap.5.
5) しかし，連邦裁判所は依然として労働組合を猜疑の目で見る保守派で満ちており，反ストライキの立場からしばしば差し止め命令 injunction を発動していたし，雇用条件として労働組合不参加を義務づけるいわゆる「黄犬契約」（組合不参加契約）を合法としていたのである。この点についてはさしあたり以下の辞書の当該項目を参照されたい。James S. Olson & Susan Wladaver-Morgan, eds., *Dictionary of United States: Economic History* (Westport, Connecticut and London: Greenwood, 1992), s.v. "Clayton Antitrust Act of 1914."
6) Salvatore, *Eugene Debs*, 240-2.
7) Glickman, *A Living Wage*, 25-34.
8) Thorstein Veblen, *Absentee Ownership and Business Enterprise in Recent Times: The Case of America* (1923; rpr., New York: Augustus M. Kelley, 1964), 289-95.
9) Lizebeth Cohen, *A Consumers' Republic: The Politics of Mass Consumption in Postwar America* (New York: Alfred A. Knopf, 2003), 21-3. NCL についてはさしあたり次の論文を参照されたい。Allis Rosenberg Wolfe, "Women, Consumerism, and the National Consumers' League in the Progressive Era, 1900-1923," *Labor History* 16 (Summer 1975): 378-392.
10) ハーバーは，科学的管理運動との関係において最も重要な社会改革派として，L・ブランダイス，W・リップマン，そしてハーバート・クローリー Herbert Croly の三人を取り上げている。しかし経営プロフェッショナリズムとの関係で言えばブランダイスとリップマンの二人に焦点を当てるべきである。Haber, *Efficiency and Uplift*, chap.5.

11) Nadworny, *Scientific Management*, chap.3. なおブランダイスの生涯とその思想形成については Haber, *Efficiency and Uplift*, 75-82 を併せて参照されたい。
12) Louis D. Brandeis, *BUSINESS, A Profession*, with "Brandeis" by Ernest Poole (Boston: Small, Maynard & Co., 1914; rpr., New York: Augustus M. Kelley, 1971), ix-lvi, 1-2; David F. Noble, *America By Design: Science, Technology, and The Rise of Corporate Capitalism* (New York: Alfred A. Knopf, 1977; paperback edition, Oxford, New York, Toronto, and Melbourne: Oxford University Press, 1979), chap.8.
13) Brandeis, *BUSINESS*, 4.
14) Ibid., 5-9.
15) Ibid., 9-11.
16) Ibid., 12.
17) リップマンの生涯とその思想変遷については Haber, *Efficiency and Uplift*, 90-5 を参照のこと。また1910年代の社会改革運動におけるリップマンの役割についてはさらに Donald Stabile, *Prophets of Order: The Rise of the New Class, Technology and Socialism in America* (Boston, MA.: South End Press, 1984), 67-69 を参照されたい。
18) Walter Lippmann, *Drift and Mastery, An Attempt to Diagnose the Current Unrest*, with an Introduction and Notes by William E. Leuchtenburg (1914; Englewood Cliffs, N.J.: Prentice-Hall, 1961), 31-32.
19) Ibid., 32.
20) Ibid.
21) Ibid., 36.
22) 引用も含めて ibid., 43-4.
23) 引用も含めて ibid., 54.
24) Ibid., 55.
25) Ibid., 59.
26) Ibid., 61-4.
27) Ibid., 74.
28) Ibid., 74-75.
29) Brandeis, "Organized Labor and Efficiency," *BUSINESS*, 38, 49-50.
30) Nadworny, *Scientific Management*, 99-101.
31) Ibid., 75. なお、プリムトン印刷会社の労働協約体制と科学的管理法を両輪とする産業統治システムは戦後改革後の反動期に至ってもなお存続し、コモンズ学派に高く評価されることになる。Commons, *Industrial Government*, 158-167.
32) Nadworny, *Scientific Management*, 75-82.
33) Robert G. Valentine, "The Progressive Relations between Efficiency and Consent," *Bulletin of the Taylor Society* 8, no.6 (Dec. 1923): 230. 因みに日本では既に奥田幸助が労働組合の経営参加という視点からヴァレンタインを取り扱っている。奥田幸助『アメリカ経営参加論史』ミネルヴァ書房、1974年、34-42頁。

34) Nadworny, *Scientific Management*, 88, 95-96.
35) Valentine, "Progressive Relations," 231, 236.
36) 引用も含めて ibid., 230-231.
37) 引用も含めて ibid., 231.
38) Ibid., 235.
39) Robert G. Valentine, "Scientific Management and Organized Labor," *Bulletin of the Taylor Society* 8, no.6 (Dec. 1923): 227.
40) 引用も含めて Valentine, "Progressive Relations," 231-232.
41) Ibid., 235.
42) Valentine, "Scientific Management," 225-226.
43) Valentine, "Progressive Relations," 235.
44) Valentine, "Scientific Management," 226.
45) Ibid., 227.
46) この点については，以下の論文の当該箇所も併せて参看されたい。Robert G. Valentine & Ordway Tead, "Work and Pay: A Suggestion for Representative Government in Industry," *Quarterly Journal of Economics* 31, no.2 (Feb. 1917): 248-57.
47) Valentine, "Progressive Relations," 232-4.
48) Valentine & Tead, "Work and Pay," 244-5.
49) Valentine, "Progressive Relations," 234.
50) Ibid., 232-4.
51) Valentine & Tead, "Work and Pay," 243.
52) Ibid., 245-6.
53) Nadworny, *Scientific Management*, 91-2, 96.
54) Morris L. Cooke, "Editor's Preface," in *Labor, Management and Production*, eds. Morris L. Cooke, Samuel Gompers and Fred J. Miller, *Annals of the American Academy of Political and Social Science* 91 (Sep. 1920): ix.
55) Nadworny, *Scientific Management*, 116.
56) Samuel Gompers, "The Workers and Production, Editor's Foreword," in *Labor, Management and Production*, x.
57) Cooke, "Editor's Preface," viii.
58) Gompers, "Editor's Foreword," xi.
59) Cooke, "Editor's Preface," vii-viii.
60) Ibid., viii-ix.
61) クックの保守派との闘争については以下の研究に依拠した。Edwin Layton, "Veblen and Engineers," *American Quarterly* 14, no.1 (Spring 1962): 66-8.
62) Morris Llewellyn Cooke, "Ethics and the Engineering Profession," in *The Ethics of the Professions and of Business*, ed. Clyde L. King, *Annals of the American Academy of Political and Social Sciences* 110, (May 1922): 70.

63) ガントに関しては引用も含めて，Alex W. Rathe, ed., *Gantt on Management: Guidelines for Today's Executive*, with a Preface by Lawrence A. Apply (New York: American Management Association and American Association of Mechanical Engineers, 1961), 18-20, 152-6, 211-3 の他，Stabile の研究に依拠した。Stabile, *Prophets of Order*, 72-73, 81-84, 97-98.

64) Cooke, "Editor's Preface," ix. クックは連邦政府の労働政策を十全に実施するためには専門的人事管理者の大量養成が不可欠であると主張する。また「元社会主義者」オードウェー・ティード（Ordway Tead）は連邦政府主導による労働政策の成功例として造船業における労働協約体制を紹介した後，次のように述べて経営者の度肝を抜いた。「しかし私は次のことを確信もし残念であるとも思っております。それは皆様経営者の中には『この（連邦政府が決定する）労働政策は決して正しいものであるとは思えない。なぜならばそれは屈辱的な政策であるか，もしくは不可避なものとして受容せざるを得ない政策でしかないからだ』と考えている方が少なからず存在するということです。しかしそれは全くの考え違いです。新しい政策が成功しており，またそうした政策を必要としているということは決してみなさんを誰かの前に屈服させるべきだという要求から生まれたものではありません。その新しい政策は（国民の）より根本的な要求に突き動かされているのです」。そして彼はそうした労働協約体制を他の産業にも拡大することこそ重要であり，この労働政策は戦争終了後も引き続き維持されなければならない，と述べるのである。Morris L. Cooke, "The Present Labor Situation," in *Proceedings of The Employment Managers' Conference, Rochester; N.Y., May 9, 10, and 11, 1918*, B.B.L.S. 247, (1919): 63-5; Ordway Tead, "Outline of a National Labor Policy," in *Proceedings of The Employment Managers' Conference*, B.B.L.S. 247 (1919): 148-154.

65) Fred J. Miller, "Management and Production, Editor's Foreword," in *Labor, Management and Production*, xiv.

66) Matthew Woll, "Industrial Relations and Production," in *Labor, Mangement and Production*, 7-10; William M. Leiserson, "Collective Bargaining and Its Effect on Production," in *Labor, Management and Production*, 44-47; Cooke, "Editor's Preface," ix.

67) エンジニアのプロフェッショナリズムについてはとりわけクックが熱心であった。この問題については Cooke, "Ethics and the Engineering Profession," 68-72 を参照されたい。

第5章　経営プロフェッショナリズムの誕生

1) Haber, *Efficiency and Uplift*, 158-9, 160-5.
2) しかしハーバーがデニスンに言及しているのはこの箇所ともう一箇所，1920年代にテイラー協会の中でアドミニストレーションとマネジメントの分離論が台頭してくるときに，それに対して，クックと共に反対したということだけである。Ibid., 32, 167n.

3) Jacoby, *Employing Bureaucracy*, chaps. 5 & 6 (訳書 5 章 & 6 章). ただし, ジャコービィには経営プロフェッショナリズムという発想はない。それゆえに経営プロフェッショナリズムにとって重要なヴァレンタインへの言及もない。さらにジャコービィの場合, デニスンもフォレットも, ともにウェルフェア・キャピタリズムに収斂する思想として把握されているにすぎない。残念ながら, 経営プロフェッショナリズムと接続する契機を見落としてしまっていると言わなければならない。この点についてはジャコービィの以下の文献をみられたい。Sanford M. Jacoby, *Modern Manors: Welfare Capitalism since the New Deal* (Princeton, N.J.: Princeton Univerrsity Press, 1997), 19-20 (内田一秀, 中本和秀, 鈴木良始, 平尾武久, 森杲訳『会社荘園制:アメリカ型ウェルフェアキャピタリズムの軌跡』北海道大学図書刊行会, 1999年, 42 - 3 頁).

4) Chris Nyland, "Taylorism, John R. Commons, and the Hoxie Report," *Journal of Economic Issues* 30, no.4 (1996): 963-4.

5) Nadworny, *Scientific Management*, 41-2.

6) Kim McQuaid, "Henry S. Dennison and the "Science" of Industrial Reform, 1900-1950," *American Journal of Economics and Sociology* 36, (1977): 80-2, 83.

7) Magnus W. Alexander, "The Cost of Labor Turnover," in *Proceedings of the Employment Managers' Conference, Philadelphia, PA., April 2nd and 3rd, 1917, B.B.L.S.* 227 (1917): 15-6, 18-26.

8) Philip J. Reilly, "The Work of the Employment Department of Dennison Manufacturing Company, Framingham, Massachusetts," in *Personnel and Employment Problems in Industrial Management*, ed. Meyer Bloomfield and Joseph H. Willits, *Annals of the American Academy of Political and Social Science* 65 (1916): 65, 87-8.

9) Charlotte Heath, "History of the Dennison Manufacturing Company ― II ," *Journal of Economic and Business History* 2 (1929-1930): 164, 175-6, 188; Bloomfield, *Labor and Compensation*, 75-7, 79-81, 82-6.

10) Henry S. Dennison, "What the Employment Department should be in Industry," in *Proceedings of Employment Managers' Conference, B.B.L.S.* 227 (1917): 78.

11) 引用も含めて ibid., 77-79; Heath, "History of the Dennison Manufacturing," 182.

12) 1920年には株式発行額が650万ドルとなり, うち168万ドルが産業パートナー株であったという。中川誠士「デニスン社の従業員持株制と従業員代表制」井上昭一・黒川博・堀龍二編著『アメリカ企業経営史:労務・労使関係的視点を基軸として』税務経理協会, 2000年, 149頁;Heath, "History of the Dennison Manufacturing," 175-7; Commons, *Industrial Government*, 60-4.

13) Ibid., 63-4; Heath, "History of the Dennison Manufacturing," 178.

14) Henry S. Dennison, "Production and Profits," in *Labor, Management and Production*, 162.

15) 引用も含めて Dennison, "What the Employment Department," 79, 81.

16) Henry S. Dennison and Ida Tarbell, "The President's Industrial Conference of October, 1919, with Discussion," *Bulletin of the Taylor Society* 5, no.2 (Apr. 1920): 80.
17) Ibid., 80.
18) 引用も含めて ibid., 87-8, 90.
19) Ibid., 82.
20) こうした反労組的立場に立脚した保守的な人事管理モデルと従業員代表制を推進する団体として,とりわけ有名なのがジャージー・スタンダード,デュポン,GE,インターナショナル・ハーベスターなどアメリカの著名な企業10社がメンバーとなった SCC グループである。このグループについては Jacoby, *Employing Bureaucracy*, 180-2（訳書219-21頁）を参照されたい。
21) Dennison & Tarbell, "The President's Industrial Conference," 82-3.
22) デニスンに関しては引用も含めて ibid., 81-3. ヒックスと SCC グループについては以下の2つの研究を参照されたい。Clarence J. Hicks, *My Life in Industrial Relations: Fifty Years in the Growth of a Profession*. (New York and London: Harper & Brothers, 1941); Jacoby, *Employing Bureaucracy*, 180-2（訳書219-21頁）.
23) 具体的プロセスについては中川論文を参照されたい。それによれば,1919年7月2日にデニスンを議長とする従業員集会が開催され,まず勧告委員会 Recommendations Committee が選出された。勧告委員会は従業員協調計画 Employees Co-operative Plan—Dennison Manufacturing Co. と題する勧告を従業員集会に提出し,承認され,それに基づいて工場委員会の具体化が決定された。中川「デニスン社」,151-2頁。
24) McQuaid, "Henry S. Dennison," 83; Heath, "History of the Dennison Manufacturing," 182. デニスンの引用は次の論文からのもの。Henry S. Dennison, "A Dennisonian Proposition," *Bulletin of the Taylor Society* 5, no.3 (Jun. 1920): 96-7. ロックアイランド方式については次の研究が便利である。Felix Frankfurter, Henry Kendall, Keppele Hall, and Otto Beyer, Jr., "Industrial Relations, Some Noteworthy Recent Development," *Bulletin of the Taylor Society* 4, no.6 (Dec. 1919): 23-5.
25) Commons, *Industrial Government*, 66-9; Heath, "History of the Dennison Manufacturing," 182-4. なおデニスンの引用は次の文献からのものである。Dennison and Tarbell, "The President's Industrial Conference," 81.
26) Harlow S. Person, "University Schools of Business and the Training of Employment Executives," in *Proceedings of Employment Managers' Conference, B.B.L.S.* 196 (1916): 30-2, 36. またエイモス・タク経営大学院の興味深い歴史については以下を参照されたい。Mary Munter, "Tuck School History, 1990," http://www.tuck.dartmouth.edu/about/history/index.html ［accessed May 25, 2010］
27) 引用も含めて Harlow S. Person, "The Manager, The Workman, and The Social Scientist: Their Functional Interdependence as Observers and Judges of Industrial Mechanisms, Processes and Policies," *Bulletin of the Taylor Society* 3, no.1 (Feb.

1917): 6; Harlow S. Person, "Scientific Management, New Brief Statement of Its Natural and History," *Bulletin of the Taylor Society* 4, no.5 (Oct. 1919): 13-14.
28) 引用も含めて Person, "The Manager, The Workman, and The Social Scientist," 2-3.
29) Ibid., 4.
30) Ibid., 4-5.
31) 引用も含めて ibid., 4-5.
32) このことについて，パースンは次のように述べる。「社会科学者は外から確かめられた事実に基づく判断を下す。そうした外在的な判断こそ科学的管理法の専門家にいわせれば，（企業経営についての）調査と評価にとって最も大切な原則である。外部の人間が自分たちの企業経営について物を言うことを許さないとする取締役会面々のもつ狭隘な心情こそ，管理技師の最も耐え難いことである。管理技師は外から（コンサルタントとして）企業経営に参加するからこそ，取締役たちが見ることのできないことを発見できるのである。」ibid., 5-6.
33) 引用も含めて Harlow S. Person, "Selling Production to the Management," in *Labor, Management and Production*, 133-5, 138, 139.
34) Ibid., 135.
35) Ibid., 139.
36) 引用も含めて Harlow S. Person, "The Captains of Finance and the Engineers," *Bulletin of the Taylor Society* 4, no.4 (Aug. 1919): 5-6.
37) 引用も含めて Harlow S. Person, "The Opportunities and Obligations of the Taylor Society," *Bulletin of the Taylor Society* 4, no.1 (Feb. 1919): 7.
38) Ibid., 2, 6.
39) 引用も含めて ibid., 2, 3, 6.
40) "Membership of the Taylor Society, As of June 30, 1920," *Bulletin of the Taylor Society* 5, no.3, Supplement1 (Oct. 1920): 9-14.

第6章　余暇・消費問題と労使関係の新たな「精神」の誕生
1) Washington Branch of ILO, "The City Workers' Spare Time in the United States," *International Labor Review* 14 (Jul. 1924): 898.
2) Hornell Hart, "Changing Social Attitudes and Interests," in *Recent Social Trends in the United States*, ed. President's Reseach Committee on Social Trends (New York and London: McGraw-Hill, 1933), 431-433; Frederick Lewis Allen, *Only Yesterday: An Informal History of the Nineteen-Twenties* (New York and London: Harper & Brothers, 1969), chap.7（藤久ミネ訳『オンリー・イェスタデイ』筑摩文庫，2000年，7章「クーリッジ時代の繁栄」）．
3) Benjamin K. Hunnicutt, *Work without End: Abandoning Shorter Hours for the Right to Work* (Philadelphia: Temple University Press, 1988), 77.

4） Committee on Recent Economic Changes of the President's Conference on Unemployment ed., *Recent Economic Changes in the United States* (New York and London: McGraw-Hill, 1929), x and chap.2.
5） Edward Berman, "Labor and Production," *American Federationist* 33 (Aug. 1926): 965-968.
6） Ibid., 964.
7） Elsie Gluck, "Wage Theories — Yesterday and Today," *American Federationist* 32 (Dec. 1925): 1163-1166. 1926年には既に提示してあるバーマン論文のほか，次の論文が掲載された。William Trufant Foster and Waddill Catchings, "'More Pay and Less Work' — Is This A Futile Aim ?," *American Federationist* 33 (Jan. 1926): 35-44; James Maloney, "High Productivity Necessitates High Wages," *American Federationist* 33 (May 1926): 570-574.
8） Maloney, "High Productivity," 573-574.
9） Committee on Recent Economic Changes, *Recent Economic Changes*, xiv-xvi; Hunnicutt, *Work without End*, 37-39, 42-43.
10） Henry S. Dennison, "Management," in *Recent Economic Changes*, 523-524.
11） Berman, "Labor and Production," 964.
12） Ibid., 965.
13） メアリ・P・フォレット（米田清貴・三戸公訳）『組織行動の原理』新装版（未来社，1997年），244頁。
14） アメリカにおけるプロフェッショナリズムと高等教育機関の発展については Burton J. Bledstein, *Culture of Professionalism: The Middle Class and the Development of Higher Education in America* (New York and London: W.W. Norton, 1978) を参照されたい。
15） Dennison, "Management," 496. また1920年前後の時期に専門職や経営者の団体が倫理問題に如何に敏感になっていたかを知るには King, *Ethics of the Professions* を見られたい。
16） Bruce Barton, *Man Nobody Knows: A Discovery of the Real Jesus* (Indianapolis: Bobbs-Merrill, 1925), 163-164（小林保彦訳『イエスの広告術』有斐閣選書R，1984年，130-132頁）.
17） Ibid., 165-166（訳書132頁）.
18） 人事管理協会は "Evening Course for Executives" と銘打って1923年から1924年の冬にかけて "Linking Science and Industry" と題した研究会を開催した。これを嚆矢として1924年から1925年の冬にかけて "Scientific Foundations of Business Administration," 1925年から1926年の冬にかけて "Business Management as a Profession," そして1926年から1927年の冬にかけて "Psychological Foundations of Management" とそれぞれ題した経営者のための勉強会を開催した。これら4回の研究会における講義録はすべて出版されている。H. C. Metcalf ed., *Linking Sci-*

ence and Industry (Baltimore: Williams and Wilkins, 1925); H. C. Metcalf ed., *Scientific Foundations of Business Administration* (Baltimore: Williams and Wilkins, 1926; repr. Easton: Hive Publishing, 1977); H. C. Metcalf ed., *Business Management as a Profession* (Chicago: A. W. Shaw, 1927; repr. Easton: Hive Publishing, 1980); H. C. Metcalf ed., *Psychological Foundations of Management* (Chicago: A. W. Shaw, 1927; repr. Easton: Hive Publishing, 1980).

19) Heald, *Social Responsibilities of Business*, 73-78（訳書81-85頁）。ハーヴァード経営大学院のカリキュラム改革についてはMelvin T. Copeland, *And Mark an Era: The Story of the Harvard Business School* (Boston and Toronto: Little, Brown, 1958), 45-46, 92-96を参照のこと。この時期大学による経営者教育に関する議論は盛んに行われていた。とりわけ興味深いのは実践性と同時に経営者の社会的責任を喚起することを教育目標として掲げている点である。たとえばペンシルヴァニア大学長ペニマンはハーヴァード大学に500万ドルという途方もない寄付を行ったベイカー（George F. Baker）の口吻を借りて「経営大学院は過度に実践的になることなく適度に実践的」であるべきだと述べ、歴史学、心理学、政治学、行政学ならびに外国語教育などをカリキュラムに加えるべきことを提唱している。Josiah H. Penniman, "Business and Higher Learning," *Nation's Business* 13 (November 1925): 56, 58, 59-60.

20) Harvard University Graduate School of Business Administration, *Business a Profession* (Cambridge, Mass.: Harvard University Press, 1924), 3, 4, 5-8. ちなみに、主要科目として教えられていたのは、会計、銀行・商業・投資、経営統計、外国貿易、工場管理、マーケティング、公益事業管理であった。また同大学院副部長マロットの次の論説も参照されたい。D.W. Malott, "Business Advancing as a Profession," *Iron Trade Review* 74 (Jun. 1924): 1564-1565.

21)「人と仕事のマネジメント」については、P・F・ドラッカー（上田惇生訳）『現代の経営』新訳版（ダイヤモンド社、2001年）を見よ。なお最近の企業倫理論においても、この問題の重要性が再認識されつつある。たとえばリン・シャープ・ペイン（鈴木主税・塩原通緒訳）『バリュー・シフト：企業倫理の新時代』（毎日新聞社、2004年）を見よ。

22) Jacoby, *Employing Bureaucracy*, 167-205（訳書205-245頁）。

23) 平尾武久・伊藤健一・関口定一・森川章編著『アメリカ大企業と労働者：1920年代労務管理史研究』、北海道大学図書刊行会、1998年、iv頁。

24) 上野継義「平尾武久・伊藤健一・関口定一・森川章編著『アメリカ大企業と労働者：1920年代労務管理史研究』書評」『社会経済史学』65巻4号（1999年11月）：108頁。上野はこの書評において自らの立場を説明するに当たり若干の自身の論文を掲示しているので、併せてそれらを参観されたい。ここでは能率問題との関連で従業員代表制を扱った次の論文だけを挙げておく。上野継義「アメリカ近代産業における委員会型管理システムと能率概念の転換：インタナショナル・

ハーベスター社におけるフォアマン教育と合同委員会型従業員代表制の生成」『経済経営論集』（京都産業大学）35巻1号（2000年6月）：56-117頁。
25) Dennison, "Management," 529.
26) AFLは1922年のシンシナティ大会で暫定的支持を決議していたが，翌1923年10月のポートランド総会で「PRAAコミュニティサービス部門に関する決議」"Resolutions on Community Service" によって余暇運動支持を正式に採択した。Washington Branch, "City Worker's Spare Time," APPENDIX, 915-916.
27) Matthew Woll, "Leisure and Labor," *Playground* 19 (1925): 322. また次の記事も併せて参照されたい。"A Letter from George Eastman," *Playground* 16 (Dec. 1922): 409; John Nolen, "Leisure and Labor," *Playground* 21 (Mar. 1927): 659-60.
28) Eugene T. Lies, "Organized Labor and Recreation," *American Federationist* 30 (Aug. 1923): 649.
29) Washington Branch, "City Worker's Spare Time," 899, 901-903, 909-910.
30) 余暇活動，とりわけクラブやアソシエーションがコミュニティ内の社会層を身分的分裂に導いていったことはリンド夫妻の『ミドルタウン』やワーナー等の『ヤンキーシティ』研究をはじめ多くのアメリカ社会論によって繰り返し指摘されてきた。1920年代の余暇研究においても他方での労働者階級における消極的余暇活動の傾向とともにミドルクラスにおける特権的スポーツクラブやランチョンクラブの隆盛ぶりが指摘されている。Jesse Frederick Steiner, *Americans At Play: Recent Trends in Recreation and Leisure Time Activities* (New York and London: McGraw-Hill, 1933; repr. New York: Arno Press & New York Times, 1970), chap.VII.
31) PRAAのアンケート調査によれば都市労働者が好んで行うスポーツは野球，ダンス，水泳，スケート，ボーリングそしてバスケットの順であった。Washington Branch, "City Worker's Spare Time," 906.
32) Hunnicutt, *Work without End*, 27-30. ちなみにハニカットは Daniel T. Rodgers と Gary Cross の業績に依拠してこのように主張していた。
33) Roy Rosenzweig, *Eight Hours for What We Will: Workers and Leisure in an Industrial City, 1870-1920* (Cambridge, London, New York, and other cities: Cambridge University Press, 1983), chaps.4 and 5.
34) Rodgers, *Work Ethik*, 107.
35) J. F. Steiner, "Recreation and Leisure Time Activities," in *Recent Social Trends* 913.
36) Hunnicutt, *Work without End*, 124-9.
37) Ibid., 130-134. ハニカットによればフロイトやユングもカッテンと同じ問題意識を持って余暇の重要性を説いていたという。
38) Ibid., 71-75, 90-94, 98-101.
39) Woll, "Leisure and Labor," 322. また "Recreation and the Labor Movement," *Playground* 18 (Sep. 1924): 649-650 も参照されたい。この時期には AFL の機関誌にも同様な論調の記事が掲載されている。たとえば次の記事はその典型である。

"Education, Recreation Declaration of Atlantic City Convention," *American Federationist* 33 (Jan. 1926): 94-95.
40) Woll, "Leisure and Labor," 323.
41) Washington Branch, "City Worker's Spare Time," 912.
42) "Workers' Educaion: Address by President Gompers to Workers' Education Bureau Convention, New York City, April 14, 1923," *American Federationist* 30 (Aug. 1923): 385.
43) Horace M. Kallen, *Education, the Machine and the Worker: An Essay in the Psychology of Education in Industrial Society* (New York: New Republic, 1925), 41-42.
44) Marquart, *An Auto Worker's Journal*, 32-33. なお労働者教育運動は社会主義運動の中で胚胎した。この事実はAFLも認めている。たとえば1922年8月ベルギーのブラッセルで開催された第1回労働者教育国際大会の席上アメリカ代表団の団長スペンサー・ミラーは, 1906年に創設された「社会科学のためのランド校」Rand School for Social Science がアメリカ労働者教育運動の嚆矢であると説明し、それが社会主義運動のための機関であったことを認めている。"Workers' Education ─ Its Achievements and Its Future: Address of Spencer Miller, Jr., Delegate to First International Conference on Workers' Education, Brussels, Belgium, August 16, 1922," *American Federationist* 29 (Dec. 1922): 884.
45) Marquart, *An Auto Worker's Journal*, 11-12, 17-23, 32.
46) Ibid., 30-31.
47) Kallen, *Education, the Machine and the Worker*, 42-43.
48) Dennison, "Management," 496.
49) Ibid., 496-498.
50) Hunnicutt, *Work without End*, 40.
51) William Green, "The Five Day Week," *North American Review* 223 (Dec. 1926): 569.
52) Ibid., 574.
53) James W. Prothro, *The Dollar Decade: Business Ideals in 1920's* (New York: Greenwood, 1954), 8.
54) 「分割払い購入制度は消費者の生活水準を向上させることに貢献している。それは多くの耐久消費財を手の届くものにしている。分割払いによって、消費者は高級家具、ラジオ、そして車を手に入れ、一時的な喜びしかもたらさない映画、キャンディやチューインガムなどの出費をできるだけ減らそうと倹約する。要するに、支払いを継続中の方が、物財を利用することに喜びを見いだす生活を送ることができるために、倹約し貯蓄しやすいといえる。なぜならば、こうして手に入れた耐久消費財はすべて、彼の自尊心を高め、家庭での家族との団欒を楽しいものにし、しかもより良い（余暇）生活を送ることになるからであった。こうした暮しは、映画などのような翌日になったら忘れてしまう刹那的な楽しみとは全

く対照的に，長続きする豊かさと喜びをもたらすのである」。"A.F. of L Research Report (Installing Buying)," *American Federationist* 34 (Apr. 1927): 476-483.
55) Prothro, *Dollar Decade*, 10.
56) Ibid., 9. 引用は George F. Reynolds の言説である。
57) Ibid., 8.
58) Ibid., 11. 労働倫理を鍛え直す必要性は教師によっても唱えられていた。それは「労働に喜びを見いだす態度」Joy in Work として教え込まれることになる。「子供たちを過剰労働から保護するというわれわれ（教師）の努力が労働に対する彼らの態度を軟弱で利己的なものにするようなことがあってはならない」。確かに退屈で詰まらぬ仕事も数多く存在する。だがそうした仕事であっても，淘汰によりその仕事に相応しいタイプの人間によって担われている。一方で職場での人間関係を改善したり，仕事そのものを喜びを感じられるものに変更する必要はある。それは経営者たちの仕事である。だが教師や親も果たすべき義務はある。「われわれ教師と親にも子供たちに社会的福祉の向上のために役立ちうる態度を植え付ける義務がある。そうした態度として仕事に喜びを見いだす態度は最も重要なものの一つである」。"Teaching Joy in Work," *Journal of the National Education Association* 13 (Feb. 1924): 60.
59) Prothro, *Dollar Decade*, 70-71. 引用は70頁にある Dr. Gus W. Dyer の言説である。また経営者の間に多数の購読者を有する『フォーブス』誌にさえ次のような「過激な主張」が堂々と掲載されていた。「いかなる労働者であれ賃金以上の働きをしようとしない者，仕事の改善や新しいアイディアを出そうとしない者，彼らは社会的寄生者であり，負債を返すことができない存在なのだ」。労働者としての利害のために労働運動をしたりするのはもってのほかである。「結局のところ，人間にとって最も重要なのは性格なのである。なぜならば性格こそ彼が何であるのか，そして将来何になるのかを決定するからである。現在いかなる仕事に従事しているか，あるいはいかなる仕事ができるのかが重要なのではない。現在の努力が将来いかなる仕事に従事できるようになるのかを知ることこそが重要なのだ。…神は怠惰で不満ばかりを言う人間をより高度な能力を必要とする仕事に就けさせたりはしない。（そのことを自覚しさえすれば）誰でもどんなにつまらない仕事でもそれを不朽の（崇高な）努めとすることができるはずだ」。Charles Stelzle, "Religious Ideal dignifies the Work of Man," *Forbes* 21 (Jan. 1928): 26, 28.
60) Prothro, *Dollar Decade*, 17.
61) Roland Marchand, *Advertising the American Dream: Making Way for Modernity, 1920-1940* (Berkeley, Los Angels and London: University of California Press, 1985), 10-22.
62) Ibid., 30-31.
63) Ibid., 78-79, & 188-191. ある広告専門誌によれば広告に描かれる普通の男とはビジネスマンであるのが常識であったという("The average man is just a business-

man" 189).
64) Hunnicutt, *Work without End*, 45-46.
65) Marchand, *Advertising the American Dream*, 64.
66) Robert S. Lynd, with the Assistance of Alice C. Hanson, "The People as Comsumers," *Recent Social Trends*, 876-878.
67) Marchand, *Advertising the American Dream*, 53-61.
68) Ibid., 62. ただし，ごく限られた商品（日用雑貨）についていえば，より早い段階から熟練労働者をターゲットとしたマーチャンダイジングを展開していた。たとえばアイボリー石鹸ははやくも19世紀末から鋳物工組合の機関誌 *I.M.J.* にハードセルの広告を掲載していた。とくに20世紀の幕開けとともに毎号のように広告を掲載するようになったのである。当初は労働者の姿を描くこともあったが，明らかにミドルクラス上層をイメージするイラストのほうが圧倒的に多く使われていた。しかしやはりこれは例外と見なさなければなるまい。なぜならば，石鹸以外の日用雑貨の広告は見あたらず，専ら仕事に必要な道具類や機械類であったからである。全体として見れば熟練労働者とその家族は，広告業界にとって，20世紀20年代末に至るまでなお周辺的な存在に止まっていたのである。
69) Committee on Recent Economic Changes, *Recent Economic Changes*, xvi.
70) Ibid., xvi-xvii.
71) スチュアート・ユーエン（平野秀秋・中江佳子訳）『浪費の政治学：商品としてのスタイル』（晶文社，1990年）68-73頁。
72) Committee on Recent Economic Changes, *Recent Economic Changes*, xviii-xix.
73) Hunnicutt, *Work without End*, 48.
74) 拙稿「大量生産体制確立期アメリカにおける労働者統合化の試み」54頁。
75) Henry P. Kendall, "Men and Machines: A Manager's Interpretation," in *The Second Industrial Revolution and Its Significance*, ed. Edward A. Filene, *Annals of the American Academy of Political and Social Science* 149 (May 1930): 99.
76) Ibid., 100.
77) Ibid., 98-99.
78) Edward A. Filene, "The New Capitalism," in *The Second Industrial Revolution and Its Significance*, 10-11.
79) 拙稿「専門的管理技術者対市民的経営者―第一次大戦期アメリカにおける産業民主主義をめぐる二つのエートスの対抗―」森川・由井編『国際比較・国際関係の経営史』（名古屋大学出版会，1997年）76-85頁。
80) Filene, "The New Capitalism," 5.
81) Ibid., 6.
82) Ibid., 6-7.
83) Edward A. Filene, *The Way Out: A Forecast of Coming Changes in American Business and Industry* (Garden City, N.Y.: Doubleday, Page, 1926).

84) Filene, "The New Capitalism," 11.
85) Henry S. Dennison, "Management's and Labor's Interest in the Development of an Industrial Psychology," in *Psychological Foundations of Management*, 16.
86) Henry S. Dennison, "Would the Five-Day Week Decrease Unemployment?" *Magazine of Business* 54 (Nov. 1928): 508, 509, and 620.
87) Ibid., 622.
88) C. S. Yoakum, "The Role of Impulse, Emotions, and Habit in Conduct," in *Psychological Foundations of Management*, 35-36.
89) Ibid., 36.
90) Ibid., 49.
91) Ibid. また，その意味で言えば，メイヨーは明らかにヨウカムの延長線上にあると言うことができる。これについては，エルトン・メイヨー（勝木新次校閲・村本栄一訳）『産業文明における人間問題』第2版（日本能率協会，1951年）も併せて参照されたい。
92) M. P. Follett, "The Psychology of Control," in *Psychological Foundations of Management*, 163-164（米田清貴・三戸公訳『組織行動の原理』新装版（未来社，1997年），263-264頁）.
93) M. P. Follett, "Leader and Expert," in *Psychological Foundations of Management*, 235-236（訳書360頁）.
94) H. S. Person, "The Reaction of Workers to Machine Work and Working Conditions," in *Psychological Foundations of Management*, 140.
95) H. S. Person, "Man and Machine: The Engineer's Point of View," in *The Second Industrial Revolution and Its Significance*, 92.
96) たとえば第一次大戦後，労働運動がなお強力であった時代においてコモンズは次のように労働者の goodwill を説明していた。「労働者の goodwill とは，労働者集団の goodwill に他ならない。要するにそれは労働者の個人的利己心と同時に集団としての利害の連帯性 labor's solidarity of interest を承認する集団的 goodwill なのである」。彼によれば労働者の goodwill が生産性に直結することを最初に見抜いた天才はヘンリ・フォードであった。彼は一日5ドルの利益配分計画によって離職率を劇的に好転させコストの削減をもたらしたばかりか勤勉で能率的な労働者の育成に成功した。しかも労働者を豊かな消費者に仕立て上げ，これによって新たな需要を掘り起こすことができた。要するに彼は労働者の goodwill 獲得が儲かる profitable ことを初めて実証して見せたというのである。然しそれはなお労働者の個人的 goodwill を獲得したに過ぎなかった。戦時期の経験からもわかるように，労働者は最早そうした段階で満足してはいない。現在必要なのは労働者の集団としての goodwill の獲得である，というのがコモンズの主張であった。こうした問題意識は経営者優位の時代になっても決して消滅しなかったのである。Commons, *Industrial Goodwill*, 18-21.

97) 中川誠士はB&Oプランを孤立的事例としてではなく1920年代の「従業員代表制」の事例として理解すべきことを主張する。彼の立場は私の問題関心ときわめて近いものがあるが，微妙にずれている。中川はあくまでも従業員代表制の範疇で分析しようとするのに対し，本書は従業員代表制とB&Oプランの双方に通底する「労使関係を貫く新たな精神」を解明しようとしている。敢えて誤解を恐れずに言えば，むしろ従業員代表制と対立する契機を見ようとしてもいる。中川誠士「1920年代アメリカ鉄道業における従業員代表制：B&Oプランを中心として」『アメリカ大企業と労働者』455−456頁。
98) William Green, "Editorial," *American Federationist* 34 (Apr. 1927): 401.
99) Ibid., 403. スウォプとGE社の従業員代表制については以下の文献が参考になる。Thedole AvèLallemant, "Shop Committee and Trade Unions," *Bulletin of the Taylor Society* 4, no.6 (Dec. 1919): 97-9; Kim McQuaid, "Young, Swope and General Electrics 'New Capitalism': A Study in Corporate Liberalism, 1920-33," *American Journal of Economics and Sociology* 36, no.3 (July 1977): 323-332.
100) Jean T. McKelvey, *AFL Attitudes toward Production 1900-1932* (Ithaca, N.Y.: Cornell University, 1952; repr., Westport, Conn.: Greenwood, 1974), 81-7.
101) B&O鉄道のUMC計画については以下の文献が詳しい。David M. Vrooman, *Daniel Willard and Progressive Management on the Baltiomre & Ohio Railroad* (Columbus: Ohio State University Press, 1991). ただしウルーマンの場合，専らウィラードに焦点が当てられており，ウィラードのリーダーシップとB&O鉄道の企業文化を中心として取り扱っている。そうなったのは研究動機の一つにQCサークルのアメリカ的起源を探るということがあったからであると考えられる。そのため第一次大戦以前におけるB&O鉄道の安全管理運動や福祉活動などをはじめとする労働政策とUMC計画との連続性が強調されすぎてしまっている。

ジャコービイによれば1920年代におけるUnion-Management Cooperationの主要なものとして，ボルティモア・オハイオ鉄道のほか，クリーブランド衣服産業と婦人服製造労働組合 (ILGWU)，ハート・シャフナー・マークス社およびA・ナッシュ社と被服合同労働組合 (ACWA)，フィラデルフィア靴下製造業とフルファッション靴下労働組合 (FFHW)，ピーコット工場群 (Naumkeag Steam Cotton Company of Salem) と合同織物工組合 (United Textile Workers) の4つの事例があったという。Sanford M. Jacoby, "Union-Management Cooperation in the United States: Lessons from the 1920s," *Indusrial and Labor Relations Review* 37, no.1 (Oct. 1983): 26-7.
102) Louis Aubrey Wood, *Union-Management Cooperation on Railroads*, (New Haven: Yale Univeisity Press; London, Humphrey Milford: Oxford University Press, 1931), 48.
103) Kallen, *Education, the Machine and the Worker*, 141-145. Bert M. Jewell, "Labor's Appraisal of Principles, Methods and Results," in "Union-Management Cooperation

in the Railway Industry: A Case Presentation of Effort Towards Stabilization," *Bulletin of the Taylor Society* 11, no.1 (Feb. 1926): 21-23; Wood, *Union-Management Cooperation*, 62-4.
104) Vrooman, *Daniel Willard and Progressive Management*, 39-41.
105) Ibid., 44-5.
106) Ibid., 45-7.
107) Ibid., 48-9.
108) Ibid., 48.
109) Kallen, *Education, the Machine and the Worker*, 145-146.
110) Otto S. Beyer, Jr., "The Technique of Cooperation," in "Union-Management Co-operation in the Railway Industry," *Bulletin of the Taylor Society* 11, no.1 (Feb. 1926): 7.
111) 引用を含めて ibid., 7-8.
112) Ibid., 8.
113) 因みにベイアーは労使合同協議会で取り上げられる項目として以下の14項目を列挙している。01．職務分析と標準化，02．工具と装置の改善，03．資材の在庫・手入れ・配送の適正化，04．原材料の経済的利用，05．仕事に見合う人材の適正化，06．職場間の業務の調整と計画化，07．徒弟の訓練，08．新人の募集，09．仕事の質の改善，10．労働環境への配慮とりわけ温度・照明・換気の適正化，11．鉄道のための新事業開拓，12．車両工場部門のための新事業の開拓，13．産出量の計測，14．雇用の安定化。Ibid., 12.
114) Ibid., 13-16, 17-19. 引用は14頁。
115) 7つの労働組合とは International Association of Machinists の他，次に掲げる6組合を指す。International Brotherhood of Boilermakers; Iron Ship Builders and Helpers of America; International Brotherhood of Blacksmiths, Drop Forgers and Helpers; Sheet Metals Workers' International Association; International Brotherhood of Electrical Workers; Brotherhood Railway Carmen of America; International Brotherhood Firemen, Oilers, Helpers, Roundhouse and Railroad Shop Laborers. Ibid., 9-10.
116) Ibid., 11-2.
117) ただしこのときには，注115で挙げておいた7組合のうち，International Brotherhood of Firemen, Oilers, Helpers, Roundhouse and Railroad Shop Laborers は参加していなかった。Wood, *Union-Management Cooperation*, 48, 50-1, 53-4.
118) Ibid., 10.
119) Ibid., 11.
120) Jewell, "Labor's Appraisal of Principles, Methods and Results," 25.
121) Kallen, *Education, the Machine and the Worker*, 180-181.
122) Ibid., 181-183.

123) Ibid., 105.
124) Ibid., 168-170.
125) Ibid., 92-93.
126) これ以降のフォレットについては特別の必要がない限り人事管理協会主催の研究会に対応するメトカーフ編集の原著ではなく，フォレットの論文集として編纂された『組織行動の原理』(新装版) に基づき注記する。フォレット「一般に承認された企業経営の型の改造に対する従業員代表制度の影響」241頁。
127) 同上書246頁。
128) Ernest Richard Burton, *Employee Representation*, with a foreword by Henry C. Metcalf (Baltimore: Williams & Wilkins, 1926), 29.
129) Ibid., 67-72. 引用は72頁。
130) Ibid., 53-59. バートンは専門家的アプローチとして，福祉活動，科学的管理，安全管理運動，および人事管理を挙げている。
131) フォレット「一般に承認された企業経営の型の改造に対する従業員代表制度の影響」246-247頁。
132) 引用も含めてメアリ・P・フォレット (三戸公監訳)『新しい国家：民主的政治の解決策としての集団組織論』(文眞堂，1993年)，110-2頁。
133) 同上書112頁。
134) フォレット「統合的単位体としての企業」110-115頁。引用は110頁および115頁。
135) 同上書118-119頁。
136) Sam A. Lewisohn, "Constructive Experiments in Industrial Cooperation between Employers and Employees," in *Constructive Experiments in Industrial Cooperation between Employers and Employees*, ed. Sam A. Lewisohn and Thomas P. Moon, *Proceedings of Academy of Political Science* 9 (Jan. 1922): 1-5. 引用は1頁。
137) フォレット「一般に承認された企業経営の型の改造に対する従業員代表制度の影響」244-246頁。引用は244と245頁。
138) フォレット「同意と参加の心理学」311-312頁。
139) ちょうどこれとメダルの表裏の関係にあることとして，フォレットは経営者の型の改造，つまり雇用主の意識改革が必要であることを指摘している。その際彼女は，ボルティモア・オハイオ鉄道のウィラードとともに，(シドニー・ヒルマンに率いられたアメリカ合同衣服労働組合との対話によって自己変革を遂げた) アーサー・ナッシュの事例を挙げている。フォレット「企業経営者の型の改造に関する従業員代表制の影響」(248-50頁)。また Jacoby, "Union-Management Cooperation," 29-30 を参照されたい。これに関連して，ジャコービィのフォレットに対する評価について述べておかなければならない。ジャコービィは従業員代表制を労働組合よりも重視していたことをもって直ちに，フォレットをウェルフェア・キャピタリズムを準備した思想家と見なしてしまっている。もしそうであ

るならば，なぜ彼女は1920年代後半に労働組合潰しの手段として多くの大企業が従業員代表制を導入しているときに，敢えて労働組合との団体交渉を容認しB&O鉄道のUMC計画を高く評価する必要があったのであろうか。時論家としての彼女をまったく理解できなくなってしまう。彼女の経営哲学がドラッカーやマグレガーにも継承されたという事実もまた尊重されて然るべきである。因みにドラッカーもマグレガーも人間関係論を評価していない。Cf. Jacoby, *Modern Manors*, 20, 40（訳書42, 75頁）．

140) フォレット「専門的職業となるために，経営管理者はどのようにして自己開発をしなければならないか」198頁．
141) フォレット「同意と参加の心理学」314-315頁．
142) フォレット「統合的単位体としての企業」120, 122頁．
143) フォレット「命令の授与」91頁．
144) Ordway Tead, "Trends in Industrial Psychology," in *The Second Industrial Revolution and Its Significance*, 113-114.

結語

1) 経営管理思想史研究家のダニエル・レンは，彼らの思想を「新たな組織ヒューマニズム」の発展として描いている。Daniel Wren, *The Evolution of Management Thought*, 3rd. edition (New York, Chichester, Brisbane, Toronto, Singapore: John Willey and Sons, 1987), 374-7.
2) Douglas McGregor, *The Human Side of Enterprise*, annoted edition, updated and with a new commentary by Joel Cutcher-Gershenfeld (New York, Chicago, Lisbon, London, Madrid, Mexico City, Milan, New Delhi, San Juan, Seoul, Singapore, Sydney, Toronto: McGraw-Hill, 2006) 14-5（高橋達男訳『新版企業の人間的側面：統合と自己統制による経営』1960年版，産業能率大学出版部，平成21年，14-5頁）．
3) 1940年代の経営権思想については次の文献が最も詳しい。Howell Harris, *The Right to Manage: Industrial Relations Policies of American Business in the 1940s* (Madison: University of Wisconsin Press, 1982). またNAMの動向については以下の文献を参照されたい。Elizabeth A. Fones-Wolf, *Selling Free Enterprise: The Business Assault on Labor and Liberalism, 1945-60* (Urbana and Chicago: University of Illinois Press, 1994), Part One.
4) McGregor, *Human Side*, chap.8（訳書第8章）．この関係についてドラッカーさえ次のように説明している。「好況時にあってさえ，能力を示したいという欲求と，仲間との連帯意識には葛藤がある。経済学者がいかに説こうとも，この連帯意識をなくすことはできない。それどころか，かかる連帯意識は歓迎すべきものと言わなければならない」。それゆえ「本当の解決は，働く者の連帯意識を味方にできたとき，すなわち提案が全員の利益になる仕組みをつくれたときだけである」。Peter F. Drucker, *Concept of the Corporation*, with a new introduction by the

Author (New Brunswick: Transaction Publishers, 1993), 194-5（上田惇夫訳『企業とは何か：その社会的な使命』ダイヤモンド社，2005年），177頁。なおスキャンロン・プランの事例についてはさし当たり以下を参照されたい。とりわけマグレガーがY理論の着想を得たとされるアダムソン社の事例については，チェンバレンのレポートが詳しい。John Chamberlain, "Every Man a Capitalist," *Life Magazine*, (Dec. 23. 1946): 93-4, 97-8, 100, 103; Russel W. Davenport, "Enterprise for Everyman," *Fortune* 61, no.1 (Jan. 1950): 1-8.

5) Fones-Wolf, *Selling Free Enterprise*, chap.3.
6) Drucker, *Concept of the Corporation*, 302（訳書274頁）。
7) P・F・ドラッカー（上田惇夫訳）『傍観者の時代』（ダイヤモンド社，2008年），326頁。
8) J・パトリック・ライト（風間禎三郎訳）『晴れた日にはGMが見える：世界最大企業の内幕』（ダイヤモンド社，1981年），273頁。
9) Drucker, *Concept of the Corporation*, 299（訳書271-2頁）。
10) Ibid., 300-1（訳書272-3頁）。
11) Ibid., 304（訳書276頁）。
12) さらに言えば，ドラッカーは言うに及ばず，労働組合を熟知しているはずのウィルソンさえもUAWの反権威的性格を見誤っていた。ピューリッツァー賞作家ハルバースタムはUAW会長ルーサーに纏わるこんなエピソードを紹介している。「GMの社長チャールズ・ウィルソンが，経営史家（ママ）のピーター・ドラッカーに向かって，ウォルター・ルーサーは素晴らしい男で，全自動者業界の中でもおそらく最も有能で，もし大学を出ていれば自分の代わりにこの椅子に座っていたに違いないと言ったことがある。この話をルーサーへの褒め言葉と受け取ったドラッカーは，これをルーサーに話した。しかしルーサーはウィルソンの言葉にひどく憤激し，『なろうと思ったら，もうとっくにGMの社長になっていた』と語っている。」ルーサーのこの言葉に象徴的に表現されているように，UAWは経営者の権威ばかりか学卒者の権威さえも認めてはいなかったのである。その結果，アメリカの労働組織は日本ほど容易に労使協調への路線転換を容認しなかったといえる。David Halberstam, *The Reckoning* (New York: William Morrow, 1986), 334（高橋伯夫訳『覇者の驕り』日本放送出版協会，1987年，470頁）。
13) Drucker, *Concept of the Corporation*, 199-200（訳書182頁）。
14) Ibid., 301-2（訳書274頁）。
15) マネージャリアリズムの概念を拡大して，資本主義とも社会主義とも異なる新しいシステムという定義を与えるきっかけを作った一人がエンテマンであった。cf, Willard F. Enteman, *Managerialism: The Emergence of A New Ideology* (Madison, Wisc.: University of Wisconsin Press, 1993), 155.
16) Charles C. Heckscher, *The New Unionism: Employee Involvement in the Changing Corporation*, A Twentieth Century Fund Book (New York: Basic Books, 1988), 85.

17) Ibid., 4-5, 87-8, chaps.4 & 12.
18) Ibid., 5-6. しかしヘクシャーは，階級道徳を否定する一方で，次のようにも述べている。「労使対立というレトリックに依拠しているにも拘わらず，労働組合はメンバーの間に帰属意識と責任意識を創り出すことに成功している。それゆえ，労働組合が強力な企業のほうが，労働組合がない企業に比べ生産性ははるかに高い。労働組合に代わる適切な代表組織は依然として出現していない」。われわれはいったいこれをどう理解したらよいのだろうか。これに関連して，ドラッカーが提案制度を説明するときに，次のように述べていることに注意したい。「提案制度は仲間に対する責任感情を味方にできたとき，すなわち提案が工場コミュニティのために利益となり有利となるものにすることができたとき，そのときにこそ本当の解決が得られる」。Drucker, *Concept of the Corporation*, 194-5（訳書177頁）。この問題は階級道徳との関連性から言っても等閑に付すことはできない。いずれにしても，さらなる研究が必要であることは確かであろう。
19) Heckscher, *New Unionism*, 95-6, 103-6.
20) Ibid., 6-12.
21) Ibid., 108.
22) Ibid., 110-1. ヘクシャーが挙げる危険性の一つとして労働市場との関係をめぐる指摘が興味深い。その指摘は，とりわけ現在の日本の閉塞状況を考えるときに，一つのヒントを与えているように思われる。彼の意見は以下の通りである。

　マネージェリアリズムはそもそも高い雇用保障を重視する必要がある。文化の一体性と広範な参加は雇用の不安定とは相容れないからである。さらに教育訓練にもそれ相応の投資を必要とするので，簡単に辞められてはその効果が失われてしまうからである。しかし景気変動を考慮する場合，いつまで原則を守れるのかという問題に直面するのは必至だ。さらに深刻な問題として，企業単独で従業員の要求を満たすキャリア・ラダーを用意できるのかということがある。こうした問題に直面した結果，多くの企業はマネージェリアリズムの原則から逸脱せざるを得なくなってしまう。つまり従業員を，完全な権利を認められて管理に参加する基幹部分と景気変動に対する安全弁としてのバッファー部分に分割するという方法である。「この解決策は日本の大企業の間に広く行き渡っている方法でもあるが，決して満足できるものではない。」まず公共政策の視点から見て，不安定な雇用を強いられた労働者に全てのしわ寄せが行き，必然的に公的扶助への要求も増大してしまう。また「経営の視点から見ても，従業員のかなりの部分が二級市民のレッテルを貼られているような組織では企業文化の一体性を維持することは困難である」。

　今後必要なのは企業の壁を越える社会的広がりをもったキャリア・ラダーである。そうしたキャリア・ラダー構築のためにも，企業は社会に開かれた存在とならなければならない。

あとがき

　本書は，直接には1988年から2年間のアメリカ留学をパン種としている。デイビッド・ブロディ（David Brody）やデイビッド・モントゴメリ（David Montgomery）たちによって切り開かれた労働社会史の研究に強く惹かれ，彼らの研究を経営史に生かせないものかと考えていた。熟練労働者の階級道徳と経営管理の関係を研究するという漠とした方針は固まっていたので，問題は何を対象にするかであった。

　たまたま読んだグリーンバーグの本が決め手となった。彼はストーブ製造業の中心地，ニューヨーク州オルバニーに焦点を絞り，工業化がもたらす労使関係の変貌と労働組合（具体的には鋳物工組合）の出現を明らかにした。グリーンバーグに触発され，熟練鋳物工を対象にコミュニティの殻を突き破った後の労使関係を物語ることを思いついた。創生期における鋳物工組合リーダー，ウィリアム・H・シルヴィスという非常に魅力的な人物を知ったことも熟練鋳物工を研究対象にしようと決めた理由である。鋳物工組合はアメリカ労働運動史においてきわめて重要な意義を有していたこともあり，「いける」という確信を持つことができた。

　ウィスコンシン歴史協会に鋳物工組合機関誌の全バックナンバーが揃っていること，マコーミック社鋳造所の賃金表が閲覧可能であったことが決め手となって，ウィスコンシン大学マディソン校に留学を決めた。ウィスコンシン大学では良き友人，隣人に恵まれ，研究に打ち込むことができた。とくに，私を客員研究者として受け入れるために尽力してくださったスタンレー・カトラー（Stanley Kutler）先生，誠実な友情を絶えず示してくれたアンドリュー・バーシェ（Andrew Barshay）氏（現UCバークレー教授）に心からの感謝を捧げたい。

　マディソンではマイクロリーダーにかじりついたお陰で多くの史実を発見できた。鋳物工組合機関誌の分会レポートと，マコーミック社賃金表を照ら

し合わせることで，次々と分会役員の賃金実績を探し当てられたときは欣喜雀躍したものである。さらに，膨大な労働組合機関誌を時間をかけて読み，一般組合員の生の声を通して労働協約体制への移行期における理想主義とビジネス・ユニオニズムの相剋を理解できたときも，これは何が何でも世に知らさねばといつになく高揚した。

期待していた以上の史・資料を得て，本書第一部についてはさしたる苦労もなく書き上げることができた。だがそこから先は遅々としたものとなった。研究が進むにつれて視野が開け，この研究はさらに大きな入れ物を必要とすることが見えてきたからだ。もちろん完成にかくも長き時間がかかった原因として，根っからの怠惰な性格，もって生まれた能力，健康問題があったことは否定できない。しかしそれ相応の学問的理由もあったのである。

私が曲がりなりにも研究者の道を歩めたのは3人の恩師のおかげであった。その3人の恩師との学問的対話，その多くは内面的孤立のなかで行わざるをえなかったが，長い熟成期間を経てようやく必要な入れ物を与えてくれた。

大学時代の恩師，大塚久雄先生（1907～1996）からはマックス・ヴェーバーの歴史社会学の手ほどきを受けた。特に先生の語る「プロテスタンティズムの倫理と資本主義の精神」は文句なくおもしろかった。先生は，たしかに産業革命後の社会では，資本主義の精神は亡霊となってうろつくしかないとはいえ，その存在意義を全面的に否定してしまってはならないこと，健全な資本主義の発展のためには営利と倫理の二つの焦点をもつ楕円運動が必要であることを強調されていた。また，「支配の社会学」講義で，命令と服従，支配の正当性，服従意欲など，組織と個人の関係を把握するための基礎を教えられた。とりわけ家産官僚制支配について，人間の尊厳と精神の自由と相容れない制度であることを諄々と説かれたことが強く印象に残ったが，これは明らかに，当時流行していた日本的経営礼賛論を批判する意図を有していたと考えることができる。当時は自覚していなかったが，本研究の源流はここから開始されていたといえる。

大学院時代の恩師，中川敬一郎先生（1920～2007）には経営史を基礎からたたき込まれた。チャンドラーを通して大企業体制のアメリカ・モデル（の成立史）を学ぶと同時に，経営学説史のイロハを身につけることができた。また，日本的経営を「まとまりが良すぎる」点において批判する先生からは，労使関係の日米比較の意義を教えられた。特に人間的要素との関係から組織史を研究する重要性を指摘されたことが，労働者の経営「参加」を，人間論

的アプローチから類型化するという着想を得るのに大変役に立った。問題はそれをどう具体化するかであった。

　大学院時代のもう一人の恩師である大河内暁男先生には，本研究の最終段階に手紙のやりとりを通した学問的対話によって大いに助けて頂いた。また，勝手な思いこみであったのであるが，大学院時代，先生の企業者史学を経営者（精神のない専門人）批判を根底に孕む体系として理解（あるいは誤解）したことが，じつはとても大きな意味を持つことになった。革新を担う企業家を重視する先生の立論から勇気を得て，企業と社会の関係を重視する健全なる事業感覚，あるいはブルジョア倫理を重視する立場から経営者批判を展開できないかとのヒントを得たのである。この着想がアメリカ経営学における経営参加論の系譜を研究する動機となり，ヴァレンタインに始まる科学的管理運動修正派とフォレットの発見につながった。そして，最近の先生の研究成果，とりわけ遡及法分析は，研究全体を一つの構想として纏め上げるときに決定的な力を与えてくれた。経済学と経済史の関係を問い直すという先生の動機は，経営学もまたその時代の産業及び社会の中において解釈する必要があるのではないか，との私の着想を裏打するものであった。まさに我が意を得たりと思った次第である。労働（社会）史，経営史と経営学の対話を通してアメリカ労使関係の特徴を明らかにするという構想はこうして誕生した。

　三人の恩師との対話から経営プロフェッショナリズムを構想し，テイラーから科学的管理運動修正派を経てフォレットに至る経営管理思想の系譜を，労使関係改革という視点から再構成するという着想を得て，ようやく第2部に結実することになる論文を世に問うことができた。とはいえ実際はあれかこれかとさんざんに逡巡しつつ書き散らした論文であり，それらを一つに纏める道は決して平坦ではなかった。いくつかの論文は全体構想から外れるため削除せざるを得なかったし，大幅に加筆修正した論文もあった。

　決して順調に進んだとは言い難かったが，曲がりなりにも研究を纏め上げられたのは多くの先輩や友人のお陰であった。そのうちの数人のお名前だけはどうしても挙げておかなければならない。

　森建資氏（東京大学）は逸速く私の研究を評価され，本に纏めるように勧めて下さった。博士論文の指導を快く引き受けて下さったばかりか，出版の足がかりさえ与えて下さった。そして研究の完成を忍耐強く待ってくださった。怠惰な私がなんとかこの本を出版することができたのは偏に森氏の指導

の賜である。

　『商学論集』（福島大学経済学会）がなければ本書は生まれ得なかった。自由な論文発表の場であると同時に鍛錬の場でもあった『商学論集』を通して諸先輩から多くのことを学んだ。とりわけ樋口徹氏（福島大学名誉教授）に感謝したい。幾度となく脱稿前の論文を読んで頂き、貴重な批判とコメントを頂戴することができた。

　楠井敏朗氏（横浜国立大学名誉教授），小野秀誠氏（一橋大学）は論文を送るたびに絶えず丁寧なコメントと励ましを下さった。お二人の存在は頽れそうになる私をそのたびごとに救ってくださった。

　上野継義（京都産業大学），木下順（國學院大學）両氏は，孤立して研究を進め，自己満足に陥りがちな私を広い世界に引きずり出してくれた。

　若い同僚である熊澤透氏には最終段階で原稿に丹念に目を通していただき，疑問点・改善点を指摘して頂いた。もう一人の同僚である福冨靖之氏には専門の英語で助けて頂いた。

　歴代の福島大学付属図書館職員の皆さん，とりわけ長場祥子さんには資料収集の際にお世話になった。また福島大学の大学院生であった清和寿光，狩野光昭の両君には半ば強引に論文を読んでもらった。彼らの貢献があったお陰でいくつか重要な点を加筆することができた。

　本書の出版にあたっては，財団法人アメリカ研究振興会のアメリカ研究図書出版助成（2010年度）を受けることができた。さらに油井大三郎先生をはじめとする審査員の諸先生からは改善のための貴重なご助言をいただくことができた。とくに本書の今日的意義を自覚させられたことはきわめて大きかった。アメリカ研究振興会の関係各位に心よりの感謝を申し上げるしだいである。

　木鐸社の坂口節子氏には感謝の言葉もない。出版助成申請から校正に至るまで大いに助けて頂いた。読みづらい悪文を細部にわたって幾度もチェックして頂いたお陰で，いくつかの重大な過失を免れることができた。右も左も分からぬ私の我が儘に手を焼きながらも，時に厳しく時に温かく最後まで伴走してくださった。良い編集者に恵まれた幸運に感謝したい。

　最後に，しかし最大の感謝を我が妻啓子に捧げたい。いついかなる時でも最大の理解者として，最も身近にいて私を支えてくれた。この本を，心からの感謝と共に啓子に捧げる。

2011年3月30日

著　者

追記：2011年3月11日に発生した東日本大震災によって，一時期否応なく校正作業を中断せざるを得なくなり，出版を遅延させてしまった。アメリカ研究振興会と木鐸社に多大なるご迷惑をおかけしたことをお詫び申し上げるしだいである。

著　者

引用・参照文献

本リストは注で言及した文献からなる。新聞名，雑誌名などの最初の定冠詞は省略した。

I 未公刊資料

McCormick Company Papers: ① *McCormick Time and Payroll Book, 1858-1901*.
② *Deering Harvester Company Factory Time and Payroll Books, 1881-1902*. State Historical Society of Wisconsin, Madison, WI.

II 公刊資料

[政府関係資料]

U.S. Congress. Senate, *Final Report of the Commission on Industrial Relations: Final Report and Testimony*, 64th Cong., 1st sess., 1916. S. Doc. 415.

U.S. Department of Commerce and Labor. *Eleventh Special Report of the Commission of Labor, Regulation and Restriction of Output*. Washington, D.C.: Government Printing Office, 1904.

＿＿. Bureau of Corporations, *The International Harvester Co.* Washington, D.C.: Government Printing Office, 1913.

＿＿. *Bulletin of the Bureau of Labor and the Burau of Labor Statistics (B.B.L.S)*
Frey, John P. and John R. Commons. "Conciliation in the Stove Industry." no.62 (1906): 123-96.
Proceedings of the Employment Managers' Conference, Phildelphia, Pa., April 2 and 3, 1917. no.227 (1917)
Proceedings of the Employment Managers' Conference, Rochester, N.Y., May 9, 10, and 11, 1918. no.247 (1919)

Committee on Recent Economic Changes of the President's Conference on Unemployment. *Recent Economic Changes in the United States*. New York and London: McGrow-Hill Book Company, 1929.

President's Reseach Committee on Social Trends. *Recent Social Trends in the United States*. New York and London: McGraw-Hill Book Company, 1933.

[同時代文献]

Allen, Frederick Lewis. *Only Yesterday: An Informal History of the Nineteen-Twenties*. New York and London: Harper & Brothers Publishers, 1969（藤久ミ

ネ『オンリー・イエスタデイ』筑摩文庫,2000年).
Arnold, Horace L. & Fay L. Faurote. *Ford Methods and Ford Shops*. New York: Engineering Magazine Company, 1919.
Ashworth, John H. *The Helper and American Trade Unions*. Johns Hopkins University Studies in Historical and Political Science. Series 33. Baltimore: Johns Hopkins University Press, 1915.
Barton, Bruce. *Man Nobody Knows: A Discovery of the Real Jesus*. Indianapolis: Bobbs-Merrill Company Publishers, 1925 (小林保彦訳『イエスの広告術』有斐閣選書R, 1984年).
Bloomfield, Meyer. *Labor and Compensation*. Factory Management Course and Service, A Series of Interlocking Text Books Written for the Industrial Extension Institute by Factory Managers and Consulting Engineers as Part of the Factory Management Course and Service. New York: Industrial Extension Institute, 1918.
Brandeis, Louis D. *BUSINESS, A Profession*. With "Brandeis" by Ernest Poole. Boston: Small, Maynard & Co., 1914. Reprint, New York: Augustus M. Kelley, 1971.
Burton, Ernest Richard. *Employee Representation*. With a foreward by Henry C. Metcalf. Baltimore: Williams & Wilkins, 1926.
Byington, Margaret. *Homestead: The Households of A Mill Town*. With a new introduction by Samuel P. Hays. Russell Sage Foundation, 1910. 2d ed. Reprint, Pittsburgh, Pa.: The University Center for International Studies, University of Pittsburgh, 1974.
Commons, John R. and Associates. *History of Labour in the United States*. Vol.1, 2. New York: Macmillan Company, 1921.
_____. *History of Labor in the United States*, 1896-1932. Vol.3, 4. New York: Macmillan, 1935. Reprint, New York: Augustus M. Kelley, 1966.
Commons, John R., ed. *Labor and Administration*. New York: Sentry Press, 1913. Reprint, New York: Augusutus M. Kelley, 1964.
_____. *Industrial Government*. New York: Macmillan Company, 1921.
_____. *Trade Unionism and Labor Problems*. Boston: Ginn & Co., 1921. Reprint, New York: Aygustus M. Kelley Publishers, 1967.
Douglas, Paul Howard. *American Apprenticeship and Industrial Education*. Studies in History, Economics and Public Law 115. New York: Columbia University, Longmans, 1921.
Fitch, John A. *The Steel Workers*. Pittsburgh Series in Social and Labor History. Russell Sage Foundation, 1910. Reprint, Pittsburgh, Pa.: University of Pittsburgh Press, 1989.

Follett, Mary P. *The New State: Group Organization the Solution of Popular Government*. New York: Longmans, Green and Co., 1918. Reprin, Glocester, Mass.: Peter Smith Publishers, 1965（三戸公監訳榎本世彦・高澤十四久・上田鷲訳『新しい国家：民主的政治の解決策としての集団組織論』文眞堂，1993年）.

Harvard University Graduate School of Business Administration. *Business a Profession*. Cambridge, Mass.: Harvard University Press, 1924.

Hicks, Clarence J. *My Life in Industrial Relations: Fifty Years in the Growth of a Profession*. New York and London: Harper & Brothers, 1941.

Kallen, Horace M. *Education, the Machine and the Worker: An Essay in the Psychology of Education in Industrial Society*. New York: New Republic, 1925.

Lippmann, Walter. *Drift and Mastery, An Attempt to Diagnose the Current Unrest*. With an introduction and notes by William E. Leuchtenburg. 1914. Englewood Cliffs, N.J.: Prentice-Hall, 1961.

Lynd, Robert S. *Middletown: A Study in Contemporary American Culture*. With a foreward by Clark Wissler. New York: Harcourt, Brace and Company, 1929（中村八朗訳『ミドゥルタウン』青木書店，1990年）.

Marquart, Frank. *An Autoworker's Journal: UAW from Crusade to One-Party Union*. University Park and London: Pennsylvania State University Press, 1975.

Mathewson, Stanley B. *Restrictions of Output Among Unorganized Workers*. With chapters by William M. Leiserson, Henry Dennison and Arthur E. Morgan; an introduction by Donald F. Roy and a foreword by Albert A. Blum. New York: Viking Press, 1931. Rev. ed. Carbondale: Southern Illinois University Press, 1969.

Metcalf, H. C., ed. *Linking Science and Industry*. Baltimore: Williams and Wilkins, 1925.

―――. *Scientific Foundations of Business Administration*. Baltimore: Williams and Wilkins, 1926. Reprint, Easton: Hive Publishing Company, 1977.

―――. *Business Management as a Profession*. Chicago: A. W. Shaw, 1927. Reprint, Easton: Hive Publishing Company, 1980.

―――. *Psychological Foundations of Management*. Chicago: A.W. Shaw, 1927. Reprint, Easton: Hive Publishing Company, 1980.

Metcalf, H. C. and L. Urwick, eds. *Dynamic Administration: The Collected Papers of Mary Parker Follett*. London: Sir Isaac Pitman and Sons, 1941. Reprint, 1965（米田清貴・三戸公訳『組織行動の原理』新装版 未来社，1997年）.

Rathe, Alex W., ed. *Gantt on Management: Guidelines for Today's Executive*. With a preface by Lawrence A. Apply. New York: American Management Association and American Association of Mechanical Engineers, 1961.

Steiner, Jesse Frederick. *Americans At Play: Recent Trends in Recreation and Leisure Time Activities.* New York and London: McGraw-Hill Book Company, 1933. Reprint, New York: Arno Press & New York Times, 1970.

Stockton, Frank T. *The International Molders' Union of North America.* Johns Hopkins University Studies in Historical and Political Science. Series 39. Baltimore: Johns Hopkins University Press, 1921.

Sylvis, James C. *The Life, Speeches, Lavor and Essays of William H. Sylvis.* Philadelphia: Claxton, Remesen & Haffelfinger, 1872. Reprint, New York: Augustus M. Kelley Publishers, 1968.

Taylor, Frederick W., *The Principles of Scientific Management.* New York: Harper & Row, 1911. Reprint, Norcross, GA: Engineering & Management Press, a division of the Institute of Industrial Engineers, 1998.

Veblen, Thorstein. *Absentee Ownership and Business Enterprise in Recent Times: The Case of America.* 1923. Reprint, New York: Augustus M. Kelley, 1964.

Warner, W. Lloyd and Paul S. Lunt. *The Social Life of A Modern Community.* Yankee City Series, vol.1. New Haven: Yale University Press 1941, ninth printing, 1955.

Warner, W. Lloyd and J.O. Low. *The Social System of the Modern Factory, the Strike: A Social Analysis.* Yankee City Series, vol.4. New Haven and London: Yale University, 1965.

Williams, Whiting. *What's on the Worker's Mind: By One Who Put On Overalls to Find Out.* New York: Charles Scribner's Sons, 1921.

Wood, Louis Aubrey *Union-Management Cooperation on Railroads.* New Haven: Yale Univeisity Press; London, Humphrey Milford: Oxford University Press, 1931.

Dennison, Henry S. "Would the Five-Day Week Decrease Unemployment?" *Magazine of Business* 54 (November 1928): 508-9, 619-20, 622.

Green, William. "The Five Day Week." *North American Review* 223 (December 1926): 566-74.

ILO, Washington Branch of. "The City Workers' Spare Time in the United States." *International Labor Review.* no.14 (July 1924): 896-916.

Lewisohn, Sam A. "Constructive Experiments in Industrial Cooperation between Employers and Employees." In *Constructive Experiments in Industrial Cooperation between Employers and Employees,* edited by Sam A. Lewisohn and Thomas P. Moon, *Proceedings of Academy of Political Science.* no.9 (January 1922): 1-5.

Malott, D.W. "Business Advancing as a Profession." *Iron Trade Review* 74 (June

1924): 1564-5.
Penniman, Josiah H. "Business and Higher Learning." *Nation's Business* 13 (November 1925): 56, 58, 60.
Stelzle, Charles. "Religious Ideal dignifies the Work of Man." *Forbes* 21 (January 1928): 26, 28.
"Teaching Joy in Work." *Journal of the National Education Association*. 13, no.2 (February 1924): 60.
Valentine, Robert G. & Tead, Ordway. "Work and Pay: A Suggestion for Representative Government in Industry," *Quarterly Journal of Economics*, 31, no.2 (February 1917): 248-57.
Weber, Max. "Zur Psychophysik der industriellen Arbeit" in *Gesammelte Aufsätze zur Soziologie und Sozialpolitik*, 61-240 Tübingen: Verlag von J.C.B. Mohr (Paul Siebeck), 1924（鼓肇雄訳「工業労働の精神物理学について」『工業労働調査論』79 − 324頁。日本労働協会，1975年）．
Weber, Max. "Demokratie und Aristokratie im amerikanischen Leben," in Max Weber, *Zur Politik im Weltkrieg: Shriften und Reden 1914-1918*, 739-49. Max Weber Gesamtausgabe Abteilung 1: Schriften und Reden, Band 15. Tübingen: J.C.B. Mohr (Paul Siebeck), 1984.

Annals of the American Academy of Political and Social Science
Bloomfield, Meyer and Joseph H Willits, eds. *Personnel and Employment Problems in Industrial Management*. no.65 (May 1916).
Gompers, Samuel and Fred J. Miller eds. *Labor, Management and Production*. no.91 (September 1920).
King, Clyde L. ed. *The Ethics of the Professions and of Business*. no.110 (May 1922).
____. *The Automobile: Its Province and Its Problems*. no.116 (November 1924).
Filene, Edward A. ed. *The Second Industrial Revolution and Its Significance*. no.149 (May 1930).

Bulletin of the Taylor Society
Person, Harlow S. "The Manager, The Workman, and The Social Scientist: Their Functional Interdependence as Observers and Judges of Industrial Mechanisms, Processes and Policies." 3, no.1 (February 1917): 1-7.
____. "The Opportunities and Obligations of the Taylor Society." 4, no.1 (February 1919): 1-7.
____. "The Captains of Finance and The Engineers." 4, no.4 (August 1919): 4-7.
____. "Scientific Management, New Brief Statement of Its Natural and History." 4, no.5 (October 1919): 10-14.

AvèLallemant, Theodole. "Shop Committee and Trade Unions." 4, no.6 (December 1919): 97-9.
Frankfurter, Felix, Henry Kendall, Keppele Hall, and Otto Beyer, Jr. "Industrial Relations." 4, no.6 (December 1919): 12-48.
Dennison, Henry S. and Ida Tarbell. "The President's Industrial Conference of October, 1919. With Discussion." 5, no.2 (April 1920): 79-92.
____. "A Dennisonian Proposition." 5, no.3 (June 1920): 94-7.
"Membership of the Taylor Society, As of June 30, 1920," Supplement. 5, no.3 (June 1920): 9-14.
Valentine, Robert G., "The Progressive Relations between Efficiency and Consent" and "Scientific Management and Organized Labor." In "Two Pioneer Papers On Industrial Relations." 8, no.6 (December 1923): 225-36.
Ecker, Frederick H., Otto S. Beyer, Jr., Bert M. Jewell, and Henry Worth Thornton. "Union-Management Cooperation in the Railway Industry: A Case Presentation of Effort Towards Stabilization." 11, no.1 (February, 1926): 6-29.

[労働組合機関誌]
American Federationist
"Workers' Education — Its Achievements and Its Future: Address of Spencer Miller, Jr., Delegate to First International Conference on Workers' Education, Brussels, Belgium, August 16, 1922." 29 (December 1922): 881-7.
Lies, Eugene T. "Organized Labor and Recreation." 30 (August 1923): 648-9.
"Workers' Educaion: Address by President Gompers to Workers' Education Bureau Convention, New York City, April 14, 1923." 30 (August 1923): 385.
Gluck, Elsie. "Wage Theories — Yesterday and Today." 32 (December 1925): 1163-66.
Foster, William Trufant and Waddill Catchings. "'More Pay and Less Work' — Is This A Futile Aim ?" 33 (January 1926): 35-44.
"Education, Recreation Declaration of Atlantic City Convention." 33 (January 1926): 94-5.
Maloney, James. "High Productivity Necessitates High Wages." 33 (May 1926): 570-74.
Berman, Edward. "Labor and Production." 33 (August 1926): 964-9.
"A.F. of L Research Report(Installing Buying)." 34 (April 1927): 476-83.
Green, William. "Editorial." 34 (April 1927): 401-8.

Iron Molders' International Journal (I.M.J.)
"First Quarterly Report." 5, no.10 (October 1868): 5.

"Reading Rooms." 8, no.10 (October 1872): 10.
Editor. "Intemperance." 9, no.2 (February 1873): 8-9.
Editor. "Temperance." 9, no.6 (June 1873): 14.
"Local Correspondence." 11, no.11 (November 1875): 486.
"Labor Statistics." 15, no.1 (January 1879): 73-5.
"Foreman." 16, no.9 (September 1880): 2.
"Local Correspondence." 16, no.11 (November 1880): 23.
Maxwell, John. "Local Correspondence-Expelled." 19, no.8 (August 1883): 23.
"The McCormick Trouble." 22, no.3 (March 1886): 12.
McPadden, Myles. "Communicated Chicago, March 16, 1886." 22, no.4 (April 1886): 1-4.
"Local Correspondence." 32, no.6 (June 1896): 232.
"The Workingmen in America." 34, no.5 (May 1898): 227.
Editor. "The Scarcity of Good Molder." 35, no.7 (July 1899): 357.
"The Machine and the Molder." 35, no.8 (August1899): 395-7.
Sloan, J.W. "Correspondence." 35, no.8 (August 1899): 412-3.
"As Other View The Machine Question." 35, no.10 (October 1899): 503-6.
"The Machine Question." 35, no.11 (November 1899): 583-4.
"Conference with the Administrative Council of the N.F.A." 36, no.7 (July 1900): 383-7.
Editor. "Self-Respect." 36, no.8 (August 1900): 457-8.
Mumford, E.H. "The Problem of Machine Molding." 36, no.10 (October 1900): 575-7.
"Our Attitude to the Machine." 36, no.10 (October 1900): 594-7.
'Molder'. "Stove Molding— A Retrospect." 37, no.4 (April 1901): 225.
Correspondent 'Fox'. "One Reason Why So Many Molders Turn Hoboes." 37, no.7 (July 1901): 493.
[Frey, John P.] "Two Wrongs." 37, no.8 (August 1901): 481-2.
Gorman, Jim. "The Hobo and The Home Guard." 38, no.3 (March 1902): 162-3.
Custer, George. "Take in the Machine Operator." 38, no.6 (July 1902): 403-4.
Black, D. "Our Sphere of Influence-What shall it be ?" 38, no.7 (July 1902): 466-8.
Mumford, E.H. "The Relation of the Molding Machine to Foundry Labor." 39, no.1 (January 1903): 11-3.
"Correspondence." 40, no.3 (March 1904): 215.
O'Brien, E. F. "Why I Am A Trades-Unionist." 40, no.6 (June 1904): 399-401.
_____. "Educational Work of the Springfield, Ohio, Trades and Labor Assembly," 40, no.12 (December 1904): 893-4.
'Barney'. "Why Fraternal Orders Succeed." 41, no.8 (August 1905): 632-3.

"A Stove Manufacturer, Comparative Production and Earnings of Molders in the Stove Industry." 42, nos.3 & 5 (March and May 1906): 153-4, 324-5.
Leon, Knapp. "The Relations Between the Molders and Patternmaker." 43, no.1 (January 1907): 12-4.
O'Rorke, B. J. "How to Become a Successful Molder." 44, no.5 (May 1908): 346-9.
Curry, W.T. "Shorter Workday in the Stove Trade." 45, no.12 (December 1909): 862-4.
Young, Fred. M. "Radical Unionism." 46, no.5 (May 1910): 365-6.
Editor. "The Syndicalist Movement in Europe." 49, no.7 (July 1913): 585-7.
Portenar, A. J. "The Perversion of an Ideal — A Reply to the Doctrine of Syndicalism as Advocated by the I.W.W." 49, no.8 (August 1913): 635-8.
Editor. "The Syndicalists' Double Standard of Ethics." 49, no.9 (September 1913): 749-50.
Melville, Fred E. "Having Pride in Our Craft." 54, no.3 (March 1918): 183-5.
"One of Our Problem." 64, no.5 (May 1928): 360-1.

［余暇運動機関誌］
Playground
"A Letter from George Eastman." no.16 (December 1922): 409, 435-6.
"Recreation and the Labor Movement." no.18 (September 1924): 649-50.
Woll, Matthew. "Leisure and Labor." no.19 (1925): 322-3.
Nolen, John. "Leisure and Labor." no.21 (March 1927): 659-60.

Ⅲ 研究書および研究論文
Bendix, Reinhard. *Work and Authority in Industry: Ideologies of Management in the Course of Industrialization*. Berkeley, Los Angeles, London: University of California Press, 1974（大東英祐・鈴木良隆訳『産業における労働と権限－工業化過程における経営管理のイデオロギー－』東洋経済新報社，1980年）.
Bledstein, Burton J. *Culture of Professionalism: The Middle Class and the Development of Higher Education in America*. New York and London: W.W. Norton & Company, 1978.
Blocker, Jack S., Jr. *American Temperance Movement:Cycles of Reform*. Boston: Twayne Publishers, A Division of G. K. Hall & Co., 1989.
Brody, David. *Steel Workers in America: The Nonunion Era*. Cambridge, Massachusetts: Harvard University Press. 1960.
_____. *Workers in Industrial America: Essays on the 20th Century Struggle*. New York, Oxford: Oxford University Press1980. 2nd edition, 1993.
Chandler, Alfred D., Jr. *The Visible Hand: The Managerial Revolution in American*

Business. Cambridge, Massachusetts and London, England: The Belknap Press of Harvard University Press, 1977（鳥羽欽一郎・小林袈裟治訳『経営者の時代：アメリカ産業における近代企業の成立』東洋経済新報社，1982年）.

Clarke, Robert. *Ellen Swallow, the Woman Who Founded Ecology*. Chicago: Follett Publishing Campany, 1973（工藤秀明訳『エコロジーの誕生：エレン・スワローの生涯』新評社，1995年）.

Cohen, Lizabeth. *A Consumers' Republic: The Politics of Mass Consumption in Postwar America*. New York: Alfred A. Knopf, 2003.

Copeland, Melvin T. *And Mark an Era: The Story of the Harvard Business School*. Boston and Toronto: Little, Brown and Company, 1958.

Drucker, Peter F. *Concept of the Corporation*, with a new introduction by the Author. New Brunswick: Transaction Publishers, 1993（上田惇生訳『企業とは何か：その社会的な使命』ダイヤモンド社，2005年）.

———. *The Practice of Management*. New York: Harper & Row, Publishers, Inc., 1954. First Harper Business edition, New York: Harper Collins Publishers, 1993（上田惇生訳『現代の経営』新訳版，ダイヤモンド社，2001年）.

Fink, Gary M. ed., *Biographical Dictionary of American Labor Leaders*. Westport, Connecticut & London, England: Greenwood Press, 1974.

Glickman, Lawrence B. *A Living Wage: American Workers and the Making of Consumer Society*. Ithaca & London: Cornell University Press, 1997.

Greenberg, Brian. *Worker and Community 1850-1884: Response to Industrialization in a Nineteenth-Century American City, Albany, New York*. Albany, N.Y.: State University of New York Press, 1985.

Grob, Gerald N. *Workers and Utopia: A Study of Ideological Conflict in American Labor Movement 1865-1900*. Evanston: Northwestern Univiversity Press, 1961.

Grossman, Jonathan P. *William Sylvis, Pioneer of American Labor: A Study of the Labor Movement During the Era of the Civil War*. Columbia University Press, 1945. Octagon Press, 1973. Sylvis Society, Glass, Pottery, Plastics & Allied Workers International Union, AFL-CIO, CLC, 1986.

David Halberstam, *The Reckoning*. New York: William Morrow and Company, 1986（高橋伯夫訳『覇者の驕り』日本放送出版協会，1987年）.

Enteman, Willard F. *Managerialism: The Emergence of A New Ideology*. Madison, Wisc.: University of Wisconsin Press, 1993.

Fones-Wolf, Elizabeth A. *Selling Free Enterprise: The Business Assault on Labor and Liberalism, 1945-60*. Urbana and Chicago: University of Illinois Press, 1994.

Haber, Samuel. *Efficiency and Uplift; Scientific Management in the Progressive Era, 1890-1920*. Chicago & London: University of Chicago Press, 1964.

Harris, Howell *The Right to Manage: Industrial Relations Policies of American Business in the 1940s*. Madison: University of Wisconsin Press, 1982.

Heckscher, Charles C. *The New Unionism: Employee Involvement in the Changing Corporation*, A Twentieth Century Fund Book. New York: Basic Books, 1988.

Heald, M., *Social Responsibilities of Business: Company and Community, 1900-1960*. Cleveland and London: Press of Case Western Reserve University, 1970（企業制度研究会訳『企業の社会的責任：企業とコミュニティ・その歴史』雄松堂書店，1974年）.

Hounshell, David A. *From the American System to Mass Production, 1800-1932*. Baltimore and London: Johns Hopkins University Press, 1984. Paperbacks edition, 1985（和田一夫・金井光太朗・藤原道夫訳『アメリカン・システムから大量生産へ1800－1932』名古屋大学出版会，1998年）.

Hunnicutt, Benjamin K. *Work without End: Abandoning Shorter Hours for the Right to Work*. Philadelphia: Temple University Press, 1988.

Jacoby, Sanford M. *Employing Bureaucracy: Managers, Unions, and the Transformation of Work in American Industry, 1900-1945*. New York: Columbia University Press, 1985（荒又重雄・木下順・平尾武久・森杲訳『雇用官僚制：アメリカ内部労働市場と"良い仕事"の生成史』北海道図書刊行会，1994年）.

＿＿. *Modern Manors: Welfare Capitalism since the New Deal*. Princeton, N.J.: Princeton Univerrsity Press, 1997（内田一秀，中本和秀，鈴木良始，平尾武久，森杲訳『会社荘園制：アメリカ型ウェルフェアキャピタリズムの軌跡』北海道大学図書刊行会，1999年）.

Kolko, Gabriel. *The Triumph of Conservatism: A Reinterpretation of American History, 1900-1916*. New York: The Free Press A division of Macmillan Publishing, London: Collier Macmillan Publishers, 1963.

Laurie, Bruce. *Working People of Philadelphia, 1800-1850*. Philadelphia: Temple University Press, 1980.

Lynd, Alice and Staughton Lynd, eds. *Rank and File: Personal Histories by Working-Class Organizers*. Princeton, N.J.: Princeton University Press, c1981; New York: Monthly Review Press, 1988.

Marchand, Roland. *Advertising the American Dream: Making Way for Modernity, 1920-1940*. Berkeley, Los Angels and London: University of California Press, 1985.

McGregor, Douglas. *The Human Side of Enterprise*. Annoted edition, updated and with a new commentary by Joel Cutcher-Gershenfeld. New York, Chicago, Lisbon, London, Madrid, Mexico City, Milan, New Delhi, San Juan, Seoul, Singapore, Sydney, Toronto: McGraw-Hill, 2006（高橋達男訳『新版　企業の人間的側面：統合と自己統制による経営』1960年版（産業能率大学出版部，平

成21年).
McKelvey, Jean T. *AFL Attitudes toward Production 1900-1932*. Ithaca, N.Y.: Cornell University, 1952. Reprint, Westport, Conn.: Greenwood Press, 1974.
Meyer, Stephen, III. *The Five Dollar Day: Labor Management and Social Control in the Ford Motor Company 1908-1921*. Albany: State University of New York Press, 1981.
Montgomery, David. *Workers' Control in America: Studies in the History of Work, Technology, and Labor Struggles*. Cambridge, London, New York, Melbourne: Cambridge University Press, 1979.
Nadworny, Milton J. *Scientific Management and the Unions,1900-1932*. A Publication of the Research Center in Entrepreneurial History. Cambridge, Massachusetts: Harvard University Press, 1955.
Nelson, Daniel. *Managers and Workers: Origins of the New Factory System in the United States 1880-1920*. Madison, Wisconsin: University of Wisconsin Press, 1975.
Nevins, Allan. *Ford: The Times, The Man, The Company*. With the Collaboration of Frank Ernest Hill. New York: Charles Scribner's Sons, 1954.
Noble, David F. *America By Design: Science, Technology, and The Rise of Corporate Capitalism*. New York: Alfred A. Knopf, 1977. Paperback edition, Oxford, New York, Toronto, and Melbourne: Oxford University Press, 1979.
Olson, James S. and Susan Wladaver-Morgan, eds. *Dictionary of United States: Economic History* Westport, Connecticut and London: Greenwood Press, 1992.
Ozanne, Robert. *A Century of Labor-Management Relations at McCormick and International Harvester*. Madison, Wisconsin: University of Wisconsin Press, 1967.
_____. *Wages in Practice and Theory: McCormick and International Harvester 1860-1960*. Madison, Wisconsin: University of Wisconsin University Press, 1968.
Paine, Lynn Sharp. *Value Shift, Why Companies Must Merge Social and Financial Imperatives to Achieve Superior Performance*. New York and other cities: McGraw-Hill, 2003（鈴木主税・塩原通緒訳『バリュー・シフト：企業倫理の新時代』毎日新聞社, 2004年).
Pelling, Henry. *American Labor*. The Chicago History of American Civilization edited by Daniel J. Boorstin. Chicago & London: University of Chicago Press, 1961.
Pessen, Edward. *Most Uncommon Jacksonians: Radical Leaders of the Early Labor Movement*. Albany: State University of New York Press, 1970.
Prothro, James W. *The Dollar Decade: Business Ideals in 1920's*. New York: Greenwood, 1954.
Rodgers, Daniel T. *The Work Ethik in Industrial America, 1850-1920*. Chicago and

London: University of Chicago Press, 1978.
Rosenzweig, Roy. *Eight hours for what we will: Workers and leisure in an industrial city, 1870-1920*. Cambridge, London, New York, and other cities: Cambridge University Press, 1983.
Salvatore, Nick. *Eugene Debs: Citizen and Socialist*. Urbana, Chicago, and London: University of Illinois Press, 1982.
Stabile, Donal. *Prophets of Order: The Rise of the New Class, Technology and Socialism in America*. Boston, Mass.: South End Press, 1984.
Sullivan, William M. *Work and Integrity: The Crisis and Promise of Professionalism*. The Carnegie Foundation for the Advancement of Teaching. 2nd edition, San Francisco, CA: Jossey-Bass A Wiley Imprint, 2005.
Thelen, David P. *The New Citizenship: Origins of Progressivism in Wisconsin, 1885-1900*. Columbia, Missouri: University of Missouri Press, 1972.
Tyrell, Ian. *Sobering Up: From Temperance to Prohibition in Antebellum America, 1800-1860*. Contributions in American History 82. Westport, Connecticut: Greenwood Press: 1979.
Van Tine, Warren R. *The Making of the Labor Bureaucrat: Union Leadership in the United States 1870-1920*. Amherst, Massachusetts: University of Massachusetts Press, 1973.
Vrooman, David M. *Daniel Willard and Progressive Management on the Baltiomre & Ohio Railroad*. Columbus: Ohio State University Press, 1991.
Weinstein, James. *The Corporate Ideal in the Liberal State: 1900-1918*. Boston: Beakon Press, 1968.
Wren, Daniel A. *The Evolution of Management Thought*. New York, Chichester, Brisbane, Tronto, Singapore: John Willey and Sons, 3rd edition, 1987.

Chamberlain, John. "Every Man a Capitalist." *Life Magazine*. (December 23, 1946): 93-4, 97-8, 100, 103.
Davenport, Russel W. "Enterprise for Everyman." *Fortune* 61, no.1 (January 1950): 1-8.
Heath, Charlotte. "History of the Dennison Manufacturing Company — II." *Journal of Economic and Business History* 2 (1929-1930): 162-202.
Jacoby, Sanford M. "Union-Management Cooperation in the United States: Lessons from the 1920s." *Indusrial and Labor Relations Review* 37, no.1 (October, 1983): 18-33.
Layton, Edwin. "Veblen and Engineers." *American Quarterly* 14, no.1 (Spring 1962): 66-8.
Litterer, Joseph A. "Systematic Management: The Search for Order and Integra-

tion." *Business History Review* 35, no.4 (Winter 1961): 461-76.
_____. "Systematic Management: Design for Organizational Recoupling in American Manufacturing Firms." *Business History Review* 37, no.4 (Winter 1963): 369-91.
McQuaid, Kim. "Henry S. Dennison and the "Science" of Industrial Reform, 1900-1950." *American Journal of Economics and Sociology* 36, no.1 (January 1977): 79-98.
_____. "Young, Swope and General Electric's 'New Capitalism': A Study in Corporate Liberalism, 1920-33." *American Journal of Economics and Sociology* 36, no.3 (July 1977): 323-332.
_____. "Corporate Liberalism in the American Business Community, 1920-1940." *Business History Review* 52, no.3 (Autumn 1978): 342-68.
Nyland, Chris. "Taylorism, John R. Commons, and the Hoxie Report." *Journal of Economic Issues* 30, no.4 (1996): 986-1014.
Stone, Katherine. "The Origins of Job Structures in the Steel Industry." *Review of Radical Political Economics* 6 (1974): 61-97.
Wolfe, Allis Rosenberg. "Women, Consumerism, and the National Consumers' League in the Progressive Era, 1900-1923." *Labor History* 16 (Summer 1975): 378-92.

Ⅳ未公刊学位論文
Benson, Ronald. "American Workers and Temperance Reform." PhD diss., University of Notre Dame, 1974.

Ⅴ邦語文献
井上昭一・黒川博・堀龍二編著『アメリカ企業経営史：労務・労使関係的視点を基軸として』税務経理協会，2000年。
大塚久雄『大塚久雄著作集第12巻　社会科学とヴェーバー的方法』岩波書店，1986年。
奥田幸助『アメリカ経営参加論史』ミネルヴァ書房，1974年。
小林袈裟治『インタナショナル・ハーベスター』世界企業シリーズ第八巻　東洋経済新報社，1978年。
笹山久三『四万十川　第1部～第6部』，河出文庫，2007年。
鼓肇雄『マックス・ヴェーバーと労働問題』御茶の水書房，1971年。
平尾武久・伊藤健一・関口定一・森川章編著『アメリカ大企業と労働者：1920年代労務管理史研究』北海道大学図書刊行会，1998年。

上野継義「平尾武久・伊藤健一・関口定一・森川章編著『アメリカ大企業と労働者：1920年代労務管理史研究』」（書評）『社会経済史学』65巻4号（1999

年11月）：108-10頁。
____「アメリカ近代産業における委員会型管理システムと能率概念の転換：インタナショナル・ハーベスター社におけるフォアマン教育と合同委員会型従業員代表制の生成」『経済経営論集』（京都産業大学）35巻1号（2000年6月）：56-117頁。
大河内暁男「遡及法分析の歴史哲学的基礎」『経済論集』（大東文化大学経済学会）86号（2006年3月）：1-15頁。
佐々木専三郎「成功倫理とアメリカ労働運動-1860〜1900-（I）・（II）」『アカデミア』（南山大学）89号（1972年9月）：95-113頁＆90号（1972年12月）：31-52頁。
中川敬一郎「米国における大量生産体制の発展と科学的管理運動の歴史的背景」『ビジネスレヴュー』（一橋大学）11巻3号（1964年1月）：13-27頁。

『北米毎日新聞』
グロスマン玲子「ブルーカラーのおかみさん達」1988年11月19日〜1989年7月28日。

［邦訳された文献］
P・F・ドラッカー，上田惇夫訳『傍観者の時代』ダイヤモンド社，2008年。
エルトン・メイヨー，勝木新次校閲・村本栄一訳『産業文明における人間問題』第2版日本能率協会，1951年。
J・パトリック・ライト，風間禎三郎訳『晴れた日にはGMが見える：世界最大企業の内幕』ダイヤモンド社，1981年。
スチュアート・ユーエン，平野秀秋・中江佳子訳『浪費の政治学：商品としてのスタイル』晶文社，1990年。
マックス・ヴェーバー，大塚久雄訳『プロテスタンティズムの倫理と資本主義の精神』岩波書店，1988年。
マックス・ヴェーバー，濱島朗訳『社会主義』講談社学術文庫，1984年。

［本書執筆において直接の素材となった著者論文］
「プログレッシヴィズム時代における熟練労働者のエートスと生産制限問題」『商学論集』（福島大学経済学会）59巻1号（1991年3月）：3-29頁。
「十九世紀後半期アメリカにおける熟練労働者と経営管理」『商学論集』60巻1号（1991年10月）：101-23頁。
「機械化を契機とする『勤勉な』移民労働者の雇用とアメリカ労働者文化の危機」『商学論集』64巻1号（1995年9月）：17-38頁。
「1910年代における社会改革派と科学的管理運動修正派」『商学論集』68巻4号（2000年3月）：37-55頁。

「1920年代アメリカにおける余暇・消費問題と労使関係の新たな精神の誕生：経営プロフィッショナリズムとアメリカ労働総同盟の『対話』」『商学論集』73巻2号（2005年1月）：27-84頁。
「科学的管理運動修正派と経営プロフィッショナリズムの思想的発展」『商学論集』76巻2号（2007年12月）：11-32頁。

［本書執筆において参考とした著者論文］
「アメリカ的大量生産体制下における生産高制限と労働者の自発的小集団—ホーソン実験とヤンキーシティ研究に基づく一試論—」『商学論集』61巻4号（1993年3月）：15-47頁。
「専門的管理技術者対市民的経営者—第一次大戦期アメリカにおける産業民主主義をめぐる二つのエートスの対抗—」，森川英正・由井常彦編『国際比較・国際関係の経営史』所収，76-85頁。名古屋大学出版会，1997年。
「大量生産体制確立期アメリカにおける労働者統合化の試み：私的福祉資本主義成立前史」『商学論集』67巻1号（1998年7月）：29-58頁。

Intellectual History of American Industrial Relations:
Class Morality and Business-professionalism

Katsumi Tomizawa

The purpose of this book is to identify the characteristics of the American industrial relations at the time of the establishment of the mass production system. As a method of historical analysis, it is intended to apply to the American industrialization the method of Weber who analyzed the industrial system by looking at the attitudes of top managers toward the solidarity of workers. Weber characterized the German industrial relations from the late nineteenth century to the early twentieth century in terms of the mentality of workers by saying that "capitalistic society tends to protect those willing to work" against the class-conscious workers who formed "the anti-authoritarian trade union."

The first section analyses the relationship between the skilled workers' class morality (solidarity of workers) and the reaction of managers to that class morality. The following three points are especially important.

Firstly, the existence of class morality and the anti-authoritarian trade unions in the United States is to be identified. American skilled workers valued collective interest over self-interest, just as the German skilled workers did. Furthermore, such class morality fostered the establishment of trade unions in the United States. Specifically, similar to the case of the German workers, American workers recognized the restriction of output as an effective measure for bargaining over working conditions, and used it successfully to defend their interests as a whole.

Secondly, in the early twentieth century United States, as a response to the class morality and anti-authoritarian trade unions of workers, the managers advocated the integration of labor in order to protect those willing to work. It will clearly be shown, by comparing the opinions of the two main advocates of managerial theory, that the integration of labor was strongly called for at that time.

Frederick W. Taylor, known as the founder of the scientific management method, argued that it was necessary to dismantle labor unions which urged workers to restrict output in order to strengthen their position. On the other hand, John R. Commons, known as the proponent of the collective bargaining system, advocated the acceptance by managers of the labor unions' right to wage bargaining and the institutionalization of collective bargaining. However, Taylor and Commons stood on the same ground in that both criticized the restriction of output. For both of them, the main task was to improve the efficiency of production by way of removing the restriction of output by workers.

Thirdly, the characteristics of class-morality changed in the transformation of labor unions into business unions as the case of the International Molders' Union (IMU) shows. While IMU gave consent to the prohibition of the restriction of output in the agreement with employers' association, Stove Founders' National Defense Association (SFNDA), union members faced not only fierce competition among themselves but also the authoritative control of shop-floor by domineering foremen. And quite a number of the workers were forced to become "hobos" or "tramps", whom the IMU regarded as troublesome drinkers lacking the sense of responsibility. The IMU advocated, instead, the movement for moral rectitude.

The second section considers the role and characteristic of business-professionalism as an advanced form of the theory of the integration of labor. The chapters are especially dedicated to the analysis of the revisionist-group of scientific management movement, which set out to establish a coalition between the Taylor Society and the American Federation of Labors (AFL). The main emphases of this section are on the following two points.

Firstly, the movement which gave rise to business-professionalism is picked up and under scrutiny. Robert G. Valentine, as a member of the scientific management movement, advocated that management engineers had to pay special attention to the importance of the collective aspect of workers' mentality. His theory of consent and efficiency, which encouraged cooperation between the Taylor Society and the AFL, was influenced by the group of social reformers and intellectuals, who presented the idea of business management as a profession.

Business-professionalism, as a principle, was formed by drawing on two theories, one by Henry Dennison on the theory of industrial relations, and another by Harlow S. Person on the theory of business as a profession.

Secondly, the heyday of business-professionalism in 1920s' is closely analyzed. Mary P. Follett developed the theory of integration of labor and converted it into the "theory of organizational behavior." The debate over leisure and consumption, which prompted the recreation movement and revitalized the labor movement, was singled out as a catalyst of this shift in the theory. As a result of the debate, the labor movement had gradually shifted its goal from work-centered way of life to leisure-centered way of life. Through her dialogue with the AFL, Follett felt strongly that it was important for workers to recognize their responsibility for business organizations, and she encouraged them to participate in management and to maintain their motivation to work. Following her advice, AFL agreed to return to the work-centered way of life with the promotion of joint consultation as a way of workers' participation in management.

Since business-professionalism put much importance on the responsibility of workers for business organization, it eventually contradicted with the existing sense of class morality among workers. In other words, class morality, which was based on workers' recognition of responsibility to their peers, was destined to encounter business professionalism as the most powerful opponent, as an adversary which held new version of the theory of integration of labor.

索　引

* アルファベットで記された略称も最初の「五十音順」で記載。
* 矢印「→」は他の参照項目を示す。
* 人名はラストネームでカタカナ表示し，右側（　）内にフルネームをアルファベットで記載。
* 機関名など固有名詞のフルネームは右側（　）内に最初の定冠詞を省略したアルファベットで表示した。
* 注に記載した文献や著者名は取り上げない。本書の注および引用・参照文献を参照。

[ア 行]

IAM →国際機械工組合
ILO ワシントン支部→国際労働機関ワシントン支部
IMU →国際鋳物工組合
アソシエーション　25, 95, 116, 209, 317
アソシエーション型組合主義　287
遊びの心理学　211, 213-4, 241
　　　～の創造性の回復（理論）　211, 212-3
　　　～の代償効果（の理論）　211, 213
アトラス・エンジン製造会社（Atlas Engine Company）　99
アドミニストレーター　163, 185, 187, 190-1
アメリカ機械技師協会（American Society of Mechanical Engineers, 略称 ASME）　58-9, 152, 156
アメリカ市民　47, 90, 95, 103, 111, 117-8, 125, 144, 199, 225, 228, 237, 278
アメリカ労働総同盟（American Federation of Labor, 略称 AFL）　57, 108, 125, 152, 195-8, 200-2, 207-8, 210, 213-8, 221-2, 228, 232, 234-5, 246-9, 253, 256-8, 261-2, 267-9, 273-4, 278-80, 293, 317-8, 322
　　　～鉄道従業員部門（Railway Employees Department）　253, 257-8
アメリカ労務管理史研究会　206
アメリカン・マルチグラフ社（American Multigraph Company）　263
アリクサンダー（Magnus Alexander）　166-7
移民労働者　104, 106, 109-12, 118
　　　勤勉な～　110

鋳物工
　（熟練）鋳物工　15, 26, 28-31, 34-40, 42-5, 48, 50-1, 54, 58, 68, 70, 72-87, 90-2, 94-7, 99-101, 103-9, 111, 118, 276-7, 284, 293-5, 297-8, 303-4
　機械的修練鋳物工　91, 94-5, 97-104, 106-7, 109, 111, 118
　スペシャリスト　90, 98, 100-5, 107, 109
イングリッシュ（William English）　50-1, 298
インタナショナル・ハーヴェスター社（International Harvester Company）　29
ウィラード（Daniel Willard）　251-2, 322, 324
ウイリアムズ（Whiting Williams）　111-3
ウィルソン（Charles E. Wilson）　284, 326
ウェインスタイン（James Weinstein）　17
上野継義　206, 316
ウォル（Mattew Woll）　208-9, 213-5, 247, 326
運輸法（Transportation Act of 1920）　251
ヴァレンタイン（Robert G. Valentine）　21, 123, 127, 139-47, 149-53, 160, 169, 176-7, 251, 264-6, 278, 281, 309, 311
　　　～の賃金論　144
　　　～の「同意と能率」論　141, 264, 278
　　　～の労使関係管理改革案　146-7, 150-1
　　　～の労働組合論　141, 143
ヴェブレン（Thorstein B. Veblen）　125, 183, 188
ヴェーバー（Max Weber）　9, 10, 13-6, 25, 87, 95, 113, 275, 289, 305
　『工業労働調査論』　13, 297
　『プロテスタンティズムの倫理と資本主義の精神』　9, 289

ヴェーバー命題　10, 15-6, 275
ASME →アメリカ機械技師協会
AFL →アメリカ労働総同盟
エイモス・タク経営大学院（Amos Tuck School of Administration and Finance）　165, 180, 204, 313
営利衝動　191, 194, 279
エジャートン（John E. Edgerton）　224
SFNDA →ストーブ鋳造業者全国防衛同盟
NAM →全国製造業者協会
NCL →全国消費者連盟
NFA →全国鋳物業者協会
エンジニア＝プロフェッショナル論　160, 163-4 →プロフェッショナリズム
エンライト（Patrick Enright）　40, 41, 298
オブライエン（E. F. O'Brien）　51-2
オープン・ショップ運動　109-10, 124, 192, 196, 198, 295

［カ　行］

階級的連帯　15, 26-9, 39, 41-2, 65, 69, 79, 82, 87, 110, 113, 118, 184, 215, 250, 259, 261, 292, 297-8
　　〜の危機　110
階級道徳　9-10, 13-7, 20-1, 25-6, 42, 48, 52, 69, 82-3, 87-8, 90, 103, 113, 117-8, 271, 275-7, 280-3, 286, 289, 327
科学的管理運動修正派　9, 21, 121, 123, 139, 152, 160, 163, 165, 179, 198, 278, 279
　　〜のエンジニア＝プロフェッショナル論　160, 163-4
　　〜管理技師グループ　153, 156, 164, 173
　　〜経営者グループ　17-8, 123, 153, 160, 163-4, 173, 191
科学的管理法　20, 60, 62, 65, 68, 121, 127, 129, 137, 139-42, 151-2, 155-7, 165-6, 172, 181-2, 190-1, 198, 244, 250, 273, 277-8, 302, 309, 314
カスタ（George Custer）　99-101
カッテン（George Cutten）　211, 317
カレン（Horace M. Kallen）　218-9, 250, 252, 259-261
感情の浄化理論　211 →遊びの心理学
緩怠　14-6, 20, 39 →生産高制限
管理技師　63, 67-8, 143, 153-61, 163-5, 173-4, 182, 185, 190-1, 202, 279, 302, 314
　　改革派の〜　156-7
管理技師＝アドミニストレーター　163
ガント（Henry L. Gantt）　127, 156-8, 174, 191, 310
企業倫理（論）　20, 179, 202-4, 316
禁酒運動　56, 83, 84, 108, 211, 299
技師連合協会（Federated Engineering Societies）　164, 174, 194
クック（Morris L. Cooke）　152-9, 165, 174, 278, 310-1
組合員鋳物工　30, 43, 91, 94-7, 99, 105, 108-9, 111
組合官僚　257-9, 269, 274
　　〜の類型移行　257
クローズド・ショップ　27, 31, 106
グリッペン（Henry Gribben）　71
グリーンバーグ（Brian Greenberg）　42
グリーン（William Green）　197-8, 201, 221-2, 247-9, 267, 280
グロスマン玲子　11-2, 289
経営権思想　282-3, 285, 325
経営参加　139, 176, 183-4, 193, 244, 280, 284, 309
経営政策立案者　179-80, 182 →アドミニストレーター
経営プロフェッショナリズム　20-1, 123, 160, 163-5, 179-81, 186, 188, 191-4, 202, 204-5, 207, 219-20, 238, 240, 245-7, 261-2, 268, 271, 275-7, 279-83, 285-6, 288, 291, 308, 311
経営プロフェッショナリズム派　201-2, 205, 219-20, 238, 245, 261-2, 267-9, 271, 273-4, 288
ケンダル（Henry Kendall）　140, 233, 234, 237
公共運動施設の普及と余暇活動促進のための協会（Playground and Recreation Association of America, 略称 PRAA）　207-10, 213-4, 216, 234, 279, 317
広告　92, 117, 203, 222, 226-8, 230-2, 315, 320
広告技法
　　サイド・バイ・サイド・アプローチ　226, 227
　　ハード・セル　226, 230
国際鋳物工組合（International Molders' Union of North America, 略称 IMU）　28, 30-1, 34-5, 38, 40, 44, 50-1, 57-8, 68-71, 73, 75-6, 82-4, 86-92, 94-103, 106, 108, 264, 275-277, 284

第23分会 30, 40
第233分会 30, 40
第382分会 100
第72分会 51
〜のモラル向上運動 82-4, 276
国際機械工組合 (International Association of Machinists, 略称 IAM) 89, 250, 252
国際労働機関ワシントン支部 (Washington Branch of International Labor Organization) 208, 216, 314, 317
告白雑誌 230, 234
個人主義的商業娯楽 209
個人主義的消費主義 (論) 202, 229, 245, 274
個人主義的立身出世主義 202, 274
コモンズ (John R. Commons) 21, 55, 57, 62, 68-9, 87, 109, 122-3, 151, 265, 277, 279, 299, 306, 309, 321, 322
　「労働組合と能率」 68
コンサルタント技師 153, 155, 192
コーエン (Lizabeth Cohen) 126
コーポレット・リベラリズム 17, 290
ゴンパズ (Samuel Gompers) 152-4, 216

[サ 行]

サリヴァン (William M. Sullivan) 19, 290, 291
産業民主主義 122, 125, 130, 136, 140, 155, 159, 168, 176, 181, 183-4, 250, 320
サービス動機 128, 130, 138-9, 154, 171, 173, 189, 191, 279
仕事の文化 247, 249, 274
資本主義の精神 9-10, 56-58, 88, 289
市民的同格性 25, 47, 105-6, 125, 278
社会改革派 17, 19, 21, 121, 123-6, 138-40, 143, 149, 154, 160, 165, 191, 202, 278, 282, 308
　〜の経営者論 21, 123-4
週5日労働制 196-7, 200-1, 210, 220, 222, 224, 229, 231, 245-6, 273
週5日労働制要求 (運動) 195, 196, 197, 201, 218-9, 221-2, 73
消費者運動 125, 126, 131, 137-9, 202
　全国消費者連盟 (National Consumers' League, 略称 NCL) 126, 308
消費者の利害 136, 278
消費の福音派 21, 200-2, 219-20, 229, 231-2, 234, 240, 245-6, 273

消費の民主主義 229-30
職長の帝国 27-9, 41, 215
職人の共和主義 49, 275 →生産協同組合 (論)
所有経営者 126, 131, 133-5, 137-8, 147, 173-4
シルヴィス (William H. Sylvis) 15, 30, 44-5, 47-51, 215, 275, 299, 301
シルヴィ (Henry Silvey) 100
ジャコービィ (Sanford M. Jacoby) 164, 205-7, 311, 324
従業員代表制 122, 142, 145, 152, 168, 173-6, 178, 192-3, 206-7, 248-9, 251, 254, 262-5, 267-8, 273, 287-8, 312, 316, 322, 324-5
　合同委員会型〜 206-7, 261-2, 264, 273, 316
自由な労働 (論) 25, 87
ジョエル (Bert M. Jewell) 258
ジョンストン (William Johnston) 250-1
新余暇倫理論 197, 210-1, 221, 232, 236, 245, 247
人事管理協会 (Bureau of Personnel Management) 204, 238, 315, 324
スウォプ (Gerard Swope) 248
スキャンロン・プラン (Scanlon plan) 282, 283, 285, 326
スチュアード (Ira Steward) 50
ストーブ鋳造業者全国防衛同盟 (Stove Founders' National Defense Association, 略称 SFNDA) 57, 69-73, 76, 82, 89, 108, 264, 276
ストライキ 30-1, 36, 38-40, 45, 55-6, 69, 71, 74, 76, 82, 89, 113, 122, 124, 146, 149, 176, 192, 199-200, 251-2, 284, 289, 297-8
スローン (Alfred Sloan, Jr.) 284-5, 304
生活賃金 (論) 125, 144, 278
製作者職能 125, 183
生産協同組合 (論) 48-50, 58, 275
生産高制限 (問題) 16, 20, 39, 55-61, 65, 68-71, 73-6, 82, 87-90, 95-8, 102-3, 108-9, 118, 121, 150-1, 158-60, 185, 192, 198, 250, 252, 275-8, 286, 298, 300-3, 306
生産の動機 189, 191, 279
世界産業労働者組合 (Industrial Workers of the World, 略称 IWW) 125
責任意識の乖離 286
専門的経営者 18-20, 123, 126, 128, 130-1, 135, 138-9, 160, 163-4, 170, 179-81, 190-1, 193,

202, 204, 269, 273, 278, 279, 282
　　～の教育機能　262, 268, 269
全国鋳物業者協会（National Founders' Association, 略称 NFA）　76, 89-91, 95-8, 103, 105-8, 276
全国鋳物工組合（National Moulders' Union）　26
全国製造業者協会（National Association of Manufacturers, 略称 NAM）　131, 196, 221-2, 224, 282, 326
全国ストーブ製造業者協会（National Association of Stove Manufacturers）　71
全米自動車労働組合（United Automobile Workers, 略称 UAW）　284-5, 326
造型機（問題）　89-101, 103-4, 106-9, 111, 297

［タ　行］

怠業　16, 59-62, 64-7 →生産高制限
　　自然的～　65-6
　　組織的～　60-1, 64-7
体系的管理運動　57-8, 60, 93
タブロイド紙　230, 234
ターベル（Ida Tarbell）　172
第一次大戦期の人事管理モデル
　　パートナーシップ・モデル　122-3
　　フォード・モデル　122
大統領諮問産業会議（President's Industrial Conference）　172-174
団体交渉　21, 26, 57, 69, 76, 88-9, 100, 106, 121, 140, 155, 159-60, 172-3, 175, 193, 198, 206-7, 249-50, 253, 257, 261, 264-5, 268, 274, 276, 282-3, 285, 325
団体交渉型同意論　264-6
チャンドラー（Alfred Chandler, Jr.）　18-9
賃金階層　31, 34, 36-7, 39, 296
　　20ドル以上40ドル未満の～　31
　　20ドル未満の～　31, 34
　　40ドル以上の～　31, 34, 35, 40, 296
賃金と労働時間短縮の生産性理論　199
賃金の生産性理論　198
鼓肇雄　13, 14, 289, 297
　　『マックス・ヴェーバーと労働問題』　13, 289
ティード（Ordway Tead）　271, 310
テイラー（Frederick W. Taylor）　9, 16, 20, 57-69, 87-8, 127, 139-40, 152-3, 155, 277, 278, 281, 291, 298, 300, 301, 302, 303
テイラー協会（Taylor Society）　156, 164, 165, 172, 190, 191, 192, 201, 204, 233, 244, 250, 267, 311
鉄道労働評議会（Railroad Labor Board）　251
ディアリング社（Deering Harvesting Machine Co.）　28-9, 31, 34-8, 41-2, 293-4, 296-7
　　～のインセンティヴ・システム　36-7
　　（日払い仕事）　36-7, 293-5
　　（ヘルパー制度）　37-39
出来高賃金制度　58-60, 62, 68-9
デニスン（Henry S. Dennison）　163-6, 168-80, 184, 204, 207, 219-20, 238-9, 244, 270, 279-80, 311-3
デニスン社（Dennison Manufacturing Company）　165-70, 176-8, 312-3
　　管理者産業パートナー計画　169
　　従業員産業パートナーシップ計画　177, 178
　　従業員委員会（Employees' Committee）　178
　　人事管理部　166-8
デブズ（Eugene V. Debs）　15, 124, 284, 290
伝統的保守派　21, 198, 201-2, 206, 219-25, 228, 233, 236, 238-9, 245-6, 268, 273
統一鉱山労働者組合（United Mine Workers of America）　108
統合的なパーソナリティ　241
ドラッカー（Peter F. Drucker）　281-6, 316, 325-7

［ナ　行］

中子工　70, 104, 107, 304-5
ナードヴォーニー（Milton J. Nadworny）　123, 140, 152
ニュー・マシン（New Machine）　158, 174, 194
ネルソン（Daniel Nelson）　27, 41, 291

［ハ　行］

ハニカット（Benjamin K. Hunnicutt）　211, 317
反権威的労働組合　9, 10, 15, 277
ハーヴァード経営大学院（Harvard Graduate School of Business Administration）　204, 316
ハート（Hornell Hart）　196, 322

索 引　355

ハーバー（Samuel Haber）　123, 163-5, 308, 311
バイイントン（Margaret Byington）　115, 117
バブコク（George D. Babcock）　191
バブソン（Roger Babson）　133
バートン（Bruce Barton）　203
バートン（Ernest R. Burton）　262, 263, 264, 324
パトリック（G.T.W. Patrick）　211
パブリック・インタレスト　126, 136, 139, 156, 160
パースン（Harlow S. Person）　58-9, 163-5, 180-2, 184-91, 204, 244-6, 279, 314
　　～の「経営者」論　180
　　（社会科学者的視点）　182, 185
　　（労働者の視点）　182, 184
ヒックス（Clarence J. Hicks）　175, 313
ビジネス・ユニオニズム　16, 53-4, 58, 121, 249, 276, 277
B&O 鉄道→ボルティモア・オハイオ鉄道
PRAA→公共運動施設の普及と余暇活動促進のための協会
ピッツバーグ調査（Pittsburgh Survey）　114
フィッチ（John A. Fitch）　114, 115, 117
フィッツジェラルド（J. Fitzgerald）　30, 296
フィリーン（Edward Filene）　234-8, 245-6
フィリーン兄弟（Edward and Lincoln Filene）　129, 130
フォレット（Mary P. Follett）　9, 20-1, 201, 204, 242-4, 261-2, 264-5, 267-9, 271, 276, 279-81, 312, 315, 324, 325
　　～の従業員代表制度論　262
　　～の労使関係改革論　165, 179, 202, 261-2, 271, 280
フォーディズム　196, 235, 238
フォード社鋳物部門　104
不在管理制　171
不在所有制　125, 171
フライ（J. P. Frey）　108, 303
フラターナル・オーダー　25, 79, 116, 209, 260
ブランダイス（Louis Brandeis）　59, 126-8, 130-1, 138-40, 174, 264, 278, 308
　　～の専門的経営者論　126, 130, 131
　　「一つの専門職としての経営」　127
ブリッグス（O. P. Briggs）　107-10, 113

ブリューエア（Robert W. Bruere）　173-4
ブルームフィールド（Meyer Bloomfield）　122-3, 168
ブロウスロ（James W. Prothro）　225
プログレッシヴィズム（時代）　19, 20, 55, 57, 114
プロフェッショナリズム　19-20, 149, 156, 161, 182, 291, 315→経営プロフェッショナリズム
ヘクシャー（Charles C. Heckscher）　286-8, 327
ベイヤー（Otto Beyer, Jr.）　250-1, 253-5, 257, 259
ペリン（Henry Pelling）　15
ホウガン（Thomas J. Hogan）　72, 108
俸給経営者　18, 134, 138-9
ホクシー報告書（Hoxie Report）　152, 156, 181
ホスキンズ（Jean Hoskins）　173-4
ホーボー　77-9, 81-3, 276, 304
　　～鋳物工　81, 82
　　～問題　82
ホームステッド（Homestead）　115
ホームステッド・ストライキ　113
ホールシ（F. A. Halsey）　62, 301
ホール（G. Stanley Hall）　211
ボルティモア・オハイオ鉄道（Baltimore & Ohio Railroad, 略称 B&O 鉄道）　200-1, 246, 248-9, 251-2, 255-9, 273, 322, 325
　　～の労使協調計画（union-management co-operation, 略称 UMC 計画）　201, 249-3, 258-9, 261, 273, 322, 325

[マ 行]

マクパッデン（M. E. McPadden）　40-1, 298
マクレーカー（運動）（Muckraking, Muck-raker）　131-4
マグレガー（Douglas McGregor）　281-3, 325, 326
マコーミック社（McCormick Harvesting Co.）　28-31, 33-6, 38-42, 292-4, 297-8
マッケルウェイン（William H. McElwain）　128-30
マネージェリアリズム　285-8, 326-7
マムフォード（E. H. Mumford）　96, 97, 109-10, 113
マリケン（A. H. Mulliken）　222-3

マーカート（Frank Marquart）217-8, 277, 279
マークランド（George L. Markland, Jr.）224
マーチャンダイジング 222, 229-30, 320
マーチャンド（Roland Marchand）226, 230
三つのL 231, 234
ミドルクラス 34, 64, 209, 227-8, 230, 317, 320
ミューラー（Adolph Mueller）225
ミラ（Fred J. Miller）152, 156, 158
メキャニック 34-5, 40, 42, 44, 50-1, 65, 70, 78, 85, 87, 91-3, 95, 102-3, 105, 257, 292
メトカーフ（Henry C. Metcalf）204, 238, 324
模型工 70, 86-7, 299, 304
モントゴメリ（David Montgomery）27, 291, 302

[ヤ 行]

ヤンキー労働者 95, 105
ヤンケロヴィッチ（Daniel Yankelovich）286
UAW →全米自動車労働組合
ヨウカム（C. S. Yoakum）240-2, 321
余暇
　〜運動 21, 195-6, 207, 210-1, 213, 218, 245, 279, 317
　〜活動 47, 52, 81, 95, 105, 109-10, 113, 115-6, 207-13, 215-6, 218-9, 228, 231-2, 237-9, 247, 260-1, 273, 279, 280, 317
　〜・消費論争 21, 201, 219, 279
　労働のための〜 210-1
欲求体系 242

[ラ 行]

ライサーソン（William M. Leiserson）265-6
ライズ（Eugene T. Lies）208
ライト（Carrol D. Wright）55
ランチョン・クラブ 209
離職
　〜問題 166, 178
　〜率 147, 166-7, 250, 321
リップマン（Walter Lippman）126, 131-3, 134-9, 143, 278, 308
　〜の改革論 131
　『混沌と秩序』 131
リンド（夫妻）（Robert S. and Helen M. Lynd）52, 116, 117, 317
　『ミドルタウン』 116, 299

ルイサーン（Sam A. Lewisohn）266-7
ルーサー（Walter P. Reuther）284-5, 326
レイタン（Edwin Layton）155
レイノルズ（G. F. Reynolds）224
レクリエーション 115, 137, 144, 166, 208-9, 212, 214-5, 223-4 →余暇活動
連携（論）
　科学的管理運動（修正派）と労働組合の〜 21, 123, 125, 127, 152, 160, 163, 165, 193, 250, 278
労使関係カウンセラー 146
労使関係調査委員会（Commission on Industrial Relations）72, 107, 152, 301
労使協議制度 69 →労使合同協議会
労使協調 14, 68-9, 71-2, 76, 83-4, 106, 175, 198-201, 221, 234-5, 246-50, 253-9, 261, 266-8, 273-4, 280, 326
労使合同協議会 207, 249, 255-6, 258, 264, 267, 323
労働意欲 9-10, 13, 16-17, 20, 37-8, 41, 64, 66, 98, 275, 277-8, 281-3, 286
労働協約体制 21, 89, 103, 106-8, 121-2, 140, 145, 155, 159-60, 176, 207, 264, 276-7, 309, 311
労働組合員
　志操堅固な〜 40-2, 50-1, 86, 298
労働者
　〜教育（運動）213, 216-8, 274, 318
　〜統合論 121, 276, 278-81, 285
　〜統制 27-8, 41-2, 215, 276
　〜の管理者化 271, 280-1, 286
　〜の管理能力 245, 271
　〜の信頼 246, 268, 283
　立身出世指向の〜 41, 42, 44, 233, 299
労働生活
　〜の再統合化論 238, 247
労働倫理（論）202, 220, 225, 233

[ワ 行]

ワーナー（Lloyd W. Warner）116
　『ヤンキーシティ』116

富澤克美（とみざわ　かつみ）

1949年　群馬県に生まれる
1974年　国際基督教大学教養学部社会科学科卒業
1981年　東京大学大学院経済学研究科単位取得退学・博士（経済学）
現　在　福島大学経済経営学類教授

アメリカ労使関係の精神史：階級道徳と経営プロフェッショナリズム

2011年5月30日第1版第1刷　印刷発行　Ⓒ

著　者	富　澤　克　美	
発行者	坂　口　節　子	
発行所	㈲　木　鐸　社（ぼくたくしゃ）	
印　刷	アテネ社　製本　高地製本所	

著者との了解により検印省略

〒112-0002　東京都文京区小石川5-11-15-302
電話 (03) 3814-4195番　FAX (03)3814-4196番
振替 00100-5-126746　http://www.bokutakusha.com

（乱丁・落丁本はお取替致します）

ISBN978-4-8332-2441-3　C3022

民衆支配の讃歌 (上)(下)
Sean Wilents, Chants Democratic, 1984
S. ウィレンツ著　安武秀岳・鵜月裕典・森脇由美子訳
(上) A5判・336頁・3000円 (2001年) ISBN4-8332-2294-9
(下) A5判・290頁・3000円 (2001年) ISBN4-8332-2295-7
■NY市とアメリカ労働者階級の形成
　19世紀中葉、NY市における職人共和国生成の束の間の夢と、一方、メトロポリスの急激な変化とその崩壊した運動が残した精神へのレクイエム。本書は、いわばアメリカ民主主義の出現という壮大な主題に取り組んだ歴史叙述。

不実な父親・抗う子供たち
鵜月裕典著 （立教大学文学部）
A5判・300頁・3500円 (2007年) ISBN978-4-8332-2386-7 C3022
■19世紀アメリカによる強制移住政策とインディアン
　強制移住前後の連邦政府によるインディアン政策を中心に、移住地で連邦政府が推進した文明化による同化と統合の試みとしてのインディアン領地構想が、いかなる意味を持ったかを、明らかにする。更に黒人を含めた3者の複雑な関係を総合的に捉える。

比喩によるモラルと政治
George Lakoff, Moral Politics, 1996
ジョージ・レイコフ著　小林良彰・鍋島弘治朗訳
A5判・350頁・3500円 (1998年) ISBN4-8332-2262-0
■米国における保守とリベラル
　アメリカの政治世界は、保守とリベラルが全く違ったモデルシステムをもっていることを認知言語学の手法を使って析出。それは家族モデルの違いと家族に根ざしたモラルシステムの違いであり、そのモラルシステムを政治システムにリンクさせて国家を概念化する際に、保守とリベラルの違いが生み出されるというユニークな考察。

アメリカ政治文化史　■建国よりの一世紀
Robert Kelley, The Cultural Pattern in American Politics: The First Century, 1979
R. ケリー著　長尾龍一・能登路雅子訳
46判・464頁・3800円 (1987年) ISBN4-8332 2112-8
　本書は、伝統的な意味でのアメリカ政党史ではない。それを形作ってきた様々な人間集団の歴史として、建国期のアメリカを生きた普通の人々の生活意識や体験に基づく対立と連携の壮大なドラマを描く。

〔知のフロンティア叢書 4〕
常識のアメリカ・歴史のアメリカ
■歴史学の新たな胎動
執筆者代表　金井光太朗
46判・314頁・2200円（1998年3刷）ISBN4-8332-2181-0
新たな政治史の胎動＝遠藤泰生　既得権と多数決＝金井光太朗　黄熱の首都フィラデルフィア，1793年＝山田史郎　ブラックストーン運河と19世紀初頭のニューイングランド社会の変容＝肥後本芳男　ジャクソン期インディアン強制移住政策とインディアン＝鵜月裕典

ジョン・デューイとアメリカの責任
井上弘貴著
A5判・250頁・4000円（2008年）ISBN978-4-8332-2407-9 C3010
　J. デューイは19世紀末から20世紀前半にかけてのアメリカを代表する知識人の一人である。本書はこのデューイの政治思想的営為をアメリカニズムという統合的な観点から知識人論史として解釈する試みである。彼のアメリカニズムからの離脱と回帰など，振幅の軌跡を追い，紆余曲折に富んだテキスト群を整合的に解釈し，評価と批判の公正を期した。

将軍ワシントン
Don Higginbotham, George Washington and The American Military Tradition
ドン・ヒギンボウサム著　和田光弘・森脇由美子他訳
A5判・220頁・2500円（2003年）ISBN4-8332-2345-7
■アメリカにおけるシヴィリアン・コントロールの伝統
　本書は，共和主義者・大陸軍正規の総司令官としてのワシントンの評伝を通じて，独立戦争が大陸軍に組織的実態を与えたこと，彼は社会と軍隊の関係性＝民軍関係に配慮を怠らなかったことなどを指摘し，「正統」な（もしくは保守的な）アメリカ史を叙述する。

アメリカの黒人奴隷制論
■その思想史的展開
清水忠重著
A5判・332頁・5500円（2001年）ISBN4-8332-2306-6
　建国期から南北戦争期にかけて展開されたアメリカ合衆国の黒人奴隷制をめぐる様々な論争を思想史的に跡づける。その所論を1. 奴隷制反対・黒人移民論　2. 奴隷制擁護論　3. 奴隷制即時廃止・国内解放論の三つに大別し，夫々の論拠を実証的に検討することで現代に及ぶ解消することのない矛盾の原点を解明。

歴史社会学の構想と戦略
Theda Skocpol (ed.), Vision and Method in Historical Sociology, 1984
T. スコチポル編著　小田中直樹訳（東北大学経済学部）
A5判・450頁・4500円（2006年）ISBN4-8332-9014-6 C3022
　70年代以降，歴史社会学ルネサンスの立役者となったスコチポルを中心に歴史社会学構築のために貢献した9人の学者の業績を，若い世代の研究者が取り上げて検討する。最後にスコチポルによる「歴史社会学における研究計画の新生と戦略の回帰」をもって締め括るチャレンジングな書。

歴史学の〈危機〉
Gerard Noiriel, Sur la "crise" de l'histoire, 1996
G. ノワリエル著　小田中直樹訳
A5判・330頁・3500円（1997年）ISBN4-8332-2250-7
　実証主義歴史学にあっては歴史的真理は実在し，「言語論的転回」論者は歴史はすべて言説・テクストからなり，私達は自ら望むがままに理解する権利を持つとする。この客観主義と主観主義の間に立って，歴史家は如何なる立場を選択すべきかを論じる。かくてマルク・ブロックやハバーマスの営為を批判的に再検討する。

労働者文化と労働運動
小沢弘明・佐伯哲朗・相馬保夫・土屋好古著
A5判・244頁・3000円（1995年）ISBN4-8332-2221-3
■ヨーロッパの歴史的経験
序・ヨーロッパの労働者文化と労働運動＝相馬保夫　帝政末期のロシアの労働者と労働者文化＝土屋好古　ヴァイマルベルリンの都市計画・住宅建設と労働者文化＝相馬保夫　ウィーン労働者の住体験と労働者文化＝小沢弘明　第二次大戦後フランスの石炭産業国有化と労働者文化＝佐伯哲朗

雇用関係の生成
森　建資著（東京大学経済学部）
A5判・402頁・5000円（1988年）ISBN4-8332-2116-0
■イギリス労働政策史序説
1雇用関係　2雇用関係法の成立と構造　3近代イギリスの雇用関係と家族関係　4産業革命期の国家・階層・家族　5奴隷と賃労働者
　イギリスの雇用関係法を分析して，近代イギリスにおける雇用関係を単に資本・賃労働の関係でなく，広く社会史的な視野から捉え直す。近代社会についての諸理論を批判する新しい視点を提起。